中等职业学校职业技能考试
总复习指导：智能制造类

主　编　丁　伟　郭金鹏　张晓明

湖南大学出版社
·长沙·

图书在版编目（CIP）数据

中等职业学校职业技能考试总复习指导．智能制造类 /
丁伟，郭金鹏，张晓明主编．-- 长沙：湖南大学出版社，
2024.12. --ISBN 978-7-5667-3867-7

Ⅰ.G718.3

中国国家版本馆 CIP 数据核字第 202477S646 号

中等职业学校职业技能考试总复习指导：智能制造类
ZHONGDENG ZHIYE XUEXIAO ZHIYE JINENG KAOSHI ZONGFUXI ZHIDAO ： ZHINENG ZHIZAO LEI

主　　编：丁　伟　郭金鹏　张晓明
责任编辑：张佳佳
印　　装：三河市悦鑫印务有限公司
开　　本：889 mm×1194 mm　1/16　　　印　　张：30.5　　字　　数：664 千字
版　　次：2024 年 12 月第 1 版　　　　　印　　次：2024 年 12 月第 1 次印刷
书　　号：ISBN 978-7-5667-3867-7
定　　价：138.00 元

出 版 人：李文邦
出版发行：湖南大学出版社
社　　址：湖南·长沙·岳麓山　　　　　邮　　编：410082
电　　话：0731-88822559（营销部），88821315（编辑室），88821006（出版部）
传　　真：0731-88822264（总编室）

编委会

随着国家对职业教育改革的不断深入，职业教育升学通道打通，越来越多的中职学生有了升学的愿望和要求。为满足不同类型的中等职业学校学生对口升学的需求，我们组织多校一线教师开发各大类复习指导用书，为有升学需要的考生或读者提供一系列复习备考资源。

《中等职业学校招生职业技能考试总复习指导：智能制造类》通过对考纲的认真研究与分析，将"机械制图""机械基础""金属加工与实训""电工电子技术与技能""数控加工工艺与编程"五门课程的考试范围及要求进行了梳理、分解和整合，共确定了50个考点，每个考点结合参考教材进行了提炼和总结，方便读者对该考点的掌握和理解；每个考点梳理出知识图谱、重难点知识，方便读者建立各考点的知识结构从而掌握知识；每个考点根据考纲要求为读者提供多种题型的例题解析，以达到学以致用、举一反三的效果。

本书是一本全面、新颖的复习指导用书，既可供中等职业学校学生使用，也可供具有同等学力有升学或学历晋升需要的社会人员使用。读者既可以在老师的引导下学习，也可以自己独立训练。

本书汇聚了编者多年的教学经验和智慧，编写中参阅了相关教材和资料，在此表示感谢！

由于编者水平和编写时间有限，本书难免存在不足之处，恳请广大读者批评指正。

编　者

2024 年 7 月

目 录
ONTENTS

课程一 【机械制图】

考点 1　制图的基本知识与技能

考纲要求

1. 理解国家标准《技术制图》和《机械制图》中的基本要求。

2. 能分析平面图形，掌握平面图形的画法，能正确进行平面图形的尺寸标注。

3. 掌握机械制图中尺寸公差、几何公差、表面粗糙度等基本概念，理解其符号、代号的含义，能正确标注尺寸公差、几何公差及表面粗糙度。

4. 掌握基孔制、基轴制的含义，掌握孔轴的基本偏差数值表及极限偏差表的查询方法。

学习建议

1. 通过学习掌握国家标准《技术制图》和《机械制图》中的图幅、字体、尺寸标注等知识的基本要求。

2. 通过对尺寸公差、几何公差、表面粗糙度等知识的学习，能对简单平面图形进行尺寸标注。

3. 通过对基孔制和基轴制知识的学习，能熟练查出孔轴的基本偏差数值及极限偏差。

🖋 知识梳理

一、制图基本知识与技能知识树

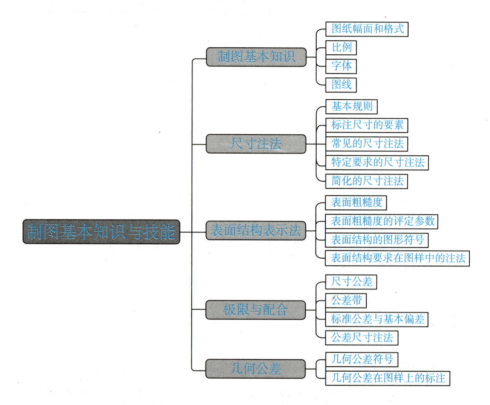

二、重点知识梳理

（一）制图基本知识与技能相关术语概念（表1-1-1）

表1-1-1　制图基本知识与技能相关概念

序号	名称	概念
1	比例	图样中图形与其实物相应要素的线性尺寸之比
2	尺寸界线	尺寸的范围
3	尺寸线	所注尺寸的方向
4	尺寸数字	尺寸的大小
5	表面粗糙度	零件表面因加工而形成的微观几何形状误差
6	公差	允许尺寸的变动量
7	公差带	以公称尺寸为基准，由代表上、下极限偏差的两条直线所限定的区域
8	标准公差	确定公差带大小的数值
9	基本偏差	确定公差带相对零线位置的上偏差或下偏差

续表

序号	名称	概念
10	几何公差	在几何尺寸和形状控制中，为了确保产品的质量和功能，对于实际零件与设计要求之间的差异进行限制和容忍的一种方法

（二）尺寸注法

1. 标注尺寸的基本规则

①尺寸数值为机件的真实大小，与绘图比例及绘图的准确度无关。

②图样中的尺寸，以毫米为单位，如采用其他单位，则必须注明单位名称。

③图中所注尺寸为零件完工后的尺寸，否则应另加说明。

④每个尺寸一般只标注一次，并应标注在最能清晰地反映该结构特征的视图上。

⑤标注尺寸时，应尽量使用符号和缩写词。

尺寸标注中常用符号见表 1-1-2。

表 1-1-2　尺寸标注中常用符号

名称	符号	名词	符号
直径	ϕ	均匀分布	EQS
半径	R	正方形	□
球直径	$S\phi$	深度	▼
球半径	SR	沉孔或锪平	⊔
厚度	t	埋头孔	∨
45°倒角	C		

2. 尺寸组成

（1）尺寸界线

尺寸界线为细实线，并应由轮廓线、轴线或对称中心线处引出，也可用这些线代替。

（2）尺寸线

尺寸线为细实线，一端或两端带有终端（箭头或斜线）符号，尺寸线不能用其他图线代替，也不得与其他图线重合或画在其延长线上，标注线性尺寸时尺寸线必须与所标注线段平行。

读书笔记

（3）尺寸数字

尺寸数字表示尺寸的大小。尺寸数字不得被任何图线所通过，无法避免时必须将所遇图线断开，线性尺寸的数字一般应注写在尺寸线的上方，也允许注写在尺寸线的中断处。

（三）表面结构表示法

1. 表面粗糙度

表面粗糙度是指零件表面因加工而形成的微观几何形状误差。

2. 表面粗糙度的评定参数

表面粗糙度常用轮廓算数平均偏差 Ra 和轮廓最大高度 Rz 来评定。

3. 表面结构的图形符号（表1-1-3）

表1-1-3　标注表面结构的图线符号

符号名称	符号	含义及说明
基本图形符号	√	未指定工艺方法的表面，当作为注解时，可单独使用
扩展图形符号	▽	用去除材料的方法获得的表面
	◡	用于不去除材料的表面，也可表示保持上道工序形成的表面
完整图形符号	√ ▽ ◡	在上述三个符号的长边上加一横线，用于标注表面结构特征的补充信息
工件轮廓各表面的图形符号	√ ▽ ◡	在上述三个符号上加一小圆，表示构成图形封闭轮廓的所有表面有相同的表面要求
表面结构补充要求的注写位置		位置 a 注写第一表面结构要求，位置 b 注写第二或更多表面结构要求；位置 c 注写加工方法；位置 d 注写表面纹理方向；位置 e 注写加工余量

4. 表面结构要求在图样中的注法

①表面结构要求对每一个表面一般只注一次，并尽可能注在相应的尺寸及其公差的同一视图上。

②表面结构的注写和读取方向与尺寸的注写和读取方向一致。

③在不致引起误解时，表面结构要求可以标注在给定的尺寸线上。

④表面结构要求可标注在几何公差框格的上方。

⑤圆柱和棱柱表面的表面结构要求标注一次。

（四）极限与配合

1. 互换性

同一批零件，不经挑选和辅助加工，任取一个就可顺利地装到机器上去，并满足机器的性能要求。

2. 公称尺寸与极限尺寸

①公称尺寸。设计给定的尺寸。

②实际尺寸。经测量获得的某一孔、轴的尺寸。

③极限尺寸。允许尺寸变化的两个极限值。

④上极限尺寸。孔或轴允许尺寸的最大值。

⑤下极限尺寸。孔或轴允许尺寸的最小值。

⑥尺寸公差。零件尺寸允许的变动量。公差值必为正值，不会是零或负值。

3. 标准公差与基本偏差

标准公差分为 20 级，用 IT 表示，后面的数字表示公差的等级，等级数越大，其公差值越大，精度越低。

4. 配合

基本尺寸相同的相互结合的孔和轴的公差带之间的关系。

（1）配合的种类

间隙配合、过盈配合和过渡配合。

（2）配合的基准制（图 1-1-1）

①基孔制。基本偏差为一定的孔的公差带，与不同基本偏差的轴的公差带形成各种不同配合的制度，基孔制中孔为基准孔，用代号 H 表示，其下极限偏差为零。

②基轴制。基本偏差为一定的轴的公差带，与不同基本偏差的孔的公差带形成各种不同配合的制度，基轴制中轴为基准轴，用代号 h 表示，其上极限偏差为零。

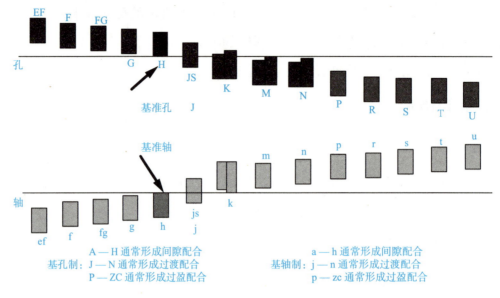

A—H 通常形成间隙配合　　　　　　　　a—h 通常形成间隙配合

基孔制：J—N 通常形成过渡配合　　基轴制：j—n 通常形成过渡配合

P—ZC 通常形成过盈配合　　　　　　p—zc 通常形成过盈配合

图 1-1-1　基孔制、基轴制配合图

（五）几何公差

在几何尺寸和形状控制中，为了确保产品的质量和功能，对于实际零件与设计要求之间的差异进行限制和容忍的一种方法。

1. 公差框格

①公差特征及符号（表 1-1-4）。

表 1-1-4　几何公差特征及符号

公差		特征	符号	公差		特征	符号
形状	形状	直线度	——	位置	定向	垂直	⊥
		平面度	▱			倾斜度	∠
		圆柱度	⌭		定位	位置度	⊕
		圆度	○			同轴度（用于轴线）同心度（用于中心点）	◎
形状或位置	轮廓	线轮廓度	⌒			对称度	⩵
		面轮廓度	⌓		跳动	圆跳动	↗
位置	定向	平行度	∥			全跳动	⭡⭡

②公差值用线性值，如公差带是圆形或圆柱形的则在公差值前加注 ϕ，如是球形的则加注 $S\phi$。

③用一个或多个字母表示基准要素或基准体系。

2. 被测要素

①当公差涉及或轮廓线或轮廓面时，将箭头置于要素的轮廓线或轮廓线的延长线上。

②当公差涉及实际表面时，自该面内圆点绘制引出线，箭头可置于引出线的水平线上。

③当公差涉及轴线、中心平面或中心点时，则带箭头的指引线应与尺寸线的延长线重合。

3. 基准

①基准用大写字母表示，字母标注在基准方格内，基准方格与涂黑的或空白的三角形相连，表示基准的字母还应注在公差框格内。

②当基准要素是轮廓线或轮廓面时，基准三角形放置在要素的外轮廓线或其延长线上，基准三角形可置于自实际表面引出线的水平线上。

③当基准要素是轴线、中心平面或中心点时，基准三角形应放置在尺寸线延长线上。

4. 识读范例

气门阀杆的形位公差标注示例见图 1-1-2。

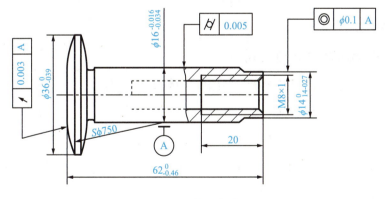

图 1-1-2　气门阀杆图

$\boxed{\cancel{/}\ |\ 0.005}$：杆身 $\phi16$ 的圆柱度公差为 0.005。

$\boxed{\bigodot\ |\ \phi0.1\ |\ A}$：M8×1 的螺纹轴线对于 $\phi16$ 轴线的同轴度公差是 $\phi0.1$。

$\boxed{\nearrow\ |\ 0.003\ |\ A}$：$S\phi750$ 的球面对于 $\phi16$ 轴线的圆跳动公差是 0.003。

读书笔记

例题解析

一、单选题（下列选项中只有一个答案是正确的，每题 2 分）

1. 下列选项中锥度尺寸标注正确的是（　　　）。

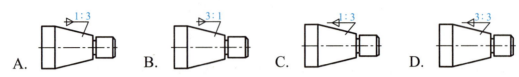

A.　　　　　　　B.　　　　　　　C.　　　　　　　D.

答案　A

解析　锥度在图样上以 $1:n$ 的简化形式标注。

2. 下列配合中，基孔制的配合是（　　　）。

A. $\phi30G7/h6$　　　B. $\phi40R8/h7$　　　C. $\phi100J7/e9$　　　D. $\phi60H7/P6$

答案　D

解析　基孔制用大写 H 表示。

二、多选题（下列选项中有一个以上答案是正确的，每题 2 分）

1. 下列选项中圆尺寸标注正确的是（　　　）。

A.　　　　　　　B.　　　　　　　C.　　　　　　　D.

答案　ABCD

解析　直径标注尺寸线通过圆心。

2. 下列选项中是制图国家标准规定的字体高度的有（　　　）。

A. 10　　　　　　B. 7　　　　　　C. 5　　　　　　D. 4

答案　ABC

解析　字体的高度分别为 20 mm、14 mm、10 mm、7 mm、5 mm、3.5 mm、2.5 mm、1.8 mm。

三、判断题（正确的填 A，错误的填 B，每题 2 分）

1.（　　　）标注断面为正方形结构的尺寸时，可在正方形边长尺寸数字前加注符号"□"或 B×L。

答案　B

解析　标注断面为正方形结构的尺寸时，可在正方形边长尺寸数字前加注符号

"□"或 B×B。

2.（　　）判断右下图的尺寸标注是否正确。

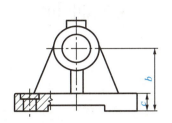

答案　A

解析　相互平行的尺寸线，小尺寸在内，大尺寸在外，以保持尺寸清晰。

四、填空题（将最适当的答案填写在横线上，每题2分）

1. 在标注尺寸时，应将次要的轴段空出，不标注尺寸或标注带括号的尺寸作为参考尺寸，该尺寸轴端由于不标注尺寸，尺寸链有开口，称为_____。

答案　开口环

解析　在标注尺寸时，应将次要的轴段空出，不标注尺寸或标注带括号的尺寸作为参考尺寸，该尺寸轴端由于不标注尺寸，尺寸链有开口，称为开口环。

2. 公差 = 上极限偏差 – _____。

答案　下极限偏差

解析　公差 = 上极限尺寸 – 下极限尺寸 = 上极限偏差 – 下极限偏差

专题练习

一、单选题（下列选项中只有一个答案是正确的，每题2分）

1. 标注圆的直径尺寸时，（　　）一般应通过圆心，尺寸箭头指到圆弧上。

A. 尺寸线　　　　　B. 尺寸界线　　　　　C. 尺寸数字　　　　　D. 尺寸箭头

2. 右图 2×ϕ8 表示的是（　　）。

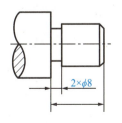

A. 槽直径为 16 mm

B. 有两个直径为 16 mm

C. 槽宽为 2 mm，槽直径为 8 mm

D. 有两个直径为 8 mm 的轴

3. 以下各种配合中，配合性质相同的是（　　）。

A. ϕ30H7/f6 和 ϕ30H8/p7　　　　　B. ϕ30F8/h7 和 ϕ30H8/f7

C. ϕ30M8/h7 和 ϕ30H8/m8　　　　　D. ϕ30H8/m7 和 ϕ30H7/f6

4. 若轴的尺寸为 ϕ40，上偏差为 –0.02，下偏差为 –0.04，在实际生产中，合格的尺寸是（　　）。

A. 40　　　　　B. 39.985　　　　　C. 39.965　　　　　D. 39.945

5. 下图中 100 是（　　　）尺寸。

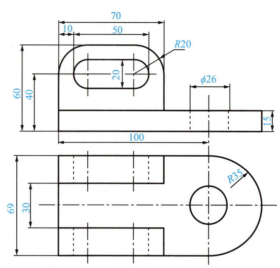

A. 定形　　　　　　B. 定位　　　　　　C. 总体　　　　　　D. 以上说法都不正确

6. 在基孔制中，p—zc 通常形成（　　　）。

A. 过渡配合　　　　B. 间隙配合　　　　C. 过盈配合　　　　D. 以上都不正确

7. 确定公差带的位置的是（　　　）。

A. 上极限偏差　　　B. 下极限偏差　　　C. 基本偏差　　　　D. 公称尺寸

8. 公差值必为（　　　）。

A. 0　　　　　　　B. 负值　　　　　　C. 正值　　　　　　D. 以上都不对

9. 下列是轮廓最大高度的代号是（　　　）。

A. *Ra*　　　　　　B. *Rz*　　　　　　C. D　　　　　　　D. *Ph*

10. 表面粗糙度是指加工后零件表面上具有的较小间距和峰谷所组成的（　　　）不平度。

A. 微观　　　　　　B. 总体　　　　　　C. 宏观　　　　　　D. 以上都不对

二、多选题（下列选项中有一个以上答案是正确的，每题 2 分）

1. 关于尺寸界线的说法正确的是（　　　）。

A. 应由图形的轮廓线引出　　　　　　B. 可以用轮廓线代替

C. 可以由对称中心线引出　　　　　　D. 不能由轴线代替

2. 下列属于形状公差的有（　　　）。

A. 圆柱度　　　　　B. 平面度　　　　　C. 同轴度　　　　　D. 圆跳动

3. 极限偏差是（　　　）和（　　　）的统称。

A. 上极限尺寸　　　B. 下极限尺寸　　　C. 上极限偏差　　　D. 下极限偏差

4. 配合的种类有（　　　）。

A. 间隙配合　　　　B. 过渡配合　　　　C. 过盈配合　　　　D. 极限配合

5. 表面粗糙度对于零件的（　　　）有显著影响。

A. 配合　　　　　　B. 耐磨性　　　　　C. 抗蚀性　　　　　D. 密封性

6. 公差值不会是（　　　）或（　　　）。

A. 零　　　　　　　B. 负值　　　　　　C. 正值　　　　　　D. 以上都可以

7. 下列是常用的 Ra 值的有（　　　）。

A. 12.5　　　　　　B. 6.3　　　　　　C. 3.2　　　　　　D. 1.6

8. 表面结构是（　　　）、（　　　）、（　　　）、（　　　）的总称。

A. 表面粗糙度　　　B. 表面波纹度　　　C. 表面缺陷　　　　D. 表面纹理

9. 下列关于半径标注正确的有（　　　）。

A. 　　　　　B. 　　　　　C. 　　　　　D.

10. 选择不正确的线性尺寸标注（　　　）。

A. 　　　　　B. 　　　　　C. 　　　　　D.

三、判断题（正确的填 A，错误的填 B，每题 2 分）

1.（　　　）机件的每一尺寸，一般只标注一次，并应注在反映该形状最清晰的图形上。

2.（　　　）零件的互换性是批量化生产的基础，即同一规格的零件中任取一件，不需要再经过修配，就能安装到机器上，并保证满足使用要求。

3.（　　　）标准公差等级数越大，其公差值越小，精度越高。

4.（　　　）标注公差代号时，公称偏差代号和公差等级数字均应与基本尺寸数字等高。

5.（　　　）标注偏差数值时，上偏差应注在公称尺寸右上方，下偏差应与公称尺寸注在同一底线上，字体应比基本尺寸小一号。

6.（　　　）在标注尺寸时，应将次要的轴段空出，不标注尺寸或标注带括号的尺寸作为参考尺寸，该尺寸轴端由于不标注尺寸，尺寸链有开口，称为闭口环。

7.（　　）表面粗糙度是评定零件表面质量的一项重要技术指标。

8.（　　）表面结构要求对每一表面一般只标注一次。

9.（　　）极限偏差指上极限偏差和下极限偏差。

10.（　　）极限尺寸指允许尺寸变化的两个极限值。

11.（　　）尺寸 ϕ50f6 基本偏差为 f。

12.（　　）基准用小写字母表示，字母应标注在基准方框内。

13.（　　）基轴制中轴为基准轴，用代号 h 表示，其上偏差为零。

14.（　　）基轴制中，J—N 通常形成过渡配合。

15.（　　）基孔制中，a—h 通常形成间隙配合。

四、填空题（将最适当的答案填写在横线上，每题 2 分）

1. 当小圆直径较小时，中心线可用＿＿＿＿＿＿代替。

2. 间隔相等的链式尺寸，括号中的尺寸为＿＿＿＿＿＿尺寸。

3. 上、下极限偏差所限定的区域称为＿＿＿＿＿＿。

4. ＿＿＿＿＿＿为孔或轴允许尺寸的最小值。

5. ＿＿＿＿＿＿是国家标准公差带位置标准化的重要指标。

6. ＿＿＿＿＿＿可能具有间隙或过盈的配合。

7. 标注公差的尺寸用公称尺寸后跟＿＿＿＿＿＿或对应的偏差值表示。

8. 当上下极限偏差相同且符号相反时，可以＿＿＿＿＿＿标注。

9. 标准公差用＿＿＿＿＿＿表示。

10. 标准公差等级共有＿＿＿＿＿＿个。

11. 当基准要素是轴线、中心平面或中心点时，基准三角形应放置在＿＿＿＿＿＿的延长线上。

12. 相邻端面之间的尺寸误差取决于与此两端面有关的两个尺寸的＿＿＿＿＿＿。

13. 开口环是在＿＿＿＿＿＿的尺寸标注中出现的。

14. 在表面粗糙度中，Ra 表示的是＿＿＿＿＿＿。

15. 等级数越大，公差值越大，精度越＿＿＿＿＿＿。

考点 2　投影基础

考纲要求

1. 理解投影的概念、分类以及正投影的基本性质，掌握正投影的原理和方法。

2. 掌握点、直线、平面的绘制与投影规律，能识读点、直线、平面的空间位置。

3. 理解三视图的形成过程、投影规律、对应关系，能识读与绘制三视图。

学习建议

1. 准确理解本章有关术语的概念，要掌握好三视图的投影规律，必须明确三视图的形成原理和形成条件。

2. 在明确其形成条件的前提下，自己演示，自己归纳，真正理解规律是在特定条件下的必然结果。

3. 正投影法、三视图的形成比较直观，入门较易，但难在应用。需要经过反复观察练习，才能提升对投影理论的理解和应用能力。

知识梳理

一、投影基础知识树

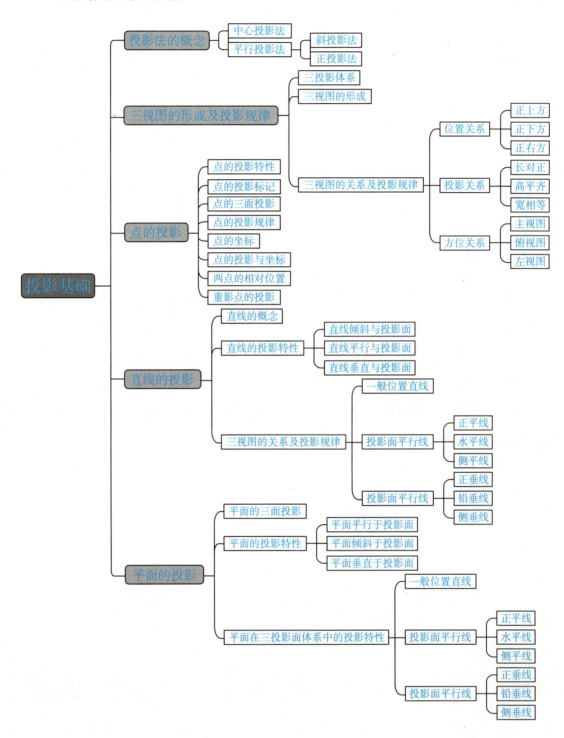

二、重点知识梳理

投影基础相关概念见表 1-2-1。

表 1-2-1　投影基础相关概念

序号	名称	概念
1	投影现象	物体被光线照射，会在地面或墙面上产生影子
2	投影法分两大类	一类为中心投影法、一类为平行投影法
3	中心投影法	投射线互不平行且汇交于一点的投影法
4	平行投影法	投射线相互平行的投影法
5	斜投影法	在平行投影法中，投射线与投影面倾斜成某一角度时
6	正投影法	在平行投影法中，投射线与投影面垂直时
7	正立投影面	正对观察者的投影面
8	侧立投影面	右边侧立的投影面
9	水平投影面	水平位置的投影面
10	视图	在工程上，假设把物体放在三投影体系中，按正投影法并根据有关标准和规定画出的物体的图形
11	主视图	正面投影（由物体的前方向后方投射所得到的视图）
12	俯视图	水平面投影（由物体的上方向下方投射所得到的视图）
13	左视图	侧面投影（由物体的左方向右方投射所得到的视图）
14	三面视图（三视图）	为了把空间的三个视图画在一个平面上，就必须把三个投影面展开摊平，展开在一个平面上的三个视图
15	三视图的关系	位置关系、投影关系、方位关系
16	点的投影特性	点的投影永远是点
17	重影性	空间两点的同面投影（同一投影面上的投影）重合于一点的性质
18	收缩性	直线倾斜于投影面，投影变短线
19	真实性	直线平行于投影面，投影实长现
20	积聚性	直线垂直于投影面，投影聚一点
21	一般位置直线	直线对三个投影面均处于倾斜位置
22	投影面平行线	直线平行于一个投影面，而与另外两个投影面倾斜
23	投影面垂直线	直线垂直于一个投影面，而平行于另外两个投影面
24	一般位置直线的投影特性	在三个投影面上的投影均是倾斜直线，投影长度均小于实长

读书笔记

续表

序号	名　　称	概　　念
25	投影面平行线的投影特性	在所平行的投影面上的投影为一段反映实长的斜线，的在其他两个投影面上的投影分别平行于相应的投影轴且长度缩短
26	投影面垂直线的投影特性	在所垂直的投影面上的投影集聚为一点，在其他两个投影面上的投影分别垂直于相应的投影轴且反映实长
27	平面的投影	是由轮廓线投影所组成的图形
28	一般位置平面	与三个投影面都处于倾斜位置的平面
29	投影面平行面	平行于一个投影面，而垂直于其他两个投影面的平面
30	投影面垂直面	垂直于一个投影面，而倾斜于其他两个投影面的平面
31	一般位置平面的投影特性	在三个投影面上的投影，均为原平面的类似形，而面积缩小，不反映真实形状
32	投影面平行面的投影特性	在所平行的投影面上的投影反映实形，在其他两投影面上的投影分别集聚成直线且平行于相应的投影轴
33	投影面垂直面的投影特性	在所垂直的投影面上的投影集聚为一段斜线，在其他两投影面上的投影均为缩小的类似形

例题解析

一、单选题（下列选项中只有一个答案是正确的，每题2分）

1. 三视图是采用（　　）得到的。

A. 中心投影法　　　B. 正投影法　　　　C. 斜投影法　　　　D. 平行投影法

答案　B

解析　掌握投影法的分类和概念。

2. 某一直线在 V 面上的投影为一条反映实长的斜线，则该直线为（　　）。

A. 水平线　　　　　B. 侧平线　　　　　C. 正平线

答案　C

解析　掌握各种直线在三投影面体系中的位置及投影特性。

二、多选题（下列选项中有一个以上答案是正确的，每题2分）

1. 投影面垂直线垂直于一个投影面，与另外两个投影面平行，具体又可分为

（   ）线、（   ）线、（   ）线。

    A.正垂   B.铅垂   C.斜垂   D.侧垂

答案　ABD

解析　掌握各种直线在三投影面体系中的位置及投影特性。

2. 三视图不仅反映了物体的长、宽、高，同时也反映了物体的上、下、左、右、前、后六个方位的位置关系，其中俯视图与左视图共同反映了物体的（　　　）方位。

    A.前   B.左   C.后   D.右

答案　AC

解析　掌握三视图在三投影体系中的方位关系。

三、判断题（正确的填 A，错误的填 B，每题 2 分）

1.（　　）水平面投影（由物体的上方向下方投射所得的视图）称为主视图。

答案　B

解析　掌握三视图的形成过程。

2.（　　）为了便于进行投影分析，用细实线将点的相邻两投影连起来，称为投影连线。

答案　A

解析　掌握点的三面投影。

四、填空题（将最适当的答案填写在横线上，每题 2 分）

1. 当直线（或平面）垂直于投影面时，其投影为一点（或直线），这种性质叫_____性。

答案　积聚

解析　掌握直线、平面的投影特性

2. 平行于一个投影面，垂直于另两个投影面的平面，称为_____。

答案　投影面平行面

解析　掌握在三投影面体系中，平面相对于投影面的位置及投影特性。

五、画图题

1. 根据点的坐标想象空间位置，作点的三面投影。

各点坐标为 A（20，15，10），B（10，15，25），C（0，10，0）

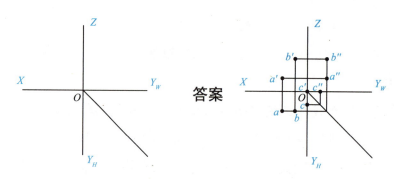

解析 掌握三视图的关系及投影规律、点的投影规律。

2. 根据 *AB* 直线的两投影作第三面的投影，并判断其类型。

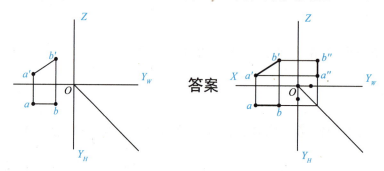

直线 *AB* 是＿＿＿＿＿线 　　　　　　直线 *AB* 是　正平　线

解析 掌握三视图的关系及投影规律、直线的投影规律。

3. 已知平面的两面投影，完成其第三面投影，并判断其类型。

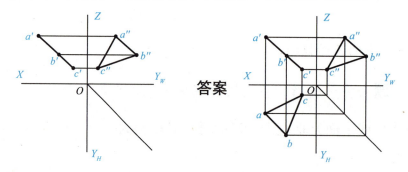

平面 *ABC* 是＿＿＿＿＿面 　　　　　　平面 *ABC* 是　正垂　面

解析 掌握三视图的关系及投影规律、面的投影规律。

专题练习

一、单选题（下列选项中只有一个答案是正确的，每题2分）

1. 机械制图中所采用的投影方法为（　　　）。

A. 中心投影法　　　B. 平行投影法　　　C. 正投影法　　　D. 斜投影法

2. 为了将物体的外部形状表达清楚，一般采用（　　）个视图来表达。

A. 三　　　　　　　B. 四　　　　　　　C. 五

3. 相关国家标准中规定用（　　）作为基本投影面。

A. 正四面体的四面体　　　　　　B. 正五面体的五面体

C. 正六面体的六个面　　　　　　D. 正三面体的三个面

4. 基本视图主要用于表达零件在基本投影方向上的（　　）形状。

A. 内部　　　　　B. 外部　　　　　C. 前后　　　　　D. 左右

5. 根据投影面展开的法则，三个视图的相互位置必然以（　　）为主。

A. 左视图　　　　B. 主视图　　　　C. 俯视图　　　　D. 任一视图

6. 三投影面体系中，正立投影面用字母（　　）表示。

A. M　　　　　　B. N　　　　　　C. V　　　　　　D. W

7. 主视图是（　　）投影，在正立投影面上所得到的视图。

A. 由上向下　　　B. 由左到右　　　C. 由后到前　　　D. 由前向后

8. 投影面垂直线有（　　）反映实长。

A. 一个投影　　　B. 两个投影　　　C. 三个投影　　　D. 四个投影

9. 直线在所平行的投影面上的投影是（　　）。

A. 聚为一点　　　B. 长度缩短　　　C. 实长不变

10. 已知空间点 D 的坐标为（60，45，30），则点 D 到 W 面的距离为（　　）

A. 60　　　　　　B. 45　　　　　　C. 30　　　　　　D. 135

二、多选题（下列选项中有一个以上答案是正确的，每题 2 分）

1. 下列投影法中属于平行投影法的是（　　）。

A. 中心投影法　　　B. 正投影法　　　C. 斜投影法

2. 在三视图中，主视图反映物体的（　　）。

A. 长度　　　　　B. 宽度　　　　　C. 高度

3. 三投影面体系中三个投影面是指（　　）。

A. 正立投影面　　B. 侧立投影面　　C. 倾斜投影面　　D. 水平投影面

4. 直线的投影特性有（　　）。

A. 真实性　　　　B. 类似性　　　　C. 积聚性　　　　D. 收缩性

5. 中心投影法所得到的图形大小随着（　　）、（　　）和（　　）三者位置的不同而变化。

A. 投影面　　　　B. 光源　　　　　C. 物体　　　　　D. 投影中心

6. 与一个投影面垂直，而与其他两个投影面倾斜的平面，称为投影面的垂直面，具体又可分为（　　　）。

A. 斜垂面　　　　　B. 铅垂面　　　　　C. 正垂面　　　　　D. 侧垂面

7. 三视图之间的投影对应关系是（　　　）。

A. 长对正　　　　　B. 高平齐　　　　　C. 宽相等

8. 空间点 A 在三投影面体系中三个投影面上的投影分别用（　　　）标记。

A. a　　　　　B. a_1　　　　　C. a'　　　　　D. a''

9. 两点的相对位置，即以一点为基准，判断其他点相对于这一点的（　　　）、（　　　）、（　　　）位置关系

A. 上下　　　　　B. 左右　　　　　C. 高低　　　　　D. 前后

10. 平行于一个投影面，而垂直于其他两个投影面的平面称为投影面的平行面，具体又可分为（　　　）面、（　　　）面、（　　　）面。

A. 水平　　　　　B. 正平　　　　　C. 铅平　　　　　D. 侧平

三、判断题（正确的填 A，错误的填 B，每题 2 分）

1.（　　　）水平线的正面投影与 X 轴平行，水平投影反映线段的真实长度。

2.（　　　）正平面的正面投影积聚为直线。

3.（　　　）铅垂面的水平投影积聚成平行于 X 轴的直线段。

4.（　　　）正投影的基本特性是实形性、积聚性和类似性。

5.（　　　）中心投影法是投射线互相平行的。

6.（　　　）水平线的水平投影反映真实长度。

7.（　　　）水平面的水平投影积聚为直线。

8.（　　　）点的三投影面体系中的位置，可以用坐标来表示。

9.（　　　）画线段的三面投影实质是作两端点的三面投影，然后同面投影连线。

10.（　　　）当一条直线垂直于投影面时，则在该面上反映实形性。

11.（　　　）三视图的位置可随意摆放。

12.（　　　）将零件置于三投影面体系中，用正投影法向 V 面得到的投影为俯视图。

13.（　　　）点的投影有可能为线。

14.（　　　）若直线 AB 垂直于投影面，则在该投影面的投影重合成一点，具有积聚性。

15.（   ）一个平面在所平行的投影面上的投影反映实形，在另两个投影面上的投影积聚成直线，且平行于相应的投影轴。

四、填空题（将最适当的答案填写在横线上，每题 2 分）

1. 在工程技术中为了准确地表达机械、仪器、建筑物等物体的形状、结构和大小，根据投影原理标准或有关规定画出的图形，叫作_____。

2. 工程常用的投影法分为两类，即中心投影法和平行投影法，其中正投影法属于_____投影法。

3. 为了表达物体的形状和大小，选取互相垂直的三个投影面构成_____。

4. 当一条直线垂直于投影面时，在该投影面上反映直线的_____性。

5. 空间两点的同面投影（同一投影面上的投影）重合于一点的性质，称为_____性。

6. 左视图是从物体的左方向右方，在_____面上所得的视图。

7. 俯视图能反映物体的长度和_____两个尺寸。

8. 在三面投影体系中，直线相对于投影面的位置可分为投影面垂直线、_____线、一般位置直线三类。

9. 点的正面投影与水平面投影的连线一定垂直于_____轴。

10. 投影面垂直线有三种，垂直于 H 面的直线称为铅垂线，垂直于 V 面的直线称为_____线，垂直于 W 面的直线称为侧垂线。

11. 平行于一个投影面，_____于另外两个投影面的直线，称为投影面平行线。

12. _____于一个投影面而与另两个投影面倾斜的平面，称为投影面垂直面。

13. 三视图的"三等"关系可以叙述为主、俯视图等长，俯、左视图_____，主、左视图等高。

14. 当投射线互相平行，并与投影面垂直时，物体在投影面上的投影叫_____。

15. 平面按其对投影面的相对位置不同，可分为_____、投影面平行面和投影面垂直面三类。

五、画图题（根据要求完成试题，每题 10 分）

1. 已知点 A 距 H 面 15 mm、距 V 面 10 mm、距 W 面 25 mm，点 B 距 V 面 20 mm、距 H 面 15 mm。求作点 A、B 的三面投影，判断相对位置，并填空。

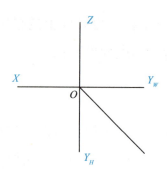

点 A、B 的坐标分别为

A（　，　，　）；B（　，　，　）；点 A 在点 B 之_____、_____、_____。

2. 已知线段两端点 A（20，10，8）和 B（6，6，20），求作 AB 的三面投影。

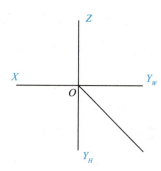

3. 根据平面 ABC 的两面投影作第三面的投影，并判断其类型。

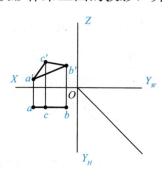

平面 ABC 是_____面。

考点 3　基本体

🔖 考纲要求

1. 能识读与绘制平面体、回转体（圆柱）的三面投影。

2. 掌握平面基本体、回转体（圆柱）表面取点的方法。

3. 了解截交线的概念，掌握简单基本体的截断画法。

读书笔记

学习建议

1. 熟练掌握基本几何体视图的绘制和阅读，能为今后用视图表达复杂几何体的形状以及识读机械零件图打下一个良好的基础。

2. 凡属于特殊位置表面的点，可利用投影的积聚性直接求得；而属于一般位置表面上的点，可通过在该面上作辅助线的方法求得。

3. 基本几何体被平面截切，表面就会产生截交线；分析形体的表面性质，根据基本形体的投影，求出表面交线的特殊点，以确定表面交线的范围。

知识梳理

一、基本体知识树

二、重点知识梳理

基本体相关概念见表 1-3-1。

表 1-3-1　基本体相关概念

序号	名称	概念
1	平面立体	表面都是由平面所构成的形体
2	平面立体的投影	平面立体的投影就是表示出组成立体的面和棱线的投影
3	曲面立体	表面是由曲面和平面或者全部是由曲面构成的形体
4	曲面立体的投影	曲面立体的投影就是其转向轮廓线的投影（它是曲面立体可见与不可见部分的分界线）和回转轴线的投影
5	六棱柱	顶面和底面是互相平行的正六边形，六个侧面都是相同的长方形且与底、顶面垂直

读书笔记

续表

序号	名称	概念
6	三视图画图步骤	一般先从反映形状特征的视图画起，然后按视图间的投影关系完成其他两面视图
7	棱柱表面上点的投影	棱柱表面上点的投影均可用平面投影的积聚性来作图
8	正四棱锥	底面为一个正方形，四个侧面均为等腰三角形，所有棱线都交于一点，即锥顶
9	棱锥表面上点的投影	凡属于特殊位置表面上的点，可利用投影的积聚性直接求得；而属于一般位置表面上的点，可通过在该面上作辅助线的方法求得
10	圆柱	圆柱表面包括圆柱面和上、下底面，圆柱面是回转面，可以看作一条与轴线平行的直母线绕轴线旋转而成的
11	素线	圆柱面上任意一条平行于轴线的直线，称之为圆柱面的素线
12	轮廓素线	在投影图中处于轮廓位置的素线，称为轮廓素线（或称为转向轮廓线）
13	截交线	由平面截切立体所形成的表面交线，该平面称为截平面

例题解析

一、单选题（下列选项中只有一个答案是正确的，每题 2 分）

1. 圆柱体在其轴线所垂直的投影面上的投影为圆，则另两个投影是（　　）。

A. 均为圆　　　　B. 均为矩形　　　　C. 均为直线　　　　D. 均为三角形

答案　B

解析　掌握圆柱体的三视图作图。

2. 已知立体的主、俯视图，正确的左视图是（　　）。

　　 A　　 B　　 C

答案　B

解析　掌握棱锥的三视图作图。

二、多选题（下列选项中有一个以上答案是正确的，每题 2 分）

1. 以下基本几何体里属于平面立体的是（　　）。

A. 棱柱　　　　B. 圆柱　　　　C. 棱锥　　　　D. 圆锥

答案　AC

解析 掌握常见的基本几何体。

2.按表面的性质不同，基本体通常分为（　　　）。

A.棱柱　　　　　　B.平面立体　　　　　C.棱锥　　　　　　D.曲面立体

答案 BD

解析 掌握基本几何体表面几何性质的分类。

三、判断题（正确的填 A，错误的填 B，每题 2 分）

1.（　　）表面都是由平面所构成的形体称为曲面立体。

答案 B

解析 掌握按表面的性质不同，基本几何体分类。

2.（　　）圆柱面上任意一条平行于轴线的直线称为圆柱面的素面线。

答案 A

解析 掌握圆柱的形成。

四、填空题（将最适当的答案填写在横线上，每题 2 分）

1.常见的基本几何体有棱柱、_____、圆柱、圆锥、球和圆环等。

答案 棱锥

解析 掌握常见基本几何体。

2.圆柱是由_____和上、下底面组成的。

答案 圆柱面

解析 掌握圆柱的形成。

五、画图题（根据问题完成试题，每题 10 分）

1.求六棱柱表面点的投影。

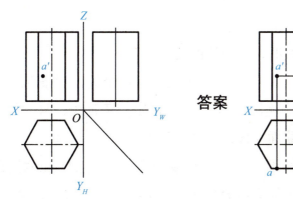

答案

解析 掌握棱柱表面上点的投影。

2.求圆柱体表面点的投影。

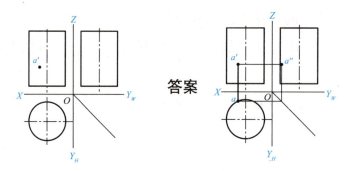

答案

解析 掌握圆柱体表面上点的投影。

📌 专题练习

一、单选题（下列选项中只有一个答案是正确的，每题2分）

1. 用辅助线法进行形体表面取点作图适合于（ ）的表面取点。

A. 圆柱   B. 棱锥   C. 棱柱   D. 球

2. 当平面平行于圆柱轴线截切时，截交线的形状是（ ）。

A. 圆   B. 矩形   C. 椭圆   D. 三角形

3. 当平面垂直于圆柱轴线截切时，截交线的形状是（ ）。

A. 圆   B. 矩形   C. 椭圆   D. 三角形

4. 当平面倾斜于圆柱轴线截切时，截交线的形状是（ ）。

A. 圆   B. 矩形   C. 椭圆   D. 三角形

5. 关于曲面立体说法正确的是（ ）。

A. 组成立体的表面一定都是平面

B. 组成立体的表面一定都是曲面

C. 组成立体的表面都是曲面或是曲面与平面

D. 以上说法都不对

6. 截平面倾斜于圆柱轴线时，截交线的投影（ ）。

A. 可能是三条直线   B. 可能是一个圆，两条直线

C. 可能是一条直线、两个椭圆   D. 可能是一条直线、两个圆

7. 以下基本几何体属于曲面立体的是（ ）。

A. 正四棱锥   B. 三棱锥   C. 圆柱   D. 正六棱台

8. 以下基本几何体属于平面立体的是（ ）。

A. 四棱锥   B. 圆锥   C. 圆柱   D. 圆环

9. 当圆柱的轴线垂直于 W 面时，则圆柱在 V 面的投影是（　　　）。

A. 圆　　　　　　B. 三角形　　　　　C. 四边形　　　　　D. 椭圆

10. 四棱锥在其轴线所垂直的投影面上的投影为四边形，则另外两个投影（　　　）。

A. 均为圆　　　　　　　　　　B. 均为矩形

C. 均为直线　　　　　　　　　D. 均为三角形

11. 已知圆柱截切后的主、俯视图，正确的左视图是（　　　）。

A　　B　　C　　D

12. 已知圆柱截切后的主、俯视图，正确的左视图是（　　　）。

A　　B　　C　　D

二、多选题（下列选项中有一个以上答案是正确的，每题 2 分）

1. 基本几何体表面交线的基本性质有（　　　）。

A. 积聚性　　　　B. 共有性　　　　　C. 封闭性　　　　　D. 真实性

2. 圆柱体被平面截切后产生的截交线形状有（　　　）。

A. 矩形　　　　　B. 圆　　　　　　　C. 椭圆　　　　　　D. 抛物线

3. 根据基本几何体的表面性质不同，基本几何体通常分为（　　　）。

A. 平面立体　　　B. 圆柱体　　　　　C. 棱柱体　　　　　D. 曲面立体

4. 以下基本几何体属于曲面立体的是（　　　）。

A. 球　　　　　　B. 圆锥　　　　　　C. 圆柱　　　　　　D. 圆环

5. 以下基本几何体属于平面立体的是（　　　）。

A. 四棱锥　　　　B. 棱柱　　　　　　C. 三棱锥　　　　　D. 圆环

三、判断题（正确的填 A，错误的填 B，每题 2 分）

1.（　　）圆柱的主视图和左视图都是一个长方形线框，其投影的含义相同。

2.（　　）基本几何体中所有表面均为平面的立体称为平面立体。

3.（　　）基本几何体被平面截切所产生的表面交线称为截交线。

4.（　　）平面立体的截交线为平面曲线或平面曲线和直线围成的封闭平面图形。

5.（　　）当平面平行于圆柱轴线截切时，截交线的形状是矩形。

6.（　　）当平面垂直于圆柱轴线截切时，截交线的形状是圆。

7.（　　）当平面倾斜于圆柱轴线截切时，截交线的形状是椭圆。

8.（　　）在基本几何体中棱柱属于曲面立体。

9.（　　）在基本几何体中圆柱属于平面立体。

10.（　　）用辅助线法进行形体表面取点作图适合于棱锥的表面取点。

四、填空题（将最适当的答案填写在横线上，每题2分）

1.根据基本几何体的表面性质不同，基本几何体通常分为_____和曲面立体。

2.基本几何体中所有表面均为平面的立体称为平面立体，包含有曲面的立体称为_____。

3.基本几何体被平面截切所产生的表面交线称为_____。

4.平面立体的截交线为封闭的_____，其形状取决于截平面所截到棱边个数和交到平面的情况。

5.当平面平行于圆柱轴线截切时，截交线的形状是_____。

6.当平面垂直于圆柱轴线截切时，截交线的形状是_____。

7.当平面倾斜于圆柱轴线截切时，截交线的形状是_____。

8.平面立体表面都是由_____构成的形体。

9.曲面立体表面是由_____和平面或者全部是由曲面构成的形体。

10.基本几何体是由一定数量的表面围成的。常见的基本几个体有棱柱、棱锥、_____、圆锥、球、圆环等。

五、画图题（根据要求完成试题，每题10分）

1.求六棱柱表面点的投影。

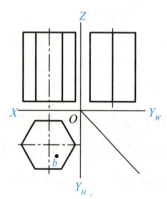

2. 求圆柱体表面点的投影。

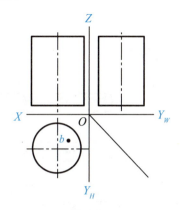

3. 分析圆柱的截交线，补全其三面投影。

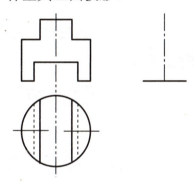

考点 4　组合体识读与绘制

📝 考纲要求

　　1. 了解组合体的构成，掌握圆柱正交相贯的相贯线画法，会进行组合体的尺寸标注。

　　2. 理解组合体的读图方法，掌握中等复杂程度组合体补图、补线的方法。

✏️ 学习建议

　　1. 掌握组合体相贯线的画法，并且能对组合体进行尺寸标注。

　　2. 知道组合体的读图方法，并且能正确迅速地对中等复杂程度组合体补图、补线。

📖 知识梳理

一、组合体识读与绘制知识树

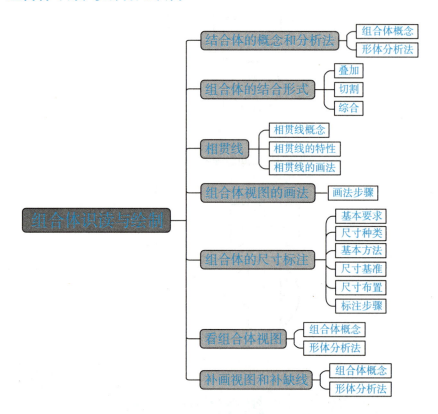

二、重点知识梳理

组合体识读与绘制相关概念见表 1-4-1。

表 1-4-1　组合体识读与绘制相关概念

序号	名称	概念
1	组合体	由两个或两个以上的基本几何体构成的物体
2	形体分析法	按照组合体的结构特点和各组成部分的相对位置，把它划分为若干个简单几何体或基本几何体，并分析各简单几何体之间的分界线的特点和画法，然后组合起来画出视图或想象出其形状
3	相接	两形体以多字平面的方式相互接触
4	相贯	两形体的表面彼此相交
5	相贯线	两立体相交，表面形成的交线
6	尺寸基准	确定尺寸位置的点、直线、平面
7	线面分析法	运用线面的投影规律，分析视图中的线条、线框的含义和空间位置，从而看懂视图

例题解析

一、单选题（下面选项中只有一个答案是正确的，每题 2 分）

1. 如右图所示，说法正确的是（   ）。

A. 轴线垂直于两圆柱的相贯线   B. 轴线平行于两圆柱的相贯线

C. 轴线倾斜于两圆柱的相贯线   D. 以上都不正确

答案   B

解析   掌握相贯线的概念

2. 选择正确的视图（   ）。

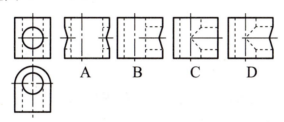

答案   C

解析   两圆柱直径相等时，在与圆柱轴线平行的投影面上的投影为两正交直线。

二、多选题（下面选项中有一个以上答案是正确的，每题 2 分）

1. 下列尺寸标注正确的是（   ）。

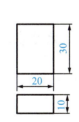      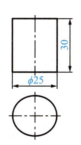 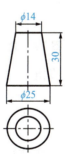

A.   B.   C.   D.

答案   ABCD

解析   圆的直径应尽量标注在投影为非圆的视图上。

2. 选择正确的左视图（   ）。

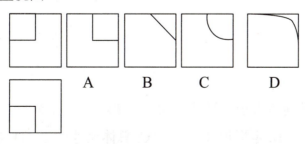

答案 ABC

解析 组合体的补图方法。

三、判断题（正确的填 A，错误的填 B，每题 2 分）

1.（　　）下图尺寸标注是正确的。

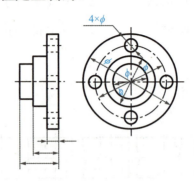

答案 B

解析 圆的直径一般标注在投影为非圆的视图上。

2.（　　）下图尺寸标注是正确的。

答案 B

解析 相互平行的尺寸，应按大小顺序排列，小尺寸在内，大尺寸在外。

四、填空题（将最适当的答案填写在横线上，每题 2 分）

两圆柱直径相等时，相贯线为两个相交的_____。

答案 椭圆

解析 掌握相贯线的概念。

专题练习

一、单选题（下列选项中只有一个答案是正确的，每题 2 分）

1. 表示各基本几何体大小的尺寸是（　　）。

A. 定位尺寸　　　　B. 定形尺寸　　　　　　C. 总体尺寸　　　　D. 基本尺寸

2. 尺寸应该尽量标注在（　　　）上。

　A. 主视图　　　　　B. 俯视图　　　　　C. 左视图　　　　　D. 特征视图

3.（　　　）式组合体可分为相接、相切和相贯三种形式。

　A. 叠加　　　　　B. 切割　　　　　C. 综合　　　　　D. 以上都不正确

4. 对于小结构的相贯线，在不致误解的情况下，可用（　　　）代替。

　A. 曲线　　　　　B. 空间曲线　　　　　C. 直线　　　　　D. 圆

5. 正确的左视图是（　　　）。

6. 正确的左视图是（　　　）。

7. 如下图所示，该基准是（　　　）尺寸标注基准。

　A. 长度　　　　　B. 宽度　　　　　C. 高度　　　　　D. 都不是

8. 两形体以（　　　）的方式相互接触称为相接。

　A. 平面　　　　　B. 直线　　　　　C. 点　　　　　D. 平行

9. 由两个或两个以上的基本几何体构成的物体称为（　　　）。

　A. 组合体　　　　　B. 平面立体　　　　　C. 曲面立体　　　　　D. 多面体

10. 下列属于标注组合体尺寸的基本方法的是（　　　）。

　A. 线面分析法　　　B. 表面取点法　　　C. 形体分析法　　　D. 辅助平面法

二、多选题（下列选项中有一个以上答案是正确的，每题 2 分）

1. 在组合体的视图上标注尺寸，应做到（　　　）。

　A. 正确　　　　　B. 完整　　　　　C. 清晰　　　　　D. 合理

2.组合体的尺寸包括（　　　）。

A.定形尺寸　　　　B.定位尺寸　　　　C.总体尺寸　　　　D.基本尺寸

3.组合体尺寸标注时，通常选择组合体的（　　　）为基准。

A.底面　　　　B.端面　　　　C.对称面　　　　D.轴心线

4.看图的基本方法有（　　　）。

A.辅助面法　　　B.辅助线法　　　C.形体分析法　　　D.线面分析法

5.相贯线的形式有（　　　）。

A.平面曲线　　　B.平面直线　　　C.空间曲线　　　D.截交线

6.相接的分界线可以是（　　　），也可以是（　　　），只要知道了它们的平面位置，就可以画出它们的投影。

A.直线　　　　B.平面曲线　　　　C.点　　　　D.多边形

7.相贯线一般是封闭的空间曲线，特殊情况下是（　　　）。

A.平面曲线　　　B.直线　　　　C.空间曲线　　　D.以上都不是

8.选择正确的左视图（　　　）。

A　　　　B　　　　C　　　　D

9.关于组合体的尺寸标注中，下面说法中正确的是（　　　）。

A.定形尺寸应标注在最能显示该部分形状特征的视图上

B.尺寸应尽量集中标注在主视图上

C.同一形体的尺寸应尽量集中标注

D.尽量不要在虚线上标注尺寸

10.相贯线特性具有（　　　）。

A.空间性　　　　B.封闭性　　　　C.共有性　　　　D.特殊性

三、判断题（正确的填A，错误的填B，每题2分）

1.（　　　）两形体相接的分界线为直线或平面曲线。

2.（　　　）当结合平面不平齐时，两者中间应该有线隔开。

3.（　　　）由于两形体相切，在相切处是光滑过渡的，二者之间没有分界线，所以相切处不画出切线。

4.（　　）相贯线由于形体不同，相交的位置不同，就会产生不同的交线。

5.（　　）相贯线一定是一条闭合的空间曲线。

6.（　　）通常要求俯视图能较多地表达物体的形状和特征。

7.（　　）标注组合体视图的尺寸，除了要求完整、准确地标注出三类尺寸以外，还要注意尺寸的布置。

8.（　　）对于一些比较复杂的物体，单用形体分析法还不够，还要用线面分析法。

9.（　　）零件表面上的相贯线大都是由曲面立体表面相交而成的。

10.（　　）相贯线上的点是两立体表面上的共有点。

11.（　　）对称结构的尺寸，一般对称标注。

12.（　　）标注的尺寸不是定形尺寸就是定位尺寸。

13.（　　）组合体尺寸标注的基本原则：先标注各基本体的定形尺寸和定位尺寸，然后标注总体尺寸。

14.（　　）多个尺寸平行标注时，应使较小的尺寸靠近视图，较大的尺寸依次向外分布，以免尺寸线与尺寸界线交错。

15.（　　）补视图是指根据完整的视图，通过分析作出判断，想象出形体的形状，补出另外的视图，补视图的主要方法是形体分析法。

四、填空题（将最适当的答案填写在横线上，每题 2 分）

1.相贯线的投影曲线始终由小圆柱向_____轴线弯曲。

2.相贯线是相交两立体表面的_____。

3.选择视图首先需要确定_____视图。

4._____表示组合体总长、总宽、总高的尺寸。

5.补图的一般顺序是先画外形，再画_____，先画叠加部分，再画挖切部分。

6.组合体可分为叠加式、_____和综合式。

7._____是根据组合体的形状，将其分解成若干部分，弄清各部分的形状和它们的相对位置及组合方式，分别画出各部分的投影。

8._____是指视图上的一个封闭线框，一般情况下代表一个面的投影，不同线框之间的关系，反映了物体表面的变化。

9._____表示各基本几何体之间相对位置的尺寸。

10. 下图中两形体的相贯线的形状是_____。

五、组合体综合练习题（根据要求完成试题，20分）

识读组合体的视图，想象物体的空间结构，补画左视图，并标注尺寸（尺寸按 1∶1 量取，取整数）。

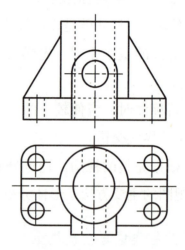

考点5　图样的常用表达方式

✨ 考纲要求

1. 理解视图的分类。

2. 掌握基本视图、向视图、局部视图、斜视图的含义、表示方法与标注方法。

3. 理解常用剖视图的概念、表示方法与标注方法。

4. 理解断面图的概念、表示方法与标注方法。

5. 理解局部放大图的作用及画法，熟悉常用的简化画法。

学习建议

1. 学习视图的分类，能够说出基本视图、向视图、局部视图、斜视图的含义并能正确绘制、标注。

2. 能正确绘制剖视图并合理的标注。

3. 能够正确绘制断面图及合理标注，正确绘制局部放大图，学会常用的简化画法。

知识梳理

一、图样表示法知识树

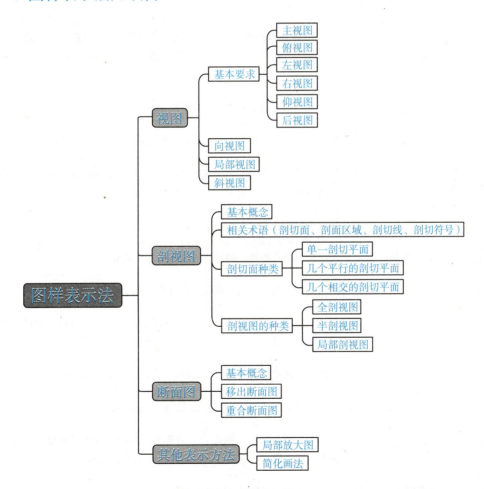

二、重点知识梳理

图样的常用表达方式相关概念见表 1-5-1。

读书笔记

表 1-5-1　图样的常用表达方式相关概念

序号	名称	概念
1	视图	根据有关标准和规定，用正投影法绘制出的物体的图形
2	基本视图	将物体向基本投影面投射所得的视图
3	主视图	由前向后投射所得的视图
4	俯视图	由上向下投射所得的视图
5	左视图	由左向右投射所得的视图
6	右视图	由右向左投射所得的视图
7	仰视图	由下向上投射所得的视图
8	后视图	由后向前投射所得的视图
9	向视图	是可以自由配置的视图。采用这种表达方式时，在向视图的上方注写"×"（× 为大写拉丁字母），并在相应视图的附近用箭头指明投影方向，并标注相同的字母
10	局部视图	将物体的某一部分向基本投影面投射所得到的视图称为局部视图
11	斜视图	物体向不平行于基本投影面的平面投射所得的视图称为斜视图
12	剖视图	假想用刮切面剖开物体，将处在观察者和剖切面之间的部分移去，而将其余部分向投影面投影所得的图形
13	剖切面	剖切被表达物体的假想平面或曲面
14	剖面区域	假想用剖切面剖开物体，剖切面与物体的接触部分
15	剖切线	指示剖切面位置的线（细点画线），可省略不画
16	剖切符号	指示剖切面起讫和转折位置（用粗短画线表示）及投射方向（用箭头或粗短画线表示）的符号
17	剖面符号	也称剖面线，凡被剖到的部分都应根据材料画上不同的剖面符号
18	全剖视图	用剖切面完全地剖开物体所得的剖视图称为全剖视图
19	半剖视图	当零件具有对称平面时，向垂直于对称平面的投影面上投影得到的图形，可以对称中心线为界，一半画成剖视图，另一半画成视图
20	局部剖视图	用剖切面局部地剖开物体所得的剖视图
21	断面图	假想用剖切面将物体的某处切断，仅画出该剖切面与物体接触部分的图形
22	局部放大图	将机件的部分结构用大于原图形采用的比例所画出的图形

读书笔记

例题解析

一、单选题（下列选项中只有一个答案是正确的，每题2分）

1. 选择正确的全剖视图。（　　　）

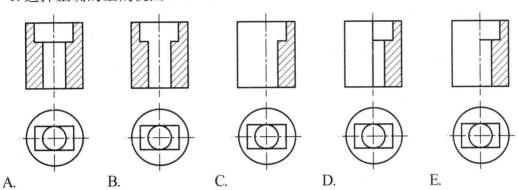

A.　　　　　B.　　　　　C.　　　　　D.　　　　　E.

答案　A

解析　全剖视图的识读。

2. 选择正确的半剖视图（　　　）。

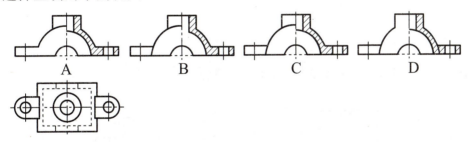

A　　　　　B　　　　　C　　　　　D

答案　C

解析　半剖视图的识读。

二、多选题（下列选项中有一个以上答案是正确的，每题2分）

剖切面的种类有（　　　）。

A. 单一剖切平面　　　　　　　　B. 几个平行的剖切平面

C. 几个相交的剖切面　　　　　　D. 几个旋转的剖切平面

答案　ABC

解析　剖切面的种类。

三、判断题（正确的填A，错误的填B，每题2分）

1.（　　　）视图上标有"A"字样的是向视图。

答案　B

解析 向视图的概念。

2.（ ）机件向基本投影面投影所得的图形称为基本视图，共有六个基本视图。

答案 A

解析 基本视图的概念。

四、填空题（将最适当的答案填写在横线上，每题 2 分）

1.移出断面图是画在视图外的断面图，轮廓线用_____绘制。

答案 粗实线

解析 移出断面图的画法。

2.将机件的部分结构用大于原图形所采用的比例画出的图形，称为_____。

答案 局部放大图

解析 局部放大图的概念。

专题练习

一、单选题（下列选项中只有一个答案是正确的，每题 2 分）

1.读下图轴的四个不同位置的断面图，判断正确的是（   ）。

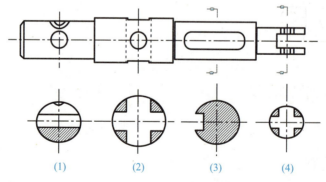

(1)　　　　(2)　　　　(3)　　　　(4)

A.断面图（1）（2）错误　　　　B.断面图（3）（4）错误

C.断面图（1）（3）正确　　　　D.断面图（2）（4）正确

2.断面图正确的是（   ）。

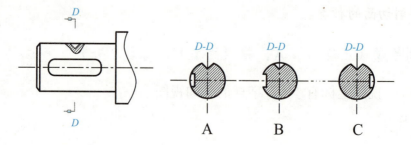

A　　　　B　　　　C

3. 下列三组视图中，尺寸标注正确的是（　　　）。

A.　　　　　　　　B.　　　　　　　　C.

4. 下列三组视图中，尺寸标注正确的是（　　　）。

A.　　　　　　　　B.　　　　　　　　C.

5. 移出剖面图正确的是（　　　）。

A　　　　　B　　　　　C　　　　　D

6. 重合断面图正确的是（　　　）。

A.　　　　　　B.　　　　　　C.　　　　　　D.

7. 移出断面图正确的是（　　　）。

A　　　　　B　　　　　C　　　　　D

8. 移出断面图正确的是（　　　）。

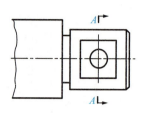  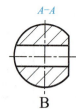 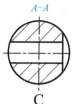 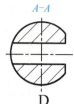

A　　　　　B　　　　　C　　　　　D

9. 移出断面图正确的（　　　）。

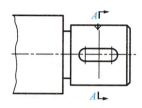 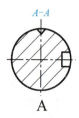  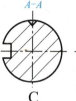 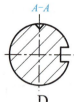

A　　　　　B　　　　　C　　　　　D

10. 移出断面图正确的是（　　　）。

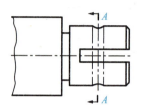    

A　　　　　B　　　　　C　　　　　D

二、多选题（下列选项中有一个以上答案是正确的，每题2分）

1. 剖切面的种类有（　　　）。

A. 单一剖切平面　　　　　　　　B. 几个平行的剖切平面

C. 几个相交的剖切面　　　　　　D. 几个旋转的剖切平面

2. 断面图可以分为（　　　）。

A. 移出断面图　　B. 重合断面图　　C. 旋转断面图

3. 按剖切的范围，剖视图可分为（　　　）。

A. 全剖视图　　　B. 半剖视图　　　C. 局部剖视图　　　D. 移出剖视图

三、判断题（正确的填A，错误的填B，每题2分）

1.（　　）视图上标有"A"字样的是向视图。

2.（　　）视图上标有"A向旋转"字样的是斜视图。

3.（　　）局部视图的断裂边界一般以波浪线表示。

4.（　　）机件向基本投影面投影所得的图形称为基本视图，共有六个基本视图。

5.（　　）六个基本视图中，最常应用的是右视图、仰视图和后视图。

6.（　　）金属材料的剖面符号是与水平成 45°的互相平行间隔均匀的粗实线。

7.（　　）半剖视图的分界线是粗实线。

8.（　　）局部剖视图的波浪线可用轮廓线代替。

9.（　　）假想用剖切平面将机件的某处切断，仅画出断面的图形，称为剖视图。

10.（　　）画在视图轮廓之外的断面称为移出断面。

11.（　　）重合断面的轮廓线用细实线绘制。

12.（　　）全剖视图可用于表达内形复杂的不对称机件和外形简单的对称机件。

13.（　　）半剖视图常用于表达内外结构均较复杂的对称机件。

14.（　　）局部剖视图既能表达内部形状，又能保留机件的某些外形。

15.（　　）局部剖视图上的波浪线可以超出轮廓线之外。

16.（　　）全剖视、半剖视和局部剖视均使用的是单一剖切平面。

17.（　　）半剖视图用的是两个平行的剖切平面。

18.（　　）两形体表面相错时，两表面投影的分界处应用粗实线隔开。

19.（　　）两形体表面共面时，构成一个完整的平面，画图时可用线隔开。

20.（　　）两形体表面相交时，相交处有分界线，视图上应画出表面交线的投影。

四、填空题（将最适当的答案填写在横线上，每题 2 分）

1.剖切平面与机件接触的部分称为_____。

2.画在视图轮廓线之内的断面图称为_____。

3.按剖切范围的大小来分，剖视图可分为全剖视图、_____和局部剖视图。

4.移出断面图是画在视图_____的断面图。

5.将机件的部分结构用大于原图形所采用的比例画出的图形，称为_____。

6.省略一切标注的剖视图，说明它的剖切平面通过机件的_____。

7.断面图用来表达零件的_____形状。

五、作图题（根据要求完成试题，每题 20 分）

1. 在指定位置将主视图画成全剖视图。

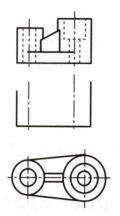

2. 在指定位置画出剖面图（键槽深 3 mm）。

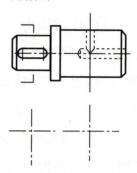

3. 在指定位置将主视图画成全剖视图，左视图画成半剖视图。

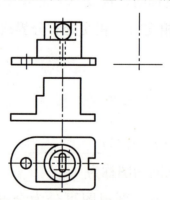

考点 6　标准件和常用件

考纲要求

1. 掌握螺纹的结构要素。
2. 掌握螺纹规定画法及标注方法。
3. 掌握螺栓、双头螺柱、螺钉的装配连接画法，正确识读螺纹连接件的标记。
4. 掌握直齿圆柱齿轮及其啮合的规定画法。
5. 掌握键连接、销连接的规定画法。
6. 掌握滚动轴承的规定画法。

学习建议

1. 了解螺纹结构的要素，能够按螺纹规定画法进行绘图，并进行标注。
2. 能够正确绘制螺栓、双头螺柱、螺钉的装配连接。
3. 能够正确绘制直齿圆锥齿轮及其啮合。
4. 能够正确绘制键、销的连接和滚动轴承。

知识梳理

一、标准件和常用件知识树

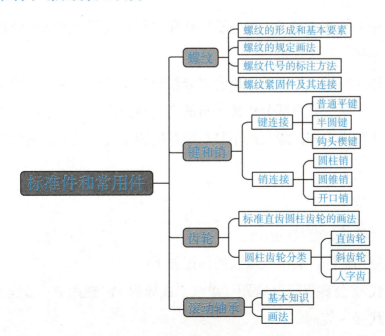

二、重点知识梳理

（一）螺纹

1. 螺纹的基本要素

螺纹的基本要素有五个，即牙型、直径、螺距（或导程 / 线数）、线数和旋向。内外螺纹配合时，两者的五要素必须相同。螺纹的牙型、大径、螺距都符合国家标准的称为标准螺纹；牙型不符合国家标准的称为非标准螺纹；牙型符合国家标准，但大径或螺距不符合国家标准的称为特殊螺纹。

2. 螺纹的画法规定

（1）内外螺纹的画法规定

①螺纹牙顶圆用粗实线，牙底圆用细实线，螺杆的倒角或倒圆部分也应画出。

②在垂直于螺纹轴线的投影面的视图中，表示牙底圆的细实线只画 3/4（空出约 1/4 的位置），此时不画出螺杆或螺孔上的倒角投影。

③有效螺纹终止线用粗实线。

④螺尾部分一般不必画出，当需要表示时，该部分用与轴线成 30°的细实线画出。

⑤无论是外螺纹还是内螺纹，在剖视图或断面图中的剖面线都应画到粗实线。

⑥绘制不穿通的螺孔时，一般应将钻孔深度与螺纹部分的深度分别画出。

（2）螺纹连接的画法规定

内外螺纹连接画成剖视图时，旋合部分按外螺纹的画法绘制，即大径画成粗实线，小径画成细实线。其余部分仍按各自的规定画法绘制。此时内外螺纹的大径与大径、小径与小径应对齐，螺纹的小径与螺杆的倒角大小无关，剖面线均应画到粗实线处。

3. 常用螺纹的标记

（1）紧固（连接）螺纹的标记

普通螺纹应用最广，其单线螺纹的标记如下：

螺纹特征代号 公称直径 ×螺距（单线）或导程 Ph/ 螺距 P（多线）–公差带代号 – 旋合长度代号 – 旋向

（2）传动螺纹的标记

螺纹代号 公称直径 × 导程（螺距 P）旋向 – 中径公差带代号 – 旋合长度代号

4. 螺纹紧固件及其连接（表1-6-1）

表1-6-1　螺纹紧固件及其连接

连接形式	应用场合	连接方法
螺栓连接	连接两个不太厚的零件和连接需要经常拆卸的场合	在被连接的两零件上钻有比螺栓直径大（1.1d）的通孔，将螺栓穿入孔内，以螺栓的头部抵住下面零件的下端面，再套上垫圈，拧紧螺母，即将两被连接零件紧固起来
双头螺柱连接	用于被连接件之一太厚，不适于钻成通孔或不能钻成通孔，需要经常拆卸的场合	将双头螺柱旋入端旋入被连接件的螺纹孔，并使紧固端穿过较薄零件的通孔，再套上垫圈用螺母拧紧
螺钉连接	用于受力不大、不需要经常拆卸的场合	上面的零件钻成通孔，其直径比螺钉公称直径大（1.1d），另一个零件加工成螺纹孔，然后将螺钉拧入，用螺钉头压紧被连接件

（二）齿轮的基本知识

1. 齿轮的作用

传递动力或改变转速或改变旋转方向。

2. 齿轮的分类

常用的齿轮分为圆柱齿轮、锥齿轮、蜗轮和蜗杆。

圆柱齿轮分为直齿轮、斜齿轮、人字齿轮。

3. 单个直齿圆柱齿轮的规定画法（表1-6-2）

表1-6-2　单个直齿圆柱齿轮的规定画法

项目	与轴线垂直的投影面上的投影	与轴线平行的投影面上的投影	
分度圆 / 线	细点画线	细点画线	细点画线
齿顶圆 / 线	粗实线	粗实线	粗实线
齿根圆 / 线	细实线（可省略不画）	细实线（可省略不画）	粗实线（轮齿不剖）
轮齿方向	用三条与齿线方向一致的倾斜细实线表示（直齿不画）		

读书笔记

4. 直齿圆柱齿轮的啮合画法（表 1-6-3）

表 1-6-3　直齿圆柱齿轮的啮合画法

与轴线垂直的投影面上	与轴线平行的投影面上的投影	
	视图	剖视图
节圆相切，啮合区内的齿顶圆均用粗实线画出，也可省略不画	啮合区的齿顶线不需要画出，节线用粗实线绘制，其他处的节线仍用细点画线绘制	当剖切平面通过两啮合齿轮的轴线时，在啮合区内，将一个齿轮的轮齿用粗实线绘制，另一齿轮的轮齿被遮挡部分用细虚线绘制，也可省略不画

（三）键连接

键是标准件，用来连接轴与轴上的零件。其中键的一部分嵌在轴上的键槽内，另一部分嵌在轮上的键槽内，保证轮与轴一起转动。这种连接称为键连接。

1. 键的种类

常用键有普通平键、半圆键、钩头楔键。普通平键分为 A 型（圆头）、B 型（平头）、C 型（单圆头）。

2. 键的标记

普通平键的标记：标准编号 名称 类型 键宽 × 键高 × 键长

3. 键的规定画法（表 1-6-4）

表 1-6-4　键的规定画法表

类别	侧面的画法	顶面的画法	底面的画法
普通平键、半圆键	键的两个侧面是工作面，只画一条线	键的顶面不接触，应画两条线，作图时可以放大间隙画出	键的底面与键槽底面接触，应画一条线
钩头楔键	键的两个侧面与轴上键槽采用较为松动的间隙配合，由于基本尺寸相同，侧边只画一条线	钩头楔键的顶面有 1∶100 的斜度，靠侧面与底面接触受力传递转矩	

（四）销连接

1. 销的种类

销是标准件，常用的销有圆柱销、圆锥销、开口销等，主要用于零件之间的连接、定位或防松等。

2.销的标记

名称标准编号 – 公称直径 – 公差代号 – 长度 – 材料组表面处理

3.销的规定画法

在剖视图中：当剖切平面通过销的轴线时，销按不剖切绘制；当剖切平面垂直于销的轴线时，被剖切的销应画剖面线。

（五）滚动轴承

1.滚动轴承的作用

支撑轴并承受轴上载荷。

2.滚动轴承的组成

内圈、外圈、滚动体、保持架。

3.滚动轴承的代号

（1）滚动轴承代号的构成

按顺序由前置代号、基本代号、后置代号构成。

（2）基本代号

基本代号由轴承类型代号、尺寸系列代号和内径代号构成。

4.滚动轴承的画法（表1-6-5）

表1-6-5 滚动轴承的画法表

分类		适用条件	画法要求	
规定画法		用于产品图样、产品样本、产品标准、用户手册及说明书中	剖视图中，滚动体按不剖切处理，其内外圈的剖面线相同，在不致引起误解时可省略不画；轴一侧用剖视图，另一侧按通用画法绘制	
简化画法	通用画法	不需要确切地表示滚珠轴承的外形轮廓、载荷特性、结构特征时	用矩形线框及位于线框中央正立的十字形符号表示，十字形符号不应与矩形线框接触	1.各种符号、矩形线框和轮廓均用粗实线绘制； 2.矩形线框或外形轮廓的大小应与滚动轴承的外形尺寸一致，并与所属图样采用同一比例； 3.应绘制在轴的两侧； 4.一律不画剖面线
	特征画法	在剖视图中，需要较形象地表示滚动轴承的结构特征时	在矩形线框内画出其结构要素符号表示结构特征	

例题解析

一、单选题（下列选项中只有一个答案是正确的，每题2分）

1. 内螺纹画法正确的是（　　　）。

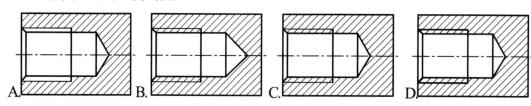

A. 　　　　B. 　　　　C. 　　　　D.

答案　C

解析　螺纹牙顶圆用粗实线，牙底圆用细实线，无论是外螺纹还是内螺纹，在剖视图或断面图中的剖面线都应画到粗实线处。

2. 当剖切平面通过两啮合齿轮的轴线时，在啮合区内，将一个齿轮的轮齿用粗实线绘制，另一个齿轮的轮齿被挡住的部分用（　　　）绘制。

A. 粗实线　　　　B. 细实线　　　　C. 细点画线　　　　D. 虚线

答案　D

解析　齿轮的画法。

二、多选题（下列选项中有一个以上答案是正确的，每题2分）

1. 滚动轴承的画法有（　　　）。

A. 规定画法　　　　B. 简化画法　　　　C. 特征画法　　　　D. 基本画法

答案　AB

解析　滚动轴承的画法有规定画法和简化画法。

2. （　　　）和（　　　）用细点画线绘制。

A. 齿顶圆　　　　B. 齿根圆　　　　C. 分度圆　　　　D. 分度线

答案　CD

解析　分度圆和分度线用细点画线绘制。

三、判断题（正确的填A，错误的填B，每题2分）

1. 公称直径以mm为单位的螺纹应直接标注在大径的尺寸线上或其引出线上。

答案　A

解析　螺纹的标注方法。

2. 在螺栓连接剖视图中表示相邻的两个零件时，相邻零件的剖面线必须以同方向或同间隔画出。

答案 B

解析 在剖视图中表示相邻的两个零件时，相邻零件的剖面线必须以不同的方向或以不同的间隔画出。

三、填空题（将最适当的答案填写在横线上，每题 2 分）

1. 在垂直于螺纹轴线的投影面的视图中，表示牙底圆的细实线只画约_____圈。

答案 3/4

解析 螺纹牙底圆的画法。

2. 画啮合图时，一般采用两个视图，在垂直于圆柱齿轮轴线的投影面的视图中，啮合区内的齿顶圆均用_____绘制。

答案 粗实线

解析 齿轮的画法。

专题练习

一、单选题（下列选项中只有一个答案是正确的，每题 2 分）

1. 螺纹连接图正确的是（　　　）。

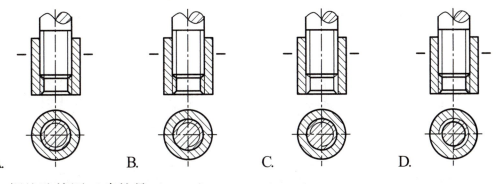

A.　　　　　B.　　　　　C.　　　　　D.

2. 螺纹连接图正确的是（　　　）。

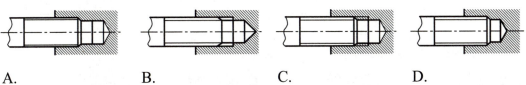

A.　　　　　B.　　　　　C.　　　　　D.

读书笔记

3. 下列三组视图中，螺钉连接图正确的是（　　　）。

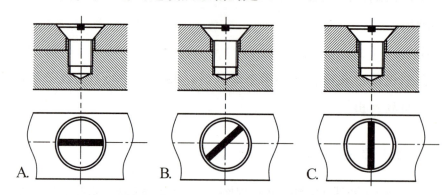

A. B. C.

4. 在键连接画法中，两侧面应与轴和轮毂上的键槽侧面接触，其底面与轴上键槽底面接触，均应画（　　）条线。

A. 一　　　　　　B. 两　　　　　　C. 三　　　　　　D. 四

5. 键的顶面与轮毂上键槽的顶面之间有（　　　）。

A. 间隙　　　　　B. 闭合　　　　　C. 相交　　　　　D. 垂直

6. 关于螺纹的画法说法正确的是（　　　）。

A. 牙顶线用粗实线表示，牙底线用细实线表示，内外螺纹旋合部分按内螺纹画法绘制。

B. 牙顶线用粗实线表示，牙底线用细实线表示，内外螺纹旋合部分按外螺纹画法绘制。

C. 牙顶线用细实线表示，牙底线用粗实线表示，内外螺纹旋合部分按外螺纹画法绘制。

7. 梯形和锯齿形螺纹为多线螺纹时，螺距应在括号中注以（　　　）字。

A. *Ph*　　　　　　B. *P*　　　　　　C. *H*　　　　　　D. *LH*

8. 螺纹画法正确的是（　　　）。

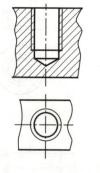 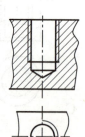 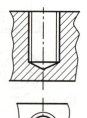 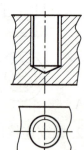

A. B. C. D.

9. 在剖视图中，齿根线用（　　　）绘制。

A. 粗实线　　　　B. 细实线　　　　C. 细点画线　　　　D. 细虚线

10.下列螺纹标注错误的是（　　　）

A. M24×1.5LH-5g6g-S 　　　　B. M16-5g

C. M14-6g-L 　　　　D. M20-5g6g-N

二、多选题（下列选项中有一个以上答案是正确的，每题 2 分）

1. 下列不能用于螺纹终止线的有（　　　）。

A. 细实线　　　B. 粗实线　　　C. 细虚线　　　D. 波浪线

2. 在下列选项中，不是螺钉头部的一字槽偏转角度的是（　　　）。

A. 30°　　　B. 45°　　　C. 60°　　　D. 90°

3. 滚动轴承的简化画法包括（　　　）。

A. 规定画法　　　B. 通用画法　　　C. 特征画法　　　D. 简单画法

4. 螺纹的标记由（　　　）组成。

A. 螺纹代号　　　　　　　　B. 公差带代号

C. 旋合长度代号　　　　　　D. 位置公差

5. 外螺纹公差等级分（　　　）。

A. A 级　　　B. B 级　　　C. C 级　　　D. D 级

6. 下列说法错误的是（　　　）。

A. 螺尾部分必须画出　　　　B. 螺尾用粗实线表示

C. 螺尾用虚线表示　　　　　D. 螺纹应与轴线成 30°

7. 常用螺纹紧固件在装配图中，（　　　）、（　　　）和（　　　）可根据情况采用简化画法。

A. 螺栓连接　　　B. 螺柱连接　　　C. 螺钉连接　　　D. 键连接

8. 钩头楔键是靠（　　　）与（　　　）接触受力来传递转矩的。

A. 顶面　　　B. 底面　　　C. 侧面　　　D. 前面

9. 销在机器中主要用于零件之间的（　　　）、（　　　）和（　　　）。

A. 连接　　　B. 定位　　　C. 防松　　　D. 润滑

10. 常用的键有（　　　）。

A. 普通平键　　　B. 半圆键　　　C. 钩头楔键　　　D. 花键

三、判断题（正确的填 A，错误的填 B，每题 2 分）

1.（　　　）图样中标注的螺纹长度均指包括螺尾在内的有效螺纹长度，否则应另加说明。

2.（　　　）在螺纹连接的画法规定中，内外螺纹的大径与大径、小径与小径应对齐，螺纹的小径与螺杆的倒角大小无关，剖面线均应画到粗实线处。

3.（　　　）M20×2 表示粗牙普通螺纹。

4.（　　　）在滚动轴承的装配图中，规定画法一般采用剖视图绘制在轴的一侧，另一侧按通用画法绘制。

5.（　　　）两个被连接零件的接触面只画一条线。

6.（　　　）在螺栓连接剖视图中表示相邻的两个零件时，相邻零件的剖面线必须以同方向或同间隔画出。

7.（　　　）螺旋弹簧均可画成左旋；但对必须保证的旋向要求，应在"技术要求"中注明。

8.（　　　）画啮合图时，一般采用两个视图，在垂直于圆柱齿轮轴线的投影面的视图中，啮合区内的齿顶圆均用细实线绘制。

9.（　　　）代号为 51310 的推力球轴承内径为 100 mm。

10.（　　　）在装配图中，螺栓连接、螺柱连接和螺钉连接可根据情况采用简化画法。

四、填空题（将最适当的答案填写在横线上，每题 2 分）

1. 键的种类很多，常用的有普通平键、＿＿＿＿＿＿＿、钩头楔键等。

2. 圆柱齿轮按轮齿的方向可分为＿＿＿＿＿＿、斜齿轮、人字齿轮三种。

3. M20×1.5 表示是＿＿＿＿＿＿螺纹。

4. 梯形和锯齿形螺纹为＿＿＿＿＿＿螺纹时，螺距应注在括号中，并冠以 P 字，括号前注写导程。

5. 在垂直于螺纹轴线的投影面的视图中，表示牙底圆的细实线只画约＿＿＿＿＿＿圈，此时，不画出螺杆或螺孔上的倒角投影。

6. 螺纹按用途的不同，可分为连接螺纹和＿＿＿＿＿＿。

7. 以剖视图表示内外螺纹的连接时，其旋合部分应按＿＿＿＿＿＿的画法绘制，其余部分仍按各自的画法绘制。

8. 梯形螺纹，公称直径为 20 mm，螺距为 4 mm，双线，右旋，中径公差带代号为 7e，中等旋合长度，其螺纹代号为＿＿＿＿＿＿。

9. 常用销的种类有圆柱销、圆锥销、＿＿＿＿＿＿。

10. ＿＿＿＿＿＿用于各种机床的丝杠，作传动用。

五、作图题（根据要求完成试题，20分）

补全螺栓连接图中所缺的图线。

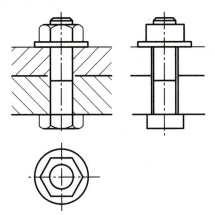

考点7 零件图

考纲要求

1. 理解零件图的作用和内容。

2. 能识读一定复杂程度的零件图（2～3 视图，约 20 个尺寸）。

3. 能识读零件图尺寸公差、几何公差、表面粗糙度。

学习建议

1. 了解零件图的组成、作用和分类，能区分零件的类型，并在图上找到相应组成要素。

2. 利用形体分析法看懂各视图，想象出零件的形状，并能判断视图的表达方式；看懂各工艺结构。

3. 掌握并能识读图形中的技术要求（尺寸公差、几何公差、表面粗糙度）。

4. 能识读一些典型的零件图（轴套类零件、叉架类零件、轮盘类零件、箱体类零件。

读书笔记

知识梳理

一、零件图知识树

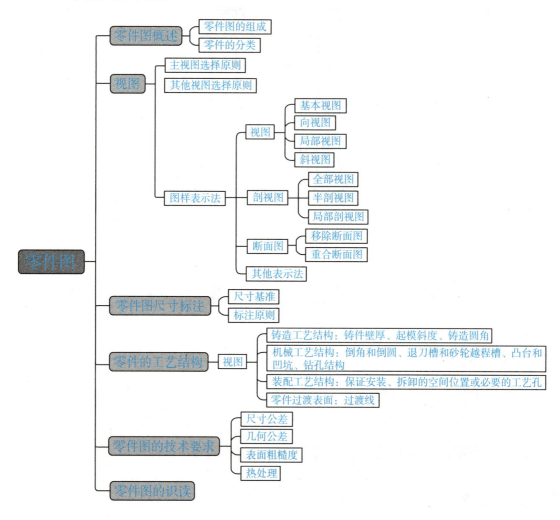

二、重点知识梳理

零件图相关概念见表 1-7-1。

表 1-7-1　零件图相关概念

序号	名称	概念
1	零件图	直接指导制造和检验零件的图样，是零件生产中的重要技术文件
2	尺寸基准	确定尺寸位置的几何元素，根据作用不同分为设计基准和工艺基准
3	尺寸公差	尺寸允许的变动量，简称公差。公差值只能为正，不能为负和零
4	公称尺寸	设计给定的尺寸
5	极限尺寸	尺寸允许的两个界线值，包括上极限尺寸和下极限尺寸

续表

序号	名称	概念
6	极限偏差（偏差）	极限尺寸与公差尺寸所得的代数差，包括上偏差和下偏差。偏差可以为正，可以为负，也可以为零
7	公差带	以公称尺寸为基准，由代表上、下极限偏差的两条直线所限定的区域，其大小由标准公差决定，位置由基本偏差决定
8	标准公差	确定公差带大小的数值，国家标准将标准公差分为 20 个等级
9	基本偏差	确定公差带相对于零线位置的上极限偏差或下极限偏差，一般为靠近零线的那个偏差。国家标准分别对孔和轴规定了 28 个不同的基本偏差
10	几何公差	允许几何误差的变动量，包括形状公差和位置公差
11	表面粗糙度	指零件加工表面上具有的较小间距和峰谷所组成的微观不平度
12	热处理	为改善材料的机械加工工艺性能，并使零件能获得良好的力学性能和使用性能，在生产过程中常采用热处理的方法，可分为退火、正火、淬火、回火及表面热处理等

例题解析

一、**单选题**（下列选项中只有一个答案是正确的，每题 2 分）

1. 评定表面粗糙度普遍采用的参数是（　　）。

A. Ra　　　　　　B. Ry　　　　　　C. Rz

答案　A

解析　表面粗糙度常用的评定参数。

2. 读图和画图一般都是从（　　）视图入手。

A. 俯　　　　　　B. 主　　　　　　C. 左

答案　B

解析　主视图是一组视图的核心。

3. 轴套类、轮盘类零件选择主视图时，一般遵循（　　）原则。

A. 形状特征　　　B. 工作位置　　　C. 加工位置

答案　C

解析　回转体零件主视图的选择原则应遵循加工位置原则。

二、多项选择题（下列选项中有一个以上答案是正确的，每题2分）

1. 主视图选择应考虑（　　　）原则。

A. 形状特征原则　B. 工作位置原则　　C. 正确表达原则　D. 加工位置原则

答案　ABD

解析　主视图的选择原则。

2. 方向公差包括（　　　）。

A. 同心度　　　　　B. 垂直度　　　　　C. 倾斜度　　　　　D. 平行度

答案　BCD

解析　几何公差的分类

3. 看零件图的步骤（　　　）。

A. 看标题栏　　　B. 看各视图　　　　C. 看尺寸标注　　　D. 看技术要求

答案　ABCD

解析　识读零件图的步骤。

三、填空题（将最适当的答案填写在横线上，每题2分）

1. 尺寸$50^{+0.1}_{-0.2}$中，基本尺寸为＿＿＿＿mm，上偏差为＿＿＿＿mm，下偏差为＿＿＿＿mm，最大极限尺寸为＿＿＿＿mm，最小极限尺寸为＿＿＿＿mm，公差为＿＿＿＿mm。

答案　50，+0.1，−0.2，50.1，49.8，0.3

解析　掌握尺寸公差中偏差、极限尺寸、公差的计算。

2. 一张完整的零件图由＿＿＿＿、＿＿＿＿、＿＿＿＿、＿＿＿＿四部分组成。

答案　一组图形　完整的尺寸　技术要求　标题栏

解析　零件图的组成。

3. ϕ40H7 解释为＿＿＿＿＿＿＿＿。

答案　公称尺寸为ϕ40，基本偏差代号为H，公差等级为7级的孔。

解析　尺寸公差代号的解释。

4. $\sqrt{\quad}^{Ra\,1.6}$ 解释为＿＿＿＿＿＿＿＿。

答案　用去除材料的方法获得的表面粗糙度Ra的值为1.6 mm。

解析　表面粗糙度符号的解释。

四、判断题（正确的填 A，错误的填 B，每题 2 分）

1.（　　）只要孔或轴的尺寸都在公差范围，则孔或轴一定合格。

答案　B

解析　要考虑几何公差和表面粗糙度的影响。

2.（　　）尺寸标注时要避免注成封闭尺寸链。

答案　A

解析　零件图尺寸标注的原则。

五、识读零件图（根据要求完成试题，10 分）

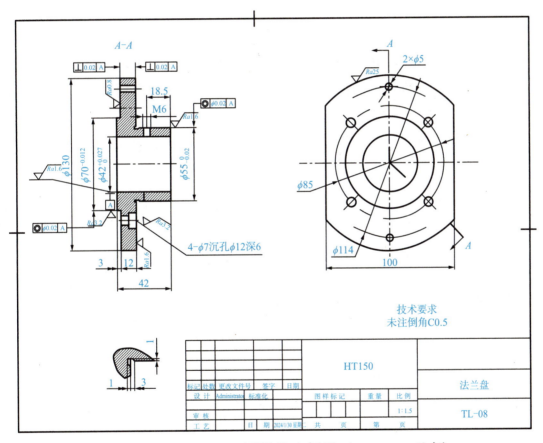

（1）法兰盘的材料是_____，图样的比例属于_____比例。

（2）图中外圆$\phi70^{-0.012}_{-0.032}$的最大极限尺寸为_____，公差是_____。

（3）该零件主视图采用了_____视图中的_____。

（4）该零件上有_____个螺纹孔，定位尺寸是_____。

（5）该零件上标注垂直度公差要求的表面有_____处，其基准要素为_____。

读书笔记

答案 （1）HT150，缩小

（2）69.988 mm，0.02 mm

（3）全剖，两个相交剖切平面（旋转剖）

（4）1，18.5 mm

（5）2，孔 $\phi42$ 的轴线

专题练习

一、单选题 （下列选项中只有一个答案是正确的，每题 2 分）

1. 其他视图的选择，优先选择（　　　）。

A. 基本视图　　　　B. 剖视图　　　　C. 断面图　　　　D. 简化画法

2. 同一零件，工件表面的粗糙度数值应（　　　）非工作表面。

A. 大于　　　　B. 等于　　　　C. 小于

3. 考虑到轴的加工顺序，轴向尺寸选择（　　　）为工艺基准标注。

A. 左端面　　　　B. 右端面　　　　C. 中间较大端面

4. 零件表面的过渡线用（　　　）画出，在过渡线的两端与圆角的轮廓线之间应留有间隙。

A. 粗实线　　　　B. 细实线　　　　C. 细虚线　　　　D. 细点画线

二、多选题 （下列选项中有一个以上答案是正确的，每题 2 分）

1. 主视图选择应考虑（　　　）。

A. 形状特征原则　　　　　　　　B. 工作位置原则

C. 正确表达原则　　　　　　　　D. 加工位置原则

2. 尺寸基准可以分为（　　　）。

A. 点基准　　　　B. 线基准　　　　C. 面基准　　　　D. 辅助基准

3. 标注尺寸的形式有（　　　）。

A. 链式　　　　B. 线条式　　　　C. 综合式　　　　D. 坐标式

4. 形状公差包括（　　　）。

A. 直线度　　　　B. 平面度　　　　C. 圆度　　　　D. 圆柱度

5. 方向公差包括（　　　）。

A. 同心度　　　　B. 垂直度　　　　C. 倾斜度　　　　D. 平行度

6. 位置公差包括（ ）。

A. 对称度   B. 位置度   C. 圆跳动   D. 同轴度

7. 看零件图的步骤（ ）。

A. 看标题栏   B. 看各视图   C. 看尺寸标注   D. 看技术要求

8. 机器零件按其形状特点可以分为（ ）。

A. 轴套类零件   B. 叉架类零件   C. 轮盘类零件   D. 箱体类零件

三、填空题（将最适当的答案填写在横线上，每题 2 分）

1. 在公差带图中，零线代表＿＿＿＿＿尺寸。

2. 在公称尺寸相同的条件下，标准公差值随公差等级的降低而依次＿＿＿＿＿。

3. 允许尺寸变化的两个界限值叫＿＿＿＿＿尺寸。

4. 某基准轴的基本尺寸为 $\phi50$，公差等级为 7 级，其代号写成＿＿＿＿＿。

5. 评定表面粗糙度的取样长度至少应包含＿＿＿＿＿个峰谷。

6. 当被测要素为轴线、球心或中心平面时，形位公差指引线的箭头应与该要素的尺寸线＿＿＿＿＿。

7. 公差是指＿＿＿＿＿，包括＿＿＿＿＿公差、＿＿＿＿＿公差及＿＿＿＿＿三大类。对同一尺寸来说，公差值越大，精度越＿＿＿＿＿，加工越＿＿＿＿＿。

8. 公差带是由公差带的大小和位置两个要素构成的，其中公差带的大小由＿＿＿＿＿确定，公差带的位置由＿＿＿＿＿确定。

9. 基本偏差是指＿＿＿＿＿。通常孔和轴各有＿＿＿＿＿个基本偏差代号。

10. 标准公差的数值，不仅与＿＿＿＿＿有关，也与＿＿＿＿＿有关。

11. 公差等级的选用原则：首先在满足零件使用要求的前提下，尽可能选择较＿＿＿＿＿的公差等级，目的在于解决零件的使用性能要求和制造成本之间的矛盾。

12. 某一尺寸减去其＿＿＿＿＿尺寸所得的代数差称为偏差。

13. 国标规定标准公差共有＿＿＿＿＿个等级，其中＿＿＿＿＿精度最高，＿＿＿＿＿精度最低。

14. 公差带位于零线上方时，基本偏差为＿＿＿＿＿偏差，A—H 的基本偏差为＿＿＿＿＿偏差。

15. 属于同一等级的公差，不管数值如何，它们都具有＿＿＿＿＿的精确程度。

16. 在尺寸小于 500 mm 范围内，高于 IT8 的孔应与＿＿＿＿＿的轴配合，低于 IT8 的孔与＿＿＿＿＿的轴配合，等于 IT8 的孔与＿＿＿＿＿的轴配合。

17. 无论基准代号在图样中方向如何，圆圈内的字母都应_____书写。

18. 当零件所有表面具有相同的表面粗糙度要求时，可在图样_____标注，当零件表面的大部分粗糙度相同时，可将相同的粗糙度代号标注在_____，并在前面加注_____两字。

19. 图样中的图形只能表达零件的_____，零件的真实大小应以图样上所注的_____为依据。

20. 机器零件按其形体结构的特征一般可分为四大类，它们分别为_____、_____、_____、_____。

21. 表面粗糙度常用参数是_____。其值越小，表面质量越_____；其值越大，表面质量越_____。

四、判断题（正确的填 A，错误的填 B，每题 2 分）

1.（　　）表面粗糙度值越小，加工越简单，成本越低。

2.（　　）$\phi40IT7=0.025$，$\phi400IT7=0.063$，但它们具有相同的精确程度。

3.（　　）采用一般公差的尺寸，该尺寸后需要标注其极限偏差数值。

4.（　　）若零件实际尺寸正好等于基本尺寸，该零件尺寸必定合格。

5.（　　）上偏差一定在零线上方。

6.（　　）公差通常包括尺寸公差、几何公差和表面粗糙度。

7.（　　）公差的大小标志零件加工的难易程度。

8.（　　）制定公差的目的是保证互换性的实现。

9.（　　）零线就是基本尺寸为零的直线。

10.（　　）偏差可正可负，公差一定不能为负。

11.（　　）未注公差尺寸就是没有公差的尺寸。

12.（　　）基本偏差就是下偏差。

13.（　　）最小极限尺寸一定小于零件的基本尺寸。

14.（　　）基本偏差越大，零件的精确程度越低，越易加工。

15.（　　）回转零件一般有轴向和径向两个方向上的尺寸基准。

五、综合题（根据要求完成试题，每题 10 分）

（一）零件图识读

根据下图，分别解释图中 4 个形位公差代号。

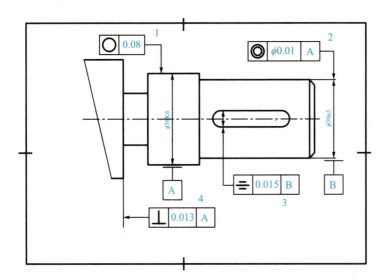

1. _____。

2. _____。

3. _____。

4. _____。

（二）识读齿轮轴零件图

识读齿轮轴零件图，在指定位置补画 *A−A* 断面图，并回答下列问题。

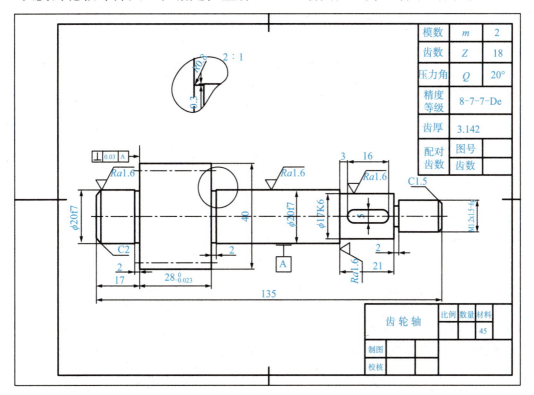

模数	m	2
齿数	Z	18
压力角	Q	20°
精度等级		8-7-7-De
齿厚		3.142
配对齿数	图号	
	齿数	

齿 轮 轴	比例	数量	材料
			45
制图			
校核			

1. 说明 M12×1.5-6g 含义：_____。

2. 说明 ⟂ 0.03 A → 的含义：_____。

3. 指出图中的工艺结构。它有_____处倒角，其尺寸分别为_____；有_____处退刀槽，其尺寸分别为_____。

（三）识读导套零件图

根据导套零件图回答下列问题。

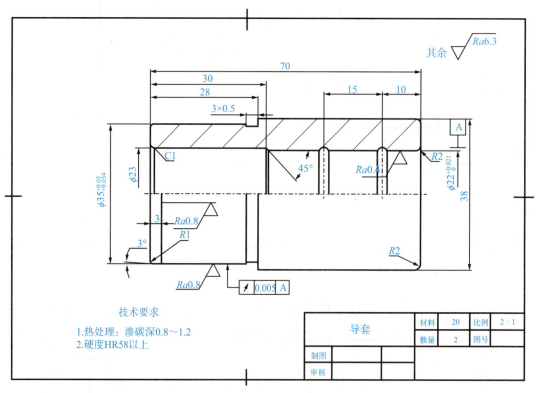

1. 导套零件的材料为_____，画图比例为_____，主视图采用的是_____剖视图。

2. $\phi 22^{+0.021}_{0.032}$ 的基本尺寸为_____，基本偏差是_____，最大极限尺寸是_____，最小极限尺寸是_____，公差是_____。

3. 导套表面粗糙度要求最高的表面是_____，代号为_____。

4. 越程槽 3×0.5 表示槽宽_____，槽深_____，槽的定位尺寸为_____。

5. 直径为 $\phi 38$ 圆柱长为_____，其表面粗糙度的代号为_____。

6. 直径为 $\phi 23$ 的孔左端倒角为_____。

7. 解释图中 ⌀0.005 A 形位公差的意义。被测要素为_____。基准要素为_____。公差项目为_____，公差值为_____。

读书笔记

考点 1　螺纹与螺纹连接

考纲要求

1. 掌握螺纹的主要参数，能判断螺纹类型，认识普通螺纹标记。

2. 理解螺纹连接的分类，能正确选用螺纹连接形式。

3. 了解螺纹连接预紧与防松的基本原理，了解螺纹防松类型。

学习建议

1. 准确理解本模块专业术语的概念，正确理解螺旋线的形成及相关参数。

2. 正确理解螺纹各参数的意义及关系、螺纹连接的类型及使用特点。

3. 通过学习针对不同的螺纹连接场合，能够正确选择合适的螺纹防松方式。

读书笔记

知识梳理

一、螺纹与螺纹连接知识树

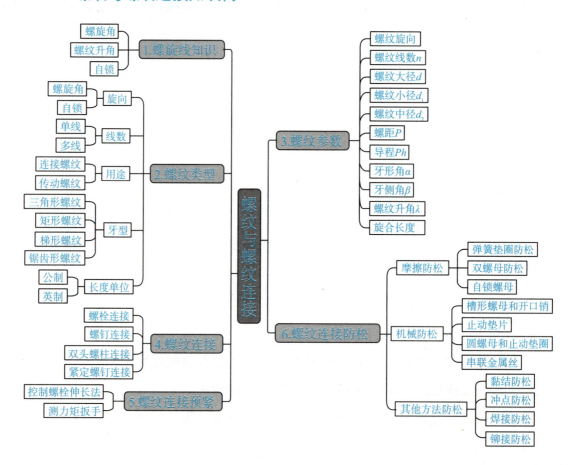

二、重点知识梳理

（一）螺纹与螺纹连接相关概念（表2-1-1）

表2-1-1　螺纹与螺纹连接相关概念

序号	名称	概念
1	螺纹	在圆柱表面上，沿螺旋线加工所产生的连续沟槽、棱
2	螺纹升角	形成螺旋线的直角三角形的斜边与底边之间的夹角λ
3	右旋螺纹	螺纹顺时针方向旋入的螺纹
4	左旋螺纹	螺纹逆时针方向旋入的螺纹
5	单线螺纹	一条螺旋线所形成的螺纹
6	多线螺纹	由两条或两条以上在轴向等距分布的螺旋线所形成的螺纹
7	大径	与外螺纹牙顶或内螺纹牙底相重合的假想圆柱面的直径，用D、d表示

续表

序号	名称	概念
8	小径	与外螺纹牙底或内螺纹牙顶相重合的假想圆柱面的直径，用 D_1、d_1 表示
9	中径	通过牙型上沟槽和凸起宽度相等的地方的假想圆柱，用 D_2、d_2 表示
10	牙型角	在螺纹牙型上相邻两牙侧间的夹角，用 α 表示
11	牙侧角	在螺纹牙型上牙侧与螺纹轴线的垂线间的夹角，用 β 表示
12	螺距	相邻两牙在中径线上对应两点间的轴向距离，用 P 表示
13	导程	同一条螺旋线上的相邻两牙在中径上对应两点间的轴向距离，用 Ph 表示
14	螺纹升角	在中径圆柱面上螺旋线的切线与垂直于螺纹轴线的平面的夹角，用 λ 表示
15	螺纹旋合长度	两个相互配合的螺纹，沿螺纹轴线方向相互旋合部分的长度
16	螺纹连接	利用螺纹紧固件构成的可拆卸的固定连接
17	预紧	使螺纹连接在没有承受工作载荷之前预先受到力的作用

（二）螺纹的相关符号（表 2-1-2）

表 2-1-2　螺纹的相关符号

名称	符号	名称	符号
螺旋角	β	中径	D_2、d_2
螺纹升角	λ	牙型角	α
螺纹线数	n	牙侧角	β
大径	D、d	螺距	P
小径	D_1、d_1	导程	Ph

例题解析

一、单选题（下列选项中只有一个答案是正确的，每题 2 分）

1. 当使用螺纹连接，一块连接件较厚不适宜钻通孔并要经常拆卸时，可选用（　）。

A. 螺栓连接　　　B. 紧定螺钉连接　　C. 双头螺柱连接　　D. 螺钉连接

答案　C

解析　掌握螺纹连接的类型及选用原则。

2. 连接螺纹常采用（　　　）。

A. 单线右旋　　　　B. 单线左旋　　　　C. 双线右旋　　　　D. 双线左旋

答案　A

解析　掌握螺纹旋向、自锁、线数及螺纹选择知识。

二、多选题（下列选项中有一个以上答案是正确的，每题2分）

1. 下列螺纹防松中属于其他防松方法的是（　　　）。

A. 弹簧垫圈防松　B. 焊接防松　　　　C. 黏结防松　　　　D. 冲点防松

答案　BCD

解析　掌握螺纹防松的知识及分类。

2. 对于有预紧力要求的螺纹连接，应使用（　　　）等办法加以控制。

A. 测力矩扳手　　　　　　　　　B. 梅花扳手

C. 控制螺栓伸长量　　　　　　　D. 多功能内六角扳手

答案　AC

解析　螺纹连接预紧的知识及方法。

三、判断题（正确的填A，错误的填B，每题2分）

1.（　　　）螺纹具有自锁性，所以在任何情况下都不需要采用防松装置。

答案　B

解析　螺纹预紧与防松知识。

2.（　　　）相邻两牙在中径线上对应两点间的轴向距离称为螺距，用 Ph 表示。

答案　B

解析　考核螺距的概念、导程的符号。

四、填空题（将最适当的答案填写在横线上，每题2分）

1. 在普通螺纹或梯形螺纹标注中，如果符号中有"LH"表示该螺纹为＿＿＿＿螺纹。

答案　*左旋*

解析　*掌握的标注方法。*

2. 螺纹旋合长度有长旋合、中等旋合、短旋合，在标注时＿＿＿＿可不标注。

答案　*中等旋合*

解析　*掌握螺纹的标注。*

专题练习

一、单选题（下列选项中只有一个答案是正确的，每题 2 分）

1.（　　）的牙型角为 60°，自锁性能好，应力集中较小。

A. 管螺纹　　　　　B. 普通螺纹　　　　　C. 梯形螺纹　　　　　D. 矩形螺纹

2. 梯形螺纹的牙型角为（　　）。

A. 65°　　　　　B. 60°　　　　　C. 55°　　　　　D. 30°

3. 一般连接用的螺纹大多是（　　）。

A. 单线左旋　　　B. 双线左旋　　　C. 单线右旋　　　D. 双线右旋

4. 压力机、轧钢机等单向受力的传动机构宜采用（　　）。

A. 锯齿形螺纹　　B. 普通螺纹　　　C. 梯形螺纹　　　D. 矩形螺纹

5. 机床丝杠等螺旋传动中常用的是（　　）螺纹。

A. 三角形　　　　B. 梯形　　　　　C. 矩形　　　　　D. 锯齿形

6. 普通螺纹的公称直径是指（　　）。

A. 螺纹小径　　　B. 螺纹中径　　　C. 螺纹大径　　　D. 平均直径

7. 在常用螺纹类型中，主要用于传动的是（　　）。

A. 矩形螺纹、梯形螺纹、普通螺纹　　B. 矩形螺纹、锯齿形螺纹、管螺纹

C. 梯形螺纹、普通螺纹、管螺纹　　　D. 梯形螺纹、矩形螺纹、锯齿形螺纹

8. 当两个被连接件之一太厚，不宜制成通孔，且连接不需要经常拆装时，常用（　　）。

A. 螺钉连接　　　　　　　　　B. 螺栓连接

C. 双头螺柱连接　　　　　　　D. 紧定螺钉连接

9. 在传动螺纹中，传动效率最高的是（　　）。

A. 三角形螺纹　　B. 梯形螺纹　　　C. 锯齿形螺纹　　D. 矩形螺纹

10. 下列螺栓连接防松装置中，（　　）是不可拆防松。

A. 开口销与槽型螺母　　　　　B. 对顶螺母拧紧

C. 止动垫圈与圆螺母　　　　　D. 冲点

11. 螺纹的旋向有两种，一般情况下采用（　　）螺纹。

A. 左旋螺纹　　　B. 右旋螺纹　　　C. 双线螺纹　　　D. 单线螺纹

12. 下列属于摩擦防松的是（　　）。

A. 双螺母防松　　B. 焊按防松　　　C. 止动垫片防松　　D. 胶接防松

读书笔记

13. 钳工用的台虎钳夹紧机构属于（　　）。

A. 螺母固定，螺杆转动并移动　　　　　B. 螺杆固定，螺母转动并移动

C. 螺母转动，螺杆移动　　　　　　　　D. 螺杆转动，螺母移动

14. 梯形螺纹与锯齿形螺纹相比，具有的优点是（　　）。

A. 传动效率高　　　　　　　　　　　　B. 获得的自锁性大

C. 应力集中小　　　　　　　　　　　　D. 工艺性好、对中性好

15. 螺纹标注中，当旋合长度为（　　）时可以不标注。

A. 长　　　　　　　B. 中　　　　　　　C. 短　　　　　　　D. A、B、C 均可以

16. 连接用的螺纹，必须满足（　　）条件。

A. 不自锁　　　　　B. 传力　　　　　　C. 自锁　　　　　　D. 传递转矩

17. 当螺纹公称直径、牙型角、线数相同时，细牙螺纹的传动效率（　　）粗牙螺纹的效率。

A. 大于　　　　　　B. 等于　　　　　　C. 小于　　　　　　D. 大于或等于

18. 能固定两零件的相对位置，可传递不大的横向力或转矩的场合的螺纹连接是（　　）。

A. 螺栓连接　　　　B. 双头螺柱连接　　C. 螺钉连接　　　　D. 紧定螺钉连接

19. 用于薄壁零件连接的螺纹，应采用（　　）。

A. 三角形细牙螺纹　　　　　　　　　　B. 梯形螺纹

C. 锯齿形螺纹　　　　　　　　　　　　D. 多线的三角形粗牙螺纹

20. 下列自锁性最好的螺纹是（　　）。

A. 粗牙普通螺纹　　B. 细牙普通螺纹　　C. 梯形螺纹　　　　D. 锯齿形螺纹

21. 常见的连接螺纹是（　　）。

A. 左旋单线螺纹　　B. 左旋螺纹　　　　C. 右旋螺纹　　　　D. 右旋单线螺纹

22. 标注螺纹时（　　）。

A. 右旋螺纹不必标注　　　　　　　　　B. 左旋螺纹不必标注

C. 左、右旋螺纹不必标注　　　　　　　D. 左、右旋螺纹必须标注

23. 螺纹的防松的根本问题在于（　　）。

A. 增加螺纹连接的刚度　　　　　　　　B. 增加螺纹连接的轴向力

C. 增加螺纹连接的横向力　　　　　　　D. 防止螺纹副的相对转动

24. 用于连接的螺纹牙型为三角形，这是因为三角形螺纹（　　）。

A. 牙根强度高，自锁性能好　　　　　　B. 传动效率高

C. 防振性能好　　　　　　　　　　　　D. 自锁性能差

二、多选题（下列选项中有一个以上答案是正确的，每题 2 分）

1. 以下属于连接螺纹的特征代号的有（   ）。

A. Tr   B. M   C. G   D. B

2. 螺纹牙型的基本类型有（   ）。

A. 三角形   B. 梯形   C. 矩形   D. 锯齿形

3. 下列螺纹连接中可以用于连接一薄一厚两个零件的是（   ）。

A. 螺栓连接   B. 铰制孔螺栓连接   C. 双头螺柱连接   D. 螺钉连接

4. 以下螺纹连接防松方法中，属于摩擦防松的是（   ）。

A. 对顶螺母   B. 串联金属丝   C. 自锁螺母   D. 止动垫片

5. 螺纹的主要参数有（   ）。

A. 大径   B. 小径   C. 螺距   D. 导程

6. 螺纹防松除利用摩擦和机械防松外，还可用（   ）。

A. 单冲点防松   B. 铆接防松   C. 黏结防松   D. 多冲点防松

7. 对于有预紧力要求的螺纹连接，应使用（   ）等办法加以控制。

A. 测力矩扳手   B. 梅花扳手

C. 控制螺栓伸长量   D. 多功能内六角扳手

8. 重要的紧螺纹连接，在装配时常用（   ）控制预紧力的大小。

A. 活动扳手   B. 测力矩扳手   C. 梅花扳手   D. 定力矩扳手

9. 下列螺纹防松方法中属于机械防松的有（   ）。

A. 双螺母   B. 止动垫片   C. 串金属丝   D. 槽形螺母和开口销

10. 螺纹连接具有（   ）等特点，应用极为广泛。

A. 结构简单   B. 紧固可靠   C. 效率高   D. 拆装迅速方便

三、判断题（正确的填 A，错误的填 B，每题 2 分）

1.（   ）煤气罐与减压阀的接口采用的是右旋螺纹。

2.（   ）摩擦角一定时，螺纹升角越小，螺纹连接的自锁性越差。

3.（   ）通常用于连接的螺纹是单线普通螺纹。

4.（   ）连接件厚度较大，不宜作通孔，且需经常装拆时可使用螺钉连接。

5.（   ）螺纹连接常用弹簧垫圈防松。

6.（   ）锯齿形螺纹工作面的牙型角为 30°，非工作面的牙型角为 3°。

7.（   ）螺纹代号 Tr42×12（P6）表示梯形螺纹大径为 42 mm，导程为

12 mm，双头螺纹。

8.（　　　）串金属丝常用于无螺母的螺钉连接，属于机械防松方法。

9.（　　　）三角形螺纹具有较好的自锁性，在振动或交变载荷作用下不需要防松。

10.（　　　）螺纹零件都是已经标准化了的通用零件。

11.（　　　）两个互相配合的螺纹，它们的旋向必须相同。

12.（　　　）螺旋传动不但传动平稳，而且能传递较大动力。

13.（　　　）为了保证螺纹连接安全可靠，必须采取有效的防松措施。

14.（　　　）紧定螺钉结构简单，不能承受较大载荷，只适用于辅助连接。

15.（　　　）同一直径的螺纹按螺旋线线数不同，可分为粗牙螺纹和细牙螺纹。

16.（　　　）M10×1 表示公称直径为 10 mm，螺距为 1 mm 的单线右旋细牙普通螺纹。

四、填空题（将最适当的答案填写在横线上，每题 2 分）

1. 在圆柱外表面的螺纹是_____螺纹。

2. _____是利用螺纹紧固件构成的可拆卸的固定连接。

3. _____是指同一条螺旋线上的相邻两牙在中径上对应两点间的轴向距离。

4. 螺纹连接中，当一块连接件较厚不便于钻通孔，且不需要经常拆卸时，应该采用_____连接。

5. 锯齿形螺纹的工作边牙侧角为_____。

6. 普通螺纹的公称直径为_____。

7. 普通螺纹标记 M36×2-5g6g 中，2 表示_____，5g 表示_____。

8. 螺纹防松的根本问题在于防止_____，按工作原理不同，防松方法有摩擦防松、机械防松和其他方法防松三类。

9. 螺纹按用途可分为_____和传动螺纹。

10. 螺旋传动主要用来将_____运动变换为直线运动，同时传递运动和动力。

11. 常用的螺纹牙型中，常作连接的螺纹是_____螺纹。

12. 螺纹代号为 M12-5g6g 表示_____（填"内"或"外"）螺纹。

13. 有一螺旋传动机构，以双线螺杆驱动螺母作直线运动。已知螺距 $P=3$ mm，当螺杆转动两圈时，螺母位移的距离是_____mm。

14. 用于薄壁零件的连接螺纹应采用_____。

15. 用于单向受力的传力螺纹的是_____，其牙型角为 33°。

考点 2　键连接与销连接

考纲要求

1.掌握键的作用、类型、使用特点，识读普通平键的标记。

2.掌握销的作用、类型、使用特点。

学习建议

1.准确理解键连接的专业术语。

2.准确理解销连接的专业术语。

3.能够根据不同的场合正确选择键连接和销连接。

知识梳理

一、键连接与销连接知识树

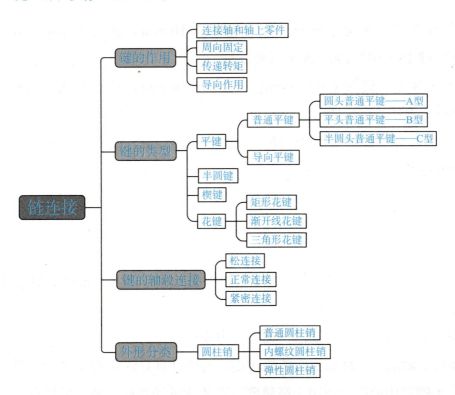

读书笔记

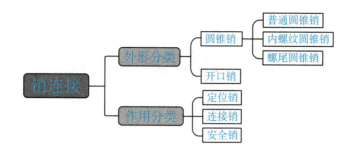

二、重点知识梳理

（一）键连接与销连接相关概念（表2-2-1）

表2-2-1　键连接与销连接相关概念

序号	名称	概念
1	花键连接	由带键齿的花键轴和带键齿的轮毂组成，工作时依靠键齿的侧面传递转矩
2	定位销	当销用于固定零件之间的相互位置时称为定位销
3	连接销	当销用来实现轴毂连接并传递不大的轴向力和转矩时称为连接销
4	安全销	过载时，销被剪断，从而保护连接件，这种销称为安全销

（二）普通平键的标注

1. 普通 A 型平键键宽 b=16 mm，键高 h=10 mm，键长 L=100 mm，标记为 GB/T 1096 键 16×10×100（A 可省略不标）。

2. 普通 B 型平键键宽 b=16 mm，键高 h=10 mm，键长 L=100 mm，标记为 GB/T 1096 键 B16×10×100。

3. 普通 C 型平键键宽 b=16 mm，键高 h=10 mm，键长 L=100 mm，标记为 GB/T 1096 键 C16×10×100。

（三）键连接类型及应用特点

1.普通平键

A 型用于端铣刀加工的轴槽，键在槽中固定良好，但轴上槽引起的应力集中较大，应用最多。

B 型用于盘铣刀加工的轴槽，轴的应力集中较小。

C 型用于轴端，平键靠侧面传递转矩，对中性良好，结构简单，装拆方便。

普通平键应用最广，适用于高精度、高速或承受变载、冲击的场合。

2. 导向平键

靠侧面工作，对中性好，结构简单，轴上零件可沿轴向移动。

用于轴上零件轴向移动量不大的场合，如变速器中的滑移齿轮。

3. 半圆键连接

靠侧面传递转矩，键在轴槽中能摆动，装配方便，但键槽较深，对轴的强度削弱较大。

一般用于轻载，适用于轴的锥形端部的连接。

4. 楔键连接

键的上、下两面是工作面，键的上表面和毂槽的底面各有 1∶100 的斜度，装配时需打入，靠锲紧作用传递转矩。

用于精度要求不高、转速较低时传递较大的双向的或有振动的转矩，可承受不大的单方向轴向力。

5. 花键连接

能传动较大转矩，导向性、对中性好，对轴的削弱较小，但加工复杂、成本较高，多用于载荷较大和定心精度要求较高的场合或轮毂经常做轴向滑移的场合。

①矩形花键。齿侧面为两平行平面，多齿工作，承载能力高，对中性好，导向性好，齿根较浅，应力集中较小，轴与毂强度削弱小，应用最多。

②渐开线花键。齿廓为渐开线，受载时齿上有径向力，能起自动定心作用，使各齿受力均匀，寿命长。齿形为压力角 $\alpha=30°$（或 45°）的渐开线，可用渐开线齿轮的加工方法来制造，易获得较高的精度和较好的互换性。齿根厚，强度高，承载能力强，常用于重载及尺寸较大的连接。

③三角形花键。内花键齿形为三角形，外花键齿廓为压力角等于 45° 的渐开线，加工方便，齿细小且较多，便于机构的调整与装配，对于轴和毂的削弱最小。多用于轻载和直径小的静连接，特别适用于轴与薄壁零件的连接。

（四）键与轴槽、轮毂槽的连接

键与轴槽、轮毂槽按基轴制进行连接，根据连接的松紧程度可分为如下几种。

①松连接。主要应用在导向型平键上。

②正常连接。常用的机械装置，如齿轮带轮与轴的连接。

③紧密连接。承受重载荷、冲击载荷及双向传递转矩。

（五）销连接类型及应用特点

销连接的主要功用是定位、传递运动和动力，以及作为安全装置中的过载剪断零件。

1. 圆柱销

①普通圆柱销。使用普通圆柱销时销孔需铰制。销连接多次装拆后，其定位精度和连接紧固性会降低，因此普通圆柱销适用于不常拆卸的零件定位。

②内螺纹圆柱销。多用于不通孔场合。

③弹性圆柱销。中空的柱形体，轴向开槽，装配时外径比装配孔径稍大一点，主要用于冲击、振动的场合。

2. 圆锥销

定位精度比圆柱销高，在连接件受横向力时能自锁，销孔需铰制。

①普通圆锥销。定位精度比圆柱销高，表面具有 1∶50 的锥度，安装方便，在连接件受到横向力作用时能实现自锁，适用于经常拆卸的零件定位。

②内螺纹圆锥销。定位精度比内螺纹圆柱销精度高，内螺纹设在大端，多用于不通孔的连接，便于拆卸。

③螺尾圆锥销。常用在需要经常装拆的场合，用于防止零件每次拆卸后发生错位，定位精度高。

（六）开口销

开口销与六角螺母、槽形螺母等配合使用实现螺纹防松，其工作可靠，拆卸方便。

例题解析

一、单选题（下列选项中只有一个答案是正确的，每题 2 分）

1. 下列销连接中可用于不通孔，且经常拆卸的场合的是（　　）。

A. 普通圆柱销　　B. 普通圆锥销　　　　C. 内螺纹圆锥销　　D. 内螺纹圆锥销

答案　D

解析　销连接的应用特点。

2.（　　）适用于经常拆卸的零件定位。

A. 普通圆柱销　　B. 内螺纹圆柱销　　C. 圆锥销　　　　　D. 弹性圆柱销

答案　C

解析　销连接的选用原则。

二、多选题（下列选项中有一个以上答案是正确的，每题 2 分）

1. 键的作用有（　　　）。

A. 传递转矩　　　　　　　　　　B. 连接轴和轴上零件

C. 周向固定　　　　　　　　　　D. 导向作用

答案　ABCD

解析　键连接的作用。

2. 销连接的按作用的不同可分为（　　　）。

A. 开口销　　　　B. 定位销　　　　C. 连接销　　　　D. 安全销

答案　BCD

解析　销连接的功用。

三、判断题（正确的填 A，错误的填 B，每题 2 分）

1.（　　　）楔键连接不可用于高速转动零件的连接。

答案　A

解析　楔键连接的工作特点。

2.（　　　）销不能用作安全装置中的过载剪断元件。

答案　B

解析　销连接的作用。

四、填空题（将最适当的答案填写在横线上，每题 2 分）

1. 半圆键靠两侧面传递转矩，键在轴槽中能摆动，装配方便。但键槽较深对轴的_____削弱较大。

答案　强度

解析　半圆键的特点。

2. 销连接主要是固定零件间的_____位置。

答案　相互

解析　销连接的作用。

专题练习

一、单选题（下列选项中只有一个答案是正确的，每题2分）

1.普通型平键的工作面是（　　）。

A.上表面　　　　　B.两侧面　　　　　C.下表面　　　　　D.上、下两面

2.普通型平键中，（　　）对轴的应力集中影响较大。

A.A型平键　　　　B.B型平键　　　　C.C型平键

3.对轴的强度削弱最大的键是（　　）。

A.平键　　　　　　B.花健　　　　　　C.楔键　　　　　　D.半圆键

4.锥形轴与轮载的连接宜用（　　）。

A.楔键连接　　　　B.平键连接　　　　C.半圆键连接　　　D.花键连接

5.普通型平键的截面尺寸（b、h）主要依据（　　）来选择。

A.键的剖面尺寸　　B.轴的直径　　　　C.轮毂的长度　　　D.传递转矩的大小

6.下列属于紧键连接的是（　　）。

A.半圆键连接　　　B.平键连接　　　　C.楔键连接　　　　D.花键连接

7.可以承受不大的单方向的轴向力，上、下两面是工作面的键连接是（　　）。

A.楔键连接　　　　B.平键连接　　　　C.半圆键连接　　　D.花键连接

8.键与轮毂槽采用过盈配合的是（　　）连接。

A.平键　　　　　　B.花键　　　　　　C.楔键　　　　　　D.半圆键

9.键连接中，上下工作面互相平行的是（　　）。

A.楔键连接　　　　B.切向键连接　　　C.平键连接　　　　D.花键连接

10.普通平键的应用特点是（　　）。

A.依靠侧面传递转矩，对中性良好，装拆方便

B.能实现轴上零件的轴向定位

C.多用于轻载或辅助性连接

D.不适用于高速、高精度和承受变载冲击的场合

11.加工容易，应用广泛的花键连接是（　　）。

A.矩形齿花键连接　　　　　　　　　B.渐开线齿花键连接

C.三角形齿花键连接　　　　　　　　D.特殊齿形花键连接

12.键与轴槽、轮毂槽配合中，当用于机械装置的时候常用（　　）。

A.松连接　　　　　B.紧密连接　　　　C.正常连接　　　　D.紧键连接

13. 半圆键连接的特点是（　　　）。

A. 对轴的削弱不大　　　　　　　　B. 键槽的应力集中小

C. 能传递较大转矩　　　　　　　　D. 适用于锥形轴端与轮毂的连接

14. 键连接的主要用途是使轮轴与轮毂之间（　　　）。

A. 沿轴向固定并传递轴向力　　　　B. 安装拆卸方便

C. 沿周向固定并传递轴转矩　　　　D. 沿轴向相对滑动并具有导向性

15. 普通平键连接的应用特点是（　　　）。

A. 依靠侧面传递转矩，对中性良好，装拆方便

B. 能实现轴上零件的轴向定位

C. 不适用于高速、高精度和变载冲击的场合

D. 多用于轻载或辅助性连接

16. 若要求传递的载荷大，对心精度高，可选择（　　　）。

A. 普通平键连接　　　　　　　　　B. 销连接

C. 花键连接　　　　　　　　　　　D. 楔键连接

17. 下列普通平键中，用于轴端的是（　　　）普通平键。

A. A 型　　　　　　B. B 型　　　　　　C. C 型

18. 平键与轴槽、轮毂槽连接采用的配合形式是（　　　）。

A. 基孔制　　　　　　B. 基轴制　　　　　　C. 混合制

19. 下列关于定位销的论述中不正确的是（　　　）。

A. 定位销使用的数目不得少于两个

B. 定位销通常同时用于传递转矩

C. 圆锥销具有 1∶50 的锥度，装配方便，定位精度高

D. 定位销也可用圆柱销

20. 用来实现轴毂连接并传递不大的轴向力和转矩的销称为（　　　）。

A. 连接销　　　　　　B. 安全销　　　　　　C. 定位销

21. 销在每一连接件内的长度为销直径的（　　　）倍。

A. 1～2　　　　　　B. 2～3　　　　　　C. 3～4　　　　　　D. 5～6

22. 家用电风扇的叶片与轴的周向固定一般采用（　　　）连接。

A. 螺栓连接　　　　B. 键连接　　　　C. 销连接　　　　D. 花键连接

23. 轴径较小，要求定位且传递较小转矩，可应用（　　　）连接。

A. 楔键　　　　　　B. 平键　　　　　　C. 花键　　　　　　D. 圆销

24. 销连接的正确应用是（　　　）。

A. 定位销通常同时用于传递转矩　　　　B. 定位销使用的数目不得小于两个

C. 不可在安全销上切出槽口　　　　　　D. 不可通过安全销传递横向力

25. 开口销一般采用（　　　）制造。

A. 中碳钢　　　　　B. 高碳钢　　　　　C. 低碳钢　　　　　D. 合金钢

二、多选题（下列选项中有一个以上答案是正确的，每题 2 分）

1. 下列键连接能构成紧键连接的是（　　　）。

A. 楔键　　　　　B. 平键　　　　　C. 切向键　　　　　D. 半圆键

2. 关于普通平键应用场合的说法正确的是（　　　）。

A. 高精度场合　　　　　　　　　　B. 高速场合

C. 承受变载的场合　　　　　　　　D. 有冲击的场合

3. 下面键连接中，工作面是两侧面的有（　　　）。

A. 普通平键　　　　B. 导向平键　　　　C. 楔键　　　　D. 半圆键

4. 键的长度一般可按轮毂的长度而定，即键长要（　　　）轮毂的长度，同时还要符合标准系列。

A. 长于　　　　　B. 稍短于　　　　　C. 等于　　　　　D. 长于或等于

5. 连接分动连接和静连接，其中动连接包含（　　　）。

A. 螺纹连接　　　　B. 平键连接　　　　C. 螺旋传动连接　　D. 弹性连接

6. 键连接具有（　　　）等特点，应用广泛。

A. 结构简单　　　　B. 工作可靠　　　　C. 装拆方便　　　　D. 标准化

7. 制造销常用的材料有（　　　）。

A. 35 钢　　　　　B. 45 钢　　　　　C. T8A　　　　　D. T10A

8. 用于不通孔连接或定位的销可以选用（　　　）。

A. 普通圆柱销　　　　　　　　　　B. 内螺纹圆柱销

C. 普通圆锥销　　　　　　　　　　D. 内螺纹圆锥销

9. 销主要分为（　　　）两种形式，其他形式都是由此演变而来的。

A. 菱形　　　　　B. 圆柱形　　　　　C. 圆锥形　　　　　D. 开口形

10. 键的标记为 GB/T 1096 键 16×10×100，下列说法正确的是（　　　）。

A. 圆头普通平键　　　　　　　　　B. 键的宽度为 10 mm

C. 键的宽度为 16 mm　　　　　　　D. 键的长度为 100 mm

三、判断题（正确的填 A，错误的填 B，每题 2 分）

1.（　　）安全联轴器对机器进行过载保护，常见的是剪销式安全联轴器。

2.（　　）半圆键一般用于轻载或辅助性连接，特别适用于锥形轴端的连接。

3.（　　）普通型平键连接工作时，键的主要失效形式为键的拉伸破坏。

4.（　　）导向型平键可选紧密连接。

5.（　　）半圆键对轴强度的削弱大于普通平键对轴强度的削弱。

6.（　　）楔键连接用于静连接，其工作面是左、右两侧面。

7.（　　）使用键连接时，传递重载荷、冲击性载荷及双向传递转矩时应选用紧密连接。

8.（　　）可用键来实现轴上零件的轴向定位。

9.（　　）楔键连接不仅能实现轴上零件的轴向固定，也能使零件承受双向的轴向力，但定心精度不高。

10.（　　）楔键连接以两侧面为工作面来传递转矩。

11.（　　）普通平键与轴上键槽采用基孔制配合。

12.（　　）花键连接通常用于要求轴和轮毂严格对中的场合。

13.（　　）键是标准零件。

14.（　　）键连接中，正常连接和紧密连接均属于固定连接。

15.（　　）将普通平键加长，可成为导向平键。

16.（　　）B 型平键不会发生轴向移动，所以应用最广。

17.（　　）销可用来实现轴毂连接，并传递不大的轴向力和转矩，故又称定位销。

18.（　　）销有多种类型，基本类型为圆柱销和开口销两种。

19.（　　）开口销工作可靠，拆卸方便，用于锁定其他紧固件。

20.（　　）定位销一般不承受载荷或只承受很小的载荷，数目可以是一个。

四、填空题（将最恰当的答案填写在横线上，每题 2 分）

1. 键主要用于轴和轴上零件之间的＿＿＿＿＿，并传递转矩，有时可作导向零件。

2. 花键连接适用于载荷＿＿＿＿＿、定心精度要求高的连接。

3. 平键靠＿＿＿＿＿传递转矩，对中性良好，结构简单，装拆方便。

4. 普通型平键的主要尺寸是＿＿＿＿＿、键高和键长。

读书笔记

读书笔记

5. 一键标记为"键 12×10×80 GB/T 1096"，该键为_____型普通平键，键宽为 12 mm。

6. 普通 B 型平键常用_____加工的轴槽。

7. 楔键的工作面是_____，靠楔紧作用传递转矩。

8. 花键连接是由带键齿的花键轴和带键齿的轮毂组成的。工作时依靠键齿的_____传递转矩。

9. _____花键齿根厚、强度高、承载能力好，常用于重载及尺寸较大的连接。

10. 普通平键以_____为工作面，有 A 型、B 型、C 型三种形式，A 型键定位好，应用广泛。

11. 花键连接已标准化，按齿形的不同分为_____花键、渐开线花键、三角形花键。

12. 普通 C 型平键常用于_____的连接。

13. 选用键的宽度和高度主要由_____决定。

14. 圆锥销具有_____的锥度，以小头直径为标准值。

15. 销主要有_____和_____两种形式，其他形式是由此演化而来的。

16. 普通圆锥销适用于_____拆卸的零件定位。

17. 圆柱销主要有普通圆柱销、_____和弹性圆柱销等。

18. 圆锥销主要有普通圆锥销、内螺纹圆柱销和_____等。

19. 用于连接轴、毂，并能传递不大的轴向力和转矩的销称为_____销。

20. 圆锥销定位精度比圆柱销_____，在连接件受横向力时能自锁，销孔需铰制。

考点 3　联轴器与离合器

考纲要求

了解并掌握各种联轴器、离合器的结构原理、特点及应用。

学习建议

1. 准确理解本模块专业术语的概念，正确理解联轴器、离合器的功用及区别。
2. 正确理联轴器的分类、特点、应用场合。
3. 正确理解离合器的分类、特点、应用场合。

知识梳理

一、联轴器与离合器知识树

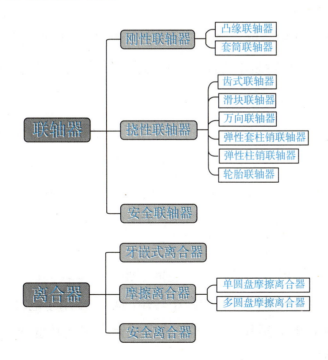

读书笔记

二、重点知识梳理

（一）联轴器与离合器相关概念（表2-3-1）

表2-3-1　联轴器与离合器相关概念

序号	名称	概念
1	联轴器	连接两轴或轴与回转件，在传递运动和动力过程中一同回转，在正常情况下不脱开的一种装置
2	刚性联轴器	不能补偿两轴的径向偏移误差和角度误差的联轴器
3	凸缘联轴器	由两个带凸缘的半联轴器用键分别和两轴连在一起，再用螺栓把两个独立的半联轴器连成一体的联轴器
4	套筒联轴器	利用公共套筒及连接零件将两轴连接起来以传递转矩的联轴器
5	离合器	使旋转中的两轴迅速接合或分离的传动装置

（二）联轴器

1.刚性联轴器

①凸缘联轴器。构造简单，成本低，工作可靠，装拆方便，刚性好，可传递较大转矩，但不能补偿轴的偏移，没有吸振、缓冲的作用，常用于对中精度较高、载荷平稳的两轴连接。

②套筒联轴器。结构简单，径向尺寸小，适用于两轴直径较小、同心度要求较高、工作平稳的场合，但拆装不方便，一轴需做轴向移动，多用于机床、仪器中。

2.挠性联轴器

①齿式联轴器。可在高速重载下可靠地工作，常用于正反转变化多且启动频繁的场合，在起重机、轧钢机等重型机械中得到广泛应用，但制造成本较高。

②滑块联轴器。适用于低速、冲击小的场合。滑块联轴器结构简单，制造方便。

③万向联轴器。两轴的角度偏移可达35°～45°。万向联轴器通常成对使用，以保证从动轴的转速与主动轴转速一致。

④弹性套柱销联轴器。容易制造，装拆方便，成本较低，适用于连接载荷较平稳，需正、反转或启动频繁的传递中、小转矩的轴，多用于电动机输出轴的连接。

⑤弹性柱销联轴器。适用于轴向窜动量较大、正反转变化频繁的传动，对温度敏感，要限制使用温度。

⑥轮胎联轴器。结构简单，减振能力强，补偿能力大，但承载能力不高，径向尺寸较大，适用于启动频繁、正反向运转有冲击振动、有较大轴向位移的潮湿多尘

环境中。

3. 安全联轴器

能起到过载保护作用。

(三) 离合器

1. 牙嵌式离合器

牙型有矩形、梯形和三角形三种。两轴连接后无相对运动但接合时有冲击，只能在低速或停车状态下接合。

2. 摩擦离合器

优点是运转过程中能在任意转速下平稳地接合或分离，当过载时，能保护其他零件免于损坏。

缺点是发热较高、磨损较大。

①单圆盘摩擦离合器。结构简单，散热性好，但传递的转矩不大。

②多圆盘模式离合器。传递动力比单圆盘摩擦离合器高，在机床、汽车、摩托车中应用广泛。

3. 安全离合器

当机器过载时会自动脱开，以保护机器重要零件不因过载而损坏。

📐 例题解析

一、单选题（下列选项中只有一个答案是正确的，每题 2 分）

1. 当两轴角度偏差比较大时，宜选用（ ）。

A. 凸缘联轴器　　B. 齿式联轴器　　C. 滑块联轴器　　D. 万向联轴器

答案　D

解析　联轴器的应用特点及选用。

2. 要在任意转速下都能平稳接合或分离两轴，应选用（ ）。

A. 弹性柱销联轴器　　　　　　B. 齿式联轴器

C. 牙嵌式离合器　　　　　　　D. 摩擦离合器

答案　D

解析　联轴器、离合器的区别与特点。

二、多选题（下列选项中有一个以上答案是正确的，每题2分）

1. 下列对于凸缘联轴器的说法正确的是（　　　　）。

A. 对中性要求高　　　　　　　　B. 有综合补偿能力

C. 机构简单，使用方便　　　　　　D. 能传递较大转矩

答案　ACD

解析　掌握凸缘联轴器的特点。

2. 工作过程中会产生附加动载的联轴器是（　　　　）。

A. 十字滑块联轴器　　　　　　　　B. 凸缘联轴器

C. 万向联轴器　　　　　　　　　　D. 弹性套柱销联轴器

答案　AC

解析　熟悉各类联轴器的工作特点。

三、判断题（正确的填A，错误的填B，每题2分）

1. （　　　）套筒联轴器是无弹性元件的挠性联轴器。

答案　B

解析　掌握联轴器的类型和工作原理。

2. （　　　）过载现象消除后，安全联轴器能恢复两轴的连接。

答案　B

解析　掌握联轴器的工作原理。

四、填空题（将最适当的答案填写在横线上，每题2分）

1. 要求在任何转速下都能接合和分离两轴，可采用＿＿＿＿离合器。

答案　摩擦

解析　理解各类离合器的特点。

2. 多片离合器的离合片数越多，传递的转矩越＿＿＿＿。

答案　大

解析　掌握摩擦离合器的特点。

专题练习

一、单选题（下列选项中只有一个答案是正确的，每题2分）

1. 工作中载荷平稳、不发生相对位移、转速稳定且对中性好的两轴宜选用（　　　　）。

A. 凸缘联轴器　　　B. 齿式联轴器　　　　C. 滑块联轴器　　　D. 万向联轴器

2. 下列属于刚性联轴器的是（   ）。

A. 套筒联轴器
B. 弹性套柱销联轴器

C. 万向联轴器
D. 滑块联轴器

3. 两轴的角度偏移可达 35°～45°，常成对使用的联轴器是（   ）。

A. 凸缘联轴器
B. 弹性套柱销联轴器

C. 万向联轴器
D. 齿式联轴器

4. 对被连接两轴对中性要求高的联轴器是（   ）。

A. 凸缘联轴器
B. 滑块联轴器

C. 弹性柱销联轴器
D. 轮胎式联轴器

5. 对被连接两轴间的偏移具有补偿能力的联轴器是（   ）。

A. 刚性联轴器   B. 安全联轴器   C. 挠性联轴器   D. 凸缘联轴器

6.（   ）可在高速重载下可靠地工作，常用于正反转变化多且启动频繁的场合，已在起重机、轧钢机等重型机械中得到广泛应用，但制造成本较高。

A. 滑块联轴器   B. 轮胎联轴器   C. 齿式联轴器   D. 弹性柱销联轴器

7.（   ）适用于启动频繁、正反向运转、有冲击振动、有较大轴向位移的潮湿多尘环境中。

A. 万向联轴器   B. 齿式联轴器   C. 滑块联轴器   D. 轮胎式联轴器

8.（   ）在接合时有冲击，只能在低速或停车状态下接合，否则容易将齿打坏。

A. 单圆盘摩擦离合器
B. 多圆盘摩擦离合器

C. 牙嵌式离合器
D. 超越离合器

9.（   ）须两套成对使用才能保证从动轴、主动轴转速相同。

A. 凸缘联轴器
B. 齿轮联轴器

C. 万向联轴器
D. 套筒联轴器

10. 套筒联轴器的主要特点是（   ）。

A. 结构简单，径向尺寸小
B. 对两轴的对中性的要求不高

C. 可用于高速
D. 能传递大的转矩

11. 凸缘联轴器（   ）。

A. 属于可移式的刚性联轴器

B. 对所连接的两轴之间的偏移具有补偿能力

C. 采用剖分环配合的比采用凸肩凹肩槽配合的对中性好

D. 结构简单，使用方便，可传递较大的转矩

12. 在低速、无冲击，轴的刚性好，对中性较好的场合，可选用（　　　）。

A. 刚性式联轴器　B. 挠性联轴器　　　C. 安全联轴器　　　D. 万向联轴器

13. 用于轴向窜动量较大，正、反转或启动频繁且工作温度不高的场合的联轴器为（　　　）联轴器。

A. 套筒　　　　　B. 十字滑块　　　　C. 弹性套柱　　　D. 弹性柱销

14. 牙嵌式离合器只能在（　　　）情况下接合。

A. 单向转动时　　　　　　　　　B. 高速转动时

C. 正反转工作时　　　　　　　　D. 两轴转速差很小或停机

15. 两轴轴径较小，同心度高，工作平稳的场合宜选用（　　　）联轴器。

A. 套筒　　　　　B. 万向滑块　　　　C. 齿式　　　　　D. 弹性柱销

16. 传递转矩较大，对中精度较高，载荷平稳的场合宜选用（　　　）联轴器。

A. 凸缘　　　　　B. 万向滑块　　　　C. 齿式　　　　　D. 弹性柱销

17. 牙嵌式离合器一般用在（　　　）的场合。

A. 传递转矩很大，接合速度很低　　B. 传递转矩较小，接合速度很低

C. 传递转矩很大，接合速度很高　　D. 传递转矩较小，接合速度很高

18. 下列联轴器中，（　　　）具有良好的补偿性，允许有综合位移。

A. 套筒联轴器　　　　　　　　　B. 安全联轴器

C. 滑块联轴器　　　　　　　　　D. 凸缘联轴器

19. 联轴器和离合器的区别是（　　　）。

A. 联轴器只能连接两轴，离合器在连接两轴的同时还可以连接轴上其他旋转零件

B. 联轴器可用弹性元件缓冲，离合器则不能

C. 联轴器必须使机器停止运转才能拆卸使两轴分离，离合器可在工作时分离

D. 两者没有任何区别

二、多选题（下列选项中有一个以上答案是正确的，每题 2 分）

1. 刚性联轴器有（　　　）联轴器两种。

A. 凸缘　　　　　B. 弹性套柱销　　C. 套筒　　　　　D. 十字滑块

E. 弹性套柱

2. 联轴器和离合器两者的区别是（　　　）。

A. 联轴器停转后才能将两轴分开

B. 离合器在旋转中两轴可随时接合和分离

C. 离合器停转后才能将两轴分开

D. 联轴器在旋转中两轴可随时接合和分离

3. 常用的安全离合器有（　　）离合器。

A. 牙嵌式　　　　　B. 单圆盘摩擦　　　　C. 多片摩擦　　　　D. 滚珠式

4. 摩擦离合器又可分为（　　）。

A. 单圆盘式　　　　B. 多齿式　　　　　C. 三角形式　　　　D. 多圆盘式

5. 下列关于凸缘联轴器的说法不正确的是（　　）。

A. 结构简单，使用方便，但只能传递较小的转矩　　　　B. 属于刚性联轴器

C. 对所连接的两轴之间的相对位移具有补偿能力　　　　D. 属于挠性联轴器

6. 按操纵方式不同，离合器可分为（　　）。

A. 机械离合器　　　B. 电磁离合器　　　C. 液压离合器　　　D. 气压离合器

7. 以下选项中适合用于正反转频繁启动的场合的联轴器有（　　）联轴器。

A. 安全　　　　　　B. 弹性套柱销　　　C. 弹性柱销　　　　D. 齿式

8. 当两轴间有角度偏差时，可以选用（　　）。

A. 滑块联轴器　　　B. 凸缘联轴器　　　C. 万向联轴器　　　D. 弹性套柱销联轴器

9. 不能补偿两轴间的位移和偏斜的联轴器有（　　）。

A. 弹性柱销联轴器　　　　　　　　　B. 齿式联轴器

C. 凸缘联轴器　　　　　　　　　　　D. 套筒联轴器

10. 牙嵌式离合器的牙型常有（　　）。

A. 矩形　　　　　　B. 梯形　　　　　　C. 三角形　　　　　D. 锯齿形

三、判断题（正确的填 A，错误的填 B，每题 2 分）

1.（　　）凸缘联轴器构造简单，工作可靠，能补偿轴的偏移，有吸振、缓冲的作用。

2.（　　）自行车后轮的棘轮机构相当于一个离合器，它是超越离合器。

3.（　　）弹性套柱销联轴器常用于高速、启动频繁、回转方向常改变的两轴连接。

4.（　　）在机器所受载荷恢复正常后安全联轴器能自动接合，继续进行动力的传递。

5.（　　）离合器和联轴器一样，只有在停车时才能分离或连接。

6.（　　）联轴器和离合器都能用来连接两轴且传递转矩。

7.（　　）用于连接两交叉轴传动的联轴器可选用齿式联轴器。

8.（　　）滑块联轴器不能补偿两轴偏斜，当高速时会产生离心力，只能用在

低速场合。

9.（　　）采用摩擦式离合器能起一定的安全保护作用。

10.（　　）联轴器和离合器都用于轴与轴之间的连接，所以用联轴器可以代替汽车上的离合器。

11.（　　）万向联轴器用于两轴相交某一角度的传递，两轴的角度偏移可达35°～45°。

12.（　　）单圆盘摩擦离合器结构简单、散热性好，但传递的转矩不大。

13.（　　）安全联轴器会对机器进行过载保护，常见的是剪销式安全联轴器。

14.（　　）联轴器可以在运动中实现两轴的分离和接合。

15.（　　）万向联轴器用于两轴相交的传动，如要主、从动轴的转速相等，则必须成对使用。

四、填空题（将最适当的答案填写在横线上，每题2分）

1. 常用联轴器按构造分为刚性联轴器、_____和安全联轴器。

2. 安全联轴器结构简单，常用于偶然性_____的机器。

3. 凸缘联轴器常用于对中精度_____、载荷平稳的两轴连接。

4. 摩擦离合器靠摩擦力来传递转矩，两轴可在_____下实现接合或分离。

5. _____联轴器常用于两轴有角度偏移较大的场合，且成对使用。

6. 联轴器与离合器在机器中所起的作用是_____。

7. 常用的离合器有_____、摩擦离合器和安全离合器。

8. 摩擦离合器按其结构形式可分为圆盘式、_____等。

9. 刚性联轴器有_____联轴器、凸缘联轴器。

10. 旋转中的两轴能够迅速接合或分离的传动装置称为_____。

考点4　带传动

考纲要求

1. 理解带传动的类型、工作原理及特点，能正确计算传动比。

2. 了解普通V带相关国家标准，能识别普通V带标记。

读书笔记

3. 理解带传动张紧的基本知识，了解普通 V 带张紧的基本类型。

4. 了解其他带传动的结构与基本应用。

学习建议

1. 结合生活实例，区分带的类型及应用场合。

2. 通过小组合作拆装钻床中的 V 带传动，分析 V 带传动的工作原理，具备 V 带传动的安装、张紧和维护的能力。

知识梳理

一、带传动知识树

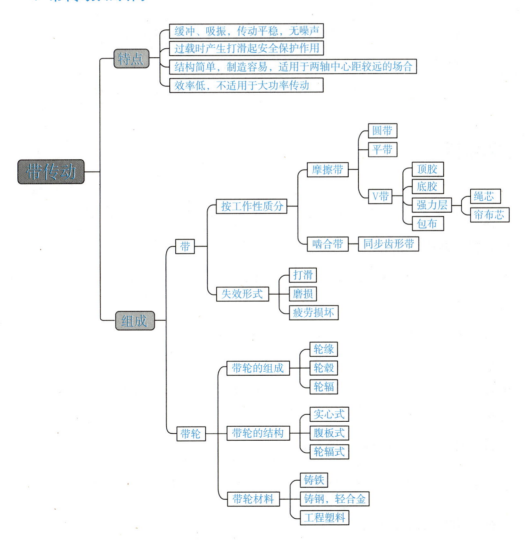

读书笔记

二、重点知识梳理

带传动相关概念见表 2-4-1。

表 2-4-1　带传动相关概念

序号	名称	概念
1	带传动	由主动带轮、从动带轮和传动带组成，工作时依靠带和带轮间产生的摩擦力（或啮合作用）传递运动和动力
2	打滑	指由于负载过大或者其他原因，导致带与轮毂之间无法牢固地接触，从而带无法正常传递动力而发生相对滑移的现象
3	弹性滑动	指由于皮带的弹性引起的带与带轮之间的相对滑动
4	V 带节线	指 V 带中保持原长度不变的任一条周线
5	V 带节面	指由全部节线构成的面
6	V 带节宽	指 V 带节面的宽度
7	基准宽度 b_d	指与 V 带轮上配用的 V 带节面处于同一位置的槽形轮廓宽度
8	基准直径 d_d	指基准宽度处的带轮直径
9	基准长度 L_d	指 V 带在规定张紧力下位于带轮基准直径上的周线长度

例题解析

一、单选题（下列选项中只有一个答案是正确的，每题 2 分）

1. V 带的截面夹角是（　　　）。

A. 38° 　　　　B. 36° 　　　　C. 34° 　　　　D. 40°

答案　D

解析　V 带的截面是楔角为 40° 的等腰梯形。

2. V 带传动的带轮包角一般要求（　　　）。

A. $\alpha \geq 120°$ 　　B. $\alpha \geq 90°$ 　　C. $\alpha \geq 150°$ 　　D. $\alpha \geq 60°$

答案　A

解析　对比 V 带和平带的区别。

二、多选题（下列选项中有一个以上答案是正确的，每题 2 分）

1. 带传动的失效形式有（　　　）。

A. 带弹性滑动　B. 带打滑　　　C. 带疲劳断裂　D. 带的工作面磨损

读书笔记

答案 BCD

解析 带传动主要失效形式有带和带轮之间的磨损、打滑和疲劳损坏（如脱层、撕裂、拉断）等。

2. 下列不属于带传动采用张紧轮的目的的是（ ）。

A. 改变带的传动方向 　　　　　　B. 减轻带的弹性滑动

C. 提高带的使用寿命 　　　　　　D. 提高带的张紧力

答案 ABC

解析 传动带工作一段时间后会因产生永久变形而松弛，使初拉力减小从而降低带传动的工作能力，因此需要重新张紧传动带，张紧轮的目的就是提高带的初拉力即张紧力。

三、判断题（正确的填 A，错误的填 B，每题 2 分）

1.（　　）一般在相同条件下，V 带传递动力的能力比平带大，约为平带的 3 倍。

答案 A

解析 V 带截面为等腰梯形，利用带和带轮梯形槽面间的摩擦力传递动力。平带的工作面为内表面。在相同初拉力条件下，传递的功率是平带的 3 倍。

2.（　　）普通 V 带传递功率的能力，A 型最小，Y 型最大。

答案 B

解析 V 带按截面尺寸由小到大有 Y、Z、A、B、C、D、E 共 7 种型号，截面越大，传递功率的能力越强。故传递功率的能力是 Y 最小，E 最大。

四、填空题（将最恰当的答案填写在横线上，每题 2 分）

1. 带传动由＿＿＿＿＿＿、＿＿＿＿＿＿和传动带组成。

答案 主动带轮、从动带轮

解析 掌握带传动的组成。

2. 通常带的张紧采用＿＿＿＿＿＿和＿＿＿＿＿＿两种方法。

答案 调整中心距 使用张紧轮

解析 掌握带传动的张紧方法，常用的带传动的张紧方法有调整中心距和使用张紧轮。

读书笔记

专题练习

一、单选题（下列选项中只有一个答案是正确的，每题 2 分）

1. 以下关于摩擦轮传动的说法中正确的是（　　）。

A. 应用于要求传动比准确的场合　　　　B. 可以传递较大的转矩

C. 应用于要求传递运动准确的场合　　　D. 在过载时有保护作用

2. 带传动的传动比就是（　　）。

A. $i_{12}=n_2/n_1=d_{d2}/d_{d1}$　　　　　　B. $i_{12}=n_1/n_2=d_{d2}/d_{d1}$

C. $i_{12}=n_2/n_1=d_{d1}/d_{d2}$　　　　　　D. $i_{12}=n_1/n_2=d_{d1}/d_{d2}$

3. 平带传动的带轮包角一般要求（　　）。

A. $\alpha \geqslant 120°$　　　　　　　　　　B. $\alpha \geqslant 90°$

C. $\alpha \geqslant 180°$　　　　　　　　　　D. $\alpha \geqslant 150°$

4. V 带的核心部分是（　　）。

A. 顶胶　　　　　　　　　　　　　　B. 底胶

C. 抗拉体　　　　　　　　　　　　　D. 包布层

5. 关于平带传动，说法正确的是（　　）。

A. 结构复杂，不适宜两轴中心距较大的场合

B. 富有弹性，能缓冲、吸振，传动平稳，无噪声

C. 过载打滑，起安全保护作用，并能保证准确的传动比

D. 外廓尺寸较小，效率高

6. V 带的特点有（　　）。

A. 结构复杂，不适宜两轴中心距较大的场合

B. 有接头，富有弹性，能缓冲、吸振，传动平稳，无噪声

C. 过载打滑，会使薄弱零件损坏

D. 不能保证准确的传动比

7. V 带合适的工作速度一般为（　　）。

A. $v \leqslant 10$ m/s　　B. $v \geqslant 20$ m/s　　C. $v=5\sim25$ m/s　　D. $v=10\sim30$ m/s

8. V 带传动的传动比（　　）。

A. $i \leqslant 5$　　　　　B. $i \leqslant 7$　　　　　C. $i \geqslant 5$　　　　　D. $i \geqslant 7$

9. 传动平稳，无噪声，能缓冲、吸振的传动是（　　）。

A. 摩擦轮传动　　B. 带传动　　　　C. 链传动　　　　D. 齿轮传动

10. V 带传动中，张紧轮的安装位置为（　　　）。

A. 松边内侧靠近大带轮　　　　　　B. 松边内侧靠近小带轮

C. 松边外侧靠近大带轮　　　　　　D. 松边外侧靠近小带轮

二、多选题（下列选项中有一个以上答案是正确的，每题 2 分）

1. 根据横截面形状不同，带分为（　　　）。

A. 平带　　　　　　B. V 带　　　　　　C. 圆带　　　　　　D. 同步带

2. 以下属于带传动的特点的有（　　　）。

A. 传动平稳　　　　B. 传动效率高　　　C. 过载保护　　　　D. 噪声较小

3. 下列传动带中属于摩擦型的是（　　　）。

A. 平带　　　　　　B. V 带　　　　　　C. 圆带　　　　　　D. 同步带

4. 带轮的常用材料有（　　　）。

A. 铸铁　　　　　　B. 钢　　　　　　　C. 铝合金　　　　　D. 工程塑料

5. 根据两个带轮轴线相对位置不同，平带的传动形式分为（　　　）。

A. 交错传动　　　　B. 开口传动　　　　C. 交叉传动　　　　D. 半交叉传动

三、判断题（正确的填 A，错误的填 B，每题 2 分）

1.（　　　）摩擦轮传动的主动轮表面经常衬上一层石棉或皮革、橡胶布、塑料、纤维材料等。

2.（　　　）摩擦轮传动可以方便地实现变向、变速等运动的调整。

3.（　　　）V 带和平带一样，都是利用底面与带轮之间的摩擦力来传递动力的。

4.（　　　）带在安装时，若中心距不能改变，应先装大轮，后装小轮。

5.（　　　）安装 V 带时，带张紧程度以大拇指能按下 15 mm 左右为宜。

6.（　　　）带轮直径越小，V 带的使用寿命越短。

7.（　　　）带传动中，带轮的中心距越大，小带轮的包角就越小。

8.（　　　）V 带传动装置必须安装安全防护罩。

9.（　　　）普通 V 带是有接头的环形带。

10.（　　　）新旧带可以混用，所以一根 V 带坏了，只需更换一根就行了。

四、填空题（将最适当的答案填写在横线上，每题 2 分）

1. 带传动是利用传动带作为＿＿＿＿，依靠传动带与带轮之间的＿＿＿＿来传递运动的。

2. 带轮包角 α 越_____，摩擦力就越小，通常要求 V 带轮的包角 $\alpha \geqslant$ _____。

3. 带传动中，两带轮中心距越_____，传动结构会越_____，传动时还会引起 V 带颤动。

4. V 带是_____带，截面形状为_____，标准 V 带分为_____结构和_____结构。

5. 根据带的横截面形状不同，可分为_____、_____、_____和同步齿形带。

6. V 带由_____、_____、_____和_____组成，按截面尺寸大小分为_____共 7 种型号，其中_____传动能力最强，常用带的型号有_____3 种。

7. V 带轮通常由_____、_____和轮毂三部分组成。

8. 通常带的张紧采用_____和_____两种方法。

9. 按工作原理分，带传动有_____和_____。

10. V 带的两侧面为工作面，其夹角为_____，带轮轮槽的夹角应_____（填"略小"或"略大"）。

考点 5　链传动

考纲要求

1. 理解链传动的特点、应用场合。
2. 能正确计算链传动的传动比。

学习建议

1. 了解链传动的工作原理、特点、类型和应用。
2. 会计算链传动的平均传动比。
3. 了解链传动的安装、张紧和维护。
4. 分析自行车中的链传动以及进行链条的拆装实践，初步具有分析链传动的能力。

读书笔记

📝 知识梳理

一、链传动知识树

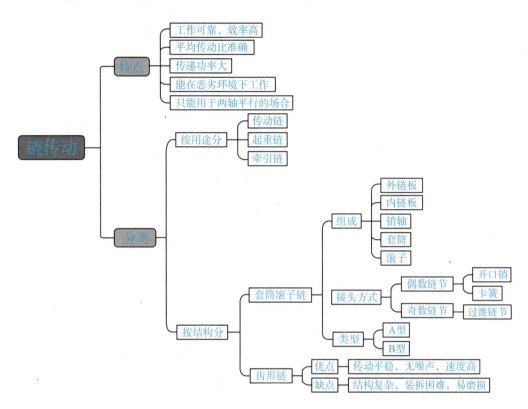

二、重点知识梳理

（一）链传动相关概念（表2-5-1）

表2-5-1　链传动相关概念

序号	名称	概念
1	链传动	由主动链轮、从动链轮和绕在链轮上的环形链条组成，以链条作为中间挠性件，靠链条与链轮轮齿的啮合来传递平行轴间的运动和动力
2	传动链	主要用于一般机械中传递运动和动力，也可以用于输送等场合。通常工作速度≤ 15 m/s，传动比≤ 6，中心距≤ 8 m，在润滑良好时效率可达0.97～0.98
3	起重链	主要用于传递动力，如叉车上提升重物的起重链，因为要悬挂、牵引重物，所以其工作速度≤ 0.25 m/s
4	牵引链	主要用于链式输送机移动重物，如流水线上的输送链条，一般运动速度≤ 4 m/s

（二）链传动

1. 链传动的工作原理

链传动由主动链轮、从动链轮和绕在链轮上的环形链条组成，以链条作为中间挠性件，靠链条与链轮轮齿的啮合来传递平行轴间的运动和动力。

2. 链传动的特点

（1）链传动的优点

①与带传动相比，无弹性滑动和打滑现象，平均传动比准确，工作可靠，效率较高。

②传递功率大，过载能力强，在相同工况下的传动尺寸小。

③所需张紧力小，作用于轴上的压力小。

④能在高温、多尘、潮湿、有污染等恶劣环境中工作。

（2）链传动的缺点

①仅能用于两平行轴间的传动。

②成本高，易磨损，易伸长，传动平稳性差。

③运转时会产生附加动载荷、振动、冲击和噪声，不宜用在急速反向的传动中。

3. 链条的类型和应用

链条的类型很多，按用途不同可分为以下三类。

①传动链主要用于一般机械中传递运动和动力，也可以用于输送等场合，通常工作速度 $\leqslant 15\ \text{m/s}$，传动比 $i \leqslant 6$，中心距 $\leqslant 8\ \text{m}$，在润滑良好时效率可达 $0.97 \sim 0.98$。

②起重链主要用于传递动力，如叉车上提升重物的起重链，因为要悬挂、牵引重物，所以其工作速度 $\leqslant 0.25\ \text{m/s}$。

③牵引链主要用于链式输送机移动重物，一般运动速度 $\leqslant 4\ \text{m/s}$。

传动链应用最广泛，其中常用的有套筒滚子链和齿形链。

（1）套筒滚子链

套筒滚子链由内链板、外链板、销轴、套筒和滚子组成。内链板与套筒、外链板与销轴用过盈配合连接。销轴与套筒、滚子与套筒之间用间隙配合连接，以形成转动。当链与链轮啮合时，滚子与轮齿之间是滚动摩擦。当受力不大而速度较低时，也可不用滚子，这种链称为套筒链。传递较大功率时，也可采用多排链，但为了避免受力不均匀，一般采用双排链、三排链，最多可用四排链。

读书笔记

套筒滚子链的接头有三种形式。当链节数为偶数时，大链节可采用开口销，小链节可采用卡簧（卡簧开口应装在其运动相反方向）；当链节数为奇数时，可采用过渡链节。

（2）齿形链

齿形链是由铰链连接的齿形板组成的，与套筒滚子链相比，它传动平稳，噪声较小（又称无声链），传动速度较高，但摩擦力较大，易磨损。

4. 链传动的传动比

在链传动中，主动链轮的齿数为 z_1，转速为 n_1，从动链轮的齿数为 z_2，转速为 n_2，则传动比 $i_{12}=n_1/n_2=z_2/z_1$

5. 链传动的主要失效形式

链传动的主要失效形式有链板的疲劳断裂，套筒、滚子的疲劳点蚀，销轴和套筒胶合，链条脱落和链条过载拉断等。

6. 链传动的安装与维护

①安装链传动时，两链轮的轴线必须平行，并且两链轮旋转平面应位于同一平面内。

②为防止链传动松边垂度过大，引起啮合不良和抖动现象，应采取张紧措施。张紧方法有调整中心距或采用张紧轮张紧，张紧轮应放在松边外侧靠近小链轮的位置。

③良好的润滑可减轻磨损，缓和冲击和振动，延长链传动的使用寿命。对于不便使用润滑油的场合，可使用润滑脂，但应定期涂抹、定期清洗链轮和链条。在闭式链传动中，通常采用油浴润滑。

④在链传动的使用过程中应定期检查润滑情况及链条的磨损情况。

例题解析

一、单选题（下列选项中只有一个答案是正确的，每题 2 分）

1. 在低速、重载、高温条件下和尘土飞扬的不良工作环境中工作的传动一般用（　　）。

A. 摩擦轮传动　　B. 带传动　　　　C. 链传动　　　　D. 齿轮传动

答案　C

读书笔记

解析 了解链传动的特点。

2.链传动的传动比计算公式是（　　　）。

A. $i_{12}=n_1/n_2=z_2/z_1$　　　　　　　B. $i_{12}=n_1/n_2=z_1/z_2$

C. $i_{12}=n_2/n_1=z_2/z_1$　　　　　　　D. $i_{12}=n_2/n_1=z_1/z_2$

答案　A

解析　掌握链传动的传动比计算公式，能够正确计算链传动的平均传动比。

二、多选题（下列选项中有一个以上答案是正确的，每题2分）

1.套筒滚子链的接头形式有（　　　）。

A. 开口销　　　　B. 卡簧　　　　　C. 间隙配合　　　　D. 过渡链节

答案　ABD

解析　套筒滚子链的接头有三种形式。当链节数为偶数时，大链节可采用开口销，小链节可采用卡簧（卡簧开口应装在其运动相反方向）；当链节数为奇数时，可采用过渡链节。

2.下列不属于链传动特点的是（　　　）。

A. 能够缓冲吸振　　　　　　　B. 传递功率大

C. 平均传动比准确　　　　　　D. 噪声小

答案　AD

解析　了解链传动的特点，对比记忆带传动和链传动。

三、判断题（正确的填A，错误的填B，每题2分）

1.（　　　）链传动能保证准确的平均传动比，传动功率较大。

答案　A

解析　了解链传动的特点。

2.（　　　）链传动适合用在急速反向的传动中。

答案　B

解析　链传动运转时会产生附加动载荷、振动、冲击和噪声，不宜用在急速反向的传动中。

四、填空题（将最适当的答案填写在横线上，每题2分）

1.链传动由_____、_____和_____组成。

答案　主动链轮　从动链轮　链条

解析 掌握链传动的组成。

2. 齿形链又称为_____。

答案 无声链

解析 了解齿形链的特点。

专题练习

一、单选题（下列选项中只有一个答案是正确的，每题 2 分）

1. 与带传动相比，链传动的主要特点是（　　　）。

A. 缓和冲击　　　B. 过载保护　　　C. 打滑　　　D. 平均传动比准确

2. 已知主动链轮的齿数为 20，转速为 100 r/min，从动链轮的齿数为 80，则此链传动的传动比为（　　　）。

A. 1　　　　　B. 4　　　　　C. 0.25　　　　D. 2

3. 通常传动链的工作速度是（　　　）。

A. $v \leqslant 15$ m/s　　B. $v \leqslant 4$ m/s　　C. $v \leqslant 0.25$ m/s　　D. $v \leqslant 6$ m/s

4. 以下链传动中应用最广的是（　　　）。

A. 起重链　　　B. 输送链　　　C. 传动链　　　D. 牵引链

5. 关于链传动，下列说法正确的是（　　　）。

A. 工作可靠，效率较低

B. 所需张紧力大，作用于轴上的压力大

C. 传递功率小，过载能力差，在相同工况下的传动尺寸小

D. 成本高，易磨损，易伸长，传动平稳性差

6. 一般传动链的传动比（　　　）。

A. $i \leqslant 4$　　　B. $i \leqslant 5$　　　C. $i \leqslant 6$　　　D. $i \leqslant 7$

7. 叉车提升装置中的链传动使用的是（　　　）。

A. 牵引链　　　B. 输送链　　　C. 传动链　　　D. 起重链

8. 链传动布置时，通常（　　　）。

A. 松边在上，紧边在下　　　B. 松边在下，紧边在上

C. 布置在水平面内　　　D. 布置在倾斜面内

9. 滚子链传动中，滚子的作用是（　　　）。

A. 缓和冲击　　　B. 减小套筒和轮齿间的磨损

C. 提高链的破坏载荷　　　D. 保证良好的啮合

10.低速链传动中（$v < 6$ m/s），链的主要破坏是（　　　）。

A. 冲击破坏 　　　　　　　　　　B. 链条铰链的磨损

C. 胶合 　　　　　　　　　　　　D. 过载拉断

二、多选题（下列选项中有两个以上答案是正确的，每题 2 分）

1. 下列连接中，属于间隙配合的有（　　　）。

A. 内链板与套筒 　　　　　　　　B. 销轴与套筒

C. 外链板与销轴 　　　　　　　　D. 滚子与套筒

2. 链传动的主要失效形式有（　　　）。

A. 疲劳断裂 　　　　　　　　　　B. 疲劳点蚀

C. 链条脱落或过载拉断 　　　　　D. 打滑

3. 下列属于齿形链特点的有（　　　）。

A. 过载保护 　　　　　　　　　　B. 传动平稳

C. 噪声较小 　　　　　　　　　　D. 摩擦力较大，易磨损

4. 按用途不同，链条的类型可分为（　　　）。

A. 齿形链 　　　　B. 传动链 　　　　C. 起重链 　　　　D. 牵引链

5. 链传动的主要特点包括（　　　）。

A. 瞬时传动比恒定 　　　　　　　B. 平均传动比准确

C. 劳动条件好 　　　　　　　　　D. 传递功率高

三、判断题（正确的填 A，错误的填 B，每题 2 分）

1.（　　　）为了传递较大功率，套筒滚子链可采用多排链，排数越多越好。

2.（　　　）在闭式链传动中，通常采用润滑脂润滑。

3.（　　　）通常滚子链选用偶数节是为了避免使用过渡链节。

4.（　　　）与带传动相比，链传动的平均传动比准确，没有弹性滑动和打滑现象。

5.（　　　）滚子链中，套筒与滚子之间采用间隙配合，滚子可绕套筒自由转动。

6.（　　　）当链节数为偶数时，大链节可采用卡簧。

7.（　　　）链传动仅能用于两平行轴间的传动。

8.（　　　）链传动的张紧轮应放在松边外侧靠近小链轮的位置。

9.（　　　）安装链传动时，两链轮的轴线必须平行，并且两链轮旋转平面应位于同一平面内。

10.（　　　）链传动一般用于传动的高速级。

四、填空题（将最适当的答案填写在横线上，每题 2 分）

1. 链传动是利用链条作为_____，依靠链轮与链条之间的_____来传递运动的。

2. 套筒滚子链由_____、_____、_____、_____和滚子组成。

3. 当链条链节数为偶数时，大链节可采用_____，小链节可采用_____。

4. 按照用途不同，链可分为_____、_____和_____。

5. 链条的长度以_____表示，一般为_____（填"奇"或"偶"）数。

6. 链轮的转速越_____，节距越_____，齿数越_____，则链传动的动载荷就越大。

7. 链传动的平均速比_____，瞬时速比_____。（填"变化"或"不变"）

8. 链传动中大链轮的齿数越_____，越容易发生跳齿或脱链。

9. 滚子链的标记：10A-1×88 GB/T 1243 —2006，其中 1 代表链条的_____。

10. 小链轮的齿面硬度比大链轮的齿面硬度_____。

考点 6　齿轮传动

考纲要求

1. 理解齿轮传动的特点、分类。

2. 能够正确计算齿轮传动的传动比。

3. 熟悉直齿圆柱齿轮的主要参数，能计算标准直齿圆柱齿轮的各部分尺寸。

4. 了解斜齿圆柱齿轮、直齿圆锥齿轮传动的特点。

学习建议

1. 了解齿轮传动的工作原理、特点、类型和应用。

2. 了解渐开线齿轮各部分的名称与主要参数。

3. 掌握标准直齿圆柱齿轮的基本尺寸及计算方法。

4. 理解直齿圆柱齿轮的正确啮合条件。

5. 了解渐开线齿轮的加工方法、根切现象与齿轮的精度。

6. 了解齿轮的常用材料与结构。

7. 了解齿轮传动的失效形式与维护。

知识梳理

一、齿轮传动知识树

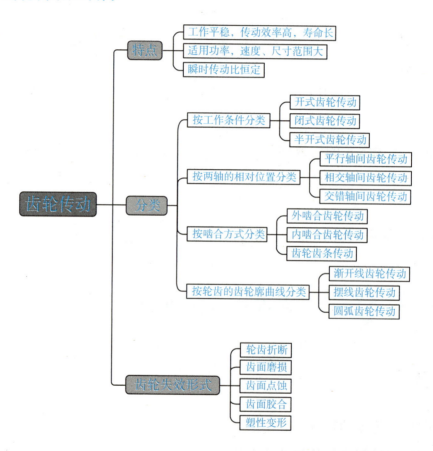

二、重点知识梳理

齿轮传动相关概念见表 2-6-1。

表 2-6-1　齿轮传动相关概念

序号	名称	概念
1	齿轮传动	由主动齿轮、从动齿轮和机架组成，它是依靠主、从动齿轮轮齿直接啮合来传递运动和动力的装置
2	齿数（z）	指一个齿轮的轮齿数，它是齿轮最基本的参数之一

续表

序号	名称	概念
3	模数（m）	指齿距 p 除以圆周率 π 所得的商，用 m 表示，单位为 mm
4	压力角（α）	指齿轮运动方向与受力方向所夹的锐角
5	齿厚（S）	指分度圆上一个齿两侧齿廓之间的弧长
6	齿槽宽（e）	指分度圆上齿槽两侧齿廓之间的弧长
7	齿距（p）	指分度圆上相邻两齿同侧齿廓之间的弧长
8	齿顶高（h_a）	指分度圆与齿顶圆之间的径向距离
9	齿根高（h_f）	指分度圆与齿根圆之间的径向距离
10	全齿高（h）	指齿顶圆和齿根圆之间的径向距离
11	顶隙（C）	指一个齿轮的齿顶与另一个齿轮的齿根在连心线上的径向距离
12	齿根圆直径（d）	指齿轮上作为齿轮尺寸基准的圆的直径
13	基圆直径（d_b）	指形成渐开线齿廓曲线的圆的直径
14	齿顶圆直径（d_a）	指齿顶所在圆的直径
15	齿根圆直径（d_f）	指齿槽底所在圆的直径
16	齿宽（b）	指齿轮的有齿部位沿分度圆柱面的直线方向量度的宽度
17	中心距（a）	指两齿轮中心的距离

例题解析

一、单选题（下列选项中只有一个答案是正确的，每题 2 分）

1. 齿轮上相邻齿之间的空间是（　　　）。

A. 齿厚 　　　　　B. 齿宽 　　　　　C. 齿槽宽 　　　　　D. 齿距

答案　C

解析　了解渐开线齿轮各部分的名称与主要参数。

2. 斜齿圆柱齿轮的标准模数和标准压力角在（　　　）上。

A. 端面 　　　　　B. 轴面 　　　　　C. 主平面 　　　　　D. 法面

答案 D

解析 斜齿圆柱齿轮的参数有法面参数和端面参数，以法面参数为准。

二、多选题（下列选项中有一个以上答案是正确的，每题 2 分）

1. 一对齿轮啮合时，当安装中心距大于标准中心距时，将发生改变的是（   ）。

A. 齿侧间隙　　　　B. 啮合角　　　　　C. 传动比　　　　D. 节圆半径

答案 ABD

解析 齿轮的传动比与中心距无关。

2. 齿轮传动的优点有（   ）。

A. 工作安全可靠，使用寿命长

B. 能实现两轴平行、相交、交错等传动

C. 能保证两齿轮瞬时传动比恒定

D. 传动功率和速度范围大，传动效率高

答案 ABCD

解析 了解齿轮传动的特点。

三、判断题（正确的填 A，错误的填 B，每题 2 分）

1.（   ）斜齿轮传动比直齿轮传动更平稳，承载能力更大。

答案 A

解析 了解斜齿轮传动的特点。

2.（   ）齿轮传动的安装精度要求高，传动时对冲击、振动较敏感。

答案 A

解析 了解齿轮传动的特点。

四、填空题（将最适当的答案填写在横线上，每题 2 分）

1. 开式齿轮传动的主要失效形式是_____和_____。

答案 齿面磨损　轮齿折断

解析 了解齿轮传动的失效形式。

2. 分度圆上相邻两齿同侧齿廓之间的弧长称为_____。

答案 齿距

解析 了解渐开线齿轮各部分的名称。

专题练习

一、单选题（下列选项中只有一个答案是正确的，每题 2 分）

1. 齿轮传动的特点有（　　　）。

A. 传递的功率和速度范围较大

B. 传动效率低，使用寿命长

C. 可以利用摩擦力来传递运动和动力

D. 制造、安装要求不高

2. 渐开线的性质有（　　　）。

A. 渐开线上任意一点 K 的法线与过 K 点的基圆切线不重合

B. 渐开线的形状取决于基圆，基圆为无穷大时，形状变为直线

C. 基圆越大，基圆内的渐开线越平直

D. 线上各点的压力角相等，都是 20°

3. 模数 m（　　　）。

A. 是齿轮几何尺寸计算中最基本的一个参数

B. 其大小对齿轮的承载能力无影响

C. 一定时，齿轮的几何尺寸与齿数 z 无关

D. $m=p/\pi$，是一个无理数，符合计算要求

4. 一对渐开线齿轮传动（　　　）。

A. 保持瞬时传动比恒定不变

B. 传动比与中心距有关

C. 在标准中心距的条件下，分度圆与节圆不重合

D. 在非标准中心距的条件下，啮合角等于标准压力角

5. 已知下列标准直齿圆柱齿轮，可以正确啮合的是（　　　）。

齿轮 1：　$z_1=72$，　$d_{a1}=222$ mm；　　齿轮 2：　$z_2=72$，　$h_2=22.5$ mm；

齿轮 3：　$z_3=22$，　$d_{f3}=156$ mm；　　齿轮 4：　$z_4=22$，　$d_{a4}=240$ mm。

A. 齿轮 1 和 2　　　B. 齿轮 1 和 3　　　C. 齿轮 2 和 4　　　D. 齿轮 3 和 4

6. 一对渐开线标准圆柱齿轮正确啮合、平稳工作，则（　　　）必须相等。

A. 齿数　　　　　B. 模数　　　　　C. 分度圆　　　　　D. 基圆

7. 斜齿轮（　　　）。

A. 啮合时，两轮轮齿的螺旋方向是一致的

读书笔记

B. 在端面上，斜齿轮的外形与直齿轮的外形不完全一样

C. 端面参数是标准参数

D. 能当作变速滑移齿轮

8. 能保持瞬时传动比恒定的传动是（　　　）。

A. 摩擦轮传动　　B. 带传动　　　　C. 链传动　　　　D. 齿轮传动

9. 高速重载齿轮传动，当润滑不良时，最可能出现的失效形式是（　　　）。

A. 齿面点蚀　　　B. 齿面胶合　　　C. 齿面磨损　　　D. 轮齿折断

10. 由齿轮减速器、带轮、链轮组成的减速系统，其传动顺序是（　　　）。

A. 带轮—链轮—齿轮减速器　　　　　B. 带轮—齿轮减速器—链轮

C. 链轮—齿轮减速器—带轮　　　　　D. 链轮—带轮—齿轮减速器

二、多选题 （下列选项中有一个以上答案是正确的，每题 2 分）

1. 渐开线齿轮的主要参数有（　　　）。

A. 齿数　　　　　B. 齿宽　　　　　C. 模数　　　　　D. 压力角

2. 常用的齿轮结构有（　　　）。

A. 齿轮轴　　　　B. 实体式　　　　C. 腹板式　　　　D. 轮辐式

3. 下列属于斜齿轮优点的有（　　　）。

A. 产生轴向力　　　　　　　　　　B. 传动平稳、冲击小、噪声小、振动小

C. 承载能力强　　　　　　　　　　D. 能作为变速滑移齿轮使用

4. 齿轮精度包括（　　　）。

A. 运动精度　　　B. 工作平稳性精度　C. 接触精度　　　D. 齿轮副侧隙

5. 齿轮常用的材料有（　　　）。

A. 铸铁　　　　　B. 铸钢　　　　　C. 锻钢　　　　　D. 非金属材料

三、判断题 （正确的填 A，错误的填 B，每题 2 分）

1.（　　）基圆越大，渐开线越弯曲。

2.（　　）基圆上的压力角为标准压力角，分度圆上的压力角为零。

3.（　　）模数 m 表示齿轮齿形的大小，它是没有单位的。

4.（　　）模数 m 越大，轮齿的承载能力越强。

5.（　　）齿面点蚀是开式齿轮传动的主要失效形式。

6.（　　）标准齿轮的分度圆，在齿厚与齿槽宽相等的地方。

7.（　　）配对的齿轮中，小齿轮应比大齿轮硬度高。

8.（　　）安装圆锥齿轮时，应保证小端对齐。

9. （　　） 全齿高 h=9 mm 的标准直齿圆柱齿轮，其模数 m=4 mm。

10. （　　） z=38，d_a=120 mm 的标准直齿圆柱齿轮，其模数 m=3 mm。

11. （　　） 在一对内啮合齿轮传动中，其主动轮与从动轮的转动方向不相同。

12. （　　） 基圆内无渐开线。

13. （　　） 一般开式齿轮传动的主要失效形式是齿面点蚀。

14. （　　） 齿轮传动适合较远距离的传动，能够实现无级变速。

15. （　　） 当模数一定时，齿数越多，齿轮的几何尺寸越大，轮齿渐开线的曲率半径也越大，齿廓曲线趋于平直。

四、填空题（将最适当的答案填写在横线上，每题 2 分）

1. 齿轮传动由_____、_____和机架组成，它是依靠主、从动齿轮轮齿直接_____来传递运动和动力的装置。

2. 齿轮传动根据两轴的相对位置分为_____、_____、_____。

3. 齿轮传动按工作条件分为_____、_____和_____。

4. 齿轮传动按轮齿的齿廓曲线分为_____、_____和_____三种，其中_____应用最广泛。

5. 齿轮传动按啮合方式分为_____、_____和齿轮齿条传动。

6. 正常齿制渐开线标准齿轮不发生根切现象的条件是被加工齿轮的齿数不小于_____。

7. 对于软齿面的闭式齿轮传动，其主要失效形式是_____。

8. 常见齿轮传动的失效形式有_____、_____、_____、_____、_____。

9. 直齿圆柱齿轮的正确啮合条件是_____和_____。

10. 渐开线上各点压力角_____（填"相等"或"不等"），离基圆越远则压力角_____（填"越大"或"越小"），越靠近基圆压力角_____（填"越大"或"越小"），基圆上的压力角为_____，国家标准规定齿轮分度圆上的压力角为_____。

11. 齿轮上的压力角是齿轮_____和_____所夹的锐角。

12. 标准斜齿圆柱齿轮的正确啮合条件：两齿轮的_____相等，_____相等，_____大小相等且螺旋方向_____。

13. 当_____直径相同时，两齿轮的渐开线齿廓也相同。

14. 齿轮副是_____接触的_____副。

15. 已知相啮合的一对标准圆柱齿轮，n_1=900 r/min，n_2=300 r/min，a=200 mm，m=5 mm，则 z_1=_____，z_2=_____。

读书笔记

考点 7　蜗杆传动

考纲要求

1. 了解蜗杆传动的特点与应用。
2. 能计算传动比。

学习建议

1. 了解蜗杆传动的工作原理、类型、特点，会应用蜗杆传动。

2. 会计算蜗杆传动的传动比并且会判定蜗杆传动中蜗杆的旋转方向和蜗轮的转向。

3. 能够根据蜗杆传动常见的失效形式、结构来选择蜗杆蜗轮的材料。

知识梳理

一、蜗杆传动知识树

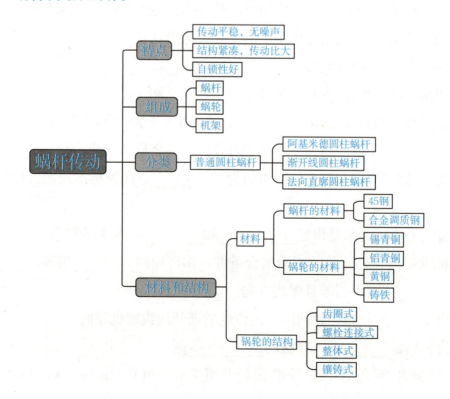

二、重点知识梳理

蜗杆传动相关概念见表 2-7-1。

表 2-7-1 蜗杆传动相关概念

序号	名称	概念
1	蜗杆传动	是由蜗杆、蜗轮和机架组成的传动装置，用来传递空间两交错轴间的运动和动力，通常交错角为 90°
2	中间平面	通常把沿着蜗杆轴线垂直于蜗轮轴线剖切的平面称为中间平面
3	蜗杆和蜗轮的模数 m	蜗杆的模数是指轴向模数，用 m_{x1} 表示；蜗轮的模数是指端面模数，用 m_{t2} 表示；$m_{x1}=m_{t2}$
4	蜗杆和蜗轮的压力角 α	蜗杆的压力角是指轴向压力角，用 α_{x1} 表示；蜗轮的压力角是指端面压力角，用 α_{t2} 表示
5	蜗杆分度圆直径 d_1 和蜗杆直径系数 q	蜗杆分度圆直径与模数的比值称为蜗杆直径系数 q，即 $q=d_1/m$
6	蜗杆升角 γ_1 和蜗轮螺旋角 β_2	蜗杆升角（又称导程角）是指蜗杆的分度圆螺旋线的切线与端平面之间的夹角，用 γ_1 表示；蜗轮的螺旋角是指蜗轮的分度圆轮齿的旋向与轴线间的夹角，用 β_2 表示；$\gamma_1=\beta_2$

例题解析

一、单选题（下列选项中只有一个答案是正确的，每题 2 分）

1. 蜗杆与蜗轮的轴线在空间互相垂直交错成（　　　）。

A. 45°　　　　　　B. 90°　　　　　　C. 30°　　　　　　D. 60°

答案　B

解析　掌握蜗杆传动的工作原理。

2. 制造蜗轮通常选用的材料是（　　　）。

A. 钢　　　　　　B. 可锻铸铁　　　　　　C. 青铜　　　　　　D. 非金属材料

答案　C

解析　掌握蜗杆和蜗轮的材料。

二、多选题（下列选项中有一个以上答案是正确的，每题 2 分）

1. 关于蜗杆传动的特点，下列描述正确的是（　　　）。

A. 摩擦发热大，效率低　　　　　　　B. 传动平稳，无噪声

C. 成本较高　　　　　　　　　　　　D. 传动比大，结构不紧凑

答案 ABC

解析 掌握蜗杆传动的特点。

2.蜗轮的结构形式有（ ）。

A.齿圈式 B.螺栓连接式 C.整体式 D.镶铸式

答案 ABCD

解析 掌握蜗杆和蜗轮的材料。

三、判断题（正确的填A，错误的填B，每题2分）

1.（ ）当蜗轮为主动件时，蜗杆传动具有自锁作用。

答案 B

解析 掌握蜗杆传动的工作原理及特点。

2.（ ）蜗杆的头数越多，蜗杆传动效率越低。

答案 B

解析 掌握蜗杆的类型。

四、填空题（将最适当的答案填写在横线上，每题2分）

1.沿蜗杆轴线并垂直于蜗轮轴线剖切的平面称为_____。

答案 中间平面

解析 掌握蜗杆传动的基本参数。

2.蜗杆传动的润滑方式主要有_____和_____。

答案 油池润滑 喷油润滑

解析 掌握蜗杆传动的维护。

专题练习

一、单选题（下列选项中只有一个答案是正确的，每题2分）

1.手动葫芦是利用蜗杆的（ ）特性使正物停在任意位置而不会自动下落。

A.传动比大 B.传动平稳 C.容易自锁 D.传动效率低

2.关于蜗杆传动的优点：①传动比大；②结构紧凑；③传动平稳，噪声小；④传动效率低；⑤在一定条件下能自锁。其中（ ）是正确的。

A.5条 B.4条 C.3条 D.2条

3. 传动比大且准确的传动是（　　　）。

A. 带传动　　　　B. 链传动　　　　C. 齿轮传动　　　　D. 蜗杆传动

4. 在中间平面内，普通蜗杆传动相当于（　　　）传动。

A. 齿轮齿条　　　B. 丝杠螺母　　　C. 斜齿轮　　　　D. 螺旋

5. 当传动功率较大时，为提高效率，蜗杆头数可取（　　　）。

A. 1　　　　　　　B. 2　　　　　　　C. 3　　　　　　　D. 4

6. 蜗杆传动中，蜗轮齿数不宜过多，对于动力传动，一般推荐 z_2=（　　　）。

A. 29～70　　　　B. 18～30　　　　C. 20～80　　　　D. 35～90

7. 蜗杆头数和模数一定时，蜗杆直径系数 q 越大，则（　　　）。

A. 传动效率低且刚性较差　　　　　B. 传动效率高且刚性较好

C. 传动效率低但刚性较好　　　　　D. 传动效率高但刚性较差

8. 在开式传动中，蜗轮的失效形式主要是（　　　）。

A. 齿面点蚀　　　B. 齿面胶合　　　C. 磨损　　　　　D. 轮齿折断

9. 关于蜗杆传动的维护，错误的是（　　　）。

A. 闭式传动中要及时散热，否则会引起蜗轮的胶合与点蚀等

B. 一般要控制箱体的平衡温度小于 150 ℃

C. 由于蜗杆传动时摩擦产生的热量较大，因此工作时要有良好的润滑和冷却

D. 如果温度过高，可采取在箱体外壁增加散热片等方法进行冷却

10. 比较理想的蜗杆与蜗轮的材料组合是（　　　）。

A. 钢和青铜　　　B. 钢和钢　　　　C. 钢和铸铁　　　D. 青铜和青铜

二、判断题（正确的填 A，错误的填 B，每题 2 分）

1.（　　）通常在蜗杆和蜗轮传动中，蜗轮是主动件。

2.（　　）蜗杆传动承载能力强，效率高。

3.（　　）蜗杆的分度圆直径等于模数 m 与蜗杆头数 z 的乘积。

4.（　　）蜗杆的头数越多，蜗杆的传动效率越低。

5.（　　）蜗杆与蜗轮的模数与压力角相等，就能任意啮合。

6.（　　）蜗杆传动的传动比 $i_{12}=n_1/n_2=d_2/d_1$。

7.（　　）蜗杆传动具有自锁功能，只能是蜗杆带动蜗轮，反之则不能传动。

8.（　　）蜗杆升角 γ_1 小则传动效率低，但自锁性差。

9.（　　）蜗杆传动的失效现象大多数发生在蜗轮轮齿上。

读书笔记

三、填空题（将最适当的答案填写在横线上，每题 2 分）

1. 一蜗杆传动中，已知蜗杆头数 $z_1=2$，转速 $n_1=1\,450$ r/min，蜗轮齿数 $z_2=62$，则蜗轮的转速 $n_2=$_____。

2. 普通圆柱蜗杆按蜗杆螺旋面的形状分为_____、_____和_____等。

3. 一般的开式蜗杆传动的失效形式，主要是_____，润滑条件好的闭式蜗杆传动的失效形式主要是_____。

4. 蜗杆传动机构的自锁是指只能由_____带动_____，反之就无法传动。

5. 当蜗杆的头数为 3 时，蜗杆转动一周，蜗轮转过_____齿。

6. 为了避免根切，当蜗杆头数 $z_1=1$ 时，蜗轮 $z_{2min}=$_____，当 $z_1>1$ 时，$z_{2min}=$_____。

7. 当蜗杆头数 z 确定后，蜗杆直径系数 q 越小，则螺旋升角_____，效率_____。

8. 蜗轮的旋转方向不仅与蜗杆的_____有关，还与蜗杆的_____有关。

9. 蜗杆传动的正确啮合条件是_____、_____和_____。

10. 蜗杆螺纹部分的直径不大时，一般蜗杆与_____做成一体。

考点 8　齿轮系

考纲要求

1. 了解齿轮系的概念及类型。
2. 能分析平面定轴轮系的运动方向。
3. 能计算传动比。

学习建议

1. 了解齿轮系传动的工作原理、组成、类型和特点。
2. 掌握定轴齿轮系传动比的计算方法。
3. 初步具有分析齿轮系和减速器的能力。

✍ 知识梳理

一、齿轮系知识树

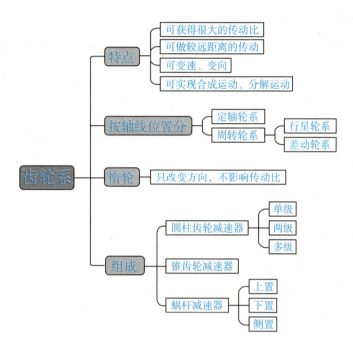

二、重点知识梳理

（一）齿轮系相关概念

表 2-8-1 齿轮系相关概念

序号	名称	概念
1	齿轮系	由一系列相互啮合的齿轮组成的传动系统称为齿轮系（简称轮系）
2	定轴轮系	定轴轮系是指齿轮（包括锥齿轮和蜗杆、蜗轮）在运转中轴线位置都固定不动的轮系
3	周转轮系	周转轮系是指在轮系中至少有一个齿轮的几何轴线是绕另一个齿轮的几何轴线转动的轮系
4	减速器	减速器由封闭在箱体内的齿轮传动或蜗杆传动组成，是原动机和工作机之间独立的闭式传动装置，用来降低转速，以适应工作机的需要

（二）齿轮系的组成和分类

1.齿轮系的组成

由一系列相互啮合的齿轮组成的传动系统称为齿轮系。

读书笔记

2.齿轮系的分类

根据齿轮系传动时各齿轮轴线在空间的相对位置是否固定可将齿轮系分为定轴齿轮系和周转齿轮系。

（1）定轴轮系

定轴轮系是指齿轮（包括锥齿轮和蜗杆、蜗轮）在运转中轴线位置都固定不动的轮系。

（2）周转轮系

周转轮系是指在轮系中至少有一个齿轮的几何轴线是绕另一个齿轮的几何轴线转动的轮系。

（三）齿轮系的应用特点

① 可获得很大的传动比。

② 可进行较远距离传动。

③ 可变速、变向。

④ 可实现合成运动、分解运动。

（四）定轴轮系传动比的计算

齿轮系中首末两轮转速之比称为齿轮系的传动比。传动比＝轮系中所有从动齿轮齿数的连乘积/所有主动齿轮齿数的连乘积。

（五）减速器的应用、类型、结构及标准

1.减速器的应用及类型

减速器由封闭在箱体内的齿轮传动或蜗杆传动组成，是原动机和工作机之间独立的闭式传动装置，用来降低转速，以适应工作机的需要。减速器的类型很多，按传动类型可分为圆柱齿轮减速器、锥齿轮减速器和蜗杆减速器等，按传动级数可分为一级、二级和多级，按轴在空间的相互位置可分为立式和卧式，按传动的布置形式可分为展开式、分流式和同轴式等。

（1）圆柱齿轮减速器

圆柱齿轮减速器按其齿轮传动的级数可分为一级、二级和多级，主要用于平行轴间的传动，应用最广泛，传递的功率范围大（从很小到 40 000 kW），圆周速度从很低到 60～70 m/s 且效率高。

① 一级圆柱齿轮减速器。一级减速器的最大传动比一般为 8～10，当要求 $i>10$

读书笔记

时，小齿轮和大齿轮的直径差将很大，会造成结构不紧凑的情况，这时可以采用二级减速器。

②二级圆柱齿轮减速器。应用于传动比为8～50及高、低速级的中心距和为250～400 mm的场合，结构紧凑。按传动的布置形式可分为展开式、分流式和同轴式。

（2）锥齿轮减速器

锥齿轮减速器用于输入轴与输出轴相交的传动。由于锥齿轮精加工比较困难，仅在传动布置需要时才使用。一级锥齿轮减速器的传动比i为1～5，当需较大传动比时，常用圆锥圆柱齿轮减速器。

（3）蜗杆减速器

蜗杆减速器用于输入轴和输出轴在空间正交（垂直交错）的场合。它的特点是在外轮廓尺寸不大的情况下，可获得较大的传动比，工作平稳，噪声较小，但效率低、易发热，只宜传递中等以下的功率，一般不超过50 kW。蜗杆减速器有蜗杆上置式、蜗杆下置式和蜗杆侧置式三种类型。

①蜗杆上置式。蜗杆在蜗轮上方，当蜗杆圆周速度$v>4$ m/s时，应采用上置式，以减少搅油损耗。

②蜗杆下置式。蜗杆在蜗轮下方，润滑好，但当蜗杆速度较大时，搅油损耗大，故一般用于蜗杆圆周速$v \leqslant 4$ m/s的场合。

③蜗杆侧置式。蜗杆在蜗轮的侧面且互相垂直。一般用于水平旋转机构的传动。

2. 减速器的结构及标准

（1）减速器的结构

减速器一般由箱体、轴承、轴、轴上零件和附件等组成。为使箱体有足够的强度和刚度，除适当的壁厚外，还在轴承座孔处设加强筋。剖分面上有集油沟，使飞溅到箱盖上的润滑油沿内壁流入集油沟，引入轴承室润滑轴承。

箱盖与箱座用一组螺栓连接。轴承座安装螺栓处做出凸台，以便使轴承座孔两侧连接螺栓尽量靠近轴承座孔中心。安装螺栓的凸台留有扳手空间。为便于箱盖与箱座加工及安装定位，在剖分面的长度方向两端各有一个锥形定位销。箱盖上设有观察孔，以便观察齿轮或蜗杆与蜗轮的啮合情况。箱盖上有通气孔。为方便拆卸箱盖，装有两个起盖螺钉。为方便拆卸和搬运，设置吊耳或吊环螺钉。

箱座上装有测油尺，用来检查箱内的油量。最低处设有油塞。

（2）减速器的标准

减速器的种类很多，不同类型的减速器有不同的标准。目前我国已经发布了

50～60种齿轮及蜗杆减速器标准系列，并由专业工厂生产，用户可根据产品目录选购，优先采用合适的标准减速器。

例题解析

一、单选题（下列选项中只有一个答案是正确的，每题2分）

1.当两轴相距较远且要求传动比准确时，应采用（　　）。

A.带传动　　　　B.链传动　　　　C.齿轮系传动　　D.蜗杆传动

答案　C

解析　掌握齿轮系的特点及应用。

2.在机械传动中，如果要求传动比准确，并要求能实现变速、变向传动，应采用（　　）。

A.带传动　　　　B.齿轮系传动　　C.链传动　　　　D.蜗杆传动

答案　B

解析　掌握齿轮系的特点及应用。

二、多选题（下列选项中有一个以上答案是正确的，每题2分）

1.下列有关齿轮系应用特点的描述中正确的是（　　）。

A.可获得很大的传动比

B.可变速、变向

C.可远距离传动

D.可实现合成运动，但不能实现分解运动

答案　ABC

解析　掌握齿轮系的特点。

2.画箭头标注轮系旋转方向的正确画法是（　　）。

A.一对外啮合圆柱齿轮箭头方向相反，内啮合时箭头方向相同

B.同一轴上齿轮的箭头方向相反

C.圆锥齿轮箭头相对于同一点或相背于同一点

D.蜗杆传动时蜗轮转向用左、右手法则判别

答案　ACD

解析　掌握齿轮系旋转方向判别。

三、判断题（正确的填 A，错误的填 B，每题 2 分）

1.（　　）周转轮系中所有齿轮的轴线位置均固定不变。

答案　B

解析　掌握轮系的分类及特点。

2.（　　）齿轮系中的某一个中间齿轮可以既是前一级的从动齿轮，又是后一级的主动齿轮。

答案　A

解析　掌握惰轮的概念。

四、填空题（将最适当的答案填写在横线上，每题 2 分）

1. 周转轮系包括_____和_____等。

答案　差动轮系　行星轮系

解析　掌握轮系的分类。

2. 减速器根据传动的级数进行分类，可分为_____级减速器和_____级减速器。

答案　一　多

解析　掌握减速器的分类。

专题练习

一、单选题（下列选项中只有一个答案是正确的，每题 2 分）

1. 汽车的前进和后退是利用了齿轮系的（　　）。

A. 主动轮　　　　　B. 从动轮　　　　　C. 惰轮　　　　　D. 末端齿轮

2. 减速器箱盖上的通气孔是为了（　　）。

A. 保证箱内外气压平衡　　　　　　B. 观察内部是否缺油

C. 观察减速器内部运行情况　　　　D. 观察齿轮或蜗轮的啮合情况

3. 对延长减速器的使用寿命不利的做法是（　　）。

A. 能保证传动时两齿轮的每个轮齿都交替地与另一个齿轮的轮齿啮合

B. 减速器齿轮传动圆周速度不大于 20 m/s

C. 工作环境温度为 −40～45 ℃，如低于 0 ℃，则启动前应预热润滑油

D. 保证减速器高速轴转速不大于 3 000 r/min

4. 右图所示的定轴轮系中有（　　　）对外啮合齿轮。

A. 1 对　　　　　B. 2 对

C. 3 对　　　　　D. 4 对

5. 齿轮系中，（　　　）的转速之比为齿轮系传动比。

A. 末轮与首轮　　B. 首轮与末轮

6. 定轴轮系的传动比大小与齿轮系中的惰轮的齿数（　　　）。

A. 有关　　　　　B. 无关

二、判断题（正确的填 A，错误的填 B，每题 2 分）

1.（　　　）行星轮系和差动轮系属于定轴轮系。

2.（　　　）齿轮系可以达到很大的传动比，可以实现较远距离的传动。

3.（　　　）加 11 个惰轮，主、从动齿轮的转向相反。

4.（　　　）齿轮系中使用的惰轮既可变速，又可变向。

5.（　　　）齿轮系传动比计算公式中的指数 m 表示齿轮系中相啮合圆柱齿轮的对数。

6.（　　　）齿轮系中如果有锥齿轮传动和蜗杆传动，则齿轮系旋转方向只能用标注箭头的方法确定。

7.（　　　）含滑移齿轮的定轴轮系输出转速的种数等于各级传动比种数的连乘积。

8.（　　　）减速器是原动机和工作机之间独立的闭式传动装置，用来降低或提高转速，以适应工作机的需要。

9.（　　　）在定轴轮系中，每个齿轮的几何轴线位置是不固定的。

10.（　　　）在齿轮系中惰轮既是主动齿轮又是从动齿轮，惰轮的作用是改变传动装置的转向。

三、填空题（将最适当的答案填写在横线上，每题 2 分）

1. 由一系列相互啮合的齿轮所组成的传动系统称为_____。

2. 根据传动时各齿轮轴线在空间的相对位置是否固定，齿轮系可分为_____和_____。

3. 定轴轮系是指齿轮（包括锥齿轮和蜗杆、蜗轮）在运转中_____都是_____的轮。

4. 周转轮系是指在轮系中_____齿轮的几何轴线是绕另一个齿轮的几何轴

线_____的轮系。

5. 定轴轮系的传动比是指_____比，等于组成该轮系的所有_____齿数的连乘积与所有_____齿数的连乘积之比。

6. 惰轮在齿轮系中只能改变_____，而不能改变_____。

7. 定轴轮系旋转方向可用_____和_____来确定。

8. 减速器由封闭在箱体内的_____或_____组成，是_____和_____之间独立的闭式传动装置，用来_____，以适应工作机的需要。

考点9　螺旋传动

✨ 考纲要求

了解螺旋传动的类型。

✏ 学习建议

1. 了解螺旋传动的工作原理与特点。

2. 了解螺旋传动的类型和应用。

3. 初步具有分析螺旋传动的能力。

✐ 知识梳理

一、螺旋传动知识树

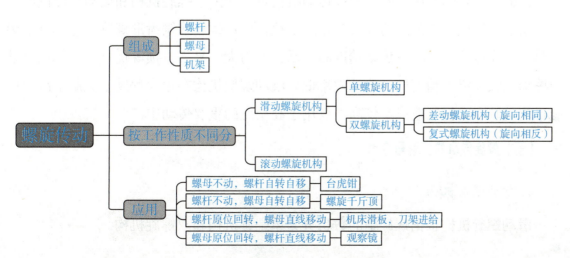

二、重点知识梳理

（一）螺旋传动相关概念

表 2-9-1　螺旋传动相关概念

序号	名称	概念
1	螺旋传动	螺旋传动由螺杆、螺母和机架组成，通过螺杆与螺母之间的相对运动将旋转运动转变为直线运动，以传递动力（运动）或调整零件之间的相对位置
2	单螺旋机构	单螺旋机构是由螺杆与螺母组成的单个螺旋副，又称普通螺旋机构
3	双螺旋机构	双螺旋机构螺杆上有两段不同导程的螺纹，分别与左、右螺母组成两个螺旋副，其中右螺母兼作机架
4	差动螺旋机构	两螺旋副的螺纹旋向相同的双螺旋机构称为差动螺旋机构
5	复式螺旋机构	两螺旋副的螺纹旋向相反的双螺旋机构称为复式螺旋机构
6	滚动螺旋机构	滚动螺旋机构主要由滚珠、螺杆、螺母及滚珠循环装置组成，其工作原理是在螺杆和螺母的螺纹滚道中装有一定数量的滚珠（钢球），当螺杆与螺母做相对螺旋运动时，滚珠在螺纹封闭循环滚道内滚动，实现螺杆与螺母间的滚动摩擦

（二）螺旋传动的工作原理与特点

1. 螺旋传动的工作原理

螺旋传动由螺杆、螺母和机架组成，通过螺杆与螺母之间的相对运动将旋转运动转变为直线运动，以传递动力（运动）或调整零件之间的相对位置。

2. 螺旋传动的特点

根据螺旋副的摩擦性质，螺旋传动机构可分为滑动螺旋机构和滚动螺旋机构。

滑动螺旋机构所采用的螺纹为矩形螺纹、梯形螺纹或锯齿形螺纹。它具有结构简单，工作连续、平稳，传动精度高，承载能力大，易于自锁等优点。它的缺点是摩擦损失大、定位精度低、传动效率低。滚动螺旋机构在很大程度上克服了滑动螺旋机构的缺点，但制造成本较高，仅用于高精度的重要传动中。

（三）螺旋传动的类型和应用

1. 滑动螺旋机构

滑动螺旋机构根据螺旋副的数目分为单螺旋机构和双螺旋机构。

读书笔记

（1）单螺旋机构

单螺旋机构是由螺杆与螺母组成的单个螺旋副，又称普通螺旋机构。单螺旋机构有两种应用形式。

①螺母固定，螺杆转动并做轴向移动。

②螺杆固定，螺母转动并做直线运动。

单螺旋机构的螺杆（或螺母）的移动方向不仅与螺杆（或螺母）的回转方向有关，还和螺纹旋向有关。

螺杆（或螺母）的移动方向可用左、右手螺旋法则来判定：左旋螺杆（或螺母）用左手，右旋螺杆（或螺母）用右手，半握拳，四指顺着螺杆（或螺母）的旋转方向，大拇指的指向即螺杆（或螺母）的移动方向。若螺杆原地转动，螺母移动，则大拇指指向的相反方向即螺母的移动方向。

在单螺旋传动中，螺杆（或螺母）的移动距离由导程决定，即 $L = n \cdot Ph$。

（2）双螺旋机构

双螺旋机构螺杆上有两段不同导程的螺纹，分别与左、右螺母组成两个螺旋副，其中右螺母兼作机架。按两螺旋副的旋向不同，双螺旋机构可分为差动螺旋机构和复式螺旋机构两种形式。

①差动螺旋机构。两螺旋副的螺纹旋向相同的双螺旋机构称为差动螺旋机构，差动螺旋机构的可动螺母（不能回转、只能沿机架导向槽移动）相对机架移动的距离 $L = (Ph_1 - Ph_2) \cdot z$。

②复式螺旋机构。两螺旋副的螺纹旋向相反的双螺旋机构称为复式螺旋机构。复式螺旋机构的可动螺母相对机架移动的距离 $L = (Ph_1 + Ph_2) \cdot z$。

因为复式螺旋机构的移动距离 L 与导程的和（$Ph_1 + Ph_2$）成正比，所以多用于需快速调整或移动两构件相对位置的场合。

2. 滚动（珠）螺旋机构

滚动螺旋机构主要由滚珠、螺杆、螺母及滚珠循环装置组成，其工作原理是在螺杆和螺母的螺纹滚道中装有一定数量的滚珠（钢球），当螺杆与螺母做相对螺旋运动时，滚珠在螺纹封闭循环滚道内滚动，实现螺杆与螺母间的滚动摩擦。

滚动螺旋机构具有滚动摩擦阻力小、摩擦损失小、传动效率高、传动稳定、动作灵敏等优点。但其结构复杂，外形尺寸较大，不能自锁，制造技术要求高，因此成本也较高。

例题解析

一、单选题（下列选项中只有一个答案是正确的，每题 2 分）

1. 暖水瓶螺旋瓶盖的旋紧或旋开，是（　　）在接触处的复合运动。

A. 转动副　　　　B. 螺旋副　　　　C. 移动副　　　　D. 高副

答案　B

解析　掌握螺旋传动的特点。

2. 效率较低的运动副的接触形式是（　　）。

A. 齿轮接触　　　B. 凸轮接触　　　C. 滚动轮接触　　　D. 螺旋面接触

答案　D

解析　掌握螺旋传动的特点。

二、判断题（正确的填 A，错误的填 B，每题 2 分）

1.（　　）普通螺旋机构中，从动件的移动距离等于转速与螺距的乘积。

答案　B

解析　掌握螺旋传动中从动件移动距离的计算。

2.（　　）各种螺旋传动均能实现回转运动与直线运动之间的相互转换。

答案　B

解析　掌握螺旋传动的特点。

三、填空题（将最适当的答案填写在横线上，每题 2 分）

1. 螺旋传动由＿＿＿＿、＿＿＿＿和＿＿＿＿组成。通过＿＿＿＿之间的相对运动将＿＿＿＿转变为＿＿＿＿，以传递动力（运动）或调整零件之间的相对位置。

答案　螺杆　螺母　机架　螺杆与螺母　旋转运动　直线运动

解析　掌握螺旋传动的工作原理。

2. 根据螺旋副的摩擦性质，螺旋传动机构可分为＿＿＿＿和＿＿＿＿。

答案　滑动螺旋传动　滚动螺旋传动

解析　掌握螺旋传动的分类。

专题练习

一、单选题（下列选项中只有一个答案是正确的，每题 2 分）

1. 不能把回转运动变成直线运动的是（　　）。

A. 螺旋传动机构　B. 凸轮机构　　　C. 曲柄滑块机构　D. 双曲柄机构

2. 台虎钳属于（　　）。

A. 螺母固定，螺杆转动并做直线运动

B. 螺杆原地转动，螺母做直线运动

C. 螺杆固定，螺母转动并做直线运动

D. 螺母原地转动，螺杆做直线运动

3. 普通螺旋机构（　　）。

A. 承载能力强　　B. 传动精度低·　C. 传动效率高　　D. 机构复杂

4. 螺旋千斤顶属于（　　）。

A. 螺母固定，螺杆转动并做直线运动

B. 螺杆原地转动，螺母做直线运动

C. 螺杆固定，螺母转动并做直线运动

D. 螺母原地转动，螺杆做直线运动

5. 铣床快动夹紧装置属于（　　）。

A. 差动螺旋传动　　　　　　　B. 复式螺旋传动

C. 滚动螺旋传动　　　　　　　D. 普通螺旋传动

6. 滚动螺旋传动（　　）。

A. 结构简单，制造要求不高　　B. 传动效率低

C. 间隙大，传动不够平稳　　　D. 主要用于精密传动的场合

7. 单向受力的螺旋传动机构广泛采用（　　）。

A. 三角螺纹　　　B. 梯形螺纹　　　C. 矩形螺纹　　　D. 锯齿形螺纹

8. 螺旋传动机构（　　）。

A. 结构复杂　　　B. 传动效率高　　C. 承载能力强　　D. 传动精度低

二、判断题（正确的填 A，错误的填 B，每题 2 分）

1.（　　）差动螺旋应用于测微器、计算机、分度机及许多精密切削机床、仪器和工具中。

读书笔记

2.（　　）复式螺旋机构两螺旋副的螺纹旋向相同，多用于需快速调整或移动两构件相对位置的场合。

3.（　　）滚动螺旋传动摩擦损失小、传动效率低、动作灵敏。

4.（　　）螺旋传动不但传动平稳，而且能传递较大动力。

5.（　　）螺旋角越大，自锁性越好。

三、填空题（将最适当的答案填写在横线上，每题 2 分）

1.滑动螺旋机构所采用的螺纹为＿＿＿＿、＿＿＿＿和＿＿＿＿。

2.滑动螺旋机构根据螺旋副的数目分为＿＿＿＿和＿＿＿＿。

3.单螺旋机构是由螺杆与螺母组成的＿＿＿＿个螺旋副，又称＿＿＿＿。

4.单螺旋机构的螺杆（或螺母）的移动方向不仅与螺杆（或螺母）的＿＿＿＿有关，还和＿＿＿＿有关。

5.按两螺旋副的旋向不同，双螺旋机构可分为＿＿＿＿和＿＿＿＿两种形式。

6.滚动螺旋传动用＿＿＿＿代替了＿＿＿＿，改善了螺旋传动功能。

7.某螺杆、螺母组成的螺旋传动，螺距 $p=4$ mm，当螺杆原地转动 5 圈时，螺母移动距离为 60 mm，则螺纹的线数为＿＿＿＿线。

考点 10　轴与轴上零件的定位

考纲要求

1.掌握轴的功用、分类。

2.理解轴上零件轴向固定及周向固定常用形式、装拆要求。

学习建议

1.掌握轴的功用和类型，理解心轴、传动轴、转轴的概念及应用实例。

2.通过动画、图片等理解轴上零件轴向定位的常用方法和特点。

3.通过动画、图片等理解轴上零件周向定位的常用方法和特点。

4.了解轴的材料与结构要求。

知识梳理

一、轴的类型与轴上零件的定位知识树

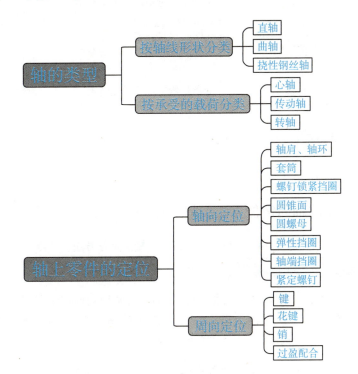

二、重点知识梳理

（一）轴的功用与类型

1.轴的功用

支承轴上零件，并传递运动和转矩。

2.轴的类型

轴的类型与应用实例见表 2-10-1。

表 2-10-1　轴的类型与应用实例

分类方法	轴的类型	特点	应用实例
按轴线形状	直轴	各段具有同一回转轴线	光轴、台阶轴
	曲轴	用于往复和旋转运动的相互转换的专用零件	内燃机的曲轴、曲柄压力机的曲轴
	挠性钢丝轴	能够把运动和动力灵活地传动到任何空间位置	振捣器上的挠性钢丝轴

读书笔记

续表

分类方法	轴的类型	特点	应用实例
按轴承受的载荷	心轴	主要承受弯矩，不承受转矩	自行车前后轮轴、滑轮轴、轨道车辆轮轴
	传动轴	主要承受转矩，不承受弯矩	连接汽车变速箱与后桥的传动轴
	转轴	既承受弯矩，又承受转矩	齿轮减速器的输出轴

（二）轴上零件的定位

1. 轴上零件的轴向定位

轴上零件常用的轴向定位方法及特点见表2-10-2。

表2-10-2　轴上零件常用的轴向定位方法与特点

序号	名称	特点
1	轴肩、轴环	结构简单，定位可靠，可以承受很大的轴向力；轴肩、轴环圆角（倒角）半径小于轴上装配零件内孔的圆角（倒角）半径；定位滚动轴承时，轴肩、轴环的高度要小于滚动轴承的内圈
2	套筒	轴上不需要切制螺纹、钻孔或开槽，不影响轴的强度；一般用于零件间距较小的场合，转速很高时不宜采用
3	圆锥面定位	能消除轴和轮毂间的径向间隙，装拆方便；可兼做周向定位，能承受冲击载荷
4	圆螺母	固定可靠，装拆方便，能承受较大轴向力；轴上需要切制螺纹，使轴的强度降低；常用于固定轴端零件
5	弹性挡圈	结构简单紧凑，只能承受较小的轴向力；常用于固定滚动轴承
6	轴端挡圈	主要用于轴端零件的定位与固定，可承受剧烈的振动和冲击载荷
7	紧定螺钉	同时起轴向和周向定位作用，用于轴向力很小的场合

2. 轴上零件的周向定位

轴上零件常用的周向定位方法及特点见表2-10-3。

表2-10-3　轴上零件常用的周向定位方法与特点

序号	名称	特点
1	平键	加工容易，装拆方便，应用最广；可用于较高精度、高转速及受冲击变载的场合
2	花键	接触面大，承载能力强，对中性和导向性好，轴毂的强度削弱小；适用于载荷较大、定心要求高的连接

续表

序号	名称	特点
3	销	结构简单,周向和轴向都可以固定;不能承受较大的轴向力,对轴强度有削弱;过载时可被剪断,有安全保护作用
4	紧定螺钉	结构简单,不能承受较大载荷,只适用于辅助连接
5	过盈配合	对中精度高,同时有周向和轴向固定作用;拆卸不方便,不宜用于重载和多次装拆的场合

(三)轴的材料与结构要求

1. 轴的材料

由于轴工作时产生的应力多为变应力,因此轴常用的材料多为疲劳损坏,所以轴的材料应具有足够的疲劳强度、较小的应力集中敏感性和良好的切削加工性能。轴的常用材料见表2-10-4。

表 2-10-4　轴的常用材料

序号	材料种类	常见牌号	特点
1	优质碳素结构钢	35钢、45钢、50钢	价格低廉,对应力集中的敏感性低;可以用热处理提高其耐磨性和疲劳强度
2	合金结构钢	20Cr、40Cr、20CrMnTi、35SiMn	比碳素钢机械强度高、热处理性能好,用于受力较大或有特殊要求的轴;价格较贵,对应力集中敏感性高
3	球墨铸铁	QT600-3、QT700-2	有良好铸造工艺性,价格低,吸振性和耐磨性好;常用于外形复杂的曲轴、凸轮轴等

2. 轴的结构工艺要求

轴的结构除了考虑零件固定与支承以外,还需考虑加工、装配等的工艺性要求。

①轴上应有加工工艺所需的结构要素,例如:需磨削的轴段,应设有砂轮越程槽;需切制螺纹的轴段,应设有螺纹退刀槽;轴的长径比大于4时,轴两端应开设中心孔,以便加工时用顶尖支承和保证各轴段的同轴度。

②为减少加工时刀具的品种,节省换刀时间,同一轴上所有的圆角半径、倒角尺寸、环形切槽宽度等应尽可能统一;不同轴段的键槽应布置在轴的同一母线上,以便减少装夹次数;加工精度和表面粗糙度应合理。

③装配时，零件各部位不能互相干涉，保证主要面配合紧密，对非主要面留一定的间隙。

④应采用适当的措施减少应力集中，提高轴的强度，例如：轴肩、轴环处增加圆角半径；过盈连接处，加大配合轴径；直径变化较大时，在刚度大的截面处开卸荷槽。

例题解析

一、单选题（下列选项中只有一个答案是正确的，每题 2 分）

1. 后轮驱动的汽车，其前轮轴是（　　）。

A. 心轴　　　　　　B. 转轴　　　　　　C. 传动轴　　　　　　D. 转动轴

答案　A

解析　后轮驱动，前轮轴没有受到转矩，只是起到支承作用，只受到弯矩。

2. 能减少轴径变化，简化轴结构，保证轴强度，承受较大的轴向力的轴向定位方法是（　　）。

A. 轴肩（轴环）　　B. 圆螺母　　　　　C. 套筒　　　　　　D. 紧定螺钉

答案　C

解析　熟悉每一种固定方法的特点：轴肩（轴环）轴径变化多；圆螺母需要切制螺纹，对轴的强度有削弱；紧定螺钉不能承受较大的轴向力；此处选套筒。

二、多选题（下列选项中有一个以上答案是正确的，每题 2 分）

1. 以下叙述属于轴的功用的是（　　）。

A. 支承轴上零件　　　　　　　　　B. 传递运动和转矩

C. 提高轴上零件的回转精度　　　　D. 提高轴上零件的疲劳强度

答案　AB

解析　熟悉轴的功用，即支承轴上回转零件，并传递运动和转矩。

2. 以下能对轴上零件作周向固定的是（　　）

A. 紧定螺钉　　　B. 轴端挡圈　　　　C. 圆螺母　　　　　D. 平键

答案　AD

解析　熟悉轴上零件的周向固定方法：轴端挡圈、圆螺母用于轴向定位；紧定螺钉既可以轴向定位，又可以周向定位；平键用于周向定位。

三、判断题（正确的填 A，错误的填 B，每题 2 分）

1.（　　）转轴不仅承受弯曲作用还承受扭转作用。

答案　A

解析　掌握转轴的概念，转轴既要承受弯矩，还要承受转矩。

2.（　　）碳素钢比合金钢应力集中敏感性低。

答案　A

解析　合金钢对应力集中敏感性更高。

四、填空题（将最适当的答案填写在横线上，每题 2 分）

1. 在轴上切制螺纹时，应设置＿＿＿＿＿＿槽。

答案　退刀

解析　掌握轴上应有加工工艺所需的结构要素。

2. 用轴端挡圈、轴套或圆螺母作零件轴向固定时，安装的零件轮毂长度应＿＿＿＿＿＿装零件的轴段的长度。

答案　大于

解析　掌握轴端挡圈、轴套、圆螺母轴向定位的应用。

专题练习

一、单选题（下列选项中只有一个答案是正确的，每题 2 分）

1. 自行车的前轮轴按承载形式属于（　　　）。

A. 转动心轴　　　　B. 转轴　　　　　C. 固定心轴　　　　D. 传动轴

2. 轴环的用途是（　　　）。

A. 作为轴加工时的定位面　　　　B. 提高轴的强度

C. 提高轴的刚度　　　　　　　　D. 使轴上的零件获得轴向定位

3. 增大轴在界面变化处的过渡圆角半径，可以（　　　）。

A. 使零件的轴向定位比较可靠　　B. 降低应力集中，提高轴的疲劳强度

C. 使轴的加工方便　　　　　　　D. 更美观

4. 在机床设备中，最常用的轴是（　　　）。

A. 传动轴　　　　　B. 转轴　　　　　C. 曲轴　　　　　D. 心轴

5. 当轴上零件要求承受轴向力时，采用（   ）来进行轴向定位，所能承受的轴向力较大。

A. 圆螺母　　　　　B. 弹性挡圈　　　　　C. 紧定螺钉　　　　　D. 过盈配合

6. 直轴常用的是（   ）形式。

A. 光轴　　　　　　B. 心轴　　　　　　　C. 阶梯轴　　　　　　D. 传动轴

7. 轴上用于安装齿轮、带轮等回转零件的部位是（   ）。

A. 轴头　　　　　　B. 轴颈　　　　　　　C. 轴肩　　　　　　　D. 轴身

8. 周向固定为主，兼有轴向固定之功用的固定方式为（   ）。

A. 平键　　　　　　B. 花键　　　　　　　C. 轴端挡圈　　　　　D. 销

9. 轴通常做成中间轴段直径比两端轴段直径大的阶梯轴，目的是（   ）。

A. 便于装拆　　　　　　　　　　　B. 节省材料

C. 提高强度和刚度　　　　　　　　D. 使外形美观

10. 采用（   ）的措施不能有效地改善轴的刚度。

A. 改用高强度合金钢　　　　　　　B. 改变轴的直径

C. 改变轴的支承位置　　　　　　　D. 改变轴的结构

二、多选题（下列选项中有一个以上答案是正确的，每题 2 分）

1. 在以下轴中，属于心轴的有（   ）。

A. 自行车后轮轴　B. 滑轮支撑轴　　　C. 机车轮轴　　　　D. 变速箱齿轮轴

2. 下列不属于轴环的用途是（   ）。

A. 作为加工时的轴向定位　　　　　B. 使轴上零件获得轴向定位

C. 提高轴的强度　　　　　　　　　D. 提高轴的刚度

3. 在下述材料中，可以用于制造轴的材料有（   ）。

A. 45 钢　　　　　B. 40Cr　　　　　　C. QT500　　　　　D. ZCuSn10-1

4. 下列（   ）是不能承受转矩作用的直轴。

A. 传动轴　　　　　B. 固定心轴　　　　C. 转动心轴　　　　D. 转轴

5. 按轴的受载情况不同，可分为（   ）三种。

A. 直轴　　　　　　B. 心轴　　　　　　C. 转轴　　　　　　D. 传动轴

6. 曲轴具有（   ）的双重功能。

A. 传动轴　　　　　B. 转轴　　　　　　C. 心轴　　　　　　D. 曲柄

7. 以下（   ）是降低应力集中，提高疲劳强度的方法。

A. 改进结构　　　B. 降低表面粗糙度　C. 表面淬火　　　　D. 滚压

8.属于轴上零件轴向固定方法的是（   ）。

A.圆螺母 　　　　 B.弹性挡圈 　　　　 C.轴端挡圈 　　　　 D.套筒

9.关于轴的材料，说法正确的是（   ）。

A.轴的材料应用最多的是 45 钢，一般要经过调质处理

B.受力小或不太重要的轴可以使用 Q235 钢、Q275 钢

C.对于受力较大及有些特殊要求的轴，可以采用 20Cr 钢、40Cr 钢等

D.曲轴、凸轮轴可采用球墨铸铁

10.属于轴上零件周向固定方式的是（   ）。

A.平键 　　　　 B.花键 　　　　 C.销 　　　　 D.套筒

三、判断题（正确的填 A，错误的填 B，每题 2 分）

1.（   ）在满足使用要求的前提下，轴的结构应尽可能简化。

2.（   ）转轴在工作时是转动的，而传动轴是不转动的。

3.（   ）为了便于轴上零件的装配，轴的两端应有中心孔。

4.（   ）轴肩过渡处，在刚度大的截面处开卸荷槽可以减少应力集中。

5.（   ）阶梯轴具有便于轴上零件的安装和拆卸的优点。

6.（   ）为保证轴上零件能够可靠地固定，轴头的长度应略长于轮毂宽度 2～3 mm。

7.（   ）轴和轴上零件采用楔键连接时对中性好。

8.（   ）轴向固定的主要作用是防止轴上零件轴向移动。

9.（   ）轴套主要用于轴上零件间距较小的场合。

10.（   ）圆螺母只起轴向固定作用，无周向定位的作用。

11.（   ）曲轴只能用来将回转运动转变为直线往复运动。

12.（   ）心轴用来支承回转零件，只受弯曲作用而不传递动力，心轴可以是转动的也可以是固定不动的。

13.（   ）轴上安装轴承的部位是轴身。

14.（   ）同一根轴上所有的圆角半径、倒角尺寸、环形切槽宽度等应尽可能统一。

15.（   ）零件各部分装配时，不能互相干涉。

四、填空题（将最适当的答案填写在横线上，每题 2 分）

1.轴常设计成阶梯形的目的是便于零件的_____和拆装。

2. 按轴线形状分类，单缸内燃机中采用了＿＿＿＿＿＿＿＿＿轴，实现将活塞往复运动转变成飞轮的回转运动。

3. 按轴承受的载荷分类，汽车变速箱到后桥的轴是＿＿＿＿＿＿＿＿＿轴。

4. 一般的轴都需具有足够的＿＿＿＿＿＿＿＿＿，合理的结构形式和尺寸以及良好的工艺性，这就是轴设计的基本要求。

5. 轴上需要磨削的轴段应设砂轮＿＿＿＿＿＿＿＿＿槽。

6. 当轴上有多个键槽时，应使各键槽位于＿＿＿＿＿＿＿＿＿母线上。

7. 为了使轴上零件与轴肩紧密贴合，应保证轴上轴肩（轴环）的圆角半径＿＿＿＿＿＿＿＿＿轴上零件的圆角半径或倒角 C。

8. 传动轴所受的载荷是＿＿＿＿＿＿＿＿＿。

9. 一般重要的轴或有特殊要求的轴用＿＿＿＿＿＿＿＿＿制造。

10. 为减少＿＿＿＿＿＿＿＿＿，轴肩处常车削出大的过渡圆角或倒角。

11. 轴的主要功能是传递运动和转矩及＿＿＿＿＿＿＿＿＿。

12. 按轴承受的载荷分类，动车车轮轴属于＿＿＿＿＿＿＿＿＿。

13. 图 2-10-1 中齿轮右侧采用的轴向固定方式是＿＿＿＿＿＿＿＿＿。

14. 图 2-10-1 中齿轮采用的周向固定方式是＿＿＿＿＿＿＿＿＿。

15. 图 2-10-1 中右端联轴器采用的轴向定位方式是轴肩和＿＿＿＿＿＿＿＿＿。

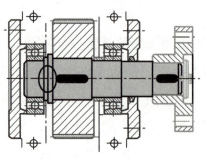

图 2-10-1

考点 11　轴承

考纲要求

1. 理解滑动轴承的结构、应用、类型和特点。

2. 理解滚动轴承的结构、应用、类型和特点。

3. 能识别滚动轴承的代号，能正确选用滚动轴承的类别与型号。

学习建议

1. 掌握滑动轴承的特点、结构、类型。

2. 了解滑动轴承的轴瓦结构、材料，滑动轴承的安装与维护。

3. 掌握滚动轴承的结构、应用、类型和特点。

4. 掌握滚动轴承的代号、滚动轴承的选用。

5. 了解滚动轴承的安装、维护，了解滚动轴承的失效形式。

知识梳理

一、轴承的类型、结构、特点和应用知识树

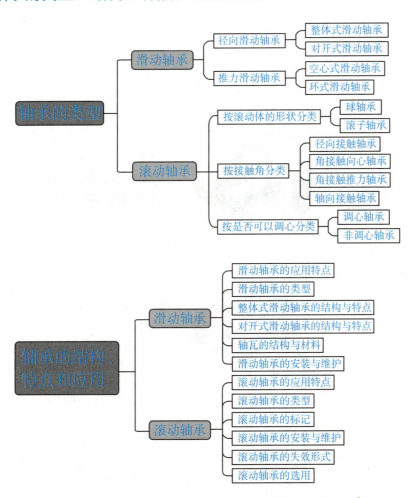

读书笔记

二、重点知识梳理

（一）滑动轴承与滚动轴承的应用特点对比（表2-11-1）

表 2-11-1　滑动轴承与滚动轴承应用特点对比

序号	滑动轴承	滚动轴承
1	摩擦阻力大，效率低	摩擦阻力小，启动灵敏，效率高
2	能承受极大的冲击和载荷，如轧钢机轴承	承受冲击载荷的能力差
3	工作转速特别高，如磨床主轴	高速运转时噪声大
4	要求特别精密的轴承	可以用预紧的方法提高刚性和旋转精度
5	径向尺寸小，轴向尺寸大	径向尺寸大，轴向尺寸紧凑
6	装配要求轴承剖分的场合，如曲轴轴承	润滑方便，易于更换，应用广泛

（二）常见滑动轴承的结构和应用特点（表2-11-2）

表 2-11-2　常见滑动轴承的结构和应用特点

滑动轴承类型	结构图	应用特点
整体式滑动轴承		结构简单，成本低； 轴承工作表面磨损后的间隙无法调整； 轴径只能从端部套入，安装不方便； 适用于低速或间歇工作的场合
对开式滑动轴承		结构复杂，成本较高； 轴承工作表面磨损后的间隙方便调整； 安装方便； 适用于中高速、重载工作的机器
空心式滑动轴承		主要承受轴向载荷； 端部磨损均匀，润滑条件较实心式好

续表

滑动轴承类型	结构图	应用特点
单环式滑动轴承		主要承受轴向载荷； 利用轴颈的环形端面止推，结构简单，润滑方便； 广泛用于低速、轻载的场合

（二）滑动轴承的轴瓦结构与材料

1. 轴瓦的结构

①整体式轴瓦。整体式轴瓦也叫轴套，用于整体式滑动轴承，见图 2-11-3。

②剖分式轴瓦。剖分式轴瓦由上半轴瓦和下半轴瓦组成，用于对开式滑动轴承，见图 2-11-2。

轴瓦上的油孔与油杯连通，以供应润滑油。油沟的作用是使润滑油均匀分布。油沟应开在非承载区，粉末冶金制成的轴瓦一般不开油沟。

为改善轴瓦表面的摩擦性质，可在轴瓦内表面浇注一层减磨材料，称为轴承衬。

图 2-11-1 整体式轴瓦

图 2-11-2 剖分式轴瓦

读书笔记

2. 轴瓦的材料

（1）轴瓦材料的基本要求

轴瓦的材料应该具有良好的减摩性、耐磨性、摩擦顺应性、嵌入性、磨合性和抗咬合性，还应具有足够的强度和抗腐蚀性，良好的导热性、工艺性和经济性。

（2）轴瓦的材料

滑动轴承材料见图 2-11-3。

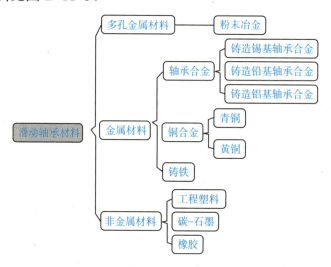

图 2-11-3　滑动轴承材料

（三）滚动轴承的结构与材料

1. 滚动轴承的结构

滚动轴承的结构如图 2-11-4 所示，由内圈、外圈、滚动体和保持架组成。特殊情况下，滚动轴承可以没有内圈或外圈，但滚动体是必不可少的。

通常内圈随轴颈转动，外圈装在机座或轴承孔内固定不动。保持架的作用是将滚动体在滚道上均匀地分开。

图 2-11-4　滚动轴承的结构

2. 滚动轴承的材料

滚动轴承的内圈、外圈、滚动体要承受很高的接触应力，因此要求材料具有较高的硬度和接触疲劳强度、良好的耐磨性和冲击韧性，主要采用 GCr9、GCr15 等高碳铬轴承钢制造。

保持架一般用低碳钢制造，高速轴承的保持架多采用有色金属或塑料制造。

（四）滚动轴承的标记

1. 滚动轴承代号的组成

滚动轴承代号的组成见表2-11-3，由前置代号、基本代号和后置代号三个部分组成。

表 2-11-3　滚动轴承代号的组成

滚动轴承代号					
前置代号	基本代号				后置代号
	类型代号	尺寸系列代号		内径代号	
		宽度（高度）系列代号	直径系列代号		

2. 滚动轴承的基本代号

基本代号是轴承代号的基础，表示轴承的基本类型、结构和尺寸。滚轴轴承的基本代号由类型代号、尺寸系列代号和内径代号三个部分依次组成。

（1）类型代号

滚动轴承的类型代号由数字或大写拉丁字母表示，常见滚动轴承的类型代号见表2-11-4所示。

表 2-11-4　常见滚动轴承的类型代号

类型代号	轴承类型	类型代号	轴承类型
0	双列角接触球轴承	6	深沟球轴承
1	调心球轴承	7	角接触球轴承
2	调心滚子轴承和推力调心滚子轴承	8	推力圆柱滚子轴承
3	圆锥滚子轴承	N	圆柱滚子轴承
4	双列深沟球轴承	U	外球面球轴承
5	推力球轴承	QJ	四点接触球轴承

（2）尺寸系列代号

滚动轴承尺寸系列代号由宽度系列代号（向心轴承）或高度系列代号（推力轴承）和直径系列代号依次组合而成。

宽度（高度）系列代号：指内、外径相同，而宽度（高度）不同的轴承系列。用一位数字表示，按8、0、1、2、3、4、5、6的顺序尺寸依次递增。

直径系列代号：表示内径相同而具有不同外径的轴承系列。用一位数字表示，按 7、8、9、0、1、2、3、4、5 的顺序尺寸依次递增。

在轴承代号中，轴承类型代号和尺寸系列代号以组合代号的形式表达。在组合代号中，除 3 类轴承外，尺寸系列代号中的宽度系列代号"0"省略不表示。

（3）内径代号

滚动轴承内径一般由两位数字表示，并紧接在尺寸系列代号之后标写。滚动轴承的内径为 10～480 mm，其内径代号见表 2-11-5。

表 2-11-5　滚动轴承的内径代号

内径代号（两位数）	00	01	02	03	04～06
轴承内径 /mm	10	12	15	17	代号 ×5

（4）滚动轴承标记实例（图 2-11-5）

图 2-11-5　滚动轴承标记实例

例题解析

一、单选题（下列选项中只有一个答案是正确的，每题 2 分）

1. 曲柄压力机曲柄中部轴颈采用轴承的类型是（　　）。

A. 深沟球轴承　　B. 整体式滑动轴承　C. 对开式滑动轴承　D. 自位滑动轴承

答案　C

解析　曲轴中部轴颈，轴承需要剖分安装，所以选对开式滑动轴承。

2.斜齿轮传动中，可选用的轴承是（　　）。

A.调心球轴承　　　B.深沟球轴承　　　C.推力球轴承　　　D.角接触球轴承

答案　D

解析　斜齿轮要产生轴向分力，选用的轴承必须要同时承受向心力和轴向力，所以选用角接触球轴承。

二、多选题（下列选项中有一个以上答案是正确的，每题2分）

1.以下关于滑动轴承的说法正确的是（　　）。

A.摩擦阻力大，效率低　　　　　　B.轴向尺寸紧凑

C.能承受较大冲击载荷　　　　　　D.不适用于精度要求高的场合

答案　AC

解析　熟悉滑动轴承的特点，注意与滚动轴承的特点比较记忆。

2.下列属于滚动轴承结构组成的是（　　）

A.内圈　　　　　　B.外圈　　　　　　C.滚动体　　　　　　D.保持架

答案　ABCD

解析　熟悉滚动轴承的结构。

三、判断题（正确的填A，错误的填B，每题2分）

1.（　　）按滚动体的形状分，深沟球轴承属于滚子轴承。

答案　B

解析　掌握滚动轴承的类型。

2.（　　）滚动轴承的基本代号由轴承类型代号、直径系列代号和内径代号构成。

答案　B

解析　滚动轴承的基本代号由轴承类型代号、尺寸系列代号和内径代号构成。

四、填空题（将最适当的答案填写在横线上，每题2分）

1.推力球轴承的类型代号是_____。

答案　5

解析　掌握常用轴承的类型代号。

2.滚动轴承的代号23208，该轴承的内径是_____mm。

答案　40

解析　熟悉滚动轴承的内径代号，08表示内径是40 mm。

专题练习

一、**单选题**（下列选项中只有一个答案是正确的，每题2分）

1. 关于滚动轴承内圈与轴的说法正确的是（　　　）。

A. 一起转动　　　　　　　　　　B. 轴转动内圈固定

C. 反向转动　　　　　　　　　　D. 内圈转动轴固定

2. 滚动轴承与滑动轴承相比，其优点是（　　　）。

A. 承受冲击载荷能力好　　　　　B. 高速运转时噪声小

C. 启动及运转时摩擦力矩小　　　D. 径向尺寸小

3. 小轿车的速度快，载重小，一般在市区平坦的路面行驶，其前后轴的滚动轴承应选择（　　　）。

A. 6　　　　　　B. 7　　　　　　C. 3　　　　　　D. 1

4. 型号为6203的滚动轴承，其类型名称为（　　　）。

A. 深沟球轴承　　B. 调心球轴承　　C. 角接触球轴承　　D. 圆锥滚子轴承

5. 当轴承的尺寸和精度相同时，（　　）的极限转速比较高。

A. 深沟球轴承　　B. 推力球轴承　　C. 圆柱滚子轴承　　D. 圆锥滚子轴承

6. 当支承跨距大，轴的弯曲变形大，两个轴承座孔中心位置有误差时，应采用（　　　）。

A. 深沟球轴承　　B. 推力球轴承　　C. 球面滚子轴承　　D. 圆锥滚子轴承

7. 滚动轴承的基本代号表示（　　　）。

A. 轴承的类型、结构和尺寸

B. 轴承组件

C. 轴承内部结构变化和轴承公差等级

D. 轴承游隙和配置

8. 只能承受径向载荷的轴承是（　　　）。

A. 深沟球轴承　　B. 调心球轴承　　C. 圆锥滚子轴承　　D. 圆柱滚子轴承

9. 水平放置的对开式滑动轴承，油槽应开在（　　　）。

A. 上半轴瓦　　　　　　　　　　B. 下半轴瓦

C. 上、下轴瓦结合处　　　　　　D. 任意位置

10. 为了使轴瓦与轴承座孔贴实，轴瓦剖分面要高出轴承座结合面（　　　）以便压紧。

A. 0.05～0.1 mm　　B. 0.1～0.2 mm　　C. 2～3 mm　　　D. 0.3～0.4 mm

二、多选题（下列选项中有一个以上答案是正确的，每题 2 分）

1. 滚动轴承预紧的目的是（　　）。

A. 增大支承刚度　　　　　　　　　　B. 提高旋转精度

C. 减小振动噪声　　　　　　　　　　D. 降低摩擦阻力

2. 关于滑动轴承的应用场合正确的是（　　）。

A. 工作转速特别高的场合　　　　　　B. 承受极大的冲击和震动载荷的场合

C. 要求特别精密的场合　　　　　　　D. 装配要求轴承剖分的场合

3. 轴承按所受载荷方向不同分（　　）。

A. 向心轴承　　　B. 推力轴承　　　C. 向心推力轴承　D. 滑动轴承

4. 关于滚动轴承的说法正确的是（　　）。

A. 承受冲击载荷能力较差　　　　　　B. 高速运转时噪声大

C. 比滑动轴承径向尺寸大　　　　　　D. 与滑动轴承比寿命较低

5. 主要承受径向载荷的滚动轴承有（　　）。

A. 滚针　　　　　B. 调心球轴承　　C. 圆柱滚子轴承　D. 推力球轴承

6. 滚动轴承一般由（　　）组成。

A. 内圈　　　　　B. 外圈　　　　　C. 滚动体　　　　D. 保持架

7. 常用的滚动体有（　　）。

A. 球　　　　　　B. 圆柱滚子　　　B. 球面滚子　　　D. 圆锥滚子

8. 滚动轴承的选用应考虑（　　）。

A. 轴承载荷　　　　　　　　　　　　B. 轴承转速

C. 刚度及调心性能要求　　　　　　　D. 装拆要求和经济性

9. 滚动轴承的失效形式有（　　）。

A. 疲劳点蚀　　　B. 塑性变形　　　C. 磨粒磨损　　　D. 黏着磨损

10. 以下属于滚动轴承轴向定位方法的有（　　）。

A. 螺母　　　　　B. 轴用弹性挡圈　C. 端面止推垫圈　D. 紧定套

三、判断题（正确的填 A，错误的填 B，每题 2 分）

1.（　　）向心滑动轴承主要承受轴向力。

2.（　　）为保证滑动轴承工作时润滑良好，油孔和油槽应设在轴瓦的承载区。

3.（　　）整体式滑动轴承工作表面磨损过大时无法调整轴承间隙。

4.（　　）整体式滑动轴承常用于低速、轻载及间歇性工作的场合。

5.（　　）滑动轴承安装要保证油颈在轴承孔内转动灵活、准确、平稳。

6.（　　）剖分式滑动轴承磨损后可调整间隙，应用广泛。

7.（　　）深沟球轴承代号 6308 中的 3 表示内径。

8.（　　）中大型轴承采用温差法装配。

9.（　　）滚动轴承的直径系列代号表示具有同一内径而外径不同的轴承系列。

10.（　　）角接触球轴承的公称接触角越大，承受径向载荷的能力就越大。

11.（　　）滚动轴承内圈与轴颈是间隙配合。

12.（　　）代号为 6107、6207、6307 的滚动轴承的内径都是相同的。

13.（　　）滚动轴承比滑动轴承摩擦阻力小、启动灵敏、效率高。

14.（　　）选用滚动轴承时，价格越贵就越好。

15.（　　）滚动轴承的滚动体一般由轴承合金制造。

四、填空题（将最适当的答案填写在横线上，每题 2 分）

1. 用温差法装配滚动轴承时，要严格控制油温不超过_____℃。

2. 代号为 6318 的滚动轴承，内径为_____mm。

3. 圆柱滚子轴承的类型代号是_____。

4. 径向接触轴承的接触角为_____。

5. 角接触球轴承的类型代号是_____。

6. 滚动轴承 6203 的内径是_____。

7. 轴承代号 7314 中，3 表示的是_____。

8. 滚动轴承的内孔与轴颈配合采用_____制配合。

9. 为改善轴瓦表面的摩擦性质，可在轴瓦内表面浇注一层减磨材料，称为_____。

10. 滚动轴承的代号由前置代号、_____和后置代号构成。

11. 轴承根据摩擦性质分为滚动轴承和_____两大类。

12. 滑动轴承在使用过程中要经常检查润滑情况防止过热，一般在_____以下为正常。

13. 滚动轴承按滚动体的形状可分为球轴承和_____两大类。

14. 受纯轴向载荷的高速轴应选用的轴承类型代号是_____。

15. 在滚动轴承的结构组成中，可以不进行热处理的是_____。

读书笔记

考点 12 常见机构

考纲要求

1. 掌握平面连杆机构的基本类型、特点及其类型判别方法，理解铰链四杆机构的特性，认识铰链四杆机构的急回特性及死点位置。

2. 理解凸轮机构的组成、分类、特点和应用。

3. 了解棘轮机构、槽轮机构的组成和特点。

学习建议

1. 掌握平面四杆机构的基本形式、特点和应用，了解含一个移动副的四杆机构的特点和应用，了解平面四杆机构的急回特性和死点位置，初步具备分析平面四杆机构的能力。

2. 理解凸轮机构的组成、特点、类型及应用，了解凸轮机构的基本参数和从动件常用的运动规律，初步具有分析凸轮机构的能力。

3. 了解棘轮机构的组成、特点和应用，了解槽轮机构的组成、特点和应用，初步具有分析棘轮机构和槽轮机构的能力。

知识梳理

一、常见机构知识树

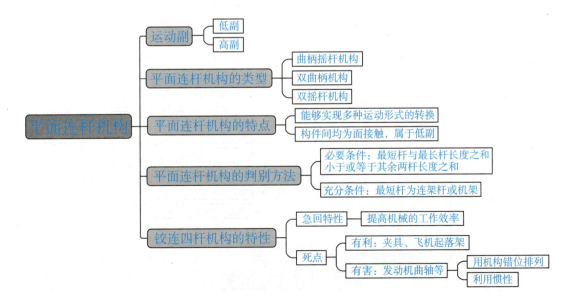

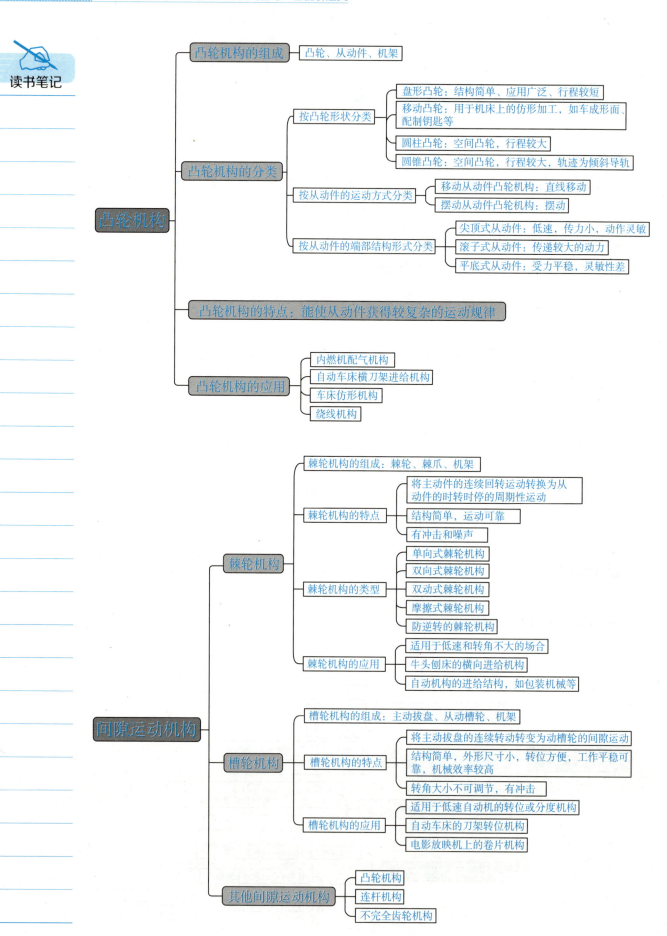

二、重点知识梳理

（一）平面铰链四杆机构

1.平面连杆机构的相关概念（表2-12-1）

表2-12-1　平面连杆机构的相关概念

序号	名称	概念
1	运动副	指两构件直接接触且又能产生一定形式的可动连接
2	低副	指两构件间以面接触的运动副
3	高副	指两构件间以点或线接触的运动副
4	铰链机构	当平面四杆机构中的运动副为转动副时，称为铰链机构
5	连杆	不与机架相连的构件
6	连架杆	连接机架和连杆的构件
7	机架	铰链四杆机构中固定不动的构件
8	曲柄	能绕转动副作整周旋转的构件
9	摇杆	只能绕转动副作摆动的构件

2.运动副的应用特点

①低副承受载荷时，单位面积上的压力较小，故较耐用，传力性能好。但低副的摩擦损失大，传动效率低。低副不能传递较复杂的运动。

②高副承受载荷时，单位面积上的压力较大，两构件接触处容易磨损，制造维修困难。但高副的摩擦损失小，传动效率高。高副能传递较复杂的运动。

3.平面四杆机构的特点

（1）平面四杆机构的优点

①结构简单，加工方便，成本低，工作可靠。

②可使从动件实现多种形式的运动，满足多种运动规律的要求。

③运动副是低副，面接触，承受压力小，便于润滑，磨损较轻，可承受较大载荷。

（2）平面四杆机构的缺点

①要根据从动件所需的运动规律或轨迹来设计连杆机构，比较复杂。

②只能近似实现给定的运动规律，综合运动幅度较大，运动精度较低。

③运动时会产生惯性，不适用于高速场合。

4. 铰链四杆机构的类型及其判别

（1）铰链四杆机构（图 2-12-1）类型的判别方法

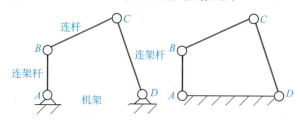

图 2-12-1　铰链四杆机构

①当铰链四杆机构的最长杆和最短杆长度之和小于或等于其余两杆长度之和时：

当最短杆为连架杆时，机构为曲柄摇杆机构；

当最短杆为机架时，机构为双曲柄机构；

当最短杆为连杆时，机构为双摇杆机构。

②当铰链四杆机构的最长杆和最短杆长度之和大于其余两杆长度之和时，无论以哪一杆作为机架，机构均为双摇杆机构。

（2）曲柄摇杆机构两连架杆一个为曲柄、另一个为摇杆的铰链四杆机构

常用的有剪刀机（图 2-12-2）、雷达俯仰装置（图 2-12-3）、汽车车窗刮水器、缝纫机踏板（图 2-12-4）、脚踏砂轮机、筛砂机、搅拌机（图 2-12-5）、碎石机（图 2-12-6）等。

图 2-12-2　剪刀机

图 2-12-3　雷达俯仰装置

图 2-12-4　缝纫机踏板

图 2-12-5　搅拌机

图 2-12-6　碎石机

（3）双曲柄机构两连架杆均为曲柄的铰链四杆机构

①不等长双曲柄机构两曲柄长度不等，通常主动曲柄作等速转动，从动曲柄作变速转动。

常用的有惯性筛。

②平行双曲柄机构两曲柄的长度相等，转向相同，两曲柄的转速相等。当曲柄与连杆水平共线时，易出现运动不确定的现象。

常用的有天平、摄影升降台、机车车轮联运机构等。

③反向平行双曲柄机构两曲柄的长度相等，转向相反，两曲柄的转速相等。

常用的有汽车车门启闭机构。

（4）双摇杆机构两连架杆均为摇杆的铰链四杆机构

常用的有汽车前轮转向机构、鹤式起重机。

5. 铰链四杆机构的基本性质

（1）铰链四杆机构存在曲柄的条件

①铰链四杆机构的最长杆和最短杆长度之和小于或等于其余两杆长度之和。

②连架杆和机架中必有一杆是最短杆。

（2）急回特性和行程速比系数

如图 2-12-7 所示，因为 $\varphi_1 > \varphi_2$，所以 $t_1 > t_2$。

工作行程：慢行程。

空回行程：快行程。

$v_1 < v_2$。

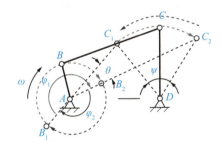

图 2-12-7 铰链四杆机构的急回特性

急回特性：原动件作匀速转动，从动件作往复运动的机构。从动件空回行程的平均速度大于工作行程的平均速度。

极位夹角 θ：曲柄与连杆两次共线时，曲柄与连杆两次共线位置之间所夹的锐角。

行程速比系数 K：$K = \dfrac{v_2}{v_1} = \dfrac{t_1}{t_2} = \dfrac{180° + \theta}{180° - \theta}$

当 $K>1$ 时，曲柄摇杆机构具有急回特性。急回特性有利于缩短空回行程的时间，提高机械的工作效率。

（3）死点

在曲柄摇杆机构中，当以摇杆为主动件时，曲柄为从动件，从动件曲柄与连杆两次共线时，主动件摇杆的作用线通过曲柄回转中心，此时摇杆无法转动，出现"顶死"现象，此时机构的位置称为死点。

克服死点的方法：

①采用机构错位排列使其死点相互错开。

②利用飞轮加大惯性使机构闯过死点。

利用死点工作的机构：

①飞机起落架机构。

②钻床工件夹紧机构。

6. 铰链四杆机构的演化

（1）曲柄滑块机构

曲柄滑块机构是由曲柄摇杆机构演化而来的，它是一个具有曲柄和滑块的平面四杆机构。

应用举例：

①内燃机汽缸见图 2-12-8。

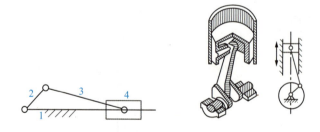

图 2-12-8　内燃机汽缸简图

②冲压机见图 2-12-9。

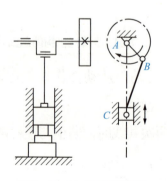

图 2-12-9　冲压机简图

③滚轮送料机见图 2-12-10。

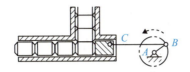

图 2-12-10 滚轮送料机简图

（2）其他机构（图 2-12-11 —图 2-12-15）

图 2-12-11 导杆机构简图

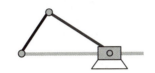

图 2-12-12 定块机构简图

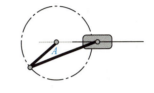

图 2-12-13 对心滑块机构简图

图 2-12-14 偏心滑块机构简图

图 2-12-15 牛头刨床的导杆机构

（二）凸轮机构

1. 凸轮机构的组成和特点

（1）组成

凸轮机构（图 2-12-17）由凸轮、从动件和机架组成。

（2）特点

①能使从动件获得较复杂的运动规律。

②凸轮机构可以高速启动，动作准确可靠。

③凸轮机构在接触处难以保持良好的润滑，易磨损。

④从动件的运动规律复杂，凸轮轮廓曲线设计困难。

⑤凸轮机构多用于传力不大的场合。

2. 凸轮机构的分类

（1）按凸轮形状分类

①盘形凸轮机构。结构简单，应用广泛，行程较短。

②移动凸轮机构。多用于机床上的仿形加工，如车成形面、配制钥匙等。

③圆柱凸轮机构。属于空间凸轮，行程较大，但制造困难。

④圆锥凸轮机构。属于空间凸轮，行程较大，运行轨迹为倾斜轨迹，但制造困难。

（2）按从动件的运动方式分类

①移动从动件凸轮机构。从动件作直线运动。

②摆动从动件凸轮机构。从动件作摆动运动。

（3）按从动件的端部结构形式分类

尖顶式从动件：尖顶从动件可以与任意复杂的凸轮轮廓保持接触，能实现任意预期的运动规律。结构简单紧凑，但尖顶容易磨损，适用于轻载、低速的场合。

滚子式从动件：从动件的滚子与凸轮间为滚动摩擦，摩擦阻力小，不易磨损，可传递较大动力，应用最广泛，不宜用于高速传动。

平底式从动件：受力方向始终与底面垂直，受力平稳，因接触面较大，故灵敏性较差，多用于高速传动。

凸轮机构的类型见图 2-12-16。

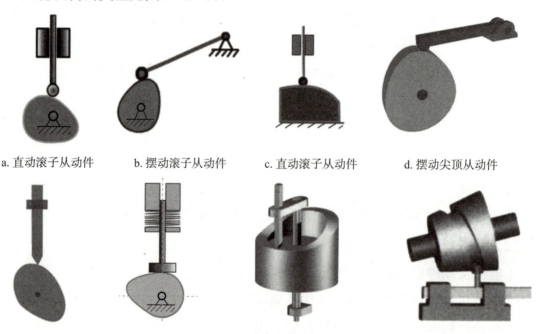

a.直动滚子从动件　　　b.摆动滚子从动件　　　c.直动滚子从动件　　　d.摆动尖顶从动件

e.直动尖顶从动件　　　f.直动平底从动件　　　g.端面圆柱凸轮　　　　h.圆锥凸轮

图 2-12-16　凸轮机构的类型

3. 凸轮机构的应用

内燃机配气机构、自动车床横刀架进给机构、车床仿形机构、绕线机构。

（三）间隙运动机构

1. 棘轮机构

（1）棘轮机构的组成

棘轮机构图（2-12-17）由棘轮、棘爪、机架组成。

图 2-12-17　棘轮机构

（2）棘轮机构的特点

①将主动件的连续回转运动转换为从动件的时转时停的周期性运动。

②结构简单，运动可靠。

③有冲击和噪声。

（3）棘轮机构的类型

单向式棘轮机构、双向式棘轮机构、双动式棘轮机构、摩擦式棘轮机构、防逆转的凸轮机构。

（4）棘轮机构的应用

①适用于低速和转角不大的场合。

②牛头刨床的横向进给机构。

③自动机械的进给机构，如包装机械等。

2. 槽轮机构

（1）槽轮机构的组成

槽轮机构（图 2-12-18）由主动拔盘、从动槽轮、机架组成。

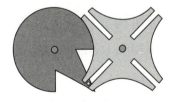

图 2-12-18　槽轮机构

（2）槽轮机构的特点

①将主动拔盘的连续转动转变为从动槽轮的间隙运动。

②结构简单，外形尺寸小，转位方便，工作平稳可靠，机械效率较高。

③转角大小不可调节，有冲击。

（3）槽轮机构的分类

常见的槽轮机构有外槽轮机构（图 2-12-19）、内槽轮机构（图 2-12-20）和空间槽轮机构（图 2-12-21）。

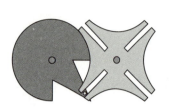

图 2-12-19　外槽轮机构　　　　图 2-12-20　内槽轮机构　　　　图 2-12-21　空间槽轮机构

（4）槽轮机构的应用

①适用于低速自动机械的转位或分度机构。

②自动车床的刀架转位机构（图 2-12-22）。

③电影放影机上的卷片机构（图 2-12-23）。

图 2-12-22　自动车床的刀架转位机构　　　　图 2-12-23　电影放影机上的卷片机构

3.其他间隙运动机构

（1）凸轮机构

设计恰当的凸轮机构，当主动凸轮连续运动时，也可以实现从动杆的间隙运动。

（2）铰连四杆机构

铰链四杆机构中的曲柄摇杆机构配合棘爪，当曲柄作连续旋转时，摇杆带动棘爪同样可以实现间隙运动。

（3）不完全齿轮机构（图 2-12-24）

一对相互啮合的齿轮，若主动齿轮为不完全齿轮，当主动齿轮连续转动时，从动齿轮作间隙运动。

图 2-12-24　不完全齿轮机构

例题解析

一、单选题（下列选项中只有一个答案是正确的，每题 2 分）

1.铰链四杆机构中与机架相连，并能实现整周转动的构件是（　　　　）。

A.摇杆　　　　　　B.连杆　　　　　　C.机架　　　　　　D.曲柄

答案 D

解析 掌握铰链四杆机构中各构件的概念

2.曲柄摇杆机构处于"死点"位置时，作主动件的是（　　　）。

A.连杆　　　　　　B.曲柄　　　　　　C.摇杆　　　　　　D.机架

答案 C

解析 掌握铰链四杆机构出现死点的特性。

二、多选题（下列选项中有一个以上答案是正确的，每题2分）

1.平面四杆机构的特点有（　　　）。

A.可使从动件实现多种形式的运动　　B.磨损较大，不可承受较大载荷

C.适用于高速场合　　　　　　　　　D.结构简单，加工方便，工作可靠

答案 AD

解析 掌握平面四杆机构的特点。

2.铰链四杆机构的演化机构有（　　　）。

A.曲柄滑块机构　　B.曲柄摇杆机构　　C.导杆机构　　　　D.摇块机构

答案 ACD

解析 熟悉平面铰链四杆机构的演化机构类别。

三、判断题（正确的填A，错误的填B，每题2分）

1.（　　　）曲柄摇杆机构中的曲柄一定是主动件。

答案 B

解析 根据工作需要，曲柄和摇杆都可以作为主动件。

2.（　　　）当对心曲柄滑块机构的曲柄长度较短时，常把曲柄制成偏心轮的形式。

答案 A

解析 熟悉平面铰链四杆机构的演化机构类别。

四、填空题（将最适当的答案填写在横线上，每题2分）

1.铰链四杆机构在机器中被广泛运用，两连架杆分别为＿＿＿＿＿和＿＿＿＿＿的铰链四杆机构，称为曲柄摇杆机构。

答案 曲柄　摇杆

解析 掌握铰链四杆机构的定义。

2.凸轮机构是由＿＿＿＿＿、从动件和机架组成的＿＿＿＿＿机构。

答案 凸轮 高副

解析 了解凸轮机构的组成和运动副的分类。

专题练习

一、单选题（下面选项中只有一个答案是正确的，每题 2 分）

1. 在自行车的后轮中应用的机构是（　　　）。

A. 凸轮 　　　　 B. 棘轮 　　　　 C. 飞轮 　　　　 D. 槽轮

2. 可以把连续摆动转换成间歇转动的机构是（　　　）。

A. 偏心轮机构 　 B. 槽轮机构 　　 C. 棘轮机构 　　 D. 凸轮机构

3. 两构件组成低副，其接触形式为（　　　）。

A. 点或线接触 　 B. 面接触 　　　 C. 线或面接触 　 D. 点或面接触

4. 下列属于高副的是（　　　）。

A. 螺旋副 　　　 B. 移动副 　　　 C. 转动副 　　　 D. 凸轮副

5. 在铰链四杆机构中，与机架相连的连续转动的杆称作（　　　）。

A. 曲柄 　　　　 B. 连杆 　　　　 C. 摇杆 　　　　 D. 机架

6. 汽车前挡风玻璃的雨刮机构是（　　　）。

A. 曲柄滑块机构 B. 曲柄摇杆机构 C. 双曲柄机构 　 D. 双摇杆机构

7. 凸轮机构从动件的运动规律是由（　　　）决定的。

A. 凸轮转速 　　 B. 凸轮基圆半径 C. 凸轮形状 　　 D. 凸轮轮廓曲线

8. 为了使曲柄摇杆机构顺利通过死点位置继续正常运转，可以采用的办法是（　　　）。

A. 增加曲柄长度 B. 缩短曲柄长度 C. 增大极位夹角 D. 加大惯性

9. 曲柄摇杆机构中，当以摇杆为主动件时，死点位置为（　　　）。

A. 曲柄与摇杆共线时 　　　　　　 B. 曲柄与连杆共线时

C. 摇杆与连杆共线时 　　　　　　 D. 不存在

10. 下列机构的运动副中，属于高副的是（　　　）。

A. 火车车轮与铁轨之间的运动副 　 B. 螺旋千斤顶螺杆与螺母之间的运动副

C. 车床床鞍与导轨之间的运动副 　 D. 摇臂钻床立柱与摇臂之间的运动副

11. 由两构件直接接触，并能产生一定相对运动的连接，称为（　　　）。

A. 连接 　　　　 B. 传动 　　　　 C. 运动副 　　　 D. 机构

12 低副是两构件通过（　　　）接触所构成的运动副。

A. 点 B. 线 C. 面 D. 体

13. 在曲柄滑块机构中，如果取曲柄为机架，则形成（　　　）机构。

A. 导杆 B. 摇块 C. 定块 D. 滑块

14. 牛头刨床的主运动机构应用的是（　　　）。

A. 摇块机构 B. 转动导杆机构 C. 曲柄滑块机构 D. 摆动导杆机构

15. 在曲柄滑块机构中，如果取连杆为机架，则形成（　　　）机构。

A. 导杆 B. 摇块 C. 定块 D. 滑块

16. 在曲柄滑块机构中，如果取滑块为机架，则形成（　　　）机构。

A. 导杆 B. 摇块 C. 定块 D. 滑块

17. 汽车发动机配气机构运用的是（　　　）。

A. 凸轮机构 B. 齿轮机构 C. 槽轮机构 D. 棘轮机构

18. 下列关于凸轮机构的描述中，正确的是（　　　）。

A. 凸轮机构是高副

B. 不能用于对从动件的运动规律要求严格的场合

C. 不能高速启动

D. 从动件只能做移动

19. 凸轮机构的特点是（　　　）。

A. 不易磨损 B. 传递动力大 C. 不能高速启动 D. 动作准确可靠

20. 在凸轮机构中，具有结构简单，应用广泛，适用于推杆行程较短的传动机构的凸轮是（　　　）。

A. 移动凸轮 B. 盘形凸轮 C. 圆柱凸轮 D. 滚子凸轮

21. 可使从动件获得较大行程的是（　　　）。

A. 盘形凸轮机构 B. 圆柱凸轮机构 C. 移动凸轮机构 D. 圆锥凸轮机构

22. 在凸轮机构中，具有结构简单，但易于磨损，只能应用于受力小、低速场合的从动件是（　　　）从动件。

A. 弧底 B. 平底 C. 尖顶 D. 滚子

23. 多用于承载能力小、转速低、传动灵敏的场合的是（　　　）。

A. 尖顶式从动件 B. 滚子式从动件 C. 平底式从动件 D. 移动式从动件

24. 凸轮机构中能变滑动摩擦为滚动摩擦，磨损小、应用广泛，适用于传递较大动力场合的是（　　　）从动件。

A. 尖顶 B. 平底 C. 弧底 D. 滚子

25.（　　）从动件凸轮受力较平稳，在高速凸轮机构中应用较多。

A. 尖顶　　　　　　B. 平底　　　　　　C. 弧底　　　　　　D. 滚子

二、多选题（下列选项中有两个以上答案是正确的，每题 2 分）

1. 平面四杆机构中，各杆长度依次为 40 mm、90 mm、80 mm、100 mm，则该四杆机构可能是（　　）。

A. 曲柄摇杆机构　　　　　　　　　　B. 双摇杆机构

C. 双曲柄机构　　　　　　　　　　　D. 以上都不是

2. 棘轮机构的主要构件包括（　　）。

A. 曲柄　　　　B. 棘轮　　　　C. 棘爪　　　　D. 机架

3. 以下机构应用了曲柄摇杆机构的是（　　）。

A. 搅拌机　　　　B. 缝纫机踏板机构　C. 碎石机　　　　D. 港口用起重吊车

4. 以下机构应用了双曲柄机构的是（　　）。

A. 车门启闭装置　B. 天平　　　　　　C. 碎石机　　　　D. 插床

5. 棘轮机构主要由（　　）组成。

A. 棘轮　　　　B. 棘爪　　　　C. 曲柄　　　　D. 机架

6. 凸轮为主动件，并定轴等速运动，凸轮机构主要由（　　）组成。

A. 凸轮　　　　B. 从动件　　　　C. 机架　　　　D. 挺杆

7. 下列关于急回特性的描述中，正确的有（　　）。

A. 机构有无急回特性取决于行程速比系数

B. 急回特性可以使空回行程的时间缩短，有利于提高工作效率

C. 只有曲柄摇杆机构具有急回特性

D. 极位夹角越大，机构的急回特性越显著

8. 凸轮机构按从动件的形式可分为（　　）。

A. 尖顶从动件　　B. 滚子从动件　　C. 平底从动件　　D. 以上都包括

9. 下列属于平面连杆机构优点的是（　　）。

A. 运动副是面接触，故压强低，便于润滑，磨损小

B. 运动副制造方便，容易获得较高的制造精度

C. 容易实现转动、移动基本运动形式及其转换

D. 容易实现复杂的运动

10. 下列属于低副的有（　　）。

A. 转动副　　　　B. 移动副　　　　C. 凸轮副　　　　D. 齿轮副

11. 凸轮机构按从动件的形式可分为（　　　）三类。

A. 尖顶从动件　　　B. 滚子从动件　　　C. 平底从动件　　　D. 圆筒从动件

12. 下列属于空间凸轮的是（　　　）。

A. 移动凸轮　　　B. 圆柱凸轮　　　C. 圆锥凸轮　　　D. 盘形凸轮

13. 机构中的构件按其运动性质不同分为（　　　）。

A. 固定构件　　　B. 运动构件　　　C. 零件　　　D. 部件

14. 下列属于凸轮机构的应用的是（　　　）。

A. 内燃机配气机构　　　　　　B. 绕线机

C. 车床仿形机构　　　　　　D. 自卸货车的翻斗机构

15. 凸轮机构按凸轮形状可分为（　　　）三类。

A. 旋转式凸轮　　　B. 盘形凸轮　　　C. 移动凸轮　　　D. 圆柱凸轮

16. 下列机构中，（　　　）机构能实现间歇运动。

A. 平面连杆机构　B. 凸轮机构　　　C. 棘轮机构　　　D. 槽轮机构

17. 铰链四杆机构可演化成（　　　）。

A. 曲柄滑块机构　B. 导杆机构　　　C. 摇块机构　　　D. 定块机构

18. 在四连杆机构中，能实现急回运动的机构有（　　　）。

A. 曲柄摇杆机构　　　　　　B. 偏置式曲柄滑块机构

C. 摆动导杆机构　　　　　　D. 摇杆机构

19. 关于平面连杆机构的死点说法正确的是（　　　）。

A. 出现在连杆与从动件共线的位置

B. 出现在连杆与主动件共线的位置

C. 出现死点时，从动件的压力角为 0°

D. 主动件对从动件的驱动力通过从动件的回转中心

20. 下列机构中可能具有急回特性的是（　　　）。

A. 曲柄摇杆机构　B. 双摇杆机构　　　C. 双曲柄机构　　　D. 曲柄滑块机构

三、判断题（正确的填 A，错误的填 B，每题 2 分）

1.（　　　）在曲柄摇杆机构中，常以平均速度较快的行程作为工作行程。

2.（　　　）死点位置影响机器连续运转，必须采取措施克服死点。

3.（　　　）棘轮机构中从动件为棘轮。

4.（　　　）电影放映机卷片机构运用了棘轮机构。

5.（　　　）凸轮机构为高副机构，使用寿命长。

6.（　　）齿轮副和凸轮副都是低副。

7.（　　）曲柄上安装飞轮是利用惯性克服死点。

8.（　　）最短杆为机架，则铰链四杆机构为双曲柄机构。

9.（　　）安全系数越大，构件越安全，所以构件尽可能取较大的安全系数。

10.（　　）从动件做往复移动的凸轮称为移动凸轮。

11.（　　）在凸轮机构中，凸轮为主动件，从动杆的运动规律由凸轮的形状决定。

12.（　　）棘轮机构能将主动件的连续运动转换成从动件的间歇运动。

13.（　　）曲柄摇杆机构的死点位置会出现顶死的现象，所以要尽可能克服死点。

14.（　　）在铰链四杆机构中，若取最短杆为机架，则该机构为双曲柄机构。

15.（　　）在铰链四杆机构中，曲柄和摇杆都是连架杆。

四、填空题（将最适当的答案填写在横线上，每题2分）

1. 当摇杆为主动件，且＿＿＿＿＿和＿＿＿＿＿共线时，曲柄摇杆机构处于死点位置。

2. 缝纫机的脚踏板机构是＿＿＿＿＿机构，主动件是＿＿＿＿＿。

3. 将主动件的均匀转动转换为从动件的时转时停的周期性运动的机构称为＿＿＿机构。常用的类型有棘轮机构和＿＿＿＿＿机构。

4. 在铰链四杆机构中，做整周转动的构件称为＿＿＿＿＿，做往复摆动的构件称为＿＿＿＿＿。

5. 凸轮按其形状可分为＿＿＿＿＿凸轮、＿＿＿＿＿凸轮和圆柱凸轮。

6. 在实际生产中，通常利用急回特性来缩短＿＿＿＿＿时间，从而提高机械的＿＿＿＿＿。

7. 凸轮机构按从动件端部形式不同可分为＿＿＿＿＿从动件、＿＿＿＿＿从动件和平底式从动件。

8. 平面四杆机构中，若各杆长度按顺序为 $a=40$ mm，$b=60$ mm，$c=80$ mm，$d=100$ mm，当以长度为 a 的杆作为机架时，该四杆机构为＿＿＿＿＿机构；当以长度为 c 的杆作为机架时，该四杆机构为＿＿＿＿＿机构。

9. 雨刮器是＿＿＿＿＿机构的运用，公交车车门启闭机构是＿＿＿＿＿机构的运用。

10. 在铰链四杆机构中，固定的杆件被称为机架，与机架用转动副相连接的杆件称为＿＿＿＿＿，不与机架直接连接的杆件称为＿＿＿＿＿。

11. 判断平面连杆机构的传动性能时，若机构的传动角越＿＿＿＿＿，则传动性能越_____。

12. 曲柄摇杆机构能将曲柄的_____运动转换为摇杆的_____。

13. 铰链四杆机构的三种基本形式为_____机构、_____机构和曲柄摇杆机构。

14. 在曲柄摇杆机构中，摇杆位于两极限位置时，曲柄所夹的锐角称为_____。当 θ _____时，机构具有急回特性。

15. 按接触形式不同，运动副可分为_____副和_____副。

课程三 【金属加工与实训】

读书笔记

考点1　金属材料的力学性能

考纲要求

1. 了解金属材料的强度、硬度、塑性、韧性、疲劳强度等力学性能。
2. 理解金属材料工艺性能的概念。

学习建议

1. 准确理解本考点有关术语的概念，尤其要区分工艺性能和使用性能，力学性能、物理性能和化学性能的关系及在机械制造中的作用。

2. 观看拉伸试验、硬度试验、夏比摆锤冲击试验等教学视频，能对金属材料各力学性能指标进行判别，并进行简单计算。

3. 学习知道传输塔架、铁桥、工程结构件等在风雪交加的寒冷天气中容易损坏的原因。了解金属材料性能在实际生活、生产中的重要性。

知识梳理

一、金属材料的力学性能知识树

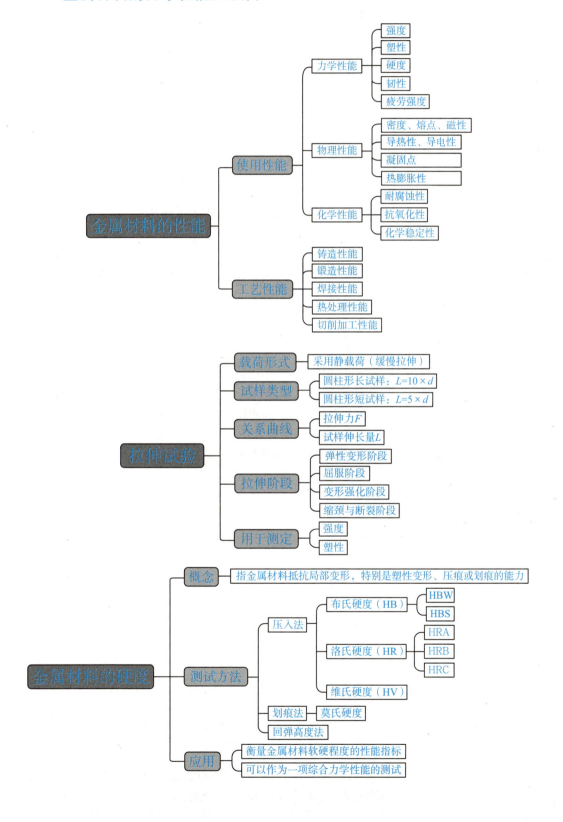

读书笔记

二、重点知识梳理

金属材料性能相关概念见表 3-1-1。

表 3-1-1　金属材料性能相关概念

序号	名称	概念
1	使用性能	指金属材料为保证机械零件或工具正常工作应具备的性能
2	工艺性能	指金属材料在制造机械零件或工具的过程中，适应各种冷、热加工的性能
3	力学性能（机械性能）	指金属材料在力作用下所显示的与弹性和非弹性反应相关或涉及应力－应变关系的性能
4	内力	物体受外力作用后导致物体内部产生的相互作用的力
5	应力	单位面积上的内力称为应力，单位 N/mm^2 或 MPa
6	应变	由外力引起物体原始尺寸或形状的变化
7	弹性变形	外力去除后，试样变形消失，恢复其原来形状
8	塑性变形	外力去除后，试样不能完全恢复，变形被长期保留下来
9	强度	指金属材料抵抗永久变形和断裂的能力
10	屈服强度 R_{eH}/R_{eL}	指在拉伸试验过程中拉伸力不增加，试样仍然能继续伸长时的应力，单位 N/mm^2 或 MPa
11	规定塑性延伸强度	塑性延伸率等于规定的引申计标距百分率时对应的应力
12	抗拉强度 R_m	指拉伸试样拉断前所承受的最大标称拉应力，单位 N/mm^2 或 MPa
13	塑性	指金属材料在断裂前发生不可逆永久变形的能力
14	断后伸长率 $A/A_{11.3}$	拉伸试样被拉断后标距的残余伸长与原始标距之比的百分率
15	断面收缩率 Z	拉伸试样被拉断后试样横截面积的最大缩减量与原始横截面积之比的百分率
16	硬度 HB/HR/HV	指金属材料抵抗局部变形，特别是塑性变形、压痕或划痕的能力
17	韧性 KV/KU	指金属材料在断裂前吸收变形能量的能力，单位 J
18	冷脆转变	当温度降至某一数值时，冲击吸收能力急剧下降，金属材料由韧性断裂转变为脆性断裂，这种现象称为冷脆转变
19	疲劳强度 R_{-1}	金属材料在循环应力作用下能经受无限次循环而不断裂的最大应力值称为金属材料的疲劳强度，即循环次数 N 无穷大时所对应的最大应力值

例题解析

一、单选题（下列选项中只有一个答案是正确的，每题2分）

1. 金属材料在静载荷作用下抵抗永久变形和断裂的能力，称为（　　）。

A. 硬度　　　　　　B. 塑性　　　　　　C. 强度　　　　　　D. 韧性

答案　C

解析　掌握强度、塑性、硬度和韧性等性能指标的概念。

2. 试样拉断前所承受的最大标称拉应力称为（　　）。

A. 抗压强度　　　　B. 屈服强度　　　　C. 疲劳强度　　　　D. 抗拉强度

答案　D

解析　掌握抗拉强度、屈服强度、抗压强度及疲劳强度的概念。

二、多选题（下列选项中有一个以上答案是正确的，每题2分）

1. 下列选项中，其硬度值表示载荷保持时间为 $10\sim15$ s测得的是（　　）。

A. 150HBW10/1000/30　　　　　　B. 500HBW5/750

C. 640HV30　　　　　　　　　　　D. 600HV30/20

答案　BC

解析　理解与掌握各硬度值的表示方法，当时间为 $10\sim15$ s 时可以不标出时间。

2. 下列公式中，圆面积计算公式正确的是（　　）。

A. $S=\pi r^2$　　　　B. $S=\pi d^2$　　　　C. $S=(\pi d)/4$　　　D. $S=(\pi d^2)/4$

答案　AD

解析　圆面积的计算公式正确的为 $S=\pi r^2=(\pi d^2)/4$ ，后面部分可通过推导得出。

三、判断题（正确的填A，错误的填B，每题2分）

1.（　　）拉伸实验时，拉伸试样的伸长量与拉伸力始终成正比关系。

答案　B

解析　掌握拉伸实验，伸长量和拉伸力只有在弹性变形阶段才成正比关系。

2.（　　）V 形缺口试样比 U 形缺口试样更容易冲断，因而其吸收能量也较少。

答案　对

解析　V 形缺口试样的应力更集中，更容易冲断，因此其吸收的能量也较少。

四、填空题（将最恰当的答案填写在横线上，每题 2 分）

1. 物体受外力作用后导致变形，其单位面积上的内力称为_____。

答案　应力

解析　掌握应力、内力等术语。

2. 金属材料在循环次数 N 无穷大时所对应的最大应力值称为_____。

答案　疲劳强度

解析　掌握疲劳强度的概念。

专题练习

一、单选题（下列选项中只有一个答案是正确的，每题 2 分）

1. 下列选项中，属于金属材料工艺性能的是（　　）。

A. 强度　　　　　　B. 硬度　　　　　　C. 疲劳强度　　　　D. 切削加工性能

2. 常用的塑性判断依据是（　　）。

A. 断后伸长率和断面收缩率　　　　B. 塑性和韧性

C. 断面收缩率和塑性　　　　　　　D. 断后伸长率和塑性

3. 拉伸实验中，试样所受的力为（　　）。

A. 冲击力　　　　B. 多次冲击　　　　C. 交变载荷　　　　D. 静态力

4. 低碳钢试样在拉伸过程中，当载荷增大到 F_s 时，载荷保持不变而试样的变形继续增加，这种现象为试样的（　　）。

A. 弹性变形阶段　B. 屈服阶段　　　　C. 变形强化阶段　D. 缩颈与断裂阶段

5. 根据 GB/T 228.1—2021 规定，断后伸长率用符号（　　）表示。

A. σ_s　　　　　　B. A　　　　　　C. Z　　　　　　D. δ_s

6. 拉伸试验主要用于测定金属材料的强度、塑性等力学性能指标，其测量过程是对试样进行（　　）。

A. 横向拉伸　　　B. 轴向拉伸　　　　C. 抗弯　　　　　　D. 压缩

7. 在机械制造业中，缩写英文字母"CIMS"表示（　　）。

A. 计算机辅助制造　　　　　　　　B. 计算机集成制造系统

C. 柔性制造单元　　　　　　　　　D. 柔性制造系统

8. 下列选项中，属于金属材料化学性能的是（　　　）。

A. 导电性　　　　B. 抗氧化性　　　　C. 导热性　　　　D. 硬度

9. 洛氏硬度 A 标尺，是使用 120°金刚石圆锥压头，测定材料的硬度值。其现行国家标准 GB/T 230.1—2018 规定有效值在（　　　）HRA 范围。

A. 20～70　　　　B. 20～100　　　　C. 20～95　　　　D. 20～85

10. 我国是世界上使用和加工金属材料最早的国家，其中"水与火合为淬"出自（　　　）。

A. 西汉《史记·天官书》　　　　　　B.《汉书·王褒传》

C. 明朝《天工开物》　　　　　　　　D.《周礼·考工记》

二、多选题（下列选项中有一个以上答案是正确的，每题 2 分）

1. 下列选项中，属于材料物理性能的是（　　　）。

A. 导电性　　　　B. 导热性　　　　C. 热膨胀性　　　　D. 耐腐蚀性

2. 下列选项中，是金属力学性能的是（　　　）。

A. 强度　　　　B. 硬度　　　　C. 韧性　　　　D. 压力加工性能

3. 下列选项中，是金属材料工艺性能的是（　　　）。

A. 锻造性能　　　　B. 硬度　　　　C. 疲劳强度　　　　D. 切削加工性能

4. 金属零件（产品）的加工过程主要包括（　　　）。

A. 设计阶段　　　　B. 制造阶段　　　　C. 准备阶段　　　　D. 使用阶段

5. 强度按外力作用形式的不同分为（　　　）。

A. 抗断裂强度　　　　B. 抗拉强度　　　　C. 抗压强度　　　　D. 抗弯强度

6. 下面公式中，圆面积计算公式正确的是（　　　）。

A. $S=\pi r^2$　　　　B. $S=\pi d^2$　　　　C. $S=(\pi d)/4$　　　　D. $S=(\pi d^2)/4$

7. 下列选项中，属于黑色金属的是（　　　）。

A. 非合金钢　　　　B. 滑动轴承合金　　　　C. 合金钢　　　　D. 铸铁

8. 金属材料硬度测定方法主要包括（　　　）。

A. 压入法　　　　B. 回弹高度法　　　　C. 维氏硬度　　　　D. 划痕法

9. 下列硬度符号中，采用硬质合金球压头测得的是（　　　）。

A. HBS　　　　B. HBW　　　　C. HRA　　　　D. HRBW

10. 金属材料疲劳断裂要经过（　　　）阶段。

A. 微裂源　　　　B. 裂纹扩展区　　　　C. 变形强化　　　　D. 瞬断区

三、判断题（正确的填 A，错误的填 B，每题 2 分）

1.（   ）屈服强度是工程技术上的重要力学性能指标，是机械零件选材和设计的依据。

2.（   ）硬度是一项综合力学性能指标，从金属表面的局部压痕可以反映金属材料的强度和塑性。

3.（   ）洛氏硬度试验操作简便，比布氏硬度试验测得的硬度值准确性高。

4.（   ）重复弯折铁丝，铁丝会越来越硬，最后会断裂。

5.（   ）金属材料的硬度越高，其耐磨性越好。

6.（   ）在金属加工的职业规范中，应当具备高度责任感以严谨、细致的工作态度对待工作。

7.（   ）一般情况下合金的力学性能比纯金属更好。

8.（   ）韧性高的材料，其冲击韧性必然也高。

9.（   ）进行硬度试验时，同种材料的洛氏硬度值低于其布氏硬度值。

10.（   ）低碳钢拉伸实验中，冷作硬化现象发生在屈服阶段。

11.（   ）一般认为，硬度过高或过低的金属材料切削加工性能较好。

12.（   ）同一种材料经过不同类型的冲击试验，测出材料的韧性是不同的。

13.（   ）了解机械设备性能后，启动设备时，可以直接开机操作以提高生产效率。

14.（   ）断面收缩率是塑性的重要指标，它的百分率越大，材料的塑性越差。

15.（   ）随着现代科学技术的发展，金属材料正向着高刚度、高韧性、高屈强比、耐高温和多功能的方向发展。

四、填空题（将最恰当的答案填写在横线上，每题 2 分）

1. 金属材料的_____是评定金属材料质量、选材和进行强度计算的依据。

2. 强度是材料在静载荷作用下抵抗变形和_____的能力。

3. 工业上使用的部分金属材料（如高碳钢、铸铁等）进行拉伸试验时，没有明显的屈服现象，也不会产生缩颈现象，这就需要规定一个相当于屈服强度的指标，即_____强度。

4. 金属材料的布氏硬度用字母 HB 表示，洛氏硬度用字母_____表示。

5. _____是指在拉伸试验过程中拉伸力不增加的情况下，拉伸试样仍然能继续伸长时的应力。

6. 物体受外力作用后导致物体内部产生的相互作用的力称为_____。

7. 根据国家标准 GB/T 229—2020，夏比摆锤冲击试样有 V 形缺口试样和_____试样两种。

8. 由铁或以铁为主形成的金属材料称为_____。

9. 由金属元素或以金属元素为主要材料构成的具有金属特性的工程材料称为_____。

10. 在拉伸试验过程中，当拉伸力超过屈服拉伸力 F_s 后，试样抵抗变形的能力会增加，随着变形的增大，试样变形抗力也会逐渐增大的现象为_____阶段。

11. 大小、方向都随时间发生周期性变化的应变称为_____。

12. 金属材料在循环次数 N 无穷大时所对应的最大应力值称为_____。

13. 测定某钢的力学性能时，试样的原始直径为 10 mm，其标距长度是直径的 5 倍，拉断后的标距长度是 63 mm，断面处最小直径为 8 mm。此试样的断口处横截面积 S_1 为_____mm²，（π 取 3.14）。

14. 金属材料抵抗局部变形，特别是塑性变形、压痕或划痕的能力称为_____。

15. 一长圆柱形比例试样原始直径 d_0 测得值 9.96 mm。进行拉伸试验时：当载荷达到 16 400 N 时，试样产生屈服现象；当载荷加至 25 168 N 时，试样产生颈缩现象，然后断裂。试样拉断后比原始长度增加了 23.25 mm，断裂处直径 d_1=6.86 mm，此试样的最大抗拉强度 R_m 为_____MPa（保留小数点后两位，π 取 3.14）。

考点 2 常用工程材料

✼ 考纲要求

1. 了解常用金属材料的分类。

2. 了解常用金属材料的性能及用途。

3. 能正确识读常用金属材料的牌号。

学习建议

1.掌握非合金钢、低合金钢及合金钢的概念、分类、性能及牌号，通过学习常见工程材料的相关知识，根据材料牌号能说出其名称、含义、含碳量及性能。

2.掌握什么是铸铁，常用铸铁的分类、牌号及用途，通过学习知道常见机械设备的床身、导轨、曲轴等分别使用哪些铸铁材料制造。

3.了解铝及铝合金、铜及铜合金、钛及钛合金的性能、分类及用途。

4.掌握硬质合金材料的组成及特点，掌握常用硬质合金的分类、代号及用途，能根据不同的加工材料、加工性质合理选择硬质合金材料。

5.建立选材的感性认识，如弹簧需要选用什么材料，一般构件需要选用什么材料，如超高电压塔架、标志性建筑物"鸟巢"分别是什么材料修建。

知识梳理

一、常用工程材料知识树

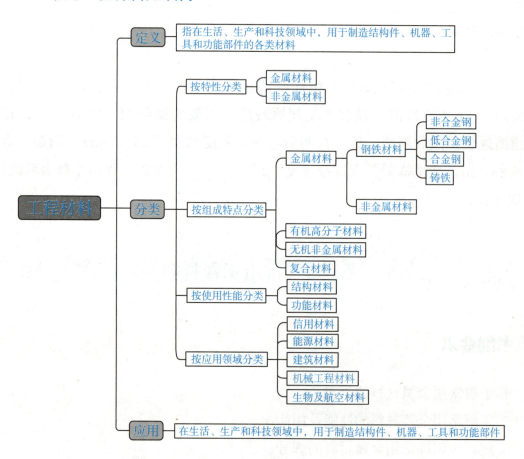

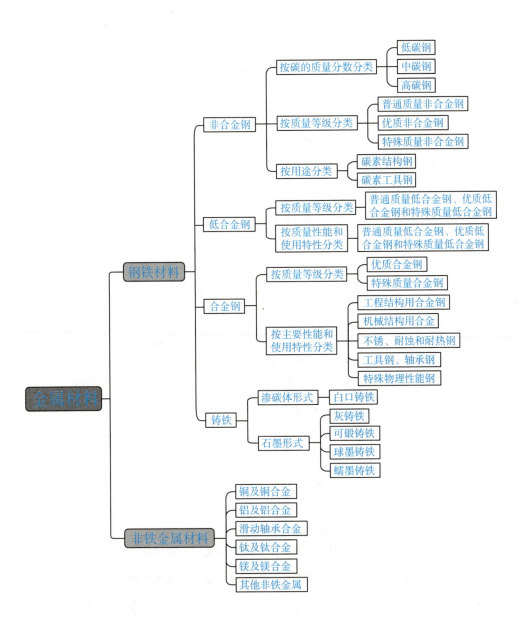

二、重点知识梳理

常用工程材料相关概念见表 3-2-1。

表 3-2-1 常用工程材料相关概念

序号	名称	概念
1	工程材料	指在生活、生产和科技领域中，用于制造结构件、机器、工具和功能部件的各类材料的统称
2	非合金钢	指以铁为主要元素，碳的质量分数一般在 2.11% 以下，并含有少量其他元素的钢铁材料
3	低合金钢	指合金元素含量较少的钢
4	合金钢	指含有一种或数种合金元素的钢
5	低碳钢	碳的质量分数小于等于 0.25% 的铁碳合金，如 08、10、15、20、25 等

读书笔记

续表

序号	名称	概念
6	中碳钢	碳的质量分数在大于0.25%小于0.60%的铁碳合金，如30、35、55、60等
7	高碳钢	碳的质量分数大于0.60%的铁碳合金，如65、70、80、85、T7、T10等
8	普通质量非合金钢	生产过程中控制质量无特殊规定的一般用途的非合金钢
9	优质非合金钢	除普通质量非合金钢和特殊质量非合金钢以外的非合金钢
10	特殊质量非合金钢	生产过程中需要特别严格控制质量和性能的非合金钢
11	低合金高强度结构钢	低合金高强度钢是在碳素结构钢的基础上加入少量的Mn、Si和微量的Nb、V、Ti、Al等合金元素而发展起来的一类工程结构用钢
12	低合金耐候钢	是在低碳非合金钢的基础上加入少量Cu、Cr、Ni、Mo等合金元素，使其在金属表面形成一层保护膜的钢
13	低合金专用钢	为适应某些特殊需要，对低合金高强度结构钢的化学成分、加工工艺及性能进行相应的调整和补充，从而发展出门类众多的低合金专用钢，如锅炉用钢、桥梁用钢、汽车用钢、铁道用钢、矿山用钢及建筑用钢等
14	合金渗碳钢	用于制造渗碳零件的合金钢。它属于优质合金钢
15	合金调质钢	是在中碳钢的基础上加入一种或数种合金元素，以提高淬透性和耐回火性，使之在调质处理后具有良好的综合力学性能的钢。它属于优质合金钢
16	合金弹簧钢	用于制造横截面较大、屈服强度要求较高的重要弹簧的钢。它属于优质合金钢
17	高碳铬轴承钢	用于制造滚动轴承的钢球、钢柱、钢针及套圈，也可用来制造高耐磨性的量具、模具及低合金刃具的钢。它属于特殊质量合金钢
18	合金工具钢	用于制造重要刃具、量具、耐冲击工具和模具的钢。它属于特殊质量合金钢
19	不锈钢	以不锈、耐腐蚀为主要特性，且平均铬的质量分数至少为10.5%，平均碳的质量分数不超过1.2%的钢。它属于特殊质量合金钢
20	耐热钢	在高温下具有良好的化学稳定性或较高强度的钢。它属于特殊质量合金钢
21	特殊物理性能钢	具有特殊磁性、电性、弹性、膨胀性等物理特性的钢。它属于特殊质量合金钢
22	铸铁	碳的质量分数大于2.11%，在凝固过程中共晶转变，硅元素及杂质元素含量较高的铁基合金的总称
23	石墨化	铸铁中的碳以石墨形式析出的过程称为铸铁的石墨化
24	白口铸铁	由两种元素或化合物在液态下完全互溶、在固态下有限互溶并发生共晶反应时所构成，共晶白口铸铁的碳含量为4.3%。白口铸铁的断口为亮白色，因此称为白口铸铁
25	灰铸铁	是具有片状石墨的铸铁，因断裂时断口呈灰色，故称为灰铸铁。主要成分是铁、碳、硅、锰、硫、磷，是应用最广的铸铁，其产量占铸铁总产量的80%以上

续表

序号	名称	概念
26	可锻铸铁	由一定化学成分的白口铸铁经可锻化退火，使渗碳体分解从而获得团絮状的石墨的铸铁。有较高的强度、塑性和冲击韧度，可以部分代替碳钢
27	球墨铸铁	通过球化和孕育处理得到球状石墨，有效地提高了铸铁的机械性能，特别是提高了塑性和韧性，从而得到比碳钢还高的强度，是 20 世纪 50 年代发展起来的一种高强度铸铁材料，其综合性能接近于钢，正是基于其优异的性能，已成功地用于铸造一些受力复杂，强度、韧性、耐磨性要求较高的零件。球墨铸铁已迅速发展为仅次于灰铸铁、应用十分广泛的铸铁材料
28	蠕墨铸铁	蠕墨铸铁的石墨形态介于片状和球状石墨之间，蠕墨铸铁属于灰口铸铁，是一种力学性能和导热性能较好以及断面敏感性小的新型工程材料。20 世纪 70 年代末期，根据光学显微镜下看到的石墨形貌，并为与国外命名方法统一，中国把它称为蠕虫状石墨铸铁，又称为蠕墨铸铁
29	合金铸铁	指在普通铸铁中加入合金元素而具有特殊性能的铸铁。通常加入的合金元素有硅、锰、磷、镍、铬、钼、铜、铝、硼、钒、钛、锑、锡等
30	纯铝	铝的平均质量分数不低于 99.00% 的非铁金属
31	铝合金	在纯铝中加入一种或几种其他元素形成的非铁金属
32	纯铜	纯铜顾名思义就是含铜量最高的铜，因颜色紫红又称紫铜，主成分为铜加银，含量为 99.5%～99.95%；主要杂质元素为磷、铋、锑、砷、铁、镍、铅、锡、硫、锌、氧等
33	铜合金	铜合金以纯铜为基体，加入一种或几种其他元素构成非铁金属
34	黄铜	以铜为基体，以锌为主加元素的铜合金。由铜、锌组成的黄铜叫作普通黄铜，如果是由两种以上的元素组成的就称为特殊黄铜
35	白铜	以铜为基体，以镍为主加元素的铜合金，呈银白色，有金属光泽
36	青铜	除黄铜和白铜以外的铜合金，是金属冶铸史上最早的合金，在纯铜中加入锡或铅的合金，有特殊重要性和历史意义。与纯铜相比，青铜强度高且熔点低。青铜铸造性好，耐磨且化学性质稳定
37	硬质合金	由一种或几种难熔金属碳化合物和金属黏结剂通过粉末冶金工艺制成的一种材料。具有硬度高、热硬性高、耐磨性好、耐腐蚀等优良性能
38	塑料	是以单体为原料，通过加聚或缩聚反应聚合而成的高分子化合物，其抗形变能力中等，介于纤维和橡胶之间，由合成树脂及填料、增塑剂、稳定剂、润滑剂、色料等添加剂组成
39	胶黏剂	通过界面的黏附和内聚等作用，能使两种或两种以上的制件或材料连接在一起的天然的或合成的、有机的或无机的一类物质，统称为胶黏剂，又叫黏合剂，习惯上简称为胶
40	纤维	是高分子化合物经一定的机械加工（牵引、拉伸、定型）而形成的细而柔软的细丝。分为天然纤维、人造纤维和合成纤维

读书笔记

续表

序号	名称	概念
41	陶瓷材料	是无机非金属材料的统称，是用天然的或人工合成的粉末化合物，通过成形和高温烧结制成的多晶体固体材料
42	复合材料	是两种或两种以上不同物理性质或化学性质或不同组织结构的材料，以微观或宏观的形式组合而成的材料
43	功能材料	是指通过光、电、磁、热、化学、生化等作用后具有特定功能的材料。在国外，常将这类材料称为功能材料、特种材料或精细材料。功能材料涉及面广，具体包括光功能、电功能、磁功能、分离功能、形状记忆功能等。这类材料相对于通常的结构材料而言，一般除具有机械特性外，还具有其他功能特性

例题解析

一、单选题（下列选项中只有一个答案是正确的，每题 2 分）

1. 锉刀一般采用（   ）制成，并经淬火达到的硬度要求。

A. 碳素工具钢　　　B. 合金工具钢　　　　C. 高速钢　　　　　　D. 硬质合金

答案　A

解析　掌握碳素工具钢、合金工具钢、高速钢及硬质合金的作用和特点。

2. 铸铁中碳以石墨形态析出的过程称为铸铁的（   ）。

A. 变质处理　　　B. 石墨化　　　　　　C. 分解　　　　　　　D. 孕育处理

答案　B

解析　掌握铸铁石墨化的概念。

二、多选题（下列选项中有一个以上答案是正确的，每题 2 分）

1. 非合金钢按主要质量等级进行分类，正确的是（   ）。

A. 普通质量非合金钢　　　　　　　　　B. 优质非合金钢

C. 高级质量非合金钢　　　　　　　　　D. 特殊质量非合金钢

答案　ABD

解析　掌握非合金钢的分类方法。

2. 材料牌号 W18Cr4V 属于（   ）。

A. 合金工具钢　　　　　　　　　　　　B. 特殊质量合金钢

C. 高速钢　　　　　　　　　　　　　　D. 高碳钢

答案 ABC

解析 掌握钢的含义及名称。

三、判断题（正确的填 A，错误的填 B，每题 2 分）

1.（　　）碳素工具钢中碳的质量分数一般大于 0.7%。

答案 A

解析 用于制作工具、刃具的碳素钢，其含碳量一般大于 0.7%。

2.（　　）可锻铸铁比灰铸铁的塑性好，因此可以进行锻压加工。

答案 B

解析 掌握铸铁的力学性能，任何铸铁都不能进行锻压加工。

四、填空题（将最恰当的答案填写在横线上，每题 2 分）

1. 材料牌号 HT350，表示_____不低于 350 MPa 的灰铸铁。

答案 抗拉强度

解析 区分材料牌号中碳素钢和铸铁数字的含义及意义。

2. 我国是世界上稀土矿产资源最丰富的国家，工业储量是国外已探明总储量的 5 倍之多，稀土是铈、铕、钇等 17 种金属的总称，用 "_____" 符号表示。

答案 RE

解析 了解新材料及我国丰富的矿产资源

专题练习

一、单选题（下列选项中只有一个答案是正确的，每题 2 分）

1. 钢铁材料中除含有碳、铁元素外，还含有少量的硅、锰、硫、磷、氢等元素，其中（　　）含有冷脆性。

A. 硅　　　　　　B. 锰　　　　　　C. 硫　　　　　　D. 磷

2. 含碳量在 2.11% 以下的铁碳合金，称为（　　）。

A. 铸铁　　　　　B. 钢铁材料　　　C. 硬质合金　　　D. 非铁金属

3. 材料牌号 Q235-AF 中，"235" 是指（　　）≥ 235 MPa，质量等级为 A 级的沸腾碳素结构钢。

A. 序号　　　　　B. 抗拉强度　　　C. 塑性　　　　　D. 屈服强度

4. 材料牌号 55CrVA 中，平均含碳量是（　　　）。

A. 0.055%　　　　B. 0.55%　　　　C. 5%　　　　D. 1.5%

5. 用于制作冷冲压零件的材料要求具有塑性好、强度低等性能，下列选项中最适合的是（　　　）。

A. 15　　　　B. 25　　　　C. 35　　　　D. 45

6. 优质碳素钢的牌号一般用两位阿拉伯数字表示，数字表示该钢的平均碳的质量分数的（　　　）。

A. 千分数　　　　B. 百分数　　　　C. 万分数　　　　D. 两位数

7. 下列材料中，属于低合金高强度结构钢的是（　　　）。

A. Q255A　　　　B. Q235B　　　　C. Q355A　　　　D. Q275C

8. YW（M）类硬质合金适合加工（　　　）材料。

A. 灰铸铁　　　　B. 45 钢　　　　C. 不锈钢　　　　D. 非合金钢

9. 不锈钢最重要的特点是不锈、耐腐蚀，且平均铬的质量分数不低于（　　　），平均碳质量分数不超过 1.2%。

A. 8.5%　　　　B. 9.5%　　　　C. 10.5%　　　　D. 11.5%

10. 下列合金钢中，其含碳量约为 1.1% 的选项是（　　　）。

A. 10Cr13　　　　B. 9Mn2V　　　　C. 12Cr18Ni9　　　　D. CrWMn

二、多选题（下列选项中有一个以上答案是正确的，每题 2 分）

1. 以下铸铁中是以石墨形式存在的是（　　　）。

A. 灰铸铁　　　　　　　　B. 白口铸铁

C. 球墨铸铁　　　　　　　D. 可锻铸铁

2. 变形铝合金包括（　　　）。

A. 防锈铝　　　B. 超硬铝　　　C. 锻铝　　　D. 铸造铝合金

3. 硬质合金材料具有（　　　）等性能。

A. 韧性好　　　　　　　　B. 硬度高

C. 耐磨性好　　　　　　　D. 热硬性高

4. 下列选项中，能按主要质量等级分为普通质量、优质质量和特殊质量的是（　　　）。

A. 非合金钢　　　B. 低合金钢　　　C. 合金钢　　　D. 铸铁

5. 下列材料能用于制造齿轮和传动轴的是（　　　）。

A. 45　　　　B. Q235　　　　C. 40Cr　　　　D. HT200

6. 由于塑料制品具有原料丰富、成形容易、制造成本较低等优点广泛应用于工业、交通、航空等领域。按应用范围可分为（　　　）。

A. 通用塑料
B. 热塑性塑料
C. 工程塑性
D. 耐高温塑料

7. 不锈钢按其含合金元素可以分为（　　　）。

A. 铬不锈钢
B. 马氏体型不锈钢
C. 奥氏体型不锈钢
D. 铬镍不锈钢

8. 有助于石墨化的元素有（　　　）元素。

A. 碳
B. 铬
C. 硅
D. 锰

9. 在制造各种机械零部件时，一般要进行热处理才能满足使用要求。下列材料在制造机械零部件过程中要经淬火加低温回火才能满足要求的是（　　　）。

A. 合金渗碳钢制造齿轮
B. 合金调质钢制造轴
C. 轴承钢制造滚动轴承
D. 合金工具钢制造冲头

10. 我国合金钢的牌号有其规定的编制方法，下列选项中其含 Cr 约为 4% 的是（　　　）。

A. W18Cr4V
B. GCr4
C. 8Cr4MoV
D. 14Cr11MoV

三、判断题（正确的填 A，错误的填 B，每题 2 分）

1. （　　　）一般工程用铸造碳钢广泛用于制造形状复杂、有较高力学性能要求的机械零件。

2. （　　　）碳素工具钢都是优质钢或高级优质钢。

3. （　　　）低温钢是指用于制造工作温度在 0 ℃ 以下的零件和结构件的钢。

4. （　　　）20MnVB 表示平均锰的质量分数为 0.2% 的合金钢，它属于特殊质量合金钢。

5. （　　　）在复杂刀具（钻头、丝锥、成形刀具等）的制造中，硬质合金占有重要地位。

6. （　　　）我国目前使用的耐候钢分为焊接结构用耐候钢和高耐候性结构钢两类。

7. （　　　）纯铜的牌号用"T+ 数字"表示。数字表示顺序号，其数字越大纯度越高。

8. （　　　）T12 钢属于优质非合金钢，主要用于制造锉刀、刮刀等。

9. （　　　）冶炼铸铁时，冷却速度过快会导致碳原子来不及扩散，容易得到白口铸铁。

10.（　　）H70 强度高，塑性好，冷成形性能好，可用深冲压方法制造弹壳，有弹壳黄铜之称。

11.（　　）9Mn2V 钢的含碳量为 0.9%，T10 钢的含碳量为 10%。

12.（　　）材料牌号 Q420A 表示抗拉强度 ≥ 420 MPa，质量等级为 A 级的低合金高强度结构钢。

13.（　　）青铜是人类历史上应用最早的合金，因铜与锡的合金呈青黑色而得名。

14.（　　）Cr12MoV 和 10Cr17 都是合金工具钢，适合制造冷作模具。

15.（　　）蠕墨铸铁的力学性能优于灰铸铁和球墨铸铁，常用于制造机床立柱、汽缸盖、缸套及排气管等。

四、填空题（将最恰当的答案填写在横线上，每题 2 分）

1. 在生活、生产和科技领域中，用于制造结构件、机器、工具和功能部件的各类材料称为＿＿＿＿＿＿。

2. 工程材料按其使用性能可分为结构材料和＿＿＿＿＿＿两大类。

3. 材料牌号 KTH370-12，其石墨为＿＿＿＿＿＿状分布。

4. 在制造车床床身、床头箱及各类机器底座等过程中一般选用＿＿＿＿＿＿材料制造，其目的是吸收机械振动能量。

5. 户外经常可以看到高高的电力塔架，用于传输电力供人们使用，此类材料具有耐腐蚀性，能够使用很多年而不损坏。常用材料为 Q345GNHL，其中"GNH"表示＿＿＿＿＿＿。

6. 在可锻铸铁牌号 KTZ550-04 中，04 表示最低＿＿＿＿＿＿为 4%。

7. 球墨铸铁是 20 世纪 50 年代出现的，由普通灰铸铁熔化的铁液经过球化处理得到。其材料牌号用大写的汉语拼音字母"＿＿＿＿＿＿"表示。

8. 由两种或两种以上不同物理性质或化学性质或不同组织构成的材料，以微观或宏观的形式组合而成的材料称为＿＿＿＿＿＿。

9. 青铜是除锌和＿＿＿＿＿＿以外，铜和其他元素组成的合金。

10. 一般制造大型弹簧采用热成形的方法制造，弹簧成形后进行淬火加＿＿＿＿＿＿的热处理。

11. 陶瓷材料是＿＿＿＿＿＿材料的统称，是天然的或人工合成的粉状化合物，通过成形和高温烧结制成的多晶体固体材料。

12. 非合金钢按用途可分为＿＿＿＿＿＿和碳素工具钢。

13. 加工铜又称工业纯铜，呈玫瑰红色，表面形成氧化膜后为_____，故俗称紫铜。

14. 非铁金属是除_____以外的其他金属材料的总称。

15. 碳在铸铁中主要有石墨和_____两种存在形式。

考点 3 金属材料热处理

考纲要求

1. 了解金属材料热处理的概念。

2. 了解退火、正火、淬火、回火及表面热处理的目的、方法及应用范围。

学习建议

1. 了解本考点有关术语的概念，如热处理、正火、退火、淬火、回火、表面热处理、时效及化学热处理等。

2. 通过对铁碳合金相图的学习，理解整体热处理中不同温度对其组织和性能的影响。

3. 理解常用热处理方法的目的和应用（退火与正火）、（淬火与回火）、（表面热处理与化学热处理），能根据材料进行常用热处理方法的选择。

4. 通过学习知道弹簧、轴、齿轮、刀具模具等典型零件的热处理方法，理解热处理在实际生活、生产中的重要性。

知识梳理

一、金属材料热处理知识树

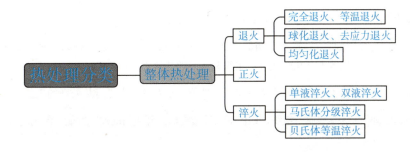

读书笔记

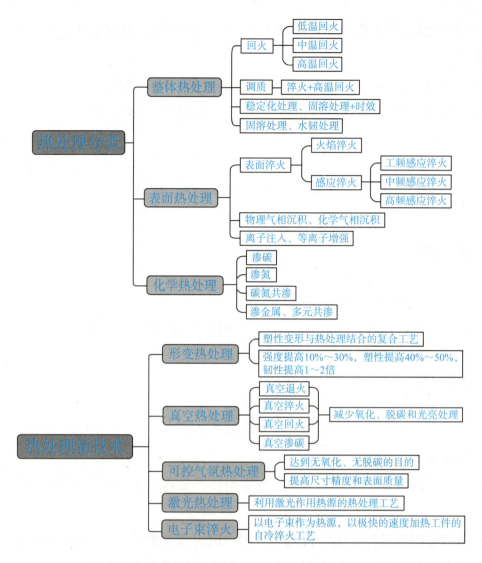

二、重点知识梳理

金属材料热处理相关概念见表 3-3-1。

表 3-3-1　金属材料热处理相关概念

序号	名称	概念
1	热处理	采用适当的方式对金属材料或工件进行加热、保温和冷却以获得预期的组织结构与性能的工艺
2	整体热处理	对工件整体进行穿透加热的热处理
3	局部热处理	仅对工件的某一部位或几个部位进行热处理的工艺
4	化学热处理	指将工件置于适当的活性介质中加热、保温，使一种或几种元素渗入它的表层，以改变其化学成分、组织和性能的热处理
5	表面热处理	指为改变工件表面的组织和性能，仅对其表面进行热处理的工艺
6	预备热处理	为调整原始组织，以保证工件最终热处理或切削加工性能，预先进行热处理的工艺

续表

序号	名称	概念
7	真空热处理	在真空度低于 $1×10^5$ Pa 的环境中加热的热处理工艺
8	光亮热处理	工件在热处理过程中基本不被氧化，表面保持光亮的热处理
9	形变热处理	将塑性变形和热处理结合，以提高工件力学性能的复合工艺
10	预热	为减少畸变，避免开裂，在工件加热至工艺设定温度前进行的一次或数次阶段性保温的过程
11	保温	工件或加热介质在工艺规定温度下恒温保持一定时间的操作，恒温保持的时间和温度分别称保温时间和保温温度
12	奥氏体化	工件加热至 Ac_3 或 Ac_1 以上，以全部或部分获得奥氏体组织的操作称为奥氏体化
13	冷却速度	热处理冷却过程中在某一指定温度区间或某一温度下，工件或介质温度随时间下降的速率
14	退火	工件加热到适当温度，保温一定时间，然后缓慢冷却的热处理工艺
15	完全退火	指将工件完全奥氏体化后缓慢冷却，获得接近平衡组织的退火
16	等温退火	指将工件加热到 Ac_3（或 Ac_1）的温度，保持适当时间后，较快地冷却到珠光体转变温度并等温保持一定时间，使奥氏体转变成为珠光体类组织后在空气中冷却的退火
17	球化退火	指使工件中的碳化物球状化而进行的退火
18	去应力退火	指为去除工件塑性变形加工、切削加工或焊接造成的内应力及铸件内存在的残余应力而进行的退火
19	均匀化退火	指以减少工件化学成分和组织的不均匀程度为主要目的，将工件加热到高温并长时间保温，然后缓慢冷却的退火
20	光亮退火	工件在热处理过程中基本不被氧化，表面保持光亮的退火
21	中间退火	为消除工件形变强化效应，改善塑性，便于实施后续工序而进行的工序间退火
22	高温退火（晶粒粗化退火）	将工件加热至比正常退火高的温度，保持较长时间，使晶粒粗化以改善工件的切削加工性能
23	正火	指工件加热奥氏体化后在空气中或其他介质中冷却获得含有珠光体的组织的热处理工艺
24	等温正火	工件加热奥氏体化后，采用强制吹风快冷到珠光体转变区的某一温度，并保温，以获得珠光体型组织，然后在空气中冷却的正火
25	两次正火（多重正火）	工件（主要为铸锻件）进行两次或两次以上的重复正火
26	淬火	工件加热奥氏体化后以适当方式冷却获得马氏体或贝氏体组织的热处理工艺。最常见的有水冷淬火、油冷淬火、空冷淬火等
27	单液淬火	指将已奥氏体化的钢件在一种淬火冷却介质中冷却的淬火方法

续表

序号	名称	概念
28	双液淬火	指将工件加热奥氏体化后先浸入冷却能力强的介质中，在组织即将发生马氏体转变时立即转入冷却能力弱的介质中冷却的淬火方法
29	马氏体分级淬火	指将工件加热奥氏体化后先浸入稍高于或稍低于 MS 线的盐浴或碱浴中，保持适当的时间，在工件整体达到冷却介质温度后取出空冷，以获得马氏体组织的淬火
30	贝氏体等温淬火	指将工件加热奥氏体化后快速冷却到贝氏体变温度区间，等温保持，是奥氏体转变为贝氏体的淬火方法
31	光亮淬火	工件在可控气氛、惰性气体或真空中加热，并在适当介质中冷却，或盐浴加热在碱浴中冷却，以获得光亮或光洁金属表面的淬火
32	淬透性	以在规定条件下钢试样淬硬深度和硬度分布表征的材料特性
33	淬硬性	以钢在理想条件下淬火所能达到的最高硬度来表征的材料特性
34	淬硬层	工件从奥氏体状态急冷硬化的表层，一般以有效淬硬深度来定义
35	回火	指工件淬硬后，加热到 Ac_1 以下的某一温度，保温一定时间，然后冷却到室温的热处理工艺
36	低温回火	指在 150～250 ℃进行的回火
37	中温回火	指在 250～450 ℃进行的回火
38	高温回火	指在 550～650 ℃进行的回火
39	调质	工件淬火并高温回火的复合热处理工艺
40	固溶处理	工件加热至适当温度并保温，使过剩相充分溶解，然后快速冷却以获得过饱和固溶体的热处理工艺
41	沉淀硬化	在过饱和固溶体中形成溶质原子偏聚区和析出弥散分布的强化相而使金属硬化的热处理
42	时效	指工件经过冷加工、热加工或固溶处理后，在室温下放置或适当升温加热时，发生的力学和物理性能随时间变化的现象
43	形变时效	铝合金、铜合金冷塑性加工与时效相结合的复合处理
44	渗碳	为提高工件表层的含碳量并在其中形成一定的碳浓度梯度，将工件在渗碳介质中加热、保温，使碳原子渗入的化学热处理工艺
45	渗氮	在一定温度下于一定介质中使氮原子渗入工件表层的化学热处理工艺
46	碳氮共渗	在奥氏体状态下同时将碳、氮渗入工件表层，并以渗碳为主的化学热处理工艺
47	渗金属	工件在含有被渗金属元素的渗剂中加热到适当温度并保温，使这些元素渗入表层的化学热处理工艺
48	相	指金属组织中化学成分、晶体结构和物理性能相同的组分，其中包括固溶体、金属化合物及纯物质（如石墨）

续表

序号	名称	概念
49	组织	指用金相观察方法看到的自由状态,尺寸不同和分布方式不同的一种或多种相构成的总体,以及各种材料缺陷和损伤的类型和形态
50	晶粒	多晶粒体材料内以晶界分开、晶体学位向基本相同的小晶体
51	α–Fe	在 912 ℃ 以下稳定存在,晶体结构为体心立方的纯铁
52	γ–Fe	在 912～1 390 ℃ 稳定存在,晶体结构为面心立方体的纯铁
53	奥氏体	γ–Fe 中溶入碳和其他元素构成的固溶体
54	铁素体	α–Fe 铁中溶入一种或多种溶质元素构成的固溶体
55	马氏体	碳或合金元素在 α–Fe 中的过饱和固溶体,是单相亚稳定组织,硬度较高,用符号 M 表示
56	渗碳体	晶体结构属于正交系,化学式为近似 Fe_3C 的间隙化合物,是钢和铸铁中常见的固相
57	珠光体	铁素体薄层(片)与碳化物(渗碳体)薄层交替重叠组成的共析组织
58	索氏体	在光学金相显微镜下放大 600 倍以上才能分辨片层的细珠光体
59	屈氏体(托氏体)	在光学金相显微镜下已无法分辨片层的极细珠光体
60	莱氏体	铸铁或高碳高合金钢中由奥氏体与碳化物组成的共晶组织
61	贝氏体	钢铁奥氏体化后,过冷到珠光体转变温度区与马氏体转变温度之间的中温区等温,或连续冷却通过这个中温区时形成的组织
62	石墨	碳的一种同素异构体,晶体结构属于六方系,是铸铁中常出现的固相。其空间形态有片状、球状、团絮状、蠕虫状等
63	位错	晶体中常见的一维缺陷,在透射电子显微镜下金属薄膜试样的衍衬像中表现为弯曲的线条

例题解析

一、单选题(下列选项中只有一个答案是正确的,每题 2 分)

1. 过共析钢的淬火加热温度应选择在(　　　)。

A. Ac_1 线以上 30～50 ℃　　　　B. Ac_{cm} 线以上 30～50 ℃

C. Ac_3 线以上 30～50 ℃　　　　D. Ar_1 线以上 30～50 ℃

读书笔记

答案　A

解析　掌握淬火工艺原理、淬火的加热温度等。

2.调质处理是指（　　　）的热处理。

A.淬火＋低温回火　　　　　　　　B.淬火＋中温回火

C.淬火＋高温回火　　　　　　　　D.渗碳＋淬火＋低温回火

答案　C

解析　掌握调质处理的概念。

二、多选题（下列选项中有一个以上答案是正确的，每题2分）

1.热处理工艺过程包含（　　　）三个阶段。

A.加热　　　　　　B.保温　　　　　　C.冷却　　　　　　D.等温

答案　ABC

解析　掌握热处理的概念。

2.热处理的加热方法有（　　　）。

A.火焰加热　　　　B.电阻加热　　　　C.感应加热　　　　D.激光加热

答案　ABCD

解析　掌握热处理工艺的概念以及加热设备等知识。

三、判断题（正确的填A，错误的填B，每题2分）

1.（　　　）退火与正火的目的基本相同，两者之间的主要区别是冷却方式不同。

答案　A

解析　掌握退火、正火的目的及冷却方式。

2.（　　　）一般工件淬火冷却时，通常合金钢水冷，碳素钢油冷。

答案　B

解析　掌握淬火的工艺特点及应用范围。

四、填空题（将最适当的答案填写在横线上，每题2分）

1.常用的冷却介质有＿＿＿＿＿＿＿＿＿。

答案　水、油、空气等

解析　热处理的概念及冷却设备的分析。

2.化学热处理与其他热处理方法的区别是＿＿＿＿＿＿＿＿＿。

答案 改变化学成分

解析 掌握化学热处理的概念。

专题练习

一、单选题（下列选项中只有一个答案是正确的，每题 2 分）

1. 为了获得均匀的奥氏体组织，应（　　　）。

A. 提高加热速度　　B. 提高加热温度　　C. 加热后保温　　　D. 加热后冷却

2. 亚共析钢的淬火加热温度应选择在（　　　）。

A. Ac_1 线以上 30～50 ℃　　　　　　B. Ac_3 线以上 30～50 ℃

C. Ac_{cm} 线以上 30～50 ℃　　　　　D. Ar_{cm} 线以上 30～50 ℃

3. 钢的淬硬性主要取决于钢的（　　　）。

A. 含硫量　　　　　B. 含锰量　　　　　C. 含碳量　　　　　D. 含硅量

4. 关于整体热处理的目的，下列描述正确的是（　　　）。

A. 回火可以稳定组织，保证尺寸精度

B. 淬火可降低钢的硬度、强度和耐磨性

C. 正火可以降低高碳钢的硬度，改善切削加工性

D. 退火可以降低钢的塑性，改善压力加工性

5. 退火的冷却方式为（　　　）。

A. 水冷　　　　　　B. 空冷　　　　　　C. 坑冷　　　　　　D. 炉冷

6. 中等复杂形状的高碳钢工件和较大尺寸的合金钢工件，宜采用的淬火方法是（　　　）。

A. 单液淬火　　　　　　　　　　B. 双液淬火

C. 马氏体分级淬火　　　　　　　D. 贝氏体等温淬火

7. 常用的刀具、模具进行回火处理的温度是（　　　）。

A. 250 ℃以下　　B. 500 ℃以下　　C. 400 ℃　　　　D. 500 ℃以上

8. 滚动轴承要求硬度高、耐磨性好，最适宜的回火方法是（　　　）。

A. 低温回火　　　　　　　　　　B. 中温回火

C. 高温回火　　　　　　　　　　D. 中温回火或高温回火

9. 质量要求高的合金钢铸锭、铸件和锻坯等应进行（　　　）。

A. 均匀化退火　　B. 球化退火　　　C. 等温退火　　　D. 完全退火

读书笔记

10. 我国是世界上使用和加工金属材料最早的国家，其中"水与火合为淬"中的淬是指（　　　）的热处理方法。

A. 正火　　　　　B. 回火　　　　　C. 淬火　　　　　D. 退火

二、多选题（下列选项中有一个以上答案是正确的，每题 2 分）

1. 钢通过适当的热处理，可以（　　　）。

A. 充分发挥钢材的潜力　　　　　B. 提高工件的使用寿命

C. 改善工件的组织和性能　　　　D. 提高钢材的质量

2. 用 T10 钢制造手工锯条采用（　　　）复合热处理，以满足使用要求。

A. 淬火　　　　B. 高温回火　　　　C. 低温回火　　　　D. 完全退火

3. 下列选项中，属于时效处理的是（　　　）。

A. 自然时效　　　B. 振动时效　　　C. 冷时效　　　D. 变形时效

4. 用锻、铸、焊等方法制造的毛坯，为消除毛坯内应力，均匀组织，改善切削加工性能，为后续加工做准备，常采用（　　　）等方法。

A. 正火　　　　B. 淬火　　　　C. 回火　　　　D. 退火

5. 材料牌号 40Cr 为获得良好的综合力学性能，要进行（　　　）复合热处理。

A. 低温回火　　　B. 淬火　　　C. 高温回火　　　D. 表面淬火

6. 根据回火温度范围的不同，回火分为（　　　）。

A. 低温回火　　　B. 常温回火　　　C. 中温回火　　　D. 高温回火

7. 常用热处理加热设备有（　　　）。

A. 电阻炉　　　B. 井式炉　　　C. 盐浴炉　　　D. 火焰加热炉

8. 下列选项中，属于激光淬火特点的是（　　　）。

A. 变形极小　　　B. 表面光洁　　　C. 工业污染　　　D. 易于实现自动化

9. 化学热处理中，最常用的是（　　　）。

A. 渗碳　　　　B. 渗氮　　　　C. 碳氮共渗　　　　D. 渗金属

10. 淬火的加热时间包括（　　　）。

A. 升温时间　　　B. 冷却时间　　　C. 保温时间　　　D. 冷却中保温时间

三、判断题（正确的填 A，错误的填 B，每题 2 分）

1.（　　　）正火与退火目的基本相同，正火与退火的区别是正火操作简单，生产周期短，成本较低。

2.（　　　）当正火造成硬度偏高时，说明工艺方法选择不当，可改用退火处理。

3.（　　）退火与正火工艺主要用于预备热处理，当工件性能要求不高时也可作为最终热处理。

4.（　　）在生产中，习惯把淬火和高温回火相结合的热处理方法称为预备热处理。

5.（　　）钢中碳的质量分数越高，其淬火加热温度也越高。

6.（　　）淬火钢经中温回火后获得的组织为回火索氏体。

7.（　　）热处理在机械制造中应用很广，汽车、拖拉机中有 70%~80% 的零件要进行热处理。

8.（　　）淬火加热温度过高，钢易产生氧化、脱碳、变形、开裂等缺陷。

9.（　　）淬透性好的钢淬火后硬度一定高，淬硬性高的钢淬透性一定好。

10.（　　）碳素钢无论采用何种淬火方法，得到的组织都是硬度高、耐磨性好的马氏体。

11.（　　）工件淬火冷却至室温后残存的奥氏体称为残留奥氏体，它的存在使淬火钢强度、硬度降低。

12.（　　）一般工件淬火冷却时，合金钢通常水冷，而碳素钢则用油冷。

13.（　　）过冷奥氏体冷却速度越快，钢冷却后硬度越高。

14.（　　）冷却是热处理的关键工序，成分相同的钢，奥氏体化后采用不同方式冷却，将获得不同的力学性能。

15.（　　）淬火钢的回火温度越高，则硬度越高。

四、填空题（将最恰当的答案填写在横线上，每题 2 分）

1. 马氏体是碳或合金元素在＿＿＿＿＿中的过饱和固溶体，硬度高，用符号 M 表示。

2. ＿＿＿＿＿是指金属材料经过冷加工、热加工或固溶处理后，在室温下发生的性能随时间变化的现象。

3. 淬火的目的主要是使钢铁材料获得＿＿＿＿＿或贝氏体组织。

4. 为了提高低碳钢的切削加工性能，须进行＿＿＿＿＿处理，防止切削时"黏刀"。

5. 与机械加工相比，热处理一般不改变工件的＿＿＿＿＿，而是通过改变工件内部的显微组织，来改善工件的使用性能。

6. 钢在一定条件下淬火后，获得一定深度的淬透层的能力，称为钢的＿＿＿＿＿

_____。

7. 将工件置于适当的活性介质中加热、保温，使一种或几种元素渗入它的表面，以改变其化学成分、组织和性能的热处理工艺称为_____。

8. _____是确定热处理工艺的重要依据。

9. 化学热处理由分解、吸收和_____三个基本过程组成。

10. 正火和退火应该安排在机械加工_____进行。

11. 一个能够反映原子排列规律的空间格架，称为_____。

12. 形变热处理是将_____和热处理有机结合，以提高钢的强度和韧性。

13. 火焰淬火的淬硬层深度一般为_____ mm。

14. 目前应用最广泛的表面热处理是_____。

15. 在铁碳合金相图中，$AECF$ 线是固相线，ECF 线是_____。

考点 4 铸造技术及应用

考纲要求

1. 了解金属材料铸造的分类、工艺特点及应用范围。

2. 了解砂型铸造的特点及工艺过程。

学习建议

1. 了解铸造技术的相关概念及含义，工艺特点及应用范围。

2. 了解砂型铸造与特种铸造的分类及其应用场合。

3. 了解砂型铸造的造型材料、造型工具、砂型的组成、浇注系统。

4. 掌握砂型铸造的造型、制芯、熔炼、合型、浇注、落砂、清理和检验等工艺过程知识。

5. 通过学习掌握砂型铸造的工艺过程及常用铸造的砂型铸造方法选择。

知识梳理

一、铸造技术及应用知识树

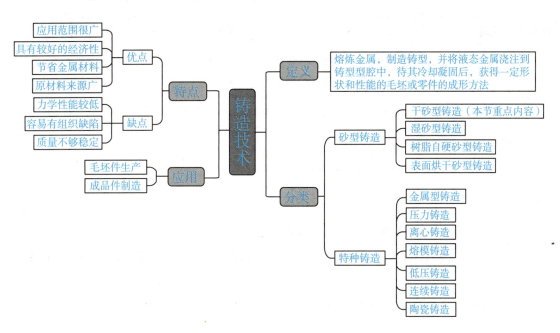

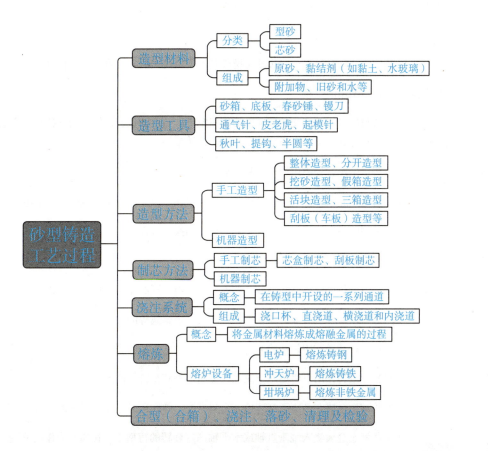

二、重点知识梳理

常用锻造技术相关概念见表3-4-1。

表 3-4-1　常用铸造技术相关概念

序号	名称	概念
1	铸造	是指熔炼金属，制造铸型，并将液态金属浇注到铸型型腔中，待其冷却凝固后，获得一定形状和性能的毛坯或零件的成形方法
2	砂型铸造	指在砂型中生产铸件的铸造方法。该方法是一种古老而又需要继续发展的基本铸造方法
3	特种铸造	指与砂型铸造不同的其他铸造方法
4	造型	用型砂及模样等工艺装备制造砂型的方法和过程
5	制芯	制造型芯的过程
6	熔炼	将金属材料或原材料熔化成熔融金属的过程
7	模样	是与铸件外形大致相同的模型，是用于制造铸型的工艺装备，分为永久模样和消耗性模样
8	芯盒	是用于制造铸件内部结构的装备，是用于制造型芯的工艺装备
9	造型材料	制造铸型的材料，主要包括型砂和芯砂
10	型砂	制造铸型的材料
11	芯砂	制造型芯的材料，一般芯砂比型砂要求要更高一点，也可是同一种材料
12	造型工具	铸造铸型用的工具
13	铸型	铸造时用以浇入熔化的金属以形成一定形状铸件的型腔。铸型通常按造型方法、材料进行分类，如砂型、金属型铸造和离心式铸型等
14	砂型	是铸造生产过程中用原砂、黏结剂及其他辅料做成的型腔。
15	浇注系统	在铸型型腔中开设的一系列通道，由浇口杯、直浇道、横浇道和内浇道组成
16	合型	将铸型的各个组元组合成一个完整铸型的操作过程
17	浇注	将熔融金属从浇包注入铸型的操作过程
18	落砂	用手工或机械使铸件和型砂（芯砂）、砂箱分开的操作过程
19	清理	落砂后从铸件上清除表面黏砂、型砂及多余金属等的过程
20	检验	铸件清理后进行质量检验的过程
21	金属型铸造	是指在重力作用下将熔融金属浇入金属铸型获得铸件的方法
22	压力铸造	是将熔融金属在高压下高速填充金属型腔，并在压力下使其凝固的铸造方法
23	离心铸造	是将液态金属浇入绕垂直轴或水平轴高速旋转的铸型中，在离心力作用下凝固成铸件的铸造方法

续表

序号	名称	概念
24	熔模铸造	用易熔材料制成模样，在模样上包覆若干层耐火涂料制成型壳，熔出模样后经高温焙烧即可浇注的铸造方法
25	悬浮铸造	是指在浇注金属液时，将一定量的金属粉末添加到金属液中，使其与金属液混合在一起流入铸型的铸造方法
26	半固态铸造	是指将既非全液态、又非全固态的固态－液态金属混合浆料，经压铸机压铸形成铸件的铸造方法
27	低压铸造	是在盛有液态金属的密封坩埚中，在气体压力的作用下使金属液填充铸型和控制凝固的铸造方法
28	真空密封铸造	是利用真空使铸件凝固，然后失去真空使型砂溃散取出铸件的铸造方法。又称真空铸造、减压铸造、负压铸造

🏃 例题解析

一、单选题（下列选项中只有一个答案是正确的，每题 2 分）

1. 机械产品中铸件应用很广，在机床中铸件约占（   ）。

A. 30%～50%   B. 50%～70%   C. 70%～90%   D. 10%～30%

答案 C

解析 掌握铸件的应用范围。

2. 型芯的主要作用是为了获得铸件（   ）。

A. 外形   B. 整体   C. 内腔   D. 局部位置

答案 C

解析 掌握型芯概念及作用。

二、多选题（下列选项中有一个以上答案是正确的，每题 2 分）

1. 下列选项中，关于浇注系统说法正确的是（   ）。

A. 保证液态金属均匀流入型腔，避免冲坏型腔

B. 浇注系统由浇口杯、内浇道、直浇道和横浇道组成

C. 浇注系统可设计为上、中、下和阶梯式四种

D. 浇注系统用于调节铸件凝固顺序

答案 ABCD

解析 对浇注系统的理解与掌握。

2.在砂型铸造中，造型方法通常分为（　　　）。

A.手工造型　　　　B.机器造型　　　　C.机器人造型　　　D.分模造型

答案 AB

解析 掌握造型的概念、方法等知识。

三、判断题（正确的填 A，错误的填 B，每题 2 分）

1.（　　　）铸造技术发展趋势是铸件生产高精度、高成品率、高生产率、低能耗、少污染、引入计算机技术。

答案 A

解析 了解铸造新技术、新工艺。

2.（　　　）型砂主要由原砂、黏结剂、附加物和水等混合而成。

答案 A

解析 掌握造型材料的概念。

四、填空题（将最适当的答案填写在横线上，每题 2 分）

1._____是指在砂型中生产铸件的铸造方法。

答案 砂型铸造

解析 掌握砂型铸造的概念。

2.从砂型中取出模样后形成的空腔称为_____。

答案 型腔

解析 掌握型腔的概念。

专题练习

一、单选题（下列选项中只有一个答案是正确的，每题 2 分）

1.在造型过程中（　　　）的优劣对铸件质量起决定性作用。

A.造型方法　　　B.造型工具　　　　C.造型材料　　　D.造型顺序

2.金属液从（　　　）浇入，经直浇道、横浇道、内浇道流入型腔。

A.冒口　　　　　B.浇口杯　　　　　C.直浇道　　　　D.铸型

3.非铁金属铸件的大批量生产，一般使用的铸造方法是（　　　）。

A.砂型铸造　　　B.熔模铸造　　　　C.金属型铸造　　　D.离心铸造

4. 为了加强或支持型芯并有一定形状的金属构架属于（　　）。

A. 通气孔　　　　B. 工具　　　　　C. 芯骨　　　　　D. 模样

5. 一般来说，从砂型中取出模样后形成的空腔称为（　　）。

A. 型腔　　　　　B. 空腔　　　　　C. 模样　　　　　D. 芯盒

6. 在铸造过程中，制造铸型用的材料称为（　　）。

A. 造芯材料　　　B. 造型材料　　　C. 芯砂　　　　　D. 型砂

7. 大多数铸件成形后，还需要经过（　　）才能成为合格的零件。

A. 锻造加工　　　B. 切削加工　　　C. 热喷涂　　　　D. 焊接加工

8. 汽轮机叶片、刀具等通常用（　　）生产。

A. 金属型铸造　　B. 砂型铸造　　　C. 熔模铸造　　　D. 离心铸造

9. 主要用于生产空心旋转体的铸件的铸造方法是（　　）。

A. 砂型铸造　　　B. 熔模铸造　　　C. 压力铸造　　　D. 离心铸造

10. 黏土砂型芯烘干温度为（　　）。

A. 250～350 ℃　　B. 150～350 ℃　　C. 200～250 ℃　　D. 250～500 ℃

二、多选题（下列选项中有一个以上答案是正确的，每题 2 分）

1. 铸造是大多数零件或毛坯的成形加工方法，铸造主要分类（　　）。

A. 砂型铸造　　　B. 金属型铸造　　C. 特种铸造　　　D. 压力铸造

2. 下列选项中，机器造型特点正确的是（　　）。

A. 生产效率高　　B. 尺寸精度高　　C. 表面质量好　　D. 适合单件生产

3. 下列选项中，铸造特点正确的是（　　）。

A. 应用范围广　　B. 经济性好　　　C. 铸件力学性能低　D. 生产效率低

4. 常用金属材料熔炼设备，分为（　　）。

A. 冲天炉　　　　B. 电炉　　　　　C. 坩埚炉　　　　D. 油槽

5. 常用机器造型起模方法有（　　）。

A. 拔模　　　　　B. 漏模　　　　　C. 翻转　　　　　D. 顶箱

6. 按内浇道在铸件上的位置不同，浇注系统可以设计成（　　）。

A. 顶注式　　　　B. 中注式　　　　C. 底注式　　　　D. 阶梯注式

7. 下列选项中，对落砂后的铸件进行清理说法正确的是（　　）。

A. 清除浇冒口　　B. 清除表面黏砂　C. 清除型砂　　　D. 清除飞边毛刺

8. 砂型铸造中，浇注系统由（　　）组成。

A. 浇口杯　　　　B. 直浇道　　　　C. 横浇道　　　　D. 内浇道

9.金属液的温度过高，铸件容易产生的缺陷是（　　　）。

A.气孔　　　　　　B.浇不到　　　　　　C.裂纹　　　　　　D.缩孔

10.下列选项中，属于特种铸造的是（　　　）。

A.金属型铸造　　B.压力铸造　　　C.离心铸造　　　D.熔模铸造

三、判断题（正确的填 A，错误的填 B，每题 2 分）

1.（　　　）热加工是生产零件或毛坯的基本方法，在机械制造中占有重要地位。

2.（　　　）大多数铸件成形后，还需要经过切削加工才能成为合格的零件。

3.（　　　）最大截面在中部的铸件，通常采用三箱造型。

4.（　　　）活块的总厚度不得大于模样主体部分的厚度，否则活块不易取出。

5.（　　　）通过合理地配置芯砂和正确的制芯工艺，可以保证型芯的性能要求。

6.（　　　）用芯盒制芯是最常用的方法，可以造出形状较复杂的型芯。

7.（　　　）刮板造型生产率低，要求工人操作技术水平高，铸件精度高。

8.（　　　）活块造型不适用于单件或小批量生产带有小凸台等不易起模的铸件。

9.（　　　）分开模造型主要用于最大横截面积在模型中部，难以进行整体模造型的铸件。

10.（　　　）起模方式不同，造型方法就不同。

11.（　　　）在铸造过程中，铸件的形状与尺寸主要取决于造型和制芯。

12.（　　　）铸件常用于制造承受静载荷及压应力的结构件，如箱体、床身、支架及缸体等。

13.（　　　）型芯放好不经过检验就能扣上上砂型。

14.（　　　）如果金属液的温度过低，液态金属的流动性变差，会导致铸件产生冷隔、夹渣等缺陷。

15.（　　　）如果落砂时间过早，铸铁件还会形成白口组织，从而使切削加工困难。

四、填空题（将最适当的答案填写在横线上，每题 2 分）

1._____是在较高温度（高于再结晶温度）下对金属材料进行加工的方法。

2.压力铸造是将熔融金属在_____下高速填充金属型腔，并在压力下使其凝固的铸造方法。

3.用型砂及模样等工艺装备制造砂型的方法和过程称为_____。

4.常用机器造型的紧砂方法有振实、压实、振压、抛砂及射压，其中以_____紧砂方法应用最广。

5. 在造型过程中，制造型芯的过程称为_____。

6. 为了提高型芯的_____和透气性，型芯需在专用的烘干炉内烘干。

7. 通常为了顺利填充型腔和冒口，会在铸型中开设一系列通道，称为_____。

8. 将熔融金属从浇包注入铸型的操作称为_____。

9. 金属型铸造是指在_____下将熔融金属浇入金属铸型获得铸件的方法。

10. 将铸型的各个组元组合成一个完整铸型的操作过程称为_____。

11. 检验铸件质量时，可以通过肉眼观察找出铸件的_____缺陷。

12. 金属熔炼质量对能否获得_____的铸件有重要影响。

13. 不用模样而用与铸件横截面积形状相同的刮板代替模样的造型和制芯的方法称为_____。

14. 全部用手或手动工具完成的造型工序称为_____。

15. 离心铸造是将液态金属浇入绕垂直轴或水平轴高速旋转的铸型中，在_____的作用下凝固成铸件的铸造方法。

考点 5　锻压技术及应用

考纲要求

1. 了解金属材料锻压的分类、工艺特点及应用范围。
2. 了解自由锻造的特点、基本工序及应用。

学习建议

1. 了解金属材料锻压技术的概念、分类及特点。
2. 掌握自由锻造、板料冲压的特点、分类、应用及安全文明操作规程。
3. 掌握自由锻造、模锻、板料冲压的基本工序及工艺过程。
4. 能说出典型零件（主轴、连杆、汽车油箱、不锈钢盆）的生产过程，明白为什么要趁热打铁。
5. 遵守锻压技术职业道德与职业规范，树立良好的安全生产、节能环保和产品质量等意识。

读书笔记

知识梳理

一、锻压技术及应用知识树

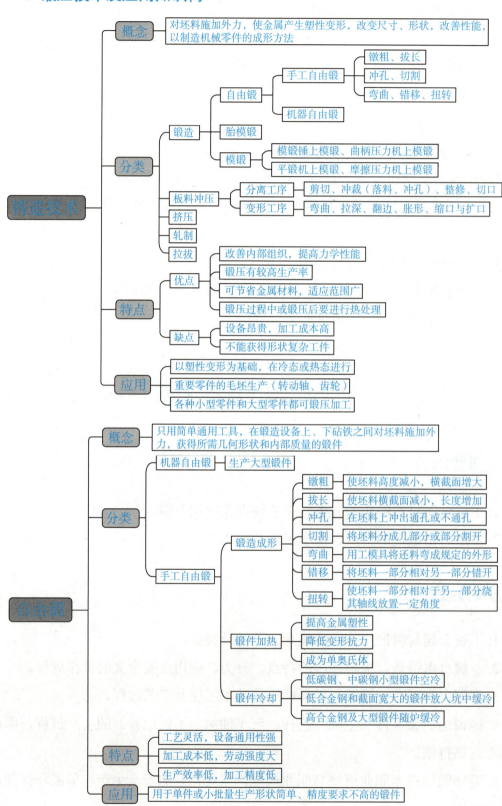

读书笔记

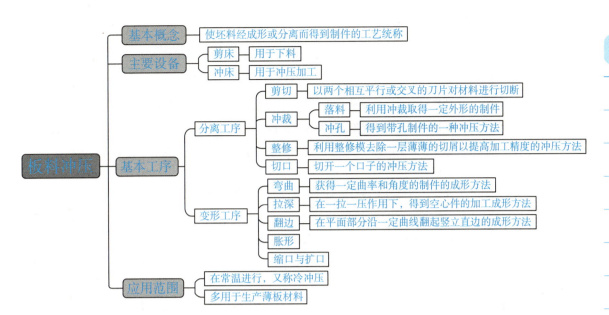

二、重点知识梳理

锻压技术及应用相关概念见表 3-5-1。

表 3-5-1　锻压技术及应用相关概念

序号	名称	概念
1	锻压	对坯料施加外力，使金属产生塑性变形，改变尺寸、形状，改善性能，用以制造机械零件、工件或毛坯的成形加工方法。锻压是锻造和冲压的总称。金属锻压成形加工包括锻造（自由锻、模锻、胎模锻等）、板料冲压、挤压、轧制、拉拔等工艺方法
2	金属的可锻性	指金属在锻压加工过程中产生塑性变形而不开裂的能力
3	回复	指将冷变形金属加热至一定温度后，使原子回复到平衡位置，晶粒内残余应力大大减小的现象
4	再结晶	指当加热温度较高时，塑性变形后的晶粒及被拉长了的晶粒会重新生核，转变为均匀的等轴晶粒，并且金属的可锻性得到回复
5	冷变形强化	指随着冷变形程度的增强，金属的所有强度指标和硬度都有所提高，但塑性有所下降的现象
6	锻造流线	在锻造时，金属中的脆性杂质被打碎，顺着金属主要伸长方向呈带状分布，这种热锻后的金属组织具有一定的方向性
7	自由锻	是指只用简单的通用性工具，或在锻造设备上直接对坯料施加外力，使坯料产生变形而获得所需的几何形状及内部质量锻件的加工方法
8	镦粗	使毛坯高度减小，横截面积增大的锻造工序
9	拔长	使毛坯横截面积减小，长度增加的锻造工序
10	冲孔	在坯料上冲出通孔或不通孔的锻造工序
11	切割	将坯料分成几部分，或部分地割开，或从坯料的外部割掉一部分，或从内部割掉一部分的锻造工序
12	弯曲	采用一定的工模具将毛坯弯成所规定的外形的锻造

读书笔记

续表

序号	名称	概念
13	错移	将坯料的一部分相对另一部分错开一段距离
14	扭转	使坯料的一部分相对于另一部分绕其轴线旋转一定角度的锻造工序
15	模锻	利用模具使毛坯变形而获得锻件的锻造方法
16	胎模锻	是介于自由锻和模锻之间的一种锻造方法，是在自由锻设备上使用可移动模具生产模锻件
17	板料冲压	是使坯料经成形或分离而得到制件的工艺的统称
18	轧制	是指金属材料（或非金属材料）在旋转轧辊的压力作用下，产生连续塑性变形，获得所要求的截面形状并改变其性能的方法
19	拉拔	指坯料在牵引力作用下通过模孔拉出，使之产生塑性变形而使坯料横截面积减小度增加的工艺
20	辊锻	指用一对相向旋转的扇形模具使坯料产生塑性变形，获得所需锻件或锻坯的锻造工艺
21	精密锻造	指在一般模锻设备上锻造高精度锻件的锻造方法
22	挤压	指坯料在封闭模腔内受三向不均匀压应力作用，从模具的孔口或缝隙挤出，使其横截面积减小，形成所需制品的加工方法

例题解析

一、单选题（下列选项中只有一个答案是正确的，每题2分）

1. 下列是自由锻特点的是（　　　）。

A. 精度高　　　　　B. 精度低　　　　　C. 操作复杂　　　　　D. 尺寸精度高

答案 B

解析 掌握自由锻特点。

2. 空气锤的动力是（　　　）。

A. 空气　　　　　B. 电动机　　　　　C. 活塞　　　　　D. 曲轴连杆机构

答案 B

解析 掌握自由锻工作原理。

二、多选题（下列选项中有一个以上答案是正确的，每题2分）

1. 下列材料中，（　　　）是不能进行压力加工的。

A. 灰铸铁　　　　　B. 铜合金　　　　　C. 超硬钢　　　　　D. 可锻铸铁

答案 AB

解析 对金属可锻性概念的理解与掌握。

2. 自由锻的基本工序有（　　　）。

A. 切割　　　　　B. 拔长　　　　　C. 弯曲　　　　　D. 拉拔

答案　ABCD

解析　掌握自由锻工艺的概念以及基本工序等知识。

三、判断题（正确的填 A，错误的填 B，每题 2 分）

1.（　　）自由锻时，坯料已氧化的表层金属贴合在一起压入工件，成为裂纹。

答案　A

解析　自由锻的目的分析与掌握。

2.（　　）使板料经分离或成形而得到制件的工艺统称为冲压。

答案　A

解析　冲压的工艺特点及应用范围的分析与掌握。

四、填空题（将最适当的答案填写在横线上，每题 2 分）

1. 金属在锻压加工过程中经塑性变形而不开裂的能力称为金属的_____。

答案　可锻性

解析　金属可锻性的概念及分析。

2. 冷变形强化又叫加工硬化，是指金属随着冷变形程度的增加，金属的所有_____指标和硬度都有所提高，但塑性有所下降的现象。

答案　强度

解析　掌握冷变形强化的概念。

专题练习

一、单选题（下列选项中只有一个答案是正确的，每题 2 分）

1. 下列选项中，是自由锻特点正确的是（　　　）。

A. 精度低　　　　　B. 精度高　　　　　C. 生产率高　　　　　D. 大批量生产

2. 锻压以金属的塑性变形为基础，下列材料不能进行锻压的是（　　　）。

A. 工具钢　　　　　B. 合金钢　　　　　C. 灰铸铁　　　　　D. 45 钢

3. 当需要消除冷变形强化现象时，可在金属变形过程中合理安排（　　　）工序。

A. 正火　　　　　B. 退火　　　　　C. 回火　　　　　D. 调质

4. 将冷变形金属加热至一定温度后，使原子回复到平衡位置，晶粒内残余应力大大减小的现象称为（　　　）。

A. 回复　　　　　　B. 再结晶　　　　　　C. 晶粒长大　　　　　D. 冷变形强化

5. 关于模锻的特点，下列说法正确的是（　　　）。

A. 生产率高　　　　B. 精度低　　　　　　C. 周期长　　　　　　D. 形状简单的零件

6. 利用冲裁取得一定外形的制件或坯料的冲压方法是（　　　）。

A. 剪切　　　　　　B. 落料　　　　　　　C. 整修　　　　　　　D. 冲裁

7. （　　　）是介于自由锻和模锻之间的一种锻造方法。

A. 胎模锻　　　　　B. 自由锻　　　　　　C. 模锻　　　　　　　D. 机器自由锻

8. 下列属于变形工序的是（　　　）。

A. 冲裁　　　　　　B. 剪切　　　　　　　C. 整修　　　　　　　D. 拉深

9. 落料和冲孔都属于冲裁工序，冲孔被冲下的部分称为（　　　）。

A. 制件　　　　　　B. 废料　　　　　　　C. 成品　　　　　　　D. 都不是

10. 切割工序常用于（　　　）。

A. 下料　　　　　　B. 孔加工　　　　　　C. 弯曲　　　　　　　D. 都不是

二、多选题（下列选项中有一个以上答案是正确的，每题 2 分）

1. 下列说法中，关于锻压的特点描述正确的是（　　　）。

A. 提高金属的力学性能　　　　　　　B. 节省金属材料

C. 生产率高　　　　　　　　　　　　D. 适用范围广

2. 金属在外力作用下产生塑性变形，其变形过程包括（　　　）。

A. 加工硬化　　　　B. 回复　　　　　　　C. 弹性变形　　　　　D. 塑性变形

3. 下列选项中，属于自由锻的优点的是（　　　）。

A. 精度高　　　　　B. 工艺灵活　　　　　C. 设备通用性强　　　D. 加工成本低

4. 拉拔主要用来制造（　　　）。

A. 线材　　　　　　B. 棒材　　　　　　　C. 箱体　　　　　　　D. 薄壁管材

5. 挤压生产率很高，按照温度不同可以分为（　　　）。

A. 冷挤压　　　　　B. 温挤压　　　　　　C. 热挤压　　　　　　D. 以上都不是

6. 板料冲压的基本工序包括（　　　）。

A. 剪切　　　　　　B. 分离工序　　　　　C. 变形工序　　　　　D. 整修

7. 自由锻常用的设备有（　　　）。

A. 空气锤　　　　　B. 蒸汽 - 空气锤　　　C. 空压机　　　　　　D. 水压机

8.轧制可以分为（　　）三种。

A.纵扎　　　　　B.斜扎　　　　　C.横扎　　　　　D.阶梯扎

9.锻造成形后的锻件，通常需要根据其（　　）等来确定相应的冷却方法。

A.化学成分　　　B.尺寸　　　　　C.形状复杂程度　D.用途

10.常用的胎模有（　　）。

A.扣模　　　　　B.套模　　　　　C.摔模　　　　　D.弯曲模

三、判断题（正确的填 A，错误的填 B）

1.（　　）低碳钢塑性变形时，力学性能的变化是强度与硬度随着变形程度的增大而提高，塑性与韧性则明显下降，体现了冷变形强化现象。

2.（　　）经过冷变形强化的金属组织处于不稳定状态，具有自发地恢复到稳定状态的倾向。

3.（　　）坯料加热的目的是提高金属的塑性和变形能力。

4.（　　）锻造温度范围是指始锻温度到终锻温度之间的温度间隔。

5.（　　）镦粗时，由于坯料两端面与上下砧铁间产生摩擦力，阻碍金属的流动，因此圆柱形坯料经镦粗后呈鼓形。

6.（　　）模锻能够锻制形状比较复杂的锻件，不受设备吨位的限制。

7.（　　）胎膜锻一般采用自由锻的方法制坯，使之初步成形，然后在胎膜中终锻成形。

8.（　　）在拉深过程中，由于坯料边缘在切向受压缩，因此在压应力的作用下很可能产生波浪状变形。

9.（　　）缩口是指在管件或空心制件的端部加压，使其径向尺寸扩大的成形方法。

10.（　　）为抵消回弹现象对弯曲件的影响，弯曲模的角度应比成品零件的角度大一个回弹角。

11.（　　）在拉深的过程中，坯料厚度越小，拉深深度越大，越容易产生折皱。

12.（　　）整修是利用整修模沿冲压件的外缘或内孔刮去一层薄薄的切削，以提高冲裁件的加工精度和剪断面表面质量的冲压方法。

13.（　　）辊锻常作为模锻前的制坯工序，不可以直接制造锻件。

14.（　　）在板料冲裁的过程中，凸模和凹模都具有锋利的刃口，二者之间没有间隙。

15.（　　）随着现代科学技术的发展，锻件正向着自动化、低成本、高精度的方向发展。

四、填空题（将最适当的答案填写在横线上，每题 2 分）

1. _____是对坯料施加外力，使金属产生塑性变形，改变尺寸、形状，改善性能，用以制造机械零件、工件或毛坯的成形加工方法。

2. 金属在锻压过程中产生塑性变形而不开裂的能力称为_____。

3. _____是指随着冷变形程度的增大，金属的所有强度指标和硬度指标都有所提高，但是塑性有所下降的现象。

4. 采用自由锻方法生产的锻件称为_____。

5. _____指变形区在一拉一压的应力作用下，使板料成形为空心件而厚度基本不变的加工方法。

6. 使空心坯料或管状坯料的端部径向尺寸扩大的成形方法是_____。

7. 轧制是指金属材料在旋转轧辊的压力作用下，产生连续_____，获得所要求的横截面积形状，并改变其性能的方法。

8. _____是指一般模锻设备上锻造高精度锻件的锻造方法。

9. 板料冲压是使坯料经成形或_____而得到制件的工艺的统称。

10. 以两个相互平行或交叉的刀片对金属材料进行切断的过程是指_____。

11. 在坯料上冲出通孔或者不通孔的锻造工序是_____。

12. 在设计和制造机械零件时，尽量使_____与零件的轮廓线相吻合是锻件工艺设计的一条基本原则。

13. 在常温下经过塑性变形的金属加热到再结晶温度以上，使其发生再结晶的处理过程称为_____。

14. _____是指坯料高度减小，横截面积增大的锻造工序。

15. 板料冲压因其在常温状态下进行，故又称为_____。

考点 6　焊接技术及应用

考纲要求

1. 了解金属材料焊接的分类、特点及应用范围。

2. 了解焊条电弧焊的工艺方法、应用以及常用的焊接方式。

学习建议

1. 了解金属材料焊接技术的分类、特点及应用范围。

2. 掌握焊条电弧焊中焊接电弧、常用设备及工具、电弧焊工艺、焊条的分类及选用的知识。

3. 通过学习能根据实际情况选择焊接参数，并能操作焊条电弧焊设备进行简单的零件的焊接。

4. 遵守焊接技术职业道德与职业规范，树立良好的安全生产、节能环保和产品质量等意识。

知识梳理

一、焊接技术及应用知识树

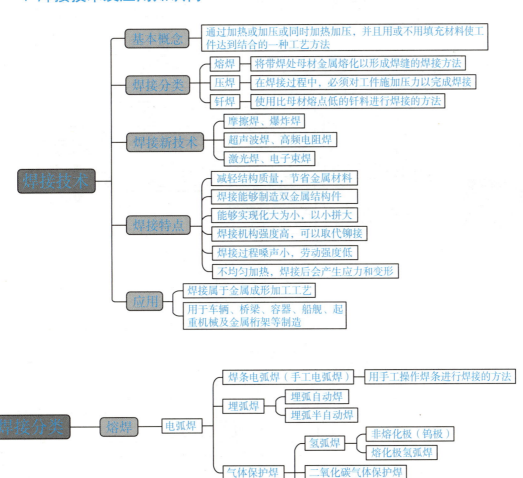

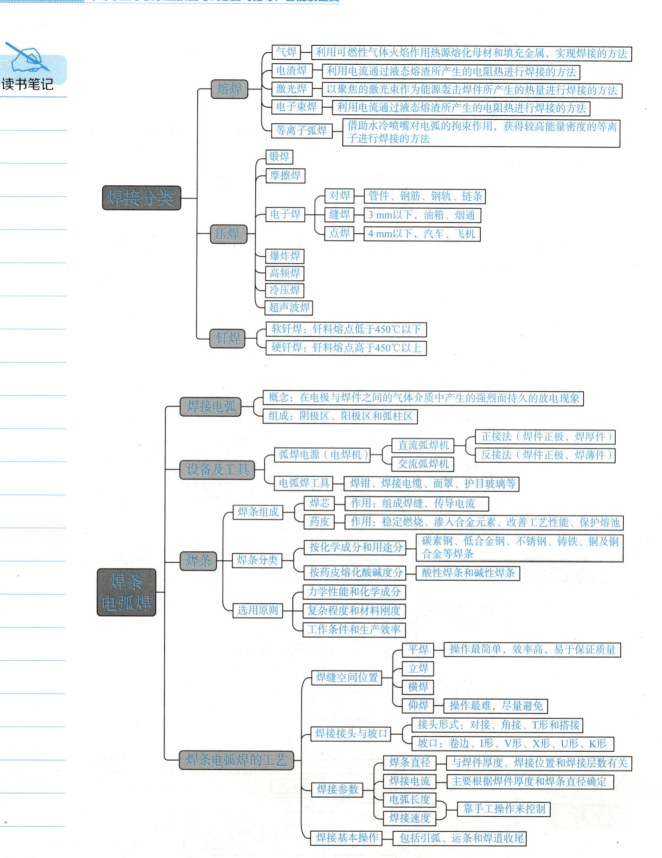

二、重点知识梳理

焊接技术相关概念见表 3-6-1。

读书笔记

表 3-6-1　焊接技术相关概念

序号	名称	概念
1	焊接	指通过加热或加压或同时加热加压，并且用或不用填充材料使工件达到结合的一种工艺方法
2	熔焊	将待焊处的母材金属熔化以形成焊缝的焊接方法
3	压焊	在焊接过程中，必须对焊件施加压力（加热或不加热）以完成焊接的方法
4	钎焊	采用比母材熔点低的金属材料作为钎料，将焊件和钎料加热到高于钎料熔点、低于母材熔点的温度，利用液态钎料润湿母材，填充接头间隙并与母材相互扩散实现连接的焊接方法
5	焊条电弧焊	指用手工操纵焊条进行焊接的电弧焊方法
6	焊接电弧	指在电极与焊件之间的气体介质中产生的强烈而持久的放电现象
7	电弧电压	把电弧稳定燃烧时，焊件与焊条之间所保持的一定电压
8	坡口	根据设计或工艺需要，在焊件的待焊部位加工并装配成的具有一定几何形状的沟槽
9	焊接参数	焊接时，为了保证焊接质量而选定的有关物理量的总称
10	引弧	是指在焊接开始时引燃焊接电弧的过程。分为敲击法和划擦法
11	运条	是在焊接过程中，焊条相对于焊缝所做的各种动作的总称。一般有三个基本动作
12	焊道收尾	是指一条焊道结束时收尾的过程，分为画圈收尾法和后移收尾法
13	气焊	是利用可燃性气体火焰作为热源来熔化母材和填充金属，实现金属焊接的一种方法
14	氧化焰	是指火焰中有过量的氧，在尖形焰芯外面形成一个具有氧化性富氧区的火焰
15	中性焰	是指在燃烧区内即无过量氧又无游离碳的火焰
16	碳化焰	是指火焰中含有游离碳，具有较强的还原作用，也具有一定渗碳作用的火焰
17	埋弧焊	是指电弧在焊剂层下燃烧并进行焊接的方法
18	气体保护电弧焊	用外加气体作为电弧介质并保护电弧和焊接区的电弧焊，称为气体保护电弧焊
19	氩弧焊	以氩气作为保护气体的气体保护电弧焊
20	二氧化碳气体保护焊	用二氧化碳气体作为保护气体的气体保护电弧焊
21	等离子弧焊	借助水冷喷嘴对电弧的拘束作用，获得较高能量密度的等离子弧进行焊接的方法
22	电阻焊	工件组合后通过电极施加压力，利用电流流过接头的接触面及邻近区域产生的电阻热进行焊接的方法
23	电渣焊	利用电流通过液态熔渣所产生的电阻热而进行焊接的方法

读书笔记

例题解析

一、单选题（下列选项中只有一个答案是正确的，每题2分）

1.下列焊接方法中属于熔焊的是（ ）。

A.摩擦焊　　　　B.电阻焊　　　　C.激光焊　　　　D.高频焊

答案　C

解析　掌握焊接方法的种类以及熔焊的概念。

2.使用酸性焊条焊接薄板时，为了防止焊件烧穿可采用（ ）。

A.交流电源　　　B.直流正接　　　C.直流反接　　　D.激光焊

答案　C

解析　掌握电源正反接的方法及应用。

二、多选题（下列选项中有一个以上答案是正确的，每题2分）

1.二氧化碳气体保护焊主要焊接（ ）薄板。

A.低碳钢　　　　B.中碳钢　　　　C.高碳钢　　　　D.低合金钢

答案　AD

解析　掌握二氧化碳气体保护焊工艺的概念及优缺点。

2.电阻焊的特点是（ ）。

A.生产率高　　　B.成本低　　　　C.工件变形小　　　D.焊接速度慢

答案　ABC

解析　掌握电阻焊的概念，电阻焊的特点等知识。

三、判断题（正确的填A，错误的填B，每题2分）

1.（ ）用直流电源焊接时，对薄件、有色金属、不锈钢及铸铁等焊接采用反接法。

答案　A

解析　掌握直流电弧焊以及正反接方式。

2.（ ）埋弧焊自动焊的特点是焊接质量好，焊接变形小，节省焊接材料和电能，生产效率高，改善了劳动条件。

答案　A

解析　掌握埋弧焊的工艺特点及应用范围。

四、填空题（将最适当的答案填写在横线上，每题 2 分）

1. ＿＿＿＿＿＿＿是用手工操纵焊条进行焊接的电弧焊方法。

答案 焊条电弧焊

解析 理解焊条电弧焊的概念。

2. 焊接过程中，必须对焊件施加压力（加热或不加热）以完成焊接的焊接方法，称为＿＿＿＿＿＿。

答案 压焊

解析 掌握压焊的概念。

专题练习

一、单选题（下列选项中只有一个答案是正确的，每题 2 分）

1. 焊接方法很多，将待焊处的母材金属熔化以形成焊缝的焊接方法是（ ）。

A. 熔焊 B. 压焊 C. 钎焊 D. 气体保护焊

2. 利用焊条与焊件之间产生的电弧热熔化焊件与焊条进行焊接的方法是（ ）。

A. 气体保护焊 B. 焊条电弧焊 C. 埋弧焊 D. 钎焊

3. 直流弧焊机的输出端有正极和负极之分，焊件接负极，焊条接正极称为（ ）。

A. 正接法 B. 反接法 C. 正接或反接 D. 以上都不是

4. 下列焊接方法中属于熔焊的是（ ）。

A. 摩擦焊 B. 电阻焊 C. 激光焊 D. 高频焊

5. 根据 GB/T 5117 —2012 规定，非合金钢及细晶粒钢焊条型号以字母（ ）打头表示电极焊条。

A. F B. G C. H D. E

6. 焊接电缆的主要作用是传导电流，其截面积大小根据（ ）选择。

A. 焊接电流 B. 电弧长度 C. 焊接层数 D. 焊接速度

7. 焊接时，向焊缝添加有益元素，有益元素来源于（ ）。

A. 焊芯 B. 药皮 C. 空气 D. 工件

读书笔记

8. 电渣焊适合于板材厚度在（　　）以上的结构件，如厚壁压力容器纵向焊缝的焊接。

A. 10 mm　　　　B. 20 mm　　　　C. 30 mm　　　　D. 40 mm

9. 钎焊的熔点不同，所用钎料在（　　）以上的钎焊称为硬钎焊。

A. 450 ℃　　　　B. 550 ℃　　　　C. 350 ℃　　　　D. 650 ℃

10. 超声波焊适合焊接厚度小于（　　）的焊件，特别适合焊接异种材料。

A. 1 mm　　　　B. 0.5 mm　　　　C. 2 mm　　　　D. 3 mm

二、多选题（下列选项中有一个以上答案是正确的，每题2分）

1. 下列选项中，属于焊接特点的是（　　）。

A. 节省金属材料　B. 制造双金属结构　C. 实现以小拼大　D. 结构强度高

2. 焊接电弧的产生一般有（　　）两种方式。

A. 接触式引弧　　B. 点火式引弧　　C. 非接触式引弧　　D. 自动式引弧

3. 焊接电弧由（　　）三部分组成。

A. 阴极区　　　　B. 阳极区　　　　C. 弧柱区　　　　D. 电弧区

4. 焊条电弧焊的主要工具包括（　　）。

A. 焊钳　　　　　B. 焊接电缆　　　　C. 面罩　　　　D. 护目镜

5. 下列选项中，关于药皮的作用描述正确的是（　　）。

A. 传导焊接电流　　　　　　　　B. 保证焊接电弧稳定燃烧

C. 保护熔池与熔滴不被空气侵入　　D. 填充金属材料组成焊缝

6. 对于焊条电弧焊，焊接接头形式有（　　）。

A. 对接接头　　B. 角接接头　　C. T 型接头　　D. 搭接接头

7. 下列选项中，属于焊条电弧焊基本操作的是（　　）。

A. 开电源　　　B. 引弧　　　C. 运条　　　D. 焊道收尾

8. 电阻焊根据接头形式的不同分为（　　）。

A. 点焊　　　　B. 缝焊　　　　C. 对焊　　　　D. 钎焊

9. 在焊条电弧焊中，焊接工艺参数包括（　　）和焊接速度。

A. 焊条直径　　B. 焊接电流　　C. 焊接层数　　D. 电弧长度

10. 氩弧焊应用范围广泛，几乎所有的金属都能进行焊接，通常多用于在焊接过程中易于氧化的（　　）等金属材料。

A. 铝　　　　　B. 镁　　　　　C. 钛及钛合金　　　　D. 不锈钢

三、判断题（正确的填 A，错误的填 B）

1.（　　）在焊接过程中，必须对焊接件施加压力以完成焊接的方法称为压焊。

2.（　　）电弧热量与焊接电流和电压的乘积不成正比。

3.（　　）交流弧焊机实际上是一种特殊的降压变压器。

4.（　　）焊条质量的优劣对焊缝金属的力学性能没有直接影响。

5.（　　）碱性焊条又称为低氢型焊条，焊接后焊缝的质量较好。

6.（　　）E4303 表示焊缝金属的 $R_m \leqslant 430\ MPa$，适用于全位置焊接。

7.（　　）为了防止回火造成事故的发生，必须在胶管与乙炔瓶或乙炔发生器之间安装上回火保险器。

8.（　　）气焊适合焊接厚度在 3 mm 以下的薄钢板、非铁金属及其合金，钎焊刀具及铸铁的补焊等。

9.（　　）改变氧气和乙炔的体积比可得到三种不同性质的气焊火焰。

10.（　　）焊接工作场地应符合安全标准，否则容易造成火灾、爆炸、触电事故。

11.（　　）在对接接头中，当焊件厚度小于 5 mm 时，可以不开坡口，不留间隙。

12.（　　）焊接速度与焊件熔点和厚度有关，一般当焊件的熔点高、厚度大时，焊接速度应快些。

13.（　　）二氧化碳气体保护焊焊接速度快，生产率比焊条电弧焊高 2～4 倍。

14.（　　）软钎焊常用于受力不大的仪表、导电元件等的焊接。

15.（　　）利用 5～500 kHz 的高频电流进行焊接的电阻焊方法称为高频电阻焊。

四、填空题（将最适当的答案填写在横线上，每题 2 分）

1. 焊件经焊接后形成的结合部分称为_____。

2. 通常把电弧稳定燃烧时，焊件与焊条之间所保持的一定电压称为_____。

3. 火焰中含有游离碳，具有较强的还原作用，也具有一定渗碳作用的火焰称为_____。

4. 根据设计和工艺需要，在焊件的待焊部位加工并装配成具有一定几何形状的沟槽称为_____。

读书笔记

读书笔记

5. 在电弧焊过程中主要通过调节_____来控制电弧热量，以保证达到焊接要求。

6. _____是利用可燃性气体火焰作为热源熔化母材的填充金属，实现金属焊接的一种方法。

7. 用外加气体作为电弧介质并保护电弧和焊接区的电弧焊称为_____。

8. 电弧在焊剂层下燃烧并进行焊接的方法称为_____。

9. 借助水冷喷嘴对电弧的拘束作用，获得较高能量密度的等离子弧进行焊接的方法是_____。

10. 以聚焦的_____作为能源轰击焊件所产生的热量进行焊接的方法称为激光焊。

11. 焊件组合后通过电极施加压力，利用电流通过接头的接触面及临近区域产生的电阻热进行的焊接方法称为_____。

12. 在焊接过程中，焊条相对焊缝所做的各种运动称为_____。

13. 焊接时，焊接电流主要依据_____和焊条直径来选择。

14. 焊条电弧焊阳极区温度大约是_____。

15. 气焊操作中当焊炬倾斜角度为80°～85°时，其焊件厚度应大于_____mm。

考点 7　切削运动与切削要素

考纲要求

1. 理解金属切削运动及其特点。
2. 掌握切削用量三要素的概念、符号、选择方法并能进行简单计算。

学习建议

1. 准确理解有关概念的含义，尤其是切削运动、切削要素、切削用量三要素及切削层尺寸平面要素的概念。

2. 通过观看教学视频，掌握金属切削运动及其特点（以车削、钻削、磨削时主运动和进给运动的实际情况进行展示）。

3. 能记住切削用量三要素的符号、计算公式，并能进行简单切削用量三要素的计算。

4. 掌握粗加工及精加工时切削用量三要素的选用原则，了解切削层尺寸平面要素的含义及简单计算。

知识梳理

一、切削运动与切削要素知识树

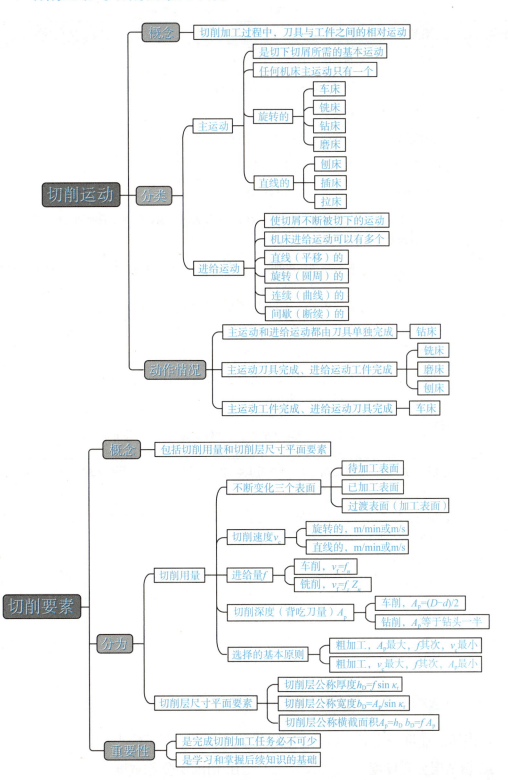

二、重点知识梳理

切削运动与切削要素相关概念见表 3-7-1。

表 3-7-1　切削运动与切削相关概念

序号	名称	概念
1	切削运动	指切削刀具与工件间的相对运动
2	主运动	指进行切削所需的基本运动
3	进给运动	指切下切屑所需要的运动
4	切削用量	指切削加工过程中切削速度、进给量和背吃刀量的总称
5	待加工表面	工件上有待切除的表面
6	已加工表面	工件上经刀具切削后产生的表面
7	加工表面（过渡表面）	工件上由切削刃形成的那部分表面，也是待加工表面和已加工表面之间的过渡表面
8	切削速度（v_c）	旋转运动：切削时，刀具切削刃上相对待加工表面在主运动方向上的瞬时速度，单位 m/min 或 m/s。 往复运动：为刀具切削时的平均速度，单位 m/min
9	进给量（f）	在主运动的一个循环（一转或一次往复行程）内，刀具在进给方向上相对工件的位移量，单位 mm/r
10	背吃刀量（A_p）	车削时：指已加工表面与待加工表面之间的垂直距离。 钻削时：钻头直径的一半
11	进给速度（v_f）	刀具沿进给运动方向每分钟移动的距离，单位 mm/min
12	切削层公称厚度（h_D）	在切削层尺寸平面上，垂直于切削刃方向所测得的尺寸，单位 mm，当 $\kappa_r=90°$ 时，$h_D=f$
13	切削层公称宽度（b_D）	在切削层尺寸平面上，沿切削刃方向所测得的切削长度（尺寸），单位 mm，当 $\kappa_r=90°$ 时，$b_D=A_p$
14	切削层公称横截面积（A_D）	在切削瞬间，在切削层尺寸平面上的实际横截面面积，单位 mm²

例题解析

一、单选题（下列选项中只有一个答案是正确的，每题 2 分）

1. 当切削速度一定时，（　　）的大小代表了生产率的大小。

A. 切削层公称厚度　　　　　　　　B. 切削层公称宽度

C. 切削层公称横截面积　　　　　　D. 切削深度

答案 C

解析 掌握切削层公称横截面积的作用。

2.影响刀具耐用度的因素很多，如工件材料、刀具材料、刀具几何角度、切削用量以及是否使用切削液等因素。在上述诸多因素中，关键因素是切削用量中的（　　）。

A.进给量 　　　　 B.背吃刀量 　　　　 C.切削速度 　　　　 D.进给速度

答案 C

解析 切削用量三要素中对切削温度、刀具耐用度的影响最大的是切削速度。

二、多选题（下列选项中有一个以上答案是正确的，每题 2 分）

1.车削加工过程中，形成三个不断变化的表面，这三个表面分别是（　　）。

A.待加工表面 　 B.过渡表面 　 C.已加工表面 　 D.未加工表面

答案 ABC

解析 对三个不断变化的表面的理解。

2.主运动是旋转运动时，可代表进给运动单位的有（　　）两种。

A. mm/r 　　　　 B. m/s 　　　　 C. mm/min 　　　　 D. m/min

答案 AC

解析 掌握切削用量三要素中相关计算公式。

三、判断题（正确的填 A，错误的填 B，每题 2 分）

1.（　　）主运动是使新的金属层不断投入切削的运动。

答案 B

解析 掌握主运动和进给运动的概念。

2.（　　）通常所说的刀具寿命也可以说是刀具耐用度。

答案 B

解析 掌握刀具寿命和刀具耐用度的概念及关系。

四、填空题（将最恰当的答案填写在横线上，每题 2 分）

1.在切削用量中，对刀具寿命影响最小的是_____。

答案 背吃刀量（切削深度）

解析 掌握切削用量三要素选择的基本原则。

2. 在车床上将直径为 80 mm，深度为 40 mm 的盲孔车至直径为 84 mm，深度不变，选用切削速度为 54 m/min，进给速度为 50 mm/min，一次走刀所需要的时间为 _____min。

答案 0.8

解析 熟记切削用量相关公式。

专题练习

一、单选题（下列选项中只有一个答案是正确的，每题 2 分）

1. 粗加工时，为提高生产率，首先应选择较大的（　　）。

A. 切削速度　　　　B. 进给量　　　　　　C. 背吃刀量　　　　D. 工件转速

2. 切削用量三要素中，（　　）对刀具磨损影响最大。

A. 切削速度　　　　B. 背吃刀量　　　　　C. 进给量　　　　　D. 主轴转速

3. 在切削运动中，将工件被切削层转化成切屑所需要的运动为（　　）。

A. 主运动　　　　　B. 进给运动　　　　　C. 旋转运动　　　　D. 直线运动

4. 切削加工中，主运动通常有（　　）。

A. 1 个　　　　　　B. 2 个　　　　　　　C. 3 个　　　　　　D. 4 个

5. 当切削速度一定时，（　　）的大小代表了生产率的大小。

A. 切削层公称厚度　　　　　　　　B. 切削层公称宽度

C. 切削层公称横截面积　　　　　　D. 切削深度

6. 下列选项中，对刀具耐用度影响最小的是（　　）。

A. 背吃刀量　　　　B. 进给量　　　　　　C. 切削速度　　　　D. 切削宽度

7. 下列选项中，（　　）为工件上正在切削的表面。

A. 待加工表面　　　B. 过渡表面　　　　　C. 已加工表面　　　D. 内表面

8. 进给运动通常是机床中（　　）。

A. 切削运动中消耗功率最多的运动　　B. 切削运动中速度最高的运动

C. 不断地把切削层投入切削的运动　　D. 使工件或刀具进入正确加工位置的运动

9. 下列选项中，对刀具寿命影响最大的是（　　）。

A. 背吃刀量　　　　B. 进给速度　　　　　C. 切削速度　　　　D. 切削宽度

二、多选题（下列选项中有一个以上答案是正确的，每题 2 分）

1. 车削加工过程中会形成三个不断变化的表面，这三个表面分别是（　　）。

A. 待加工表面　　B. 过渡表面　　C. 已加工表面　　D. 切削表面

2. 切削用量三要素包括（　　）。

A. 切削速度　　B. 切削深度　　C. 进给量　　D. 进给速度

3. 在切削运动中，进给运动有（　　）多种形式。

A. 直线　　B. 旋转　　C. 连续　　D. 间歇

4. 主运动是旋转运动时，切削速度的单位有（　　）两种。

A. mm/r　　B. m/s　　C. mm/min　　D. m/min

5. 粗加工时，切削用量三要素中切削速度尽可能选择（　　）的速度。

A. 很高　　B. 较高　　C. 中等　　D. 较低

6. 直线进给运动按运动方向分类，又分为（　　）运动三种。

A. 纵向　　B. 横向　　C. 圆弧　　D. 斜向

7. 主运动是旋转运动时，可代表进给运动单位的有（　　）两种。

A. mm/r　　B. m/s　　C. mm/min　　D. m/min

8. 精加工时，切削用量三要素选择合理的是（　　）。

A. 较高切削速度　　B. 较小背吃刀量　　C. 较小进给量　　D. 较大切削宽度

9. 在切削层尺寸平面要素中，横截面积等于（　　）。

A. $v_c \times f$　　B. $A_p \times h_D$　　C. $h_D \times b_D$　　D. $A_p \times f$

10. 切削层尺寸平面的要素包括（　　）。

A. 进给量　　　　　　B. 切削层公称厚度

C. 切削层公称宽度　　D. 切削层公称横截面积

三、判断题（正确的填 A，错误的填 B，每题 2 分）

1.（　　）机床的主运动和进给运动可以由刀具、工件分别完成，也可由刀具或工件单独完成。

2.（　　）在切削层尺寸平面上，沿切削刃方向所测得的切削层尺寸称为切削层公称厚度。

3.（　　）切削加工时，由于机床不同，主运动也不同，主运动可以是一个或几个。

4.（　　）主运动是使新的金属层不断投入的运动。

5.（　　）主运动可以是旋转运动，也可以是直线运动。

6.（　　）通常所说的刀具寿命也可以说是这把刀具的耐用度。

7.（　　）一般来说，良好的切削加工性是指切削加工时刀具的耐用度高，或

读书笔记

在一定的耐用度下允许的切削力大。

8.（　　）切削用量三要素中，对刀具耐用度影响最大的是背吃刀量。

9.（　　）影响切削热的因素很多，有工件材料、刀具几何角度和切削用量等。

10.（　　）切削温度的高低与切削热产生及传散两个因素有关。

11.（　　）车削加工时，切削用量三个基本参数是切削速度、进给量和背吃刀量。

12.（　　）在切削过程中，进给运动的速度一般远小于主运动的速度。

13.（　　）车削加工时形成待加工表面、已加工表面和未加工表面三种表面。

14.（　　）后面是刀具上与工件的已加工表面相对的表面。

15.（　　）合理选用切削液，不但可以降低切削区域温度，对减小切削力也有十分明显地效果。

四、填空题（将最恰当的答案填写在横线上，每题2分）

1. 合理选择_____和切削要素是金属切削加工过程中常遇到的两个基本问题。

2. 用各种机床进行切削加工时，切削运动分主运动和_____。

3. 切削过程中，切削刀具与工件之间的_____就是切削运动。

4. 在切削用量中，对刀具寿命影响最小的是_____。

5. 工件上经刀具切削后产生的表面叫已加工表面，工件上有待切除之表面称待加工表面，工件上由切削刃形成的表面叫_____。

6. _____的大小主要根据工件的表面粗糙度值的要求来选取。

7. 车削外圆时，当主、副切削刃为直线，刃倾角为零度，主偏角小于90°时，切削层横截面为_____形。

8. 在车床上将直径为65 mm，深度为40 mm的盲孔车至直径为68 mm，深度不变，选用切削速度为54 m/min，进给速度为50 mm/min，则进给量为_____mm/r（保留1位小数）。

9. 将d_1为120 mm的圆钢车削至d_2为110 mm，主轴转速n为500 r/min，进给速度为200 mm/min，则切削速度v_c为_____m/s（保留2位小数）。

10. 切削层公称厚度大小代表了切削刃_____的大小。

11. 为了有效地控制切削温度，选用较大的_____和进给量，比选用较大的切削速度有利。

12. 粗加工时，应尽可能选择较大的_____，使加工余量在一次或少数几次进给中切除。

13. 合理选择切削运动和_____是金属切削加工过程中常遇到的两个基本问题。

14. 切削加工时，工件与_____的相对运动称为切削运动。

15. 粗加工时，应尽快去除工件的_____，同时还要保证规定的刀具耐用度。

考点8 刀具材料与几何角度

考纲要求

1. 了解常用刀具材料及其应用特点。
2. 能针对常见加工材料及条件进行刀具材料选择。
3. 理解车刀的主要角度及其作用。

学习建议

1. 了解常用刀具材料及刀具材料应具备的性能，能根据材料的特性及性能判断其适合制造什么类型的刀具。

2. 通过学习能根据零件材料、形状、加工成本和加工性质等合理选择刀具材料。

3. 准确理解常用刀具（如车刀）的组成（三面、两刃、一尖）、辅助平面、角度（6个独立角度、4个派生角度）的概念及其在车刀中的位置。

4. 能根据45°车刀实物指出刀具上各面及角度的具体位置，并能根据加工条件、工件材料、刀具材料等合理选择刀具角度。

5. 具有勇于探究工程实际中有关刀具材料、刀具角度选用的职业意识及职业素养。

📖 知识梳理

一、刀具材料与几何角度知识树

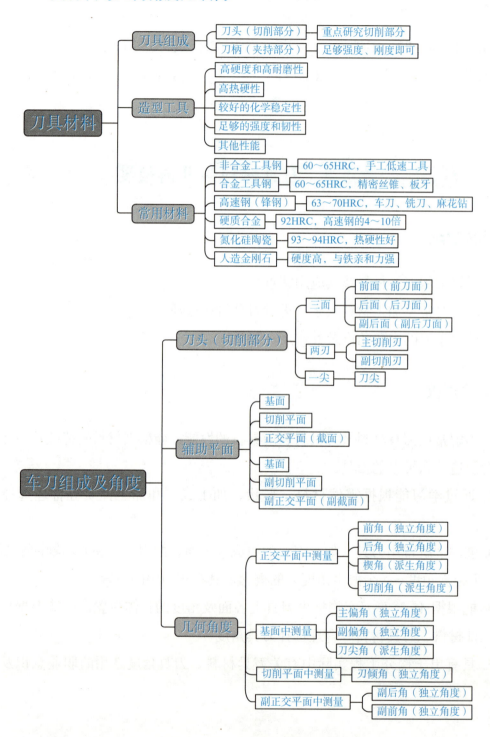

二、重点知识梳理

刀具材料与几何角度相关概念见表 3-8-1。

表 3-8-1　刀具材料与几何角度相关概念

序号	名称	概念
1	热硬性	指刀具在高温下保持其高硬度和高耐磨性的能力
2	化学稳定性	指刀具在切削过程中不发生黏结磨损及高温扩散磨损的能力
3	车刀	是用于车削加工的，具有一个切削部分的刀具。它是切削加工中应用最广的刀具之一，由切削部分和夹持部分组成，重点研究切削部分
4	前（刀）面	刀具上切屑流过的表面
5	后（刀）面	刀具上与过渡表面相对的表面或刀具上与前面相交形成主切削刃的表面
6	副后（刀）面	刀具上与已加工表面相对的表面或刀具上与前面相交形成副切削刃的表面
7	主切削刃	前面与后面相交的切削刃
8	副切削刃	前面与副后面相交的切削刃
9	刀尖	主切削刃与副切削刃的连接处相当少的一部分切削刃
10	基面	过切削刃选定点的平面，平行（或垂直）于刀具在制造、刃磨及测量时适合于安装或定位的一个平面
11	切削平面	通过主切削刃某选定点与该切削刃相切并垂直于基面的平面
12	正交平面	通过主切削刃某选定点并同时垂直于基面和主切削平面的平面
13	副切削平面	通过副切削刃某选定点与该切削刃相切并垂直于基面的平面
14	副正交平面	通过副切削刃某选定点并同时垂直于基面和副切削平面的平面
15	法平面	通过切削刃选定点并垂直于切削刃的平面
16	假定工作平面	通过切削刃选定点并垂直于基面，平行（或垂直）于刀具在制造、刃磨及测量时适合于安装或定位的一个平面
17	背平面	通过切削刃选定点并垂直于基面和假定工作平面的平面
18	前角	在正交平面中测量，由前面与基面构成的夹角
19	后角	在正交平面中测量，由后面与切削平面构成的夹角
20	楔角	在正交平面中测量，由前面与后面构成的夹角
21	切削角	在正交平面中测量，由前面与切削平面构成的夹角
22	副前角	在副正交平面中测量，由前面与基面构成的夹角
23	副后角	在副正交平面中测量，由副后面与副切削平面之间构成的夹角
24	主偏角	在基面中测量，由主切削刃在基面上的投影与进给方向之间构成的夹角
25	副偏角	在基面中测量，由副切削刃在基面上的投影与进给反方向之间构成的夹角
26	刀尖角	在基面中测量，由主切削刃与副切削刃在基面上的投影所构成的夹角
27	刃倾角	在切削平面中测量，由主切削刃与基面之间构成的夹角

例题解析

一、单选题（下列选项中只有一个答案是正确的，每题2分）

1.车刀前角是前面与基面的夹角，在（　　）。

A. 基面中测量 　　　　　　　　　　　　B. 主切削平面中测量

C. 副切削平面中测量 　　　　　　　　　D. 正交平面中测量

答案　D

解析　掌握车刀各角度在空间中的位置。

2.钨钴类（YG类）车刀主要用于加工（　　）。

A. 铸铁类 　　　　B. 钢类 　　　　C. 塑性材料 　　　　D. 以上都不正确

答案　A

解析　掌握各类硬质合金加工的范围。

3.通过切削刃选定点，垂直于主运动方向的平面称为（　　）。

A. 切削平面 　　　　B. 进给平面 　　　　C. 基面 　　　　D. 主剖面

答案　C

解析　理解确定车刀几何角度的辅助平面的概念。

二、多选题（下列选项中有一个以上答案是正确的，每题2分）

1.下列角度中，在基面测得的是（　　）。

A. 主偏角 　　　　B. 前角 　　　　C. 副偏角 　　　　D. 刀尖角

答案　ACD

解析　掌握车刀角度在空间坐标中的位置。

2.对于切削刀具来说，切削刀具的（　　）是两个最重要的因素。

A. 结构 　　　　B. 材料 　　　　C. 形状 　　　　D. 几何角度

答案　BD

解析　掌握刀具材料和几何角度的重要性。

三、判断题（正确的填A，错误的填B，每题2分）

1.（　　）安装在刀架上的外圆车刀刀尖高于工件中心时，工作前角增大，工作后角减小。

答案　A

解析　掌握车刀角度在实际切削过程中的应用。

2.（　　）为保证刀头强度，粗车外圆时车刀的前角和后角应选取较大值。

答案　B

解析　掌握实际加工中前、后角的选择。

四、填空题（将最恰当的答案填写在横线上，每题 2 分）

1. ＿＿＿＿＿＿＿是指切削刀具在高温下保持其高硬度和高耐磨性的能力。

答案　热硬性（高热硬性）

解析　掌握刀具材料应具备的性能及热硬性、化学稳定性等的概念。

2. 高速钢的红硬性温度为 550～650 ℃，硬质合金的红硬性温度为＿＿＿＿＿ ℃。

答案　800～1000

解析　了解合金工具钢、高速钢、硬质合金、陶瓷等刀具材料的红硬性。

3. 刀具上切屑所流经的表面称为前面，而＿＿＿＿＿＿是指与工件上已加工表面相对的刀具表面。

答案　副后面

解析　掌握车刀三面、两刃、一尖的概念。

专题练习

一、单选题（下列选项中只有一个答案是正确的，每题 2 分）

1.（　　）由于与铁的亲和力很强，所以不能加工钢铁材料。

A. 人造金刚石　　　B. 立方碳化硼　　　C. 氮化硅陶瓷　　　D. 硬质合金

2. 前角、后角和楔角之和等于（　　）。

A. 60°　　　　　　B. 75°　　　　　　C. 90°　　　　　　D. 180°

3. 刀具材料要求高硬度，通常要求硬度在（　　）以上。

A. 50HRC　　　　　B. 60HRC　　　　　C. 70HRC　　　　　D. 75HRC

4. 下列刀具材料中，一般用于粗加工的是（　　）。

A. YG8　　　　　　B. YG3　　　　　　C. YT30　　　　　　D. YW1

5. 基面、切削平面及正交平面三者之间的关系为（　　）。

A. 相互垂直　　　B. 相互平行　　　C. 倾斜　　　　　D. 同一平面

6. 主切削刃与基面之间的夹角是（　　）。

A. 主偏角　　　　B. 后角　　　　　C. 刃倾角　　　　D. 前角

7. 刀尖圆弧半径增大，圆弧刃参加切削的长度增加，则（　　　）。

A. 切削变形增大，摩擦力减小　　　　B. 切削变形增大，摩擦力增大

C. 切削变形减小，摩擦力减小　　　　D. 切削变形减小，摩擦力增大

8. 车刀几何角度的选择中，对前角选择正确的是（　　　）。

A. 越大越好　　　　　　　　　　　　B. 越小越好

C. 粗车大、精车小　　　　　　　　　D. 在满足车刀强度的条件下，尽可能大

9. 刀具磨损程度由磨钝标准确定，而磨钝标准由某刀面磨损的尺寸确定，它是（　　　）。

A. 前面　　　　　　B. 后面　　　　　　C. 副后面　　　　　　D. 主剖面

10. 硬质合金刀具的切削效率一般为高速钢的（　　　）倍。

A. 2～4　　　　　　B. 4～8　　　　　　C. 4～10　　　　　　D. 10 以上

二、多选题（下列选项中有一个以上答案是正确的，每题 2 分）

1. 下列车刀角度中，在正交平面测得的是（　　　）。

A. 主偏角　　　　　　B. 前角　　　　　　C. 后角　　　　　　D. 楔角

2. 在辅助平面中，（　　　）为测量平面。

A. 法平面　　　　　　B. 背平面　　　　　　C. 正交平面　　　　　　D. 切削平面

3. 下列车刀角度中，在基面测得的是（　　　）。

A. 后角　　　　　　B. 主偏角　　　　　　C. 副后角　　　　　　D. 副偏角

4. 为了保证加工质量和加工效率，要求刀具材料应具备（　　　）和其他性能。

A. 高硬度和高耐磨性　　　　　　　　B. 高热硬性

C. 足够的强度和韧性　　　　　　　　D. 较好的化学稳定性

5. 车削硬度低、塑性好及韧性好的金属材料时，可以用的车刀材料是（　　　）。

A. W18Cr4V　　　　　　B. YG6　　　　　　C. YT30　　　　　　D. YT15

6. 车刀的正常磨损形式有（　　　）。

A. 前刀面磨损　　　B. 刀尖磨损　　　C. 后刀面磨损　　　D. 前后刀面同时磨损

7. 对于切削刀具来说，切削刀具的（　　　）是两个最重要的因素。

A. 结构　　　　　　B. 材料　　　　　　C. 形状　　　　　　D. 几何角度

8. 热硬性是指刀具在高温下保持其（　　　）的能力。

A. 高硬度　　　　　　B. 高强度　　　　　　C. 高耐磨性　　　　　　D. 高韧性

9. 为准确测量车刀的几何角度，假设的辅助平面主要包括（　　）。

A. 切削平面　　　　B. 基面　　　　　C. 正交平面　　　　D. 水平面

10. 下列选项中，（　　）是在基面测得的独立角度。

A. 前角　　　　　B. 主偏角　　　　　C. 刀尖角　　　　D. 副偏角

三、判断题（正确的填 A，错误的填 B，每题 2 分）

1.（　　）减小切削刀具后角可减小切削刀具后刀面与已加工表面的摩擦。

2.（　　）副偏角是在基面中测量的，副切削刃在基面上的投影与进给反方向之间构成的夹角。

3.（　　）在切削过程中，切削刀具前角越小，切削越轻快。

4.（　　）常用的刀具材料有碳素工具钢、合金工具钢、高速钢、硬质合金、陶瓷和超硬材料等。

5.（　　）在不带冲击切削的情况下，硬质合金的耐用度比高速钢的好。

6.（　　）硬质合金刀具中，P 类硬质合金用于切削 45 钢等塑性材料。

7.（　　）刃倾角的选择应根据工件材料、刀具材料和加工性质确定。

8.（　　）高速钢有较好的工艺性和足够的强度及韧性，可制造形状复杂的刀具。

9.（　　）由于硬质合金的抗弯强度较低，冲击韧度差，所取前角应小于高速钢刀具合理前角。

10.（　　）合理选用切削液，不但可以降低切削区域温度，对减小切削力也有十分明显的效果。

11.（　　）主切削刃和副切削刃相交的部分切削刃称为刀尖。

12.（　　）钨钴类硬质合金（YG）因其韧性、磨削性能和导热性好，主要用于加工脆性材料、有色金属及非金属。

13.（　　）刀尖要保持尖锐，以保证其切削时足够锋利。

14.（　　）后面是刀具上与工件的已加工表面相对的表面。

15.（　　）加工塑性大的材料时，车刀的前角对切削力的影响不明显。

四、填空题（将最恰当的答案填写在横线上，每题 2 分）

1. 粗加工时，刀具所承受的切削力较大并伴有冲击，为保证刀具寿命，后角应选_____。

2. 当工艺系统刚度较差时，应选用_____主偏角，防止径向力使工件顶弯。

3. 当前面与切削平面之间的夹角小于_____时为正前角。

4. 刀具上前面与副后面相交的部分为_____，它担负着车刀次要的切削任务。

5. 在测量刀具角度的辅助平面中，基本平面包括_____和切削平面两个。

6. 常用硬质合金分为钨钴类、钨钛钴类和钨钛钽钴类等。其中钨钴类适合用于铸铁等脆性工件或有色金属，_____适用于加工钢类等塑性工件。

7. 外圆车刀的 6 个独立角度是前角、后角、副后角、主偏角、副偏角和_____。

8. 刀具种类很多，无论哪种切削刀具，一般都是由_____和刀柄两部分组成。

9. 刀具在切削过程中不发生黏结磨损及高温扩散磨损的能力为_____。

10. 在副正交平面中测量的副后面与副切削平面之间的夹角为_____。

11. 通过切削刃选定点并垂直于切削刃的平面为_____。

12. 硬质合金_____较差，怕振动和冲击，成形加工较难。

13. 切削刀具上切屑流过的表面称为_____。

14. 通过切削刃选定点并垂直于基面和假定工作平面的平面称为_____。

15. 要保证工件加工质量，提高切削效率，降低切削加工费用。正确选择刀具具有重要作用，对刀具来说其刀具材料和刀具_____是两个最重要的因素。

考点 9　金属切削机床的分类及型号

考纲要求

1. 了解金属切削机床的分类及型号编制方法。
2. 能正确识读常用机床的型号。
3. 能理解其主要技术参数的含义。

学习建议

1. 掌握常用金属切削机床的分类方法及金属切削机床型号编制原则。

2. 能根据常用机床型号（C6140、Z3040）进行字母、数字的正确解释，并说出它属于什么机床以及其加工能力、主要参数特征等。

3. 通过小游戏"寻找机床身份证"，识读常用机床的型号并说明其主要类别、主要参数和主要特征等。

知识梳理

一、金属切削机床的分类知识树

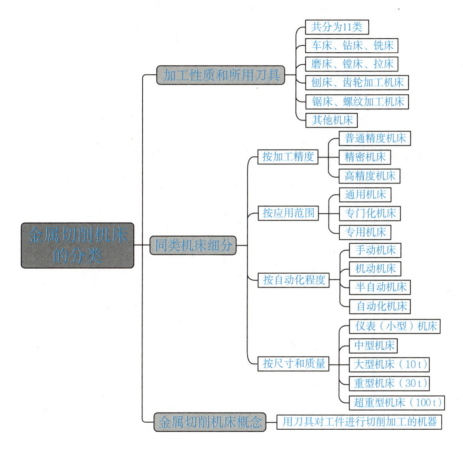

二、重点知识梳理

（一）金属切削机床的分类及型号相关概念（表3-9-1）

表3-9-1 金属切削机床的分类及型号相关概念

序号	名称	概念
1	金属切削机床	指用刀具对工件进行切削加工的机器
2	类别代号	机床型号的第一个字母表示机床的分类代号

读书笔记

续表

序号	名称	概念
3	通用特性代号	在机床类别的字母后面加一个或几个汉语拼音字母表示，通用特性代号有统一的规定含义，在各类机床的型号中表示相同意义
4	结构特性代号	对于主参数相同而结构、性能不同的机床，在型号中加结构特性予以区分，在机床型号中无统一含义，放在机床类代号或通用特性代号之后
5	组别代号	在机床型号中在类代号或通用特性代号或结构特性代号之后，一般为机床型号字母后的第一个数字。从0～9有10个组
6	系别代号	在机床型号组别代号之后，从0～9有10个系
7	主参数代号	表示机床的规格和工作能力，用折算值表示，位于系代号之后

（二）金属切削机床的型号

1. 机床型号的表示方法（图3-9-1）

机床的型号由基本部分和辅助部分组成，中间用"/"隔开，读作"之"。前者需统一管理，后者纳入型号与否由企业自定，机床型号构成如图3-9-2所示。

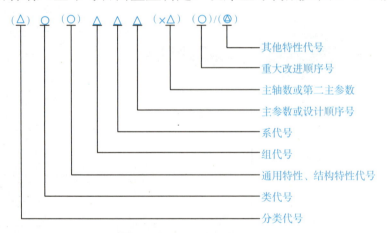

注1：有"（　）"的代母或数字，当无内容时，则不表示，若有内容则不带括号。
注2：有"〇"符号的，为大写的汉语拼音字母。
注3：有"△"符号的，为阿拉伯数字。
注4：有"◬"符号的，为大写的汉语拼音字母或阿拉伯数字，或两者兼有。

图3-9-1　机床型号的表示方法

2. 金属切削机床的类代号

机床型号的第一个字母表示机床的类，采用汉语拼音第一个大写字母，并按名称读音。例如。"C"表示"车床"读作"车"；"M"表示"磨床"读作"磨"。机床的类和分类代号见表3-9-2。

226

读书笔记

表3-9-2 机床的类和分类代号

类	车床	钻床	镗床	磨床			齿轮加工机床	螺纹加工机床	铣床	刨插床	拉床	锯床	其他机床
代号	C	Z	T	M	2M	3M	Y	S	X	B	L	G	Q
读音	车	钻	镗	磨	二磨	三磨	牙	丝	铣	刨	拉	割	其

3. 金属切削机床的通用特性代号

机床的通用特性代号是在代表机床类的字母后面，加一个汉语拼音字母表示，见表3-9-3。当一个型号中同时具有2个或3个通用特性代号时，应按重要程度排列。例如，"CK"表示数控车床，"MBG"表示半自动高精度磨床。

表3-9-3 机床的通用特性代号

通用特性	高精度	精密	自动	半自动	数控	加工中心自动换刀	仿形	轻型	加重型	简式或经济型	柔性加工单元	数显	高速	万能
代号	G	M	Z	B	K	H	F	Q	C	J	R	X	S	W
读音	高	密	自	半	控	换	仿	轻	重	简	柔	显	速	万

4. 金属切削机床的结构特性代号

对于主参数相同而结构、性能不同的机床，应在型号中加结构特性代号区分。需要注意的是结构特性代号的字母不能使用通用特性代号已用的字母及"I""O"两个字母。例如，CA6140中的"A"表示与C6140型车床主参数相同，但结构不同。当单个字母不够用时，可将两个字母组合起来使用如AD、AE等。

5. 金属切削机床的组、系代号

每类机床按其用途、性能、结构相近或有派生关系，分为10个组，每个组又分10个系列。在机床型号中，跟在字母后面的两个数字分别表示机床的组和系。例如，CM6132中的"6"表示落地及卧式车床组，"1"表示卧式车床系。

6. 金属切削机床的主参数

机床的主参数表示机床规格的大小和工作能力。在机床型号中，表示机床组和系的两个数字后面的数字表示机床的主参数或主参数的折算值，见表3-9-4。例如，CM6132中的"32"表示主参数代号，即表示床身上工件的最大回转直径是320 mm。

读书笔记

表 3-9-4　常见机床主参数及折算系数

机床名称	主参数名称	主参数折算系数
普通机床	床身上最大工件回转直径	1/10
自动机床、六角机床	最大棒料直径或最大车削直径	1/1
立式机床	最大车削直径	1/100
立式钻床、摇臂钻床	最大孔径直径	1/1
卧式镗床	主轴直径	1/10
牛头刨床、插床	最大刨削或插削长度	1/10
龙门刨床	工作台宽度	1/100
卧式及立式升降台铣床	工作台工作面宽度	1/10
龙门铣床	工作台工作面宽度	1/100
外圆磨床、内圆磨床	最大磨削外径或孔径	1/10
平面磨床	工作台工作面的宽度或直径	1/10
砂轮机	最大砂轮直径	1/10
齿轮加工机床	（大多数是）最大工件直径	1/10

7. 金属切削机床的重大改进顺序号

规格相同的机床，经改进设计，其性能和结构有了重大改进后，按改进设计的次序，分别用汉语拼音字母 A、B、C、…表示，并写在机床型号的末尾。例如，CQ6140B，表示床身上工件最大回转直径为 400 mm 的经第二次重大改进的轻型卧式车床。

8. 金属切削机床的主轴数

对于多轴机床、多轴钻床、排式钻床等机床，其主轴数应以实际数值列入型号中，并置于主参数之后，用"×"分开，读作"乘"。

9. 金属切削机床的第二参数

第二主参数一般不予表示。如果在型号中需要表示第二主参数，一般以折算成两位数为宜，最多不超过三位数。

10. 金属切削机床型号实例（图 3-9-2）

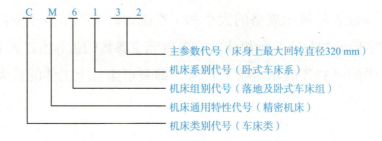

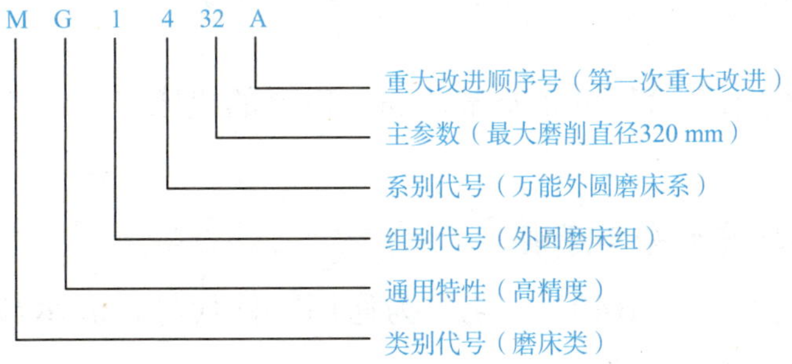

图 3-9-2　机床型号实例

例题解析

一、单选题（下列选项中只有一个答案是正确的，每题 2 分）

1. C6140A 是 C6140 型车床经过（　　）重大改进的车床。

A. 第一次　　　　　B. 第二次　　　　　C. 第三次　　　　　D. 第四次

答案　A

解析　掌握金属切削机床重大改进顺序号的含义。

2. 机床型号 CM6132A 中的"M"表示（　　）。

A. 精密　　　　　B. 车床　　　　　C. 磨床　　　　　D. 高精度

答案　A

解析　理解通用特性代号在金属切削机床中的含义。

二、多选题（下列选项中有一个以上答案是正确的，每题 2 分）

1. 金属切削机床的型号用来表示机床的（　　）的代号等。

A. 机床的类型　　　　　　　　　　B. 主要参数

C. 主要特征　　　　　　　　　　　D. 主要功能

答案　ABC

解析　掌握金属切削机床型号的表示方法及含义。

2. 下列代号中可以是机床类别代号，也可以是机床通用特性代号的是
（　　）。

A. C　　　　　B. S　　　　　C. B　　　　　D. L

答案　ABC

解析　掌握金属切削机床型号中通用特性代号与结构特性代号的含义。

读书笔记

三、判断题（正确的填 A，错误的填 B，每题 2 分）

1.（   ）重型机床表示其机床质量达 50 t 以上的机床。

答案　B

解析　掌握同类机床的分类原则。

2.（   ）机床型号 CE6140 中"E"为通用特性代号，表示与 C6140 型机床主要参数相同，在结构上为 E 结构。

答案　B

解析　掌握通用特性代号和结构特性代号的含义。

四、填空题（将最恰当的答案填写在横线上，每题 2 分）

1. 在机床型号 Z3040 中，"40"表示该钻床最大钻孔直径为＿＿＿＿＿＿mm。

答案　40

解析　掌握常用机床主参数折算系数的含义。

2. 机床型号前两个字母"XK"表示为＿＿＿＿＿＿。

答案　数控铣床

解析　掌握机床型号中各字母的含义及作用。

专题练习

一、单选题（下列选项中只有一个答案是正确的，每题 2 分）

1. 机床型号 C6132 中，"C"表示（   ）。

A. 铣床　　　　　B. 车床　　　　　C. 磨床　　　　　D. 刨床

2. 机床型号 CK6140 中，"40"表示床身上最大工件回旋直径为（   ）。

A. 40 mm　　　　B. 400 mm　　　　C. 4 000 mm　　　D. 以上都不正确

3. 机床型号 C6140A 表示该机床经过（   ）重大改进的轻型卧式车床。

A. 第一次　　　　B. 第二次　　　　C. 第三次　　　　D. 第四次

4. 机床型号 Z5140 表示为（   ）。

A. 摇臂钻床　　　B. 台式钻床　　　C. 卧式钻床　　　D. 立式钻床

5. 机床按尺寸和质量大小不同可进行分类，其质量达（   ）以上的称为重型机床。

A. 5 t　　　　　　B. 10 t　　　　　C. 30 t　　　　　D. 100 t

6. 机床型号 LG6160 中，"LG" 表示（　　　）。

A. 精密拉床　　　　B. 高精度车床　　　　C. 高精度拉床　　　　D. 高精度刨床

7. 机床型号 CB6140A 表示床身上最大工件加工直径为（　　　）mm 的卧式车床。

A. 140　　　　　　B. 400　　　　　　　C. 200　　　　　　　D. 6140

8. 机床主参数在机床型号中用折算值表示，牛头刨床的主参数名称是（　　　）。

A. 最大刨削宽度　　B. 最大刨削长度　　C. 最大刨削深度　　D. 最大刨削直径

9. 以下机床类代号中，表示刨床的是（　　　）。

A. C　　　　　　　B. Z　　　　　　　C. B　　　　　　　D. M

10. 以下机床类代号中，表示齿轮加工机床的是（　　　）。

A. C　　　　　　　B. M　　　　　　　C. Y　　　　　　　D. Z

11. 机床型号 M7180C 是经（　　　）重大改进的车床。

A. 第一次　　　　　B. 第二次　　　　　C. 第三次　　　　　D. 第四次

12. 有"万能车床"之称的是（　　　）。

A. 六角车床　　　　B. 立式车床　　　　C. 自动车床　　　　D. 普通车床

13. 机床型号 CM6132A 中，"M" 表示（　　　）。

A. 精密　　　　　　B. 车床　　　　　　C. 磨床　　　　　　D. 高精度

14. 机床型号 XW6132 表示工作台的最大工作宽度为（　　　）。

A. 132 mm　　　　B. 1 320 mm　　　　C. 320 mm　　　　　D. 3 200 mm

15. 机床型号 CKA6136 中，"A" 表示（　　　）。

A. 通用特性代号　　B. 类代号　　　　　C. 结构特性代号　　D. 分类代号

二、多选题（下列选项中有一个以上答案是正确的，每题 2 分）

1. 同类机床按应用范围（通用性程度）可细分为（　　　）。

A. 通用机床　　　　B. 专门化机床　　　C. 单一功能机床　　D. 专用机床

2. 下列代号中可以是机床类别代号，也可以是机床通用特性代号的是（　　　）。

A. C　　　　　　　B. S　　　　　　　C. B　　　　　　　D. L

3. 外圆磨床中，其主参数折算系数为 1/10 的是（　　　）。

A. 普通外圆磨床　　B. 端面外圆磨床　　C. 无心外圆磨床　　D. 万能外圆磨床

4. 同一类金属切削机床按加工精度不同可分为（　　　）三个等级。

A. 高精密　　　　　B. 精密　　　　　　C. 超精密　　　　　D. 普通精度

5. 金属切削机床的型号用来表示机床的（　　　）的代号等。

A. 机床的类型　　　B. 主要功能　　　　C. 主要参数　　　　D. 主要特征

读书笔记

三、判断题（正确的填 A，错误的填 B，每题 2 分）

1.（　　）CK6136A 表示的是普通车床。

2.（　　）机床型号 CD6140 中，"D" 是通用特性代号，表示与 C6140 型机床主要参数相同，在结构上为 D 结构。

3.（　　）机床型号 CM6132 中，C 代表车床，M 代表精密机床，61 代表卧式机床，32 代表工件最大回转直径为 320 mm。

4.（　　）重型机床表示其机床质量达 50 t 以上的机床。

5.（　　）在同类机床中，因组别代号和系别代号所用数字有限，随着科学技术的发展将不够使用，因此会使机床的型号长度增加。

6.（　　）机床的型号由基本部分和辅助部分组成，中间用 "–" 隔开，读作 "之"。

7.（　　）当机床型号的前面出现数字 2 或 3，一般为磨床。

8.（　　）Z3040×16 中，"16" 为摇臂钻床的第二主参数，表示其最大跨距是 160 mm。

9.（　　）机床的主参数表示机床的规格和工作能力，主参数在机床型号中用折算值来表示。

10.（　　）实际生产中，车床的转速是根据理论计算的转速，从车床转速表中选取近似值。

四、填空题（将最恰当的答案填写在横线上，每题 2 分）

1. 每类机床按其用途、性能、结构相近或有派生关系，分为＿＿＿＿个组别。

2. 在机床型号 Z3040 中，"40" 表示钻床最大钻孔直径为＿＿＿＿mm。

3. 机床型号前三个字母为 "MBG" 表示＿＿＿＿。

4. 对于多轴机床、多轴钻床等，其主轴数应以实际值列入型号中，并置于主参数之后用 "×" 分开，读作＿＿＿＿。

5. 目前我国金属切削机床按加工性质和所用刀具进行分类，共分为＿＿＿＿大类。

考点 10　车床及其应用

✦ 考纲要求

1. 了解卧式车床的分类、组成、应用范围及加工特点。

读书笔记

2. 了解车床上常用刀具的种类，了解车床上常用夹具、工具的特点及应用场合。

3. 掌握车床上常见的工件安装方法。

4. 掌握常见车削表面的加工方法及特点。

学习建议

1. 了解常用车床的分类及其加工特点，掌握卧式车床的组成、工作原理、传统路线、应用范围及车削加工特点。

2. 通过学习与实践掌握车床常用附件的作用与功能，能根据加工要求合理选择车床附件。

3. 掌握常用车刀的种类及安装方法，通过实践操作能正确安装常用车刀并进行中等复杂零件的加工（车台阶、车外圆、车圆锥、车螺纹、车槽、车孔等）及工艺分析。

4. 遵守车工职业道德与职业规范，树立良好的安全生产、节能环保和产品质量等意识。

知识梳理

一、车床及其应用知识树

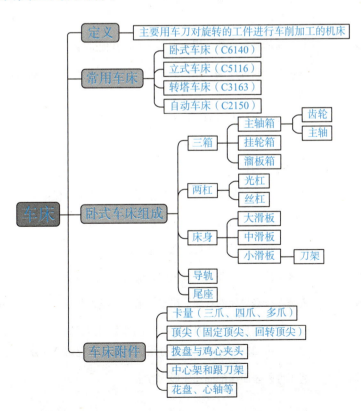

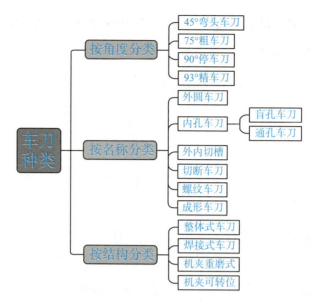

图 3-10-2　车刀种类知识树

二、重点知识梳理

（一）车床及应用相关概念（表 3-10-1）

表 3-10-1　车床及应用相关概念

序号	名称	概念
1	车床	是主要用车刀对旋转的工件进行车削加工的机床，是金属切削机床中最主要的一种切削机床
2	床身	是车床的基础部件，用来支承和连接其他部件
3	主轴箱	固定在床身的左端，箱内装有主轴部件和主运动变速机构，又称床头箱或主变速箱
4	进给箱	安装在床身的左前侧，是改变车刀进给量、传递进给运动的机构
5	滑板箱	是纵向进给运动和横向进给运动的分配机构，通过溜板箱将光杠和丝杠的转动变为滑板的移动
6	光杠	用于一般车削加工，可以将进给箱的运动传给溜板箱
7	丝杠	用于车螺纹，可以将进给箱的运动传给溜板箱
8	操纵杆	用于主轴的启动、正反转和停止操作
9	刀架	用来夹持车刀，并使其做纵向、横向或斜向移动
10	尾座	安装在床身导轨的右端，用来支承工件或装夹钻头、铰刀等进行外圆及孔加工
11	车刀	是用于车削加工的、具有一个切削部分的刀具。是切削加工中应用最广的刀具之一，由切削部分和夹持部分组成，重点研究切削部分
12	车外圆	将工件外表面车削成圆柱形的方法

续表

序号	名称	概念
13	车端面	对工件端面进行车削的方法
14	车槽	在工件表面上车削沟槽的方法
15	切断	将工件或坯料分成两段或若干段的车削方法
16	车台阶	车削台阶处外圆和端面的方法
17	车圆锥面	将工件表面车削成圆锥面的方法
18	车成形面	车削母线为曲线的回转表面
19	车孔	对工件上的孔进行车削的加工方法
20	车螺纹	在工件表面车削螺纹的方法
21	三爪自定心卡盘	指利用均布在卡盘体上的三个活动卡爪的径向移动,把工件夹紧和定位的机床附件
22	四爪单动卡盘	全称是机床用手动四爪单动卡盘,是由一个盘体、四个丝杆、一副卡爪组成的机床附件。工作时是用四根丝杠分别带动四爪,因此常见的四爪单动卡盘没有自动定心的作用
23	花盘	表面开有通槽和 T 形槽,需用螺栓和压板配合装夹不规则工件的机床附件
24	顶尖	机械加工中的机床部件,有固定顶尖和活动顶尖两种
25	拨盘与鸡心夹头	拨盘与鸡心夹头的作用是当工件用两顶尖装夹时带动工件旋转
26	中心架	在车削刚性较差的细长轴或者不能穿过主轴孔的粗长工件及孔与外圆同轴度要求较高的较长工件时,使用中心架来增强刚性,保证同轴度,属于车床的附件
27	跟刀架	是径向支承旋转工件的辅助装置。加工时,与刀具一起沿工件轴向移动,属于车床的附件

例题解析

一、单选题(下列选项中只有一个答案是正确的,每题 2 分)

1.用小滑板转位法车削锥角为 60° 的外圆锥面时,小滑板应转动( )。

A. 30°　　　　 B. 60°　　　　 C. 120°　　　　 D. 180°

答案 A

解析 掌握车削圆锥面常用的方法及特点。

2.车削长度较短、外形规则的中小型零件,装夹迅速方便,可自动定心,应用较广的车床夹具是( )。

A. 三爪自定心卡盘　　　　　　 B. 四爪单动卡盘

C. 花盘　　　　　　　　　　　 D. 心轴

答案 A

解析 掌握常用车床附件的作用及特点。

二、多选题（下列选项中有一个以上答案是正确的，每题 2 分）

1. 在普通车床上车削成形面的方法有（　　　）。

A. 双手控制法　　B. 成形刀法　　　　C. 靠模法　　　　D. 自动法

答案 ABC

解析 掌握车削成形面的方法及特点。

2. 下面是一把 45° 弯头车刀在数控车床上能够完成加工的内容（　　　）。

A. 车端面　　　B. 车台阶　　　　C. 车外圆　　　　D. 倒角

答案 ACD

解析 掌握常用车刀的结构、形状及其加工范围。

三、判断题（正确的填 A，错误的填 B，每题 2 分）

1.（　　）车床主轴箱的作用是实现车削时的主运动及变换转速。

答案 A

解析 掌握车床的组成及功能。

2.（　　）车内孔的关键技术是解决内孔车刀的刚性和排屑问题。

答案 A

解析 理解车内孔时保证质量的关键因素及原因。

四、填空题（将最恰当的答案填写在横线上，每题 2 分）

1. 英制普通螺纹在 1 in 内的牙数是 8 个，则它的螺距为＿＿＿＿＿＿mm。

答案 3.175

解析 1 in ≈ 25.4 mm，在螺纹的加工中常遇到英制螺纹。

2. 已知工件锥度为 1∶10，小端直径为 30 mm，锥长 L 为 60 mm，大端直径是＿＿＿＿＿＿mm。

答案 36

解析 掌握圆锥的计算公式。

3. 车床上进行切断加工，＿＿＿＿＿＿（方法）用于钢等塑性材料加工。

答案 左右借刀法

解析 掌握常用的车削方法。

专题练习

一、单选题（下列选项中只有一个答案是正确的，每题 2 分）

1. 轴向尺寸较长、曲率不大的成形面成批和大量生产，常采用（　　）。

　A. 双手控制法　　　B. 成形刀法　　　C. 偏移尾座法　　　D. 靠模法

2. 车削双线螺纹，工件旋转一周，车刀必须移动（　　）。

　A. 一个螺距　　　B. 两个螺距　　　C. 三个螺距　　　D. 四个螺距

3. 精车属于较高精度表面的加工，其加工精度为 IT7～IT8 级，表面粗糙度 Ra 能够到达（　　）μm。

　A. 50～12.5　　　B. 6.3～3.2　　　C. 1.6～0.8　　　D. 0.4～0.2

4. 在车床上以两顶尖定位车削光轴，车后发现工件中部直径偏大，两头直径偏小，其可能的原因有（　　）。

　A. 工件刚度不足　　　　　　　　B. 前后顶尖刚度不足

　C. 车床纵向导轨直线度误差　　　D. 导轨扭曲

5. 车削成形面时，易产生轮廓不正确的选项是（　　）。

　A. 进给量较大

　B. 用双手控制车削时，纵、横进给不协调

　C. 材料切削性能差，易产生积屑瘤

　D. 靠模形状准确，安装正确

6. 在轴类工件装夹时能自动纠正少量的位置偏差的中心孔是（　　）。

　A. A 型　　　B. B 型　　　C. R 型　　　D. C 型

7. 在标准圆锥中，米制圆锥共有七个号码，其大端直径即为号码的数字，且锥度是固定不变的，米制圆锥的锥度为（　　）。

　A. 1：20　　　B. 1：30　　　C. 1：16　　　D. 1：19.002

8. 下面选项中，能够调整光杠和丝杠的转速的是（　　）。

　A. 进给箱　　　B. 溜板箱　　　C. 操纵杆　　　D. 主轴箱

9. 加工塑性材料时，当切削速度较高、刀具前角较大时，一般常形成的切屑类型是（　　）。

　A. 带状切屑　　　B. 单元切屑　　　C. 节状切屑　　　D. 崩碎切屑

10. 将电动机的旋转运动传到主轴的传动称为（　　）。

　A. 主运动传动　　　B. 进给运动　　　C. 快速行程传动　　　D. 慢速行程传动

二、多选题（下列选项中有一个以上答案是正确的，每题 2 分）

1. 下列选项中，对车刀安装要求正确的是（　　　）。

A. 刀尖与工件轴线等高　　　　　　　B. 车刀必须两个及以上螺钉压紧

C. 刀杆轴线尽可能垂直于工件轴线　　D. 刀杆尽可能伸出长一点

2. 用两顶尖装夹工件时应注意（　　　）。

A. 前顶尖必须是死顶尖　　　　　　　B. 后顶尖必须是活顶尖

C. 前后顶尖必须同轴线　　　　　　　D. 两顶尖松紧要适当

3. 卡盘是车床上应用最多的夹具，从使用动力上可以分为（　　　）。

A. 手动卡盘　　　　　　　　　　　　B. 气动卡盘

C. 液压卡盘　　　　　　　　　　　　D. 电动卡盘和机械卡盘

4. 车刀刀杆中心线与进给方向不垂直，则会使（　　）发生变化。

A. 主偏角　　　　B. 副偏角　　　　C. 楔角　　　　D. 刀尖角

5. 车削薄壁工件时防止变形的方法（　　　）。

A. 夹紧力适当　　　　　　　　　　　B. 轴向夹紧

C. 增大接触面积　　　　　　　　　　D. 使用辅助支承或工艺筋

6. 下列测量方法中，可以用于测量圆锥面的是（　　　）。

A. 用万能角度尺测量　　　　　　　　B. 用圆锥量规测量

C. 用千分尺测量　　　　　　　　　　D. 用正弦规测量

7. 车削形状不规则的工件可使用（　　）进行装夹。

A. 三爪卡盘　　　　B. 四爪卡盘　　　　C. 花盘　　　　D. 两顶尖

8. 目前，在生产中车刀种类有（　　）车刀。

A. 整体式　　　　B. 焊接式　　　　C. 机夹重磨式　　　　D. 机夹可转位式

9. 车削精度一般分为（　　　）。

A. 粗车　　　　B. 半精车　　　　C. 精车　　　　D. 精细车

10. 车削中切削运动包括（　　　）。

A. 工件的旋转运动　　　　　　　　　B. 刀架的移动

C. 刀架旋转运动　　　　　　　　　　D. 尾座的移动

三、判断题（正确的填 A，错误的填 B，每题 2 分）

1.（　　　）中心架应安装在车床床身导轨上，跟刀架应安装在车床床鞍上。

2.（　　　）车床主轴箱的作用是实现车削时的主运动及变换转速。

3.（　　）用心轴定位加工零件既可以保证内外圆的同轴度，还可以保证加工端面与轴心线的垂直度。

4.（　　）用花盘或花盘角铁装夹工件时，花盘和花盘角铁属于专用夹具。

5.（　　）为工作方便，车床的机动纵向进给、横向进给及车螺纹三种传动路线，任何时间都能任意接通。

6.（　　）在车削锥度时，当半锥角 $\alpha/2 < 6°$ 时，可用近似公式 $\alpha/2 \approx 28.7° \times C$（$C$ 为锥度）。

7.（　　）在花盘、角铁上装夹工件时，需要装上平衡块以获得平衡。

8.（　　）使用圆锥塞规检验内圆锥时，塞规大端的显示剂擦去，小端没有擦去，说明圆锥角大了。

9.（　　）倒顺车法可以防止螺纹乱牙，适合车削精度较高的螺纹，其最大缺点是效率较低。

10.（　　）使用螺纹量规检测螺纹是否合格时，通规能顺利旋入，止规也能顺利旋入，说明螺纹不合格。

11.（　　）在两顶尖间测量较小偏心距时，百分表读数最大值和最小值的差就是偏心距的实际尺寸。

12.（　　）离合器的作用是使任意两根轴随时接通或断开，以实现机床的启动、停止、变速和换向等。

13.（　　）车床的车身导轨磨损，不会影响工件的形状和位置精度。

14.（　　）退刀槽的作用能使轴在受到交变载荷作用时不致因应力集中而断裂。

15.（　　）盲孔车刀也可用于车削通孔，但通孔车刀不能用于车削盲孔。

四、填空题（将最恰当的答案填写在横线上，每题 2 分）

1. 车床上的部件中，_____通常用于车螺纹加工。

2. 将坯料或工件分成两段或若干段的车削方法称为_____。

3. 挂轮箱的作用是将主轴的回转运动传递给_____，完成车刀的自动进给。

4. 将工件外圆表面车削成圆柱形的方法称为_____。

5. 将工件表面车削成圆锥面的方法称为_____。

6. 偏心工件中，偏心部分的轴线和基准部分的轴线之间的距离，称为_____。

7. 拨盘与鸡心夹头的作用是，当工件采用_____时带动工件旋转，完成车削

读书笔记

任务。

8. 摩擦离合器是靠内、外摩擦片压紧时端面之间的_____传递转矩。

9. 多线螺纹的分线方法有_____和圆周分线法两种。

10. 下图为千分尺测量某零件的结果，其尺寸为_____cm。

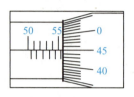

11. 在通过圆锥轴线的截面内，两条素线之间的夹角称为_____。

12. 常用的标准圆锥分为_____和米制圆锥两种。

13. 加工某外圆锥零件，其工件总长为 80 mm，圆锥长度为 60 mm，锥度 $C=1:5$，圆锥小端直径为 35 mm，其圆锥大端直径为_____mm。

14. M14 的普通外螺纹，其中径 d_2 为_____mm（保留两位小数）。

15. 尺身每小格为 1 mm，游标上的 50 格等于尺身上的 49 格，该游标卡尺测量精度为_____mm。

考点 11　铣床及其应用

考纲要求

1. 了解铣床的分类、组成、应用范围及加工特点。

2. 了解常用的铣削方法，并根据加工条件正确选择铣削方法。

3. 了解常用铣刀种类，掌握常见铣削表面的加工方法及特点。

4. 能在铣床上对常见工件进行安装及找正。

学习建议

1. 了解常用铣床的分类及其加工特点，掌握卧式铣床和立式铣床的组成、工作原理应用范围及铣削加工特点。

2. 通过学习与实践掌握铣床常用附件的作用与功能，能根据加工要求合理选择铣床附件。

3. 掌握常用的铣削方法，并能进行铣削用量的选择，能根据加工要求合理选择铣削刀具及工件装夹方法。

4.掌握常用铣刀的种类及安装方法，通过实践操作能正确安装常用铣刀并进行中等复杂零件的加工（铣平面、铣台阶、铣键槽、铣成形面等）及工艺分析。

5.遵守铣工职业道德与职业规范，树立良好的安全生产、节能环保和产品质量等意识。

知识梳理

一、铣床及其应用知识树

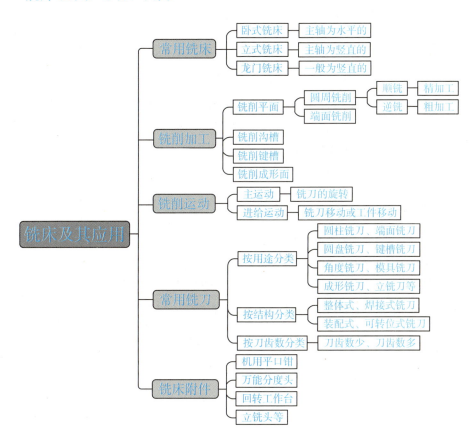

二、重点知识梳理

铣床及其应用相关概念见表3-11-1。

表3-11-1 铣床及其应用相关概念

序号	名称	概念
1	铣削	指由铣刀旋转做主运动，工件或铣刀移动做进给运动的切削加工方法

读书笔记

续表

序号	名称	概念
2	圆周铣削（周铣）	以铣刀圆周上的刀齿进行铣削的方法
3	端面铣削（面铣）	以铣刀端面上的刀齿进行铣削的方法
4	混合铣削	以铣刀圆周和端面上的刀齿同时进行铣削的方法
5	顺铣	在铣削过程中，在铣刀与工件已加工表面的切点处，铣刀切削刃的运动方向与工件进给方向相同的铣削
6	逆铣	在铣削过程中，在铣刀与工件已加工表面的切点处，铣刀切削刃的运动方向与工件进给方向相反的铣削
7	平口钳	平口钳又名机用虎钳，是一种通用夹具，常用于安装小型工件，它是铣床、钻床、磨床的随机附件，将其固定在机床工作台上，用来夹持工件进行切削加工
8	分度头	是安装在铣床上用于将工件分成任意等份的机床附件。也是用卡盘或用顶尖和拨盘夹持工件并使之回转和分度定位的机床附件。分度头主要用于铣床，也常用于钻床和平面磨床，还可放置在平台上供钳工划线用
9	回转工作台	指带有可转动的台面、用以装夹工件并实现回转和分度定位的机床附件，简称转台或第四轴
10	铣削速度 v_c	是指铣刀外缘的线速度或瞬时速度，单位 m/min 或 m/s。$v_c=(\pi d n)/1\,000$ 或 $v_c=(\pi d n)/1\,000\times60$
11	进给量 f 或 f_z	是指铣刀在进给运动方向上相对零件的位移量。铣削时一般有以下两种方式：铣刀每转相对零件移动的距离，单位 mm/r；铣刀每转过一个刀齿相对零件移动的距离，单位 mm/z
12	背吃刀量 A_p	通过切削刃基点并垂直于工作平面的方向上测得的吃刀量，单位 mm
13	侧吃刀量 A_e	平行于工作平面并垂直切削刃基点的进给运动方向上测得的吃刀量，单位 mm
14	进给速度 v_f	铣刀相对零件每分钟移动的距离，单位 mm/min。$v_f=f n=f_z z n$
15	铣刀	用于铣削的多齿旋转刀具。铣刀种类繁多

例题解析

一、单选题（下列选项中只有一个答案是正确的，每题 2 分）

1.铣削加工时，主运动是（　　）。

A. 刀具的回转运动　　　　　　B. 刀具的轴向移动

C. 工件的直线移动　　　　　　D. 工件的回转运动

答案　A

解析 掌握铣床及其运动。

2.（　　）可以消除铣削产生的工作台窜动和扎刀现象。

A. 顺铣　　　　　　B. 逆铣　　　　　　C. 周铣　　　　　　D. 端铣

答案 B

解析 掌握顺铣和逆铣的作用。

二、多选题（下列选项中有一个以上答案是正确的，每题 2 分）

1. 在普通铣床上常用的铣削斜面的方法有（　　）。

A. 工件斜压　　　B. 使用角度铣刀　　C. 旋转铣刀头　　D. 工作台旋转角度

答案 AC

解析 掌握铣削斜面的方法。

2. 铣削用量包括（　　）。

A. 铣削速度　　　B. 进给量　　　　C. 背吃刀量　　　D. 侧齿刀量

答案 ABCD

解析 掌握切削用量的内容。

三、判断题（正确的填 A，错误的填 B，每题 2 分）

1.（　　）铣削时，刀具无论是正转还是反转，工件都会被切下切屑。

答案 B

解析 掌握铣削加工原理。

2.（　　）为保证刀头强度，粗车外圆时车刀的前角和后角应选取较大值。

答案 B

解析 掌握实际加工中前、后角的选择。

四、填空题（将最恰当的答案填写在横线上，每题 2 分）

1. 在铣削过程中，铣刀与工件已加工面的切点处，旋转铣刀切削刃的运动方向与工件进给方向相同的铣削称为_____。

答案 顺铣

解析 掌握顺铣、逆铣的概念。

2. 铣削某 45 钢材料时，选用铣刀齿数 $z=4$ 的立铣刀，转速 $n=1\ 200$ r/min，铣刀每分钟进给量 $v_f=120$ mm/min，求此铣刀在铣削过程中每齿进给量为_____mm/z。

答案 0.1

解析 掌握铣削用量的计算。

读书笔记

专题练习

一、单选题（下列选项中只有一个答案是正确的，每题2分）

1. 用铣刀圆周上的切削刃进行铣削的方法称为（　　）。

A. 端铣　　　　　B. 周铣　　　　　C. 顺铣　　　　　D. 逆铣

2. 较小直径的圆柱铣刀是（　　）铣刀。

A. 圆柱直柄　　　B. 莫氏锥柄　　　C. 盘形带孔　　　D. 圆柱带孔

3. 铣削运动的主运动是（　　）。

A. 工件旋转　　　B. 工件移动　　　C. 工作台进给　　　D. 铣刀旋转

4. 铣床的进给速度是指（　　）。

A. 每齿进给量　　B. 每转进给量　　C. 每分钟进给量　　D. 快速移动量

5. 其锥度为7∶24的圆锥面常用于（　　）场合。

A. 铣床主轴孔及刀杆的锥体　　　　B. 主轴与齿轮的配合

C. 刨齿机工作台的心轴孔　　　　　D. 车床主轴法兰及轴头配合

6. 键槽一般在（　　）上铣削加工。

A. 龙门铣床　　　B. 卧式铣床　　　C. 立式铣床　　　D. 钻床

7. 可转位铣刀属于（　　）铣刀。

A. 整体　　　　　B. 镶齿　　　　　C. 机械夹固式　　D. 焊接式

8. 在铣床上铣直槽，应采用三面刃铣刀和（　　）。

A. 圆柱铣刀　　　B. 锯片铣刀　　　C. 立铣刀　　　　D. 端铣刀

9. 在铣削过程中，铣刀与工件已加工面的切点处，旋转铣刀切削刃的运动方向与工件进给方向相同的铣削，称为（　　）。

A. 端铣　　　　　B. 周铣　　　　　C. 逆铣　　　　　D. 顺铣

10. 若在铣床上利用分度头六等分工件，其手柄每次转过圈数为（　　）。

A. 6圈　　　　　B. 6.67圈　　　　C. 16个孔　　　　D. 24个孔

二、多选题（下列选项中有一个以上答案是正确的，每题2分）

1. 在普通铣床上常用的铣削斜面的方法有（　　）。

A. 工件斜压　　　B. 使用角度铣刀　　C. 旋转铣刀头　　D. 工作台旋转角度

2. 铣削的主要加工范围包括（　　）。

A. 外圆面　　　　B. 平面　　　　　C. 成形面　　　　D. 沟槽

3. 铣床种类很多，其中以（　　　）应用最广。

A. 立式铣床　　　　B. 卧式铣床　　　　C. 龙门铣床　　　　D. 钻铣床

4. 下列选项中，属于铣床附件的是（　　　）。

A. 万能分度头　　　B. 回转工作台　　　C. 机用平口钳　　　D. 圆柱铣刀

5. 在铣床上铣削沟槽主要采用（　　　）。

A. 三面刃铣刀　　　B. 端铣刀　　　　　C. 立铣刀　　　　　D. 键槽铣刀

6. 铣削为断续加工，其铣削用量包括（　　　）。

A. 铣削速度　　　　B. 进给量　　　　　C. 背吃刀量　　　　D. 侧齿刀量

7. 在铣床上加工平面主要采用（　　　）铣刀。

A. 圆柱　　　　　　B. 锯片　　　　　　C. 立　　　　　　　D. 面

8. 用铣刀圆周上的刀刃进行铣削平面的方法有（　　　）。

A. 顺铣　　　　　　B. 端铣　　　　　　C. 逆铣　　　　　　D. 混合铣

9. 分度头是铣床的重要附件，主要用于铣削（　　　）。

A. 多边形　　　　　B. 沟槽　　　　　　C. 花键　　　　　　D. 齿轮

10. 通常将平面铣削分为（　　　）几个加工阶段。

A. 粗铣　　　　　　B. 半精铣　　　　　C. 超精铣　　　　　D. 精铣

三、判断题（正确的填 A，错误的填 B，每题 2 分）

1.（　　　）在操作铣床过程中，不允许操作人员在自动进给时离开机床，以免发生事故。

2.（　　　）一般来说，顺铣比逆铣优越，顺铣尤其适用于对有硬皮工件的加工。

3.（　　　）逆铣是铣削时铣刀对工件的作用力（铣削力）在进给方向上的分力与工件进给方向相同的铣削方式。

4.（　　　）万能铣头的作用是扩大立式铣床的工作范围，辅助铣床完成所能完成的各种加工。

5.（　　　）铣削时，刀具无论是正转还是反转，工件都会被切下切屑。

6.（　　　）立式铣床的主要特征是主轴与工作台面平行。

7.（　　　）铣床主轴的转速越高，则铣削速度越大。

8.（　　　）铣削的加工质量不如车削，精铣后的精度可达 IT7～9，表面粗糙度可达 Ra1.6～6.3。

9.（　　　）台虎钳是用来夹持工件的专用夹具。

10.（　　　）用三面刃铣刀加工台阶面时，铣刀的宽度应大于台阶面的宽度。

读书笔记

四、填空题（将最恰当的答案填写在横线上，每题 2 分，共 20 分）

1. 铣削加工就是以铣刀的旋转运动为_____，与工件或铣刀做进给运动相配合切去工件上多余材料的一种金属切削加工方法。

2. 铣削某铝合金材料时，选用刀齿为四齿的铣刀，转速为 3 000 r/min，进给速度为 900 mm/min，则铣刀每齿进给量为_____mm/z。

3. 铣削某 45 钢材料时，选用铣刀齿数 $z=2$ 的立铣刀，转速 $n=1\,200$ r/min，铣刀每分钟进给量 $v_f=120$ mm/min，此铣刀在铣削过程中每齿进给量为_____mm/z。

4. _____是铣床的重要附件，主要用于铣削多边形、花键、齿轮等工件。

5. 在铣削过程中，铣刀与工件已加工面的切点处，旋转铣刀切削刃的运动方向与工件进给方向相同的铣削称为_____。

6. 铣削是在铣床上利用_____和工件相对于铣刀的移动来加工工件。

7. 铣削用量包括切削速度、进给量、背吃刀量和_____四个要素。

8. 铣刀齿数 $z=60$，转速 $n=300$ r/min，每齿进给量 $f_z=0.02$ mm/z，则每分钟进给量 $v_f=$_____mm/min。

9. 圆周铣根据刀具与工件的相对运动关系可分为顺铣和_____。

10. 机床型号为 X6132，其中 X 是指_____，32 是指工作台工作面宽度为 320 mm。

考点 12　磨床及其应用

考纲要求

1. 了解常见磨床的分类、组成、应用范围及加工特点。
2. 了解砂轮组成要素，能进行粗磨、精磨条件下的砂轮选择。
3. 了解磨床常用附件、工具及常用工件安装方法。
4. 了解常见磨削表面的加工方法及特点。

学习建议

1. 了解常用磨床的分类及其加工特点，了解外圆磨床和平面磨床的组成、工作原理、应用范围及磨削加工特点。

2. 了解常用的外圆柱面、外圆锥面的磨削方法，能根据加工要求合理选择磨削用量。

3. 了解砂轮的组成及特性，能进行粗磨、精磨条件下砂轮的合理选择。

4. 了解磨床常见附件、工具及工件的安装方法，遵守磨工职业道德与职业规范，树立良好的安全文明生产意识。

知识梳理

一、磨床及其应用知识树

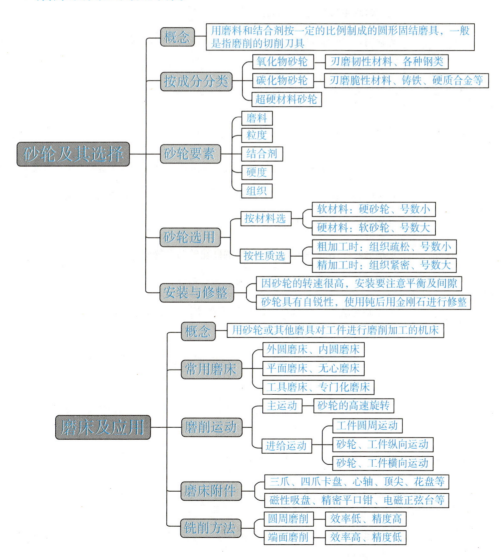

二、重点知识梳理

磨床及其应用相关概念见表 3-12-1。

表 3-12-1　磨床及其应用相关概念

序号	名称	概念
1	磨床	用砂轮或其他磨具对工件进行磨削加工的机床
2	外圆磨床	加工工件圆柱形、圆锥形或其他形状素线展成的外表面和轴肩端面的磨床中，使用最广泛
3	内圆磨床	主要用于磨削圆柱形、圆锥形或其他形状素线展成的内孔表面及其端面
4	平面磨床	以砂轮旋转研磨工件以使其达到要求的平整度，根据工作台形状可分为矩形工作台和圆形工作台两种，矩形工作台平面磨床的主参数为工作台宽度及长度，圆形工作台的主参数为工作台面直径
5	纵磨法	磨削时，砂轮做高速旋转主运动，工件旋转并与工作台一起做纵向往复运动的磨削方法
6	横磨法	横磨法又称切入法，砂轮以很慢的速度连续做横向进给运动，直到磨去全部磨削余量
7	分段综合磨削法	是纵磨法与横磨法的综合应用
8	砂轮	用磨料和结合剂按一定的比例制成的圆形固结磨具。一般是指磨削的切削刀具
9	磨料	砂轮中的磨粒材料。应具有高硬度、高热硬性、一定韧性和化学稳定性
10	粒度	是指磨粒的平均尺寸大小
11	结合剂	是指磨料黏结成一定形状和强度的砂轮的结合物质
12	砂轮硬度	是指磨料在磨削力的作用下脱落的难易程度
13	砂轮组织	是指砂轮磨粒、结合剂、气孔三者在体积上的比例关系，它反映出砂轮组织的松紧程度
14	圆周磨削	是指用砂轮轮缘（圆周）进行磨削的加工方法。生产效率低，加工精度高，适合精加工
15	端面磨削	是指用砂轮轮端（端面）进行磨削的加工方法。磨削温度高，零件变形大，加工质量差
16	磨削速度	磨削速度是指砂轮的瞬时速度或线速度，单位 m/min 或 m/s
17	工件圆周进给速度	是指圆柱面磨削时，工件待加工表面的瞬时速度或线速度，单位 m/min 或 m/s
18	纵向进给量	外圆磨削时，纵向进给量是指工件每转一周，沿轴线方向相对砂轮移动的距离，单位 mm/r
19	横向进给量	是指工作台面往返行程一次，砂轮横向移动的距离

📝 例题解析

一、单选题（下列选项中只有一个答案是正确的，每题2分）

下列选项中，（　　）不适合采用磨削加工。

A.碳素工具钢　　　B.高碳钢　　　　　C.合金工具钢　　　D.有色金属

答案　D

解析　了解磨削材料。

二、多选题（下列选项中有一个以上答案是正确的，每题2分）

常用外圆锥面磨削方法包括（　　）。

A.转动工作台法　B.转动头架法　　　C.靠模法　　　　D.转动砂轮架法

答案　ABD

解析　掌握外圆锥面磨削方法。

三、判断题（正确的填A，错误的填B，每题2分）

（　　）在外圆磨床上磨削外圆柱面时，其砂轮和工件的旋转方向应相同。

答案　A

解析　掌握磨削外圆和内孔时工件与砂轮的旋转情况。

四、填空题（将最恰当的答案填写在横线上，每题2分）

常用外圆磨削的三种方法是纵磨法、横磨法和_____。

答案　分段综合磨削法

解析　掌握外圆磨削的常用方法。

📝 专题练习

一、单选题（下列选项中只有一个答案是正确的，每题2分）

1.下列选项中，（　　）适合磨削余量较大和刚性较好的工件。

A.纵磨法　　　　　B.横磨法　　　　　C.斜磨法　　　　D.分段综合磨削法

2.下列选项中，（　　）不适合采用磨削加工。

A.碳素工具钢　　B.高碳钢　　　　　C.合金工具钢　　　D.有色金属

3.镗床主要为孔加工机床，其中卧式镗床的主运动是（　　）。

A.刀具的回转运动　　　　　　　　B.刀具的直线运动

C.工件的回转运动　　　　　　　　D.工件的直线运动

4.在内圆磨床上磨孔时，砂轮和工件都要旋转，公式 $v_c=\pi Dn/（1000\times60）$ 中，D 表示（　　）。

A.工件的转速　　　B.工件的直径　　　C.砂轮的直径　　　D.砂轮的转速

5.在外圆磨床上磨圆柱面时，砂轮和工件都要旋转，公式 $v_c=\pi Dn/（1000\times60）$ 中，n 表示（　　）。

A.工件的转速　　　B.工件的直径　　　C.砂轮的直径　　　D.砂轮的转速

二、多选题（下列选项中有一个以上答案是正确的，每题 2 分）

1.磨削加工的实质是磨粒对工件表面进行（　　）三种作用的综合过程。

A.切削　　　　　　B.刻划　　　　　　C.挤压　　　　　　D.滑擦

2.磨削外圆时，主运动为砂轮的高速旋转，同时有（　　）进给运动。

A.工件的圆周运动　　　　　　　　B.工件的纵向运动

C.砂轮的纵向运动　　　　　　　　D.砂轮的横向运动

3.外圆柱面的磨削方法有（　　）。

A.纵磨法　　　　　B.横磨法　　　　　C.轴磨法　　　　　D.分段综合磨削法

4.研磨剂是由（　　）组成的混合剂。

A.磨料　　　　　　B.研磨液　　　　　C.辅助材料　　　　D.铁粉

5.砂轮的组织是指由砂轮的（　　）三者在体积上的比例关系。

A.磨粒　　　　　　B.粒度　　　　　　C.结合剂　　　　　D.气孔

6.常用外圆锥面磨削方法包括（　　）。

A.转动工作台法　　B.转动头架法　　　C.靠模法　　　　　D.转动砂轮架法

7.刨削是平面加工的主要方法之一，常用的刨削加工机床有（　　）。

A.牛头刨床　　　　B.龙门刨床　　　　C.插床　　　　　　D.悬臂刨床

8.插床插削时，工件可以沿着（　　）做间歇进给运动。

A.纵向　　　　　　B.横向　　　　　　C.斜向　　　　　　D.圆周

9.下列加工内容，适用于在插床上加工的是（　　）。

A.方孔　　　　　　B.圆孔　　　　　　C.多边形孔　　　　D.键槽

10.镗床在加工零件时，进给运动包括（　　）。

A.镗刀的移动　　　B.工件的移动　　　C.镗刀的旋转　　　D.工件的旋转

三、判断题（正确的填 A，错误的填 B，每题 2 分）

1.（　　）外圆磨削时，砂轮和工件的旋转方向相同。

2.（　　）在外圆磨床上磨削外圆柱面时，其砂轮和工件的旋转方向应相同。

3.（　　）粗磨余量较大，精磨余量较少，因此精磨可不使用切削液。

4.（　　）平面磨削的方式一般分为周边磨削和端面磨削，其中周边磨削的加工精度高于端面磨削。

5.（　　）磨料的硬度越高，砂轮的硬度就越大。

6.（　　）磨削加工，大多用于零件的精加工，但有时也可用于粗加工。

7.（　　）磨削是用磨具以较高的切削速度对工件的表面进行加工的方法。

8.（　　）刨削加工生产率高，适应性广，加工精度为 IT9～IT7，表面粗糙度为 Ra=6.3～1.6 μm，多用于修配和小批量生产。

9.（　　）镗床为孔加工机床，不仅可以加工直径较小的孔，也可以加工直径较大的孔，但不能进行铣削端面和车削外圆。

10.（　　）刨削过程有冲击和振动，故加工精度一般不高。

四、填空题（将最恰当的答案填写在横线上，每题 2 分）

1. 磨削外圆时有三种方法：_____、横磨法和分段综合磨削法。

2. 平面磨削中，_____磨削时加工精度较高，端面磨削时加工精度较低。

3. 刨削平面时，工作长度为 300 mm，每分钟能刨削平面 20 次，其平均切削速度为_____m/min。

4. 平面磨床主运动为砂轮的_____运动。

5. 磨料粒度对磨削生产率和零件的表面粗糙度有很大的影响，粗磨或磨削软金属时，选用号数较_____的磨料。

考点 13　钻床及其应用

✦ 考纲要求

1. 了解钻床的分类、组成、应用范围及加工特点。

2. 了解钻削常用刀具及工具。

3. 理解常见孔加工方法及特点。

读书笔记

学习建议

1. 了解常用钻床的种类、组成、工作原理、应用范围及加工特点。

2. 了解钻削常用刀具及工具，了解麻花钻的组成及特点。

3. 掌握常用孔加工的方法及特点，通过到实训车间实践操作，掌握钻床的操作方法及注意事项。

4. 遵守钻床职业道德与职业规范，树立良好的安全生产、节能环保和产品质量等意识。

知识梳理

一、钻床及其应用知识树

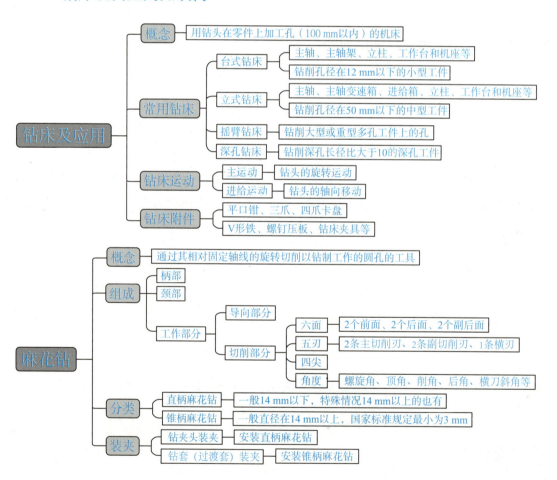

二、重点知识梳理

钻床及应用相关概念见表 3-13-1。

表 3-13-1　钻床及应用相关概念

序号	名称	概念
1	钻床	用钻头在零件上加工孔的机床。通常钻头旋转为主运动，钻头轴向移动为进给运动
2	台式钻床	简称台钻，是指可安放在作业台上，主轴竖直布置的小型钻床。台式钻床钻孔直径一般在 12 mm 以下，一般不超过 25 mm。其主轴变速一般通过改变三角带在塔形带轮上的位置来实现，主轴进给靠手动操作
3	立式钻床	主轴竖直布置且中心位置固定的钻床，简称立钻。常用于机械制造和修配工厂加工中、小型工件的孔
4	摇臂钻床	是一种摇臂可绕立柱回转和升降，通常主轴箱在摇臂上作水平移动的钻床。是一种孔加工设备，可以用来钻孔、扩孔、铰孔、攻丝及修刮端面等多种形式的加工。适用于单件或批量生产带有多孔大型零件的孔加工，是一般机械加工车间常见的机床
5	深孔钻床	有别于传统的孔加工方式，主要依靠特定的钻削技术（如枪钻、喷吸钻等），对长径比大于 10 的深孔孔系和精密浅孔进行钻削加工的专用机床。其代表着先进、高效的孔加工技术，加工具有高精度、高效率和高一致性
6	钻夹头	钻夹头由钻夹套、松紧拨环、连接块、后盖组成。三大主要参数是精度、夹持力和夹持范围。精度用来控制夹持柄类工具的跳动量，以保证加工孔的精度。夹持力是为了保证夹持的柄类工具不打滑，防止由于柄类工具的打滑而无法工作。夹持范围用来控制钻夹头夹持工具最小和最大的直径，以便满足工作需要
7	钻套（过渡套）	钻套，固定钻套，主要是用来确定钻头、扩孔钻、铰刀等定尺寸刀具的轴线位置，钻套的结构和尺寸已经标准化。根据使用特点，钻套具有固定钻套、可换钻套、快换钻套和特殊钻套四种。而且采用"过盈配合"把钻套镶入钻模板上。钻套的意义在于它可以定位和引导刀具进行加工，从而提高加工的精度
8	麻花钻（钻头）	是通过其相对固定轴线的旋转切削以钻削工件的圆孔的工具。因其容屑槽成螺旋状形似麻花而得名。螺旋槽有 2 槽、3 槽或更多槽，但以 2 槽最为常见。麻花钻可被夹持在手动、电动的手持式钻孔工具或钻床、铣床、车床乃至加工中心上使用。钻头材料一般为高速工具钢或硬质合金
9	扩孔钻	一般用于孔的半精加工或终加工，用于铰或磨前的预加工或毛坯孔的扩大，有 3 到 4 个刃带，无横刃，前角和后角沿切削刃的变化小，加工时导向效果好，轴向抗力小，切削条件优于钻孔
10	铰刀	是具有一个或多个刀齿，用以切除已加工孔表面薄层金属的旋转刀具，铰刀是具有直刃或螺旋刃的旋转精加工刀具，用于扩孔或修孔。铰刀切削量少，其加工精度要求通常高于钻头。可以手动操作或安装在钻床上工作
11	手虎钳	是一种夹持轻巧工件以便进行加工的一种手持工具
12	平口钳	又名机用虎钳，是一种通用夹具，常用于安装小型工件，它是铣床、钻床的随机附件，将其固定在机床工作台上，用来夹持工件进行切削加工

续表

序号	名称	概念
13	钻孔	是指用钻头在工件上加工出孔的方法
14	深孔	将孔深与孔径之比超过 3 的孔称为深孔
15	扩孔	扩大已有孔的孔径的加工方法
16	铰孔	用铰刀铰削工件的孔壁以提高孔的尺寸精度和表面质量的方法
17	攻螺纹	用丝锥在加工工件已有孔的位置攻出内螺纹的方法。攻螺纹是钳工金属切削中的重要内容之一，包括划线、钻孔、攻螺纹等环节。攻螺纹只能加工三角形螺纹
18	套螺纹	用板牙在加工工件外圆上套出外螺纹的方法

例题解析

一、单选题（下列选项中只有一个答案是正确的，每题 2 分）

1. 标准麻花钻的顶角一般在（   ）左右。

A. 100°　　　　　B. 140°　　　　　C. 118°　　　　　D. 90°

答案　C

解析　掌握标准麻花钻的角度。

2. 现有一大批多方向孔工件待加工，应选用（   ）加工工件。

A. 台式钻床　　　B. 立式钻床　　　C. 摇臂钻床　　　D. 刨床

答案　C

解析　掌握摇臂钻床的加工范围。

二、多选题（下列选项中有一个以上答案是正确的，每题 2 分）

1. 铰刀的工作部分主要包括（   ）。

A. 切削部分　　　B. 校准部分　　　C. 倒锥　　　　　D. 柄部

答案　ABC

解析　掌握铰刀的组成。

2. 钻孔时，钻孔直径过大的主要原因有（   ）。

A. 钻头直径选错　　　　　　　　B. 钻头主切削刃不对称

C. 钻头未对准工件中心　　　　　D. 转速过大

答案 ABC

解析 掌握钻孔时的注意事项及要点。

三、判断题（正确的填 A，错误的填 B，每题 2 分）

1.（　　）台式钻床适合于钻削孔径在 50 mm 以下的中型工件上的孔。

答案 B

解析 掌握台式钻床、立式钻床和摇臂钻床的加工范围。

2.（　　）台式钻床由主轴、主轴架、立柱及工作台和机座组成，且质量轻、移动方便，其主轴转速通过变换变速箱齿轮获得不同速度。

答案 B

解析 掌握台式钻床的组成及功能。

四、填空题（将最恰当的答案填写在横线上，每题 2 分）

1. 将孔深与孔径之比超过＿＿＿＿＿＿的孔称为深孔。

答案 3

解析 掌握深孔概念。

2. 在钻床上加工孔的过程中，工件固定不动，刀具旋转是主运动，同时刀具＿＿＿＿＿＿是进给运动。

答案 轴向移动

解析 掌握钻孔的工作原理。

专题练习

一、单选题（下列选项中只有一个答案是正确的，每题 2 分）

1. 一般标准麻花钻的顶角为 118°，当顶角小于 118°时，其两条主切削刃呈（　　）。

A. 直线形　　　　B. 凸形　　　　　C. 凹形　　　　　D. 圆形

2. 麻花钻分为直柄和锥柄两种，其锥柄麻花钻的最小直径为（　　）mm。

A. 1　　　　　　B. 3　　　　　　C. 5　　　　　　D. 14

3. 现有一大批多方向孔工件待加工，应选用（　　）加工工件。

A. 台式钻床　　B. 立式钻床　　　C. 摇臂钻床　　　D. 刨床

读书笔记

4. 下面选项中，对螺纹加工说法错误的是（　　　）。

A. 攻螺纹前先钻孔　　　　　　　　　B. 丝锥用来加工外螺纹

C. 板牙加工外螺纹　　　　　　　　　D. 套丝前，先确定圆杆直径

5. 加工不通孔螺纹时，为了使切屑从孔口排出，丝锥容屑槽应采用（　　　）。

A. 左螺旋槽　　　　B. 右螺旋槽　　　　C. 直槽　　　　D. 都可以

6. 标准麻花钻的横刃斜角一般为（　　　）。

A. 40°～45°　　　B. 45°～50°　　　C. 50°～55°　　　D. 55°～60°

7. 机用虎钳主要用于装夹（　　　）。

A. 矩形工件　　　B. 轴类零件　　　C. 套类零件　　　D. 圆锥体

8. 铰孔属于孔的（　　　）。

A. 粗加工　　　B. 半精加工　　　C. 精加工　　　D. 一般加工

9. 能自动纠正少量位置偏差的中心孔是（　　　）中心孔。

A. A 型　　　B. B 型　　　C. C 型　　　D. R 型

10. 综合测量螺纹各主要尺寸是否合格，常用的量具是（　　　）。

A. 游标卡尺　　　B. 螺纹千分尺　　　C. 外径千分尺　　　D. 螺纹量规

二、多选题（下列选项中有一个以上答案是正确的，每题 2 分）

1. 钻深孔时，要经常退出钻头，目的是（　　　）。

A. 把切屑带出　　　　　　　　　　　B. 保证加工质量

C. 使切削液进入孔中起冷却作用　　　D. 防止钻头折断

2. 钻床的主要功能是（　　　）。

A. 钻孔　　　B. 铰孔　　　C. 攻螺纹　　　D. 扩孔

3. 钻孔时常用的切削液包括（　　　）。

A. 动物油　　　B. 乳化液　　　C. 煤油　　　D. 机油

4. 砂轮一般由（　　　）构成。

A. 磨料　　　B. 结合剂　　　C. 碳化硅　　　D. 气孔

5. 在钻床上对圆柱形工件的圆柱面进行钻孔，其装夹方法正确是（　　　）。

A. 用手虎钳夹持工件　　　　　　　　B. 用 V 形铁和压板装夹工件

C. 用压板装夹工件　　　　　　　　　D. 用夹具装夹工件

6. 常用游标卡尺，按测量精度分为（　　　）三种。

A. 0.01 mm　　　B. 0.02 mm　　　C. 0.05 mm　　　D. 0.1 mm

7. 常用的中心钻型号有（　　　）。

A. A 型　　　　　B. B 型　　　　　C. C 型　　　　　D. D 型

8. 钻孔时，钻孔直径过大的主要原因有（　　　）。

A. 钻头直径选错　　　　　　　B. 钻头主切削刃不对称

C. 钻头未对准工件中心　　　　D. 转速过大

9. 以下可以对孔进行加工的方法是（　　　）。

A. 钻孔　　　　　B. 车孔　　　　　C. 扩孔　　　　　D. 铰孔

10. 一般根据（　　　）选择钻床的主轴转速。

A. 钻床种类　　　B. 钻头直径　　　C. 工件硬度　　　D. 装夹方式

三、判断题（正确的填 A，错误的填 B，每题 2 分）

1. （　　　）使用内径百分表测量孔径时，必须左右摆动百分表，测得的最小数值就是孔径的实际尺寸。

2. （　　　）铰刀只能顺转，不能反转。

3. （　　　）钻孔时转速的选取，一般根据其钻床的工作能力和工件材料来选取。

4. （　　　）立式钻床适用于钻削直径在 30 mm 以下的中型工件上的孔。

5. （　　　）铰孔属于精加工范畴，其精度可达 IT11～IT9，表面粗糙度可达 Ra1.6～0.4 μm。

6. （　　　）钻头中心与工件回转中心不一致，是钻孔时孔径扩大的原因之一。

7. （　　　）铰孔时，造成表面粗糙度值超差的原因是铰刀磨损或切削刃上有崩口、毛刺。

8. （　　　）钻削加工时，钻头旋转是主运动，钻头的轴向移动是进给运动。

9. （　　　）钻孔时，当孔将钻穿时，进给量须加大。

10. （　　　）钻孔时可以将孔中心处的样冲眼冲大一点，用麻花钻横刃直接对准样冲眼进行钻孔。

11. （　　　）铰削后，应退出铰刀再停机，以免孔壁拉出痕迹。

12. （　　　）麻花钻横刃太长，钻削时横刃不是切削而是挤压和刮削，消耗能量大，产生热量也大，且使轴向力增大、定心差。

13. （　　　）麻花钻顶角大时，主切削刃短，定心也差，因而钻出的孔径容易扩大。

读书笔记

14.（　　）用麻花钻扩孔时，由于横刃不参加切削，轴向切削力小，进给省力，因此应加大进给量。

15.（　　）钻中心孔时，车床尾座套筒尽量伸出得长一些。

四、填空题（将最恰当的答案填写在横线上，每题2分）

1. 钻孔是指用_____在工件上加工孔的方法。

2. 扩大已有孔直径的加工方法称为_____。

3. _____主要钻削在 12 mm 以下的小型工件上的孔。

4. _____用来装夹锥柄钻头。

5. 钻孔工具主要是麻花钻，它由柄部、颈部和_____组成。

6. 铰刀按照用途分为机用铰刀和_____两种。

7. 铰孔是指用铰刀铰削工件的孔壁以提高工件的_____和表面质量的方法。

8. 钻床通常用来加工直径在_____mm 以内的孔。

9. 使用型号为 A2.5 的中心钻在工件端面钻出中心孔，其圆柱孔直径为_____mm。

10. 标准麻花钻，螺旋角随直径变化，靠近外缘处前角_____。

11. 直径大于_____mm 的孔可以分两次钻削。

12. 麻花钻由_____、颈部和工作部分（包括切削和导向部分）组成。

13. 麻花钻刃磨后必须达到：两条主切削刃必须_____，顶角为 118°±2°，横刃斜角为 50°～55° 的要求。

14. _____主要钻削在 50 mm 以下的中型工件上的孔。

15. _____适合用于钻削大型或重型工件和多孔工件上的孔。

考点 14　钳工基础及常用量具

⚙ 考纲要求

1. 了解常用钳工工具、刀具、辅助工具的种类及用途并能正确选用。

2. 理解常见钳工工艺的应用特点，能应用钳工手段进行常规零件的加工。

3. 了解常用量具种类，能使用常用量具，并能简单保养。

学习建议

1. 了解钳工工作任务及其分类，了解钳工常用设备及用途，熟悉钳工安全文明生产相关知识。

2. 了解常用钳工工具、量具及辅具的种类及用途，能根据加工要求进行正确选用。

3. 会使用钢直尺、游标类量具、千分尺类量具、万能角度尺、百分表等进行工件测量与正确读数，能正确对以上量具进行维护与保养。

4. 掌握工具钳工工艺特点，能应用工具钳工（划线、锯削、锉削、钻孔等）进行典型工件的加工。

知识梳理

一、钳工基础及常用量具知识树

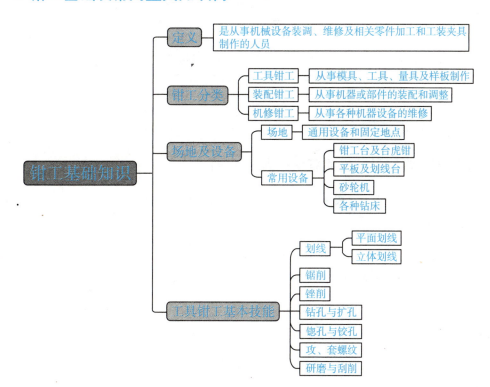

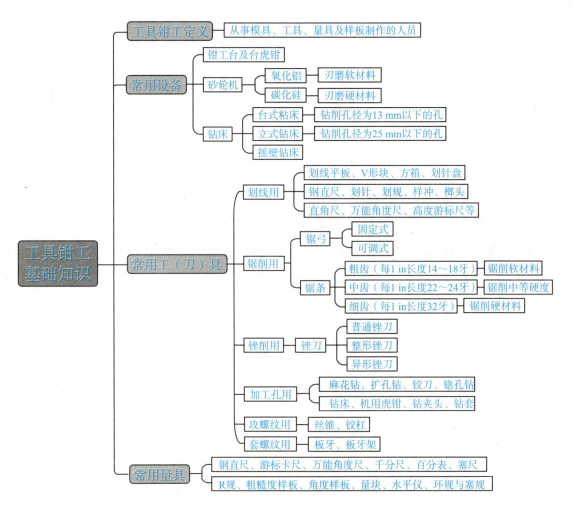

二、重点知识梳理

钳工基础及常用量具相关概念见表3-14-1。

表3-14-1　钳工基础及常用量具概念

序号	名称	概念
1	钳工	指使用手工工具并经常在台虎钳上进行手工操作的一个工种
2	装配钳工	指主要从事对零件进行装配、修整、加工的人员
3	机修钳工	指主要从事各种机械设备的维修和一、二级保养工作的人员
4	工具钳工	指主要从事工具、模具、刀具的制造和修理的人员
5	钳工工作台	是钳工操作的专用台面。钳台要保持清洁，各种工具、量具和工件的放置要有顺序，便于工作和保证安全
6	钳工虎钳	是用来夹持工件的通用夹具，常用的有固定式和回转式两种
7	划线	根据图样和技术要求，在毛坯或半成品上用划线工具画出加工界线，或划出作为基准的点、线的操作过程
8	划线平台	用铸铁制作的平台，表面经过精刨或刮削加工，是划线时依靠的基准平面

续表

序号	名称	概念
9	划针	经过淬火的弹簧钢丝制成。直径 $\phi3\sim\phi4$ mm，长度 200～300 mm，尖角 15°～20°
10	划线盘	是在工件上划线和矫正工件位置常用的工具
11	平面划线	是只需要在工件的一个表面上划线，即能明确表示出工件的加工界线的划线方法
12	立体划线	指要同时在工件的几个不同方向的表面上划线，才能明确表示出工件的加工界线的划线方法
13	錾削	是用手锤打击錾子对金属进行切削加工的操作方法
14	锯削	是用手锯将工件材料截断或在工件上锯出沟槽的加工方法
15	锉削	用锉刀对工件表面进行切削加工，使它达到零件图纸要求的形状、尺寸和表面粗糙度的加工方法
16	钻孔	是用钻头在实体材料上加工出孔的操作方法
17	扩孔	用扩孔钻扩大已加工出的孔的操作方法。它可以校正孔的轴线偏差，并使其获得正确的几何形状和较小的表面粗糙度，其加工精度一般为 IT10～IT9 级，表面粗糙度 Ra=6.3～3.2 μm
18	铰孔	用铰刀从工件壁上切除微量金属层，以提高孔的尺寸精度和表面质量的加工方法
19	攻螺纹	是钳工金属切削中的重要内容之一，包括划线、钻孔、攻螺纹等环节。攻螺纹只能加工三角形螺纹
20	套螺纹	是用板牙在圆柱杆上加工外螺纹
21	装配	将若干合格的零件按规定的技术要求组合成部件，或将若干个零件和部件组合成机器设备，并经过调整、试验等成为合格产品的工艺过程
22	钢直尺	是最简单的长度量具，也可用于划线时起导向作用。它的长度有 150 mm、300 mm、500 mm 和 1 000 mm 四种规格
23	刀口形直尺	是测量面呈刃口状的直尺，用于测量工件平面形状误差的量具
24	直角尺	是检验和划线工作中常用的量具，用于检测工件的垂直度及工件相对位置的垂直度，是一种专业量具
25	半径规（R 规）	是利用光隙法测量圆弧半径的工具。测量时必须使 R 规的测量面与工件的圆弧完全紧密接触，当测量面与工件的圆弧中间没有间隙时，工件的圆弧半径则为此 R 规上所表示的尺寸。由于是目测，准确度不是很高，只能作定性测量
26	角度样板	是检测有一定角度范围要求的两个平面的定制检具
27	游标卡尺	是一种测量长度、内外径、深度的量具。主要由主尺和游标两部分构成。可以用来测量零件的内径、外径、长度、宽度、厚度、深度和孔距等，应用范围广，属于万能量具
28	千分尺	千分尺又称螺旋测微器、螺旋测微仪、分厘卡，是比游标卡尺更精密的测量量具。它的精度值为 0.01 mm

续表

序号	名称	概念
29	万能角度尺	万能角度尺又被称为角度规、游标角度尺和万能量角器，是利用游标读数原理来直接测量工件角或进行划线的一种角度量具。万能角度尺适用于机械加工中的内、外角度测量，可测 0°～320°外角及 40°～130°内角
30	百分表	是利用精密齿条齿轮机构制成的表式通用长度测量工具。主要用来测量工件的尺寸、形状和位置误差及检验机床的几何精度或调整工件的装夹位置偏差
31	量块	量块是一种无刻度的标准端面量具。其制造材料为特殊合金钢，形状为长方体结构，六个平面中有两个相互平行的、极为光滑平整的测量面，两测量面之间具有精确的工作尺寸，量块主要用作尺寸传递系统中的中间标准量具，或在相对法测量时作为标准件调整仪器的零位，也可以用它直接测量零件
32	正弦规	利用三角法测量角度的一种精密量具。一般用来测量带有锥度或角度的零件。因其测量结果是通过直角三角形的正弦关系来计算，所以称为正弦规
33	专用量具	不能读出被测零件的实际尺寸数，只检验被测零件的形状及尺寸等是否合格

例题解析

一、单选题（下列选项中只有一个答案是正确的，每题 2 分）

1.划线时 V 形块用来安放（　　）工件。

A.平面类　　　　B.轴类　　　　C.曲面类　　　　D.箱体类

答案　B

解析　掌握划线原理及划线工具的使用方法。

2.游标卡尺是一种（　　）的量具。

A.中等精度　　　B.精密　　　　C.较低精度　　　D.较高精度

答案　A

解析　掌握游标卡尺的结构及正确使用方法。

二、多选题（下列选项中有一个以上答案是正确的，每题 2 分）

1.丝锥由（　　）和（　　）两部分组成。

A.工作部分　　　B.柄部　　　　C.头部　　　　D.尾部

答案　AB

解析　掌握丝锥结构的相关知识。

2. 常用的千分尺有（　　　）。

A. 外径千分尺　　　B. 内径千分尺　　　C. 深度千分尺　　　D. 高度千分尺

答案　ABC

解析　掌握千分尺的结构、分类及使用等知识。

三、判断题（正确的填 A，错误的填 B，每题 2 分）

1.（　　）锉刀编号依次由类别代号、型式代号、规格和锉纹号组成。

答案　A

解析　掌握锉削工具的结构。

2.（　　）水平仪用来测量平面对水平位置或垂直位置的误差。

答案　A

解析　掌握水平仪的使用方法。

四、填空题（将最适当的答案填写在横线上，每题 2 分）

1. 钻孔时，其_____由钻头直径决定。

答案　转速

解析　掌握钻孔的概念及工艺。

2. 将零件和部件组合成一台完整机器的过程，称为_____。

答案　装配

解析　掌握装配的概念。

专题练习

一、单选题（下列选项中只有一个答案是正确的，每题 2 分）

1. 在台虎钳上安装工件时，应（　　　）手柄夹紧工件。

A. 用榔头敲击　　　B. 套上长管扳动　　　C. 用手扳动　　　D. 两人同时扳动

2. 细齿锯条适合（　　　）的锯削。

A. 硬材料　　　　B. 软材料　　　　C. 铝合金材料　　　D. 超硬材料

3. 精锉时，必须采用（　　　），使锉痕变直，纹理一致。

A. 交叉锉　　　　B. 顺向锉　　　　C. 旋转锉　　　　D. 粗齿锉刀

4. 钻孔时，冷却液主要起（　　　）。

A. 润滑作用　　　B. 冷却作用　　　C. 冲洗作用　　　D. 防锈作用

5. 游标卡尺外测量爪可测量（　　　）的尺寸。

A. 内孔直径　　　　B. 内槽宽度　　　　C. 台阶长度　　　　D. 内孔深度

6. 攻不通孔螺纹时，底孔深度应（　　　）所需螺纹深度。

A. 小于　　　　B. 等于　　　　C. 大于　　　　D. 大于或等于

7. 刮削前的余量，应根据工件刮削面积的大小而定，一般在（　　　）之间为宜。

A. 0.05～0.4 mm　　B. 0.05 mm 以下　　C. 0.4～2 mm　　D. 2 mm 以上

8. 下图是某游标卡尺测量工件的结果，其正确读数是（　　　）。

A. 23.80 mm　　　　B. 23.90 mm　　　　C. 19.90 mm　　　　D. 60.80 mm

9. 对刮削面进行粗刮时应采用（　　　）。

A. 中刮法　　　　B. 短刮法　　　　C. 长刮法　　　　D. 以上都不是

10. 划线时，应使划线基准与（　　　）一致。

A. 中心线　　　　B. 划线基准　　　　C. 设计基准　　　　D. 定位基准

二、多选题（下列选项中有一个以上答案是正确的，每题 2 分）

1. 采用机械加工不适合或难以进行机械加工的场合，由钳工来完成的是（　　　）。

A. 钻孔　　　　B. 锉削　　　　C. 锯割　　　　D. 车削

2. 下列选项中，关于划线作用描述正确的是（　　　）。

A. 便于复杂工件在夹具上装夹

B. 提高毛坯的利用率和减少废品

C. 确定工件加工部位，确保加工时有明确的尺寸界限

D. 及时发现和处理不合格的毛坯

3. 下列选项中，按锉刀用途不同进行分类，正确的是（　　　）。

A. 普通钳工锉　　B. 异形锉　　　　C. 整形锉　　　　D. 手工锉

4. 锉刀的规格一般按锉身长度来表示，下列选项中正确的是（　　　）。

A. 100 mm　　　　B. 105 mm　　　　C. 125 mm　　　　D. 200 mm

5. 下列选项中，锉刀使用与保养正确的是（　　　）。

A. 锉刀放置时应避免与其他金属硬物相碰，为节约空间可以重叠整齐摆放

B. 不能将锉刀当作拆装、敲击或撬物的工具

C. 锉削时，应先认准一面使用，用钝后再用另一面

D. 锉削过程中要及时清除锉纹中嵌入的切屑

6. 铰孔过程中孔径扩大的原因是（　　　）。

A. 进给量和铰削余量太大　　　　　　B. 铰刀未研磨，直径不符合要求

C. 铰刀轴线与工件孔的轴线不重合　　D. 铰刀磨损后，尺寸变小仍然继续使用

7. 下列选项中，属于钳工划线钻孔流程的是（　　　）。

A. 在工件上划线　　　　　　　　　　B. 打样冲眼

C. 用小钻头进行试钻　　　　　　　　D. 去毛刺

8. 万能角度尺测定范围主要包括（　　　）。

A. 0～50°　　　　　B. 50～140°　　　　　C. 140～230°　　　　　D. 230～320°

9. 塞尺又叫厚薄规，是用于检验两表面间缝隙大小的量具，使用时可以（　　　）。

A. 单片使用　　　　B. 多片组合　　　　C. 片数越多越好　　D. 片数越少越好

10. 下列选项中，百分表的测量范围正确的是（　　　）。

A. 0～3 mm　　　　B. 0～5 mm　　　　C. 0～10 mm　　　　D. 10～15 mm

三、判断题（正确的填 A，错误的填 B，每题 2 分）

1.（　　　）游标卡尺的尺身和游标上的刻线间距都是 1 mm。

2.（　　　）千分尺活动套管转一周，测微螺杆就移动 1 mm。

3.（　　　）圆锉刀和方锉刀的尺寸规格是以锉身长度来表示的。

4.（　　　）原始平板刮削时，采用对角刮削的目的是消除平面的扭曲现象。

5.（　　　）划线质量与平台的平整性无关。

6.（　　　）套丝前，圆杆直径太小会使螺纹太浅。

7.（　　　）锯条反装后，其楔角变大。

8.（　　　）内径千分尺的刻线方向与外径千分尺的刻线方向相同。

9.（　　　）当螺栓断在孔内时，可用直径比螺纹小径小 0.5～1 mm 的钻头钻去螺栓，再用丝锥攻出内螺纹。

10.（　　　）千分尺是一种精密量具，测量精度为 0.01 mm，测量精度比游标卡尺高。

11.（　　　）使用量块测量工件能直接读出测量数值。

12.（　　　）百分表是一种指示式量仪，主要用来测量工件的尺寸、形状和位置误差，及检验机床的几何精度或调整工件的装夹位置偏差。

13.（　　　）正弦规是利用三角函数中的正弦关系与量块配合校验工件角度或锥度的一种精密量具。

14.（　　　）塞规是不可以检验工件内径尺寸的量具。

15.（　　）直角尺是用来检测直角和垂直度误差的量具。

四、填空题（将最适当的答案填写在横线上，每题2分）

1. 在装配时修去指定零件上预留修配量以达到装配精度的方法称为_____。

2. 锯条的一边有交叉形或波浪形排列的锯齿，在锯齿的角度中，楔角为_____度。

3. 将零件和部件组合成一台完整机器的过程称为_____。

4. 无论采用哪种起锯方法，起锯角度要合适，一般起锯角为_____°。

5. 钻头_____为零，靠近切削部分的棱边与孔壁的摩擦比较严重，容易发热和磨损。

6. 使用内径百分表测量孔径时，摆动内径百分表所测得_____尺寸才是孔的实际尺寸。

7. 在钢件和铸铁件上加工同样直径的内螺纹时，其中_____的底孔直径应稍大一些。

8. 在砂轮机的使用中，砂轮旋转方向必须与旋转方向指示牌_____。

9. 精锉时，必须采用_____，使锉痕变直，纹理一致。

10. 孔将钻穿时，进给量必须_____。

11. 标准麻花钻的顶角一般为_____°。

12. 砂轮机的搁架与砂轮之间的距离一般应保持在_____mm之内，否则容易引发磨削件被砂轮扎入的事故。

13. 加工表面上具有较小间距和峰谷所形成的微观几何误差称为_____。

14. 当毛坯工件存在尺寸和形状误差或缺陷，用找正的方法也能补救时，可通过手工调整和工具辅助，重新分配各待加工余量，使各待加工面都能顺利加工，这种补救性划线方法称为_____。

15. _____是指划线时用来确定零件上其他点、线、面位置的依据。

考点 15　零件生产过程基础知识

考纲要求

1. 了解生产过程、生产类型。

2. 了解典型表面及典型零件的加工方法及加工精度，能正确识读常见工艺卡。

3. 理解基准、工序、安装、工位、工步、走刀的概念。

4. 能按加工要求合理选择定位基准，确定工件安装方法。

5. 能按加工要求正确选择刀具种类，能按加工要求合理安排加工顺序。

学习建议

1. 了解生产过程、生产类型的概念及特点。

2. 掌握工序、工步、工位、安装、走刀等概念，并能准确判断工序、工步的划分依据，能正确识读典型零件的工艺卡或工序卡。

3. 掌握各基准的概念及分类，能够根据加工要求合理选择定位基准（粗基准和精基准），了解一般工件的安装方法。

4. 能够根据表面的精度要求选择适当的加工方法，能够根据设备设施、加工表面、加工精度等编制中等复杂零件的加工工艺。

5. 养成与他人相互交流、相互探讨及解决问题的习惯和能力。

知识梳理

一、零件生产过程基础知识知识树

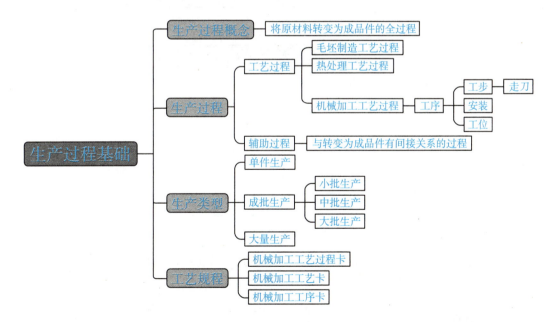

读书笔记

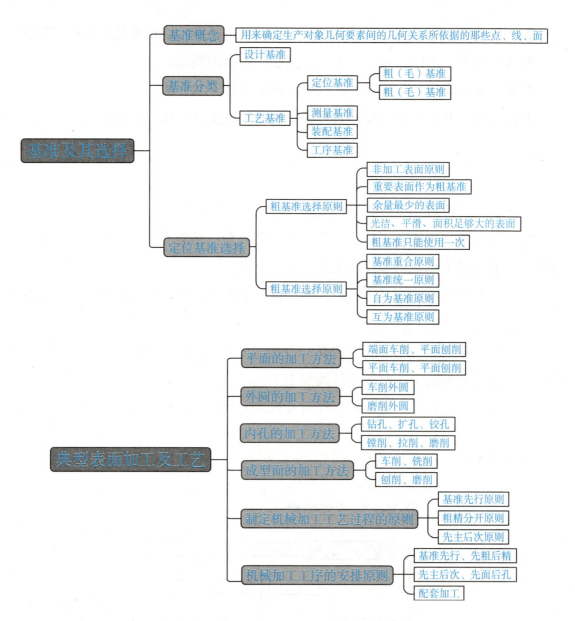

二、重点知识梳理

零件生产过程基础知识相关概念见表 3-15-1。

表 3-15-1　零件生产过程基础知识相关概念

序号	名称	概念
1	生产过程	将原材料转变为成品件的全过程
2	工艺过程	利用生产设备、工具及一定的方法改变生产对象的形状、尺寸、相对位置和性能等，使其变为成品件的过程
3	辅助过程	与原材料转变为成品件有间接关系的过程，如运输、保管、检验、设备维修、购销等
4	机械加工工艺过程	使用机械加工方法直接改变毛坯的形状、尺寸和表面质量，使之成为符合要求的零件的过程

续表

序号	名称	概念
5	单件生产	产品对象基本上是一次性需求的专用产品，一般不重复生产
6	成批生产	分批制造相同的产品，制造过程有重复性生产
7	大量生产	产品的数量很大，工作点经常重复地进行某个零件的某一道工序的加工
8	工序	指一个（或一组）工人，在一个工作地点（或同一设备），对一个（或几个）工件进行加工，连续完成的那一部分工艺过程
9	工步	指在一个工序中，在加工表面、加工刀具、切削速度和进给量都不变的情况下所连续完成的那一部分工艺过程
10	安装	指工件经一次定位与装夹后完成的那部分工序
11	工位	指为了完成一定的工序，一次装夹工件后，工件与夹具的可动部分一起相对刀具的固定部分所占据的每个位置
12	走刀（进给）	在一个工步中，有时需要分几次进行切削，每次切削就是一次走刀
13	工艺规程	是指规定零件制造工艺过程和操作方法的工艺文件
14	机械加工工艺过程卡	以工序为单位，简要地列出整个零件的加工过程（毛坯制造、机械加工和热处理等）的工艺文件
15	机械加工工艺卡	以工序为单位，详细地说明整个工艺过程的一种工艺文件
16	机械加工工序卡	指在机械加工工艺过程卡和工艺卡的基础上，按每道工序编制的工艺文件。用于指导生产工人使用的工艺文件
17	基准	是指用来确定生产对象几何要素间的几何关系所依据的那些点、线、面
18	设计基准	在零件图上用来标注尺寸和表面相互位置的基准
19	工艺基准	是工件在加工或装配中确定其他点、线、面位置所依据的基准
20	定位基准	是在加工中用来确定工件在机床或夹具上正确位置的基准
21	测量基准	是指用来检测工件尺寸和位置公差的基准
22	装配基准	是指装配时用来确定工件或部件在机器中位置的基准
23	工序基准	是指在工序图中用以确定本工序被加工表面加工后的尺寸、形状及位置的基准
24	基准重合原则	使用设计基准作为定位基准
25	基准统一原则	尽可能使更多的表面都用同一个精基准
26	互为基准原则	互为基准、反复加工的原则
27	自为基准原则	以加工表面本身作为定位基准。浮动铰刀铰孔、浮动镗刀镗孔、圆拉刀拉孔、无心磨床磨外圆等
28	平面的技术要求	平面的技术要求主要是尺寸精度、几何精度和表面质量三个方面

续表

序号	名称	概念
29	外圆的技术要求	外圆的技术要求主要是尺寸精度、几何精度和表面质量三个方面
30	内孔的技术要求	内孔的技术要求主要是尺寸精度、几何精度和表面质量三个方面
31	零件加工的辅助工序	零件加工的辅助工序主要是指检验、去毛刺、清洗等

例题解析

一、单选题（下列选项中只有一个答案是正确的，每题2分）

1.（　　）是工艺过程的基本组成部分，也是生产组织和计划的基本单元。

A. 工步　　　　　B. 工序　　　　　C. 工位　　　　　D. 安装

答案　B

解析　理解工艺过程的基本组成单元。

2. 生产类型对生产组装、管理、毛坯选择、加工方法、生产率和工人技术等级的要求是不同的，下列选项中其生产率很高的是（　　）。

A. 单件生产　　　B. 中批生产　　　C. 大批生产　　　D. 大量生产

答案　D

解析　掌握生产类型的分类。

二、多选题（下列选项中有一个以上答案是正确的，每题2分）

1. 机械加工工艺过程的安排应遵循（　　）。

A. 基准先行原则　B. 粗精分开原则　　C. 先主后次原则　D. 先大后小原则

答案　ABC

解析　掌握机械加工工艺过程安排遵循的原则。

2. 常用的机械加工工艺规程文件，主要包括（　　）。

A. 机械加工工艺过程卡　　　　　　B. 机械加工工艺卡

C. 机械加工工序卡　　　　　　　　D. 机械加工工步卡

答案　ABC

解析　掌握机械加工工艺规程包含哪些文件。

三、判断题（正确的填 A，错误的填 B，每题 2 分）

1.（　　）当工件上有重要的工作表面时，在粗加工时，应选择该表面作为粗基准。

答案　A

解析　掌握粗基准的选择原则。

2.（　　）划分工步的主要依据是零件在加工过程中的工作地点是否变动，工艺过程是否连续完成。

答案　B

解析　掌握工步的概念。

四、填空题（将最恰当的答案填写在横线上，每题 2 分）

1. ＿＿＿＿＿＿是利用生产设备、工具及一定的方法改变生产对象的形状、尺寸、相对位置和性能等，使其变为成品件的过程。

答案　工艺过程

解析　理解工艺过程和生产过程的概念。

2. 某企业接到一批零件的生产加工任务，其零件质量达 50 kg，数量为 1 200 件。该批零件的生产类型为＿＿＿＿＿＿。

答案　大量生产

解析　掌握生产类型细分。

专题练习

一、单选题（下列选项中只有一个答案是正确的，每题 2 分）

1. 为保证各加工表面有较高的相互位置精度，应遵循（　　）。

A. 基准重合原则　　　　　　　　B. 基准统一原则

C. 自为基准原则　　　　　　　　D. 互为基准原则

2. 工序卡片主要供给（　　）使用。

A. 生产工人　　　B. 技术人员　　　C. 工厂领导　　　D. 车间主任

3. 一个工人在一个工作地点对同一批零件进行加工，所连续完成的那部分工艺过程是（　　）。

A. 一道工序　　　B. 多道工序　　　C. 一个工步　　　D. 多个工步

读书笔记

4. 生产类型对生产组装、管理、毛坯选择、设备、工艺装备、加工方法和工人技术等级的要求是不同的，下列选项中对技术水平要求较高的是（　　）。

A. 单件生产　　　　B. 中批生产　　　　C. 大批生产　　　　D. 大量生产

5. 零件的加工工艺规程必须与其生产类型相适应，以达到优质、高效、低耗和安全的目的，下列选项中加工成本最低的是（　　）。

A. 单件生产　　　　B. 中批生产　　　　C. 小批生产　　　　D. 大量生产

6. 机械加工工序卡片记载的主要内容是（　　）。

A. 工序简图　　　B. 工序余量　　　C. 工序基准　　　D. 工序尺寸

7. 若不能在一次安装中同时完成套类零件的内外圆表面加工，则其内孔与外圆的加工应遵循（　　）原则。

A. 基准统一　　　B. 基准重合　　　C. 互为基准　　　D. 自为基准

8. 下列装夹方法中适用于生产数量较大的是（　　）。

A. 直接找正安装　　　　　　　　B. 划线找正安装

C. 使用夹具安装　　　　　　　　D. 直接安装

9. 生产纲领是指产品的（　　）。

A. 制造成本　　　　　　　　　　B. 生产时间

C. 加工工艺　　　　　　　　　　D. 产量和进度计划

10. 在机械加工中直接改变工件的形状、尺寸和表面质量，使之成为所需零件的过程称为（　　）。

A. 生产过程　　　　　　　　　　B. 工艺过程

C. 工艺规程　　　　　　　　　　D. 机械加工工艺过程

二、多选题（下列选项中有一个以上答案是正确的，每题 2 分）

1. 工艺基准主要包括（　　）。

A. 定位基准　　　B. 设计基准　　　C. 测量基准　　　D. 装配基准

2. 生产过程中，工序由（　　）等组成。

A. 工步　　　　　B. 工装　　　　　C. 工位　　　　　D. 安装

3. 机械零件按结构特点分为（　　）等。

A. 轴类零件　　　　　　　　　　B. 盘套类零件

C. 箱体支架类零件　　　　　　　D. 曲面类零件

4. 机械零件的基本表面由（　　）等组成。

A. 外圆面　　　B. 内圆面　　　C. 平面　　　D. 成形面

读书笔记

5. 常用的平面加工方法主要有（　　　）。

A. 车削　　　　　　B. 铣削　　　　　　C. 磨削　　　　　　D. 刨削

6. 常用外圆的加工方法有（　　　）。

A. 外圆车削　　　　B. 外圆磨削　　　　C. 外圆铣削　　　　D. 外圆刨削

7. 下面选项中，可以加工内孔的是（　　　）。

A. 钻孔　　　　　　B. 镗孔　　　　　　C. 拉孔　　　　　　D. 磨孔

8. 在零件加工过程中为合理安排加工顺序，一般应遵循（　　　）原则。

A. 基准先行　　　　B. 先粗后精　　　　C. 先主后次　　　　D. 先大后小

9. 下列关于粗基准的选择原则正确的是（　　　）。

A. 当工件表面不需要全部加工时，应选择不加工表面作为粗基准

B. 当加工表面精度足够的高，粗基准可以重复使用

C. 当工件所有表面都需要加工时，应选择余量最大的表面作为粗基准

D. 应选择平整光滑、牢固可靠的表面作为粗基准

10. 一般轴类工件的装夹方法包括（　　　）。

A. 三爪自定心卡盘装夹　　　　　　B. 两顶尖装夹

C. 一夹一顶装夹　　　　　　　　　D. 台虎钳装夹

三、判断题（正确的填 A，错误的填 B，每题 2 分）

1. （　　　）在大批量生产中，应尽可能使用通用夹具、标准附件完成零件加工。

2. （　　　）一个工步可以有一次走刀或几次走刀。

3. （　　　）在机械加工工艺过程中，基准先行的原则是前道工序为后道工序做好定位基准，在车削轴类零件前一般都要先进行中心孔的加工。

4. （　　　）调质热处理后的工件，表面硬度增高，切削加工困难，故应安排在精加工之后、光整加工之前。

5. （　　　）一道工序包含若干个工步，两个或两个以上工步只能是一道工序。

6. （　　　）工步是指在加工表面和加工工具不变的情况下连续完成的工序内容。

7. （　　　）走刀是指切削工具在加工表面上切削多次所完成的工艺过程。

8. （　　　）零件的辅助工序主要是检验、去毛刺和清洗等。

9. （　　　）划分工步的主要依据是零件在加工过程中的工作地点是否变动，工艺过程是否连续完成。

四、填空题（将最恰当的答案填写在横线上，每题2分）

1. 与原材料改变为成品件有间接关系的过程为＿＿＿＿＿＿。

2. 工件经一次定位与夹紧后完成的那部分工序称为＿＿＿＿＿＿。

3. 工件在一次装夹后，相对于机床或刀具所占据的每一个加工位置称为＿＿＿＿＿＿。

4. 某企业接到一批零件的生产加工任务，其零件质量达50 kg。数量为1200件。该批零件的生产类型为＿＿＿＿＿＿。

5. ＿＿＿＿＿＿是利用生产设备、工具及一定的方法改变生产对象的形状、尺寸、相对位置和性能等，使其变为成品件的过程。

6. 在加工表面和加工工具不变的情况下，连续完成的那一部分内容称为＿＿＿＿＿＿。

7. 箱体支架类零件是机器的基础零件，起连接各个部件及保证各零件间正确位置关系的作用。对于承载力较大的箱体支架类零件一般选＿＿＿＿＿＿件作为毛坯。

8. 退火和正火一般应安排在机械加工之＿＿＿＿＿＿进行。

9. 内孔的技术要求主要包括＿＿＿＿＿＿、几何精度和表面质量三个方面。

10. 切削加工之所以得到广泛应用，是因为切削加工能够获得较高的尺寸精度和较好的＿＿＿＿＿＿，且不受零件材料、尺寸和质量的限制。

11. 在零件机械加工工艺过程中，安排时效处理的目的是消除工件的＿＿＿＿＿＿。

12. 浮动铰孔、无心磨削外圆采用的定位精基准，是＿＿＿＿＿＿原则。

13. 粗加工阶段主要任务是去除大部分＿＿＿＿＿＿。

14. 在零件机械加工工艺过程中，安排预备热处理的目的是改善金属材料的＿＿＿＿＿＿性能。

15. 半精加工的任务是完成零件次要表面加工，并为主要表面的＿＿＿＿＿＿做好准备。

考点16　六点定位原理

考纲要求

1. 理解六点定位原理。

2. 了解定位方式的分类，了解常用的定位元件，能进行定位元件的定位分析。

3. 能根据加工要求合理选择定位基准。

学习建议

1. 掌握六点定位原理，通过学习能进行常用零件在夹具中的定位分析，如三爪自定心卡盘装夹和两顶尖装夹分别限制的自由度数。

2. 了解常用定位方式的分类，在实际生产中能正确选择常用零件的定位方式。

3. 能够根据加工要求和零件的实际情况进行定位基准的选择。

知识梳理

一、六点定位原理知识树

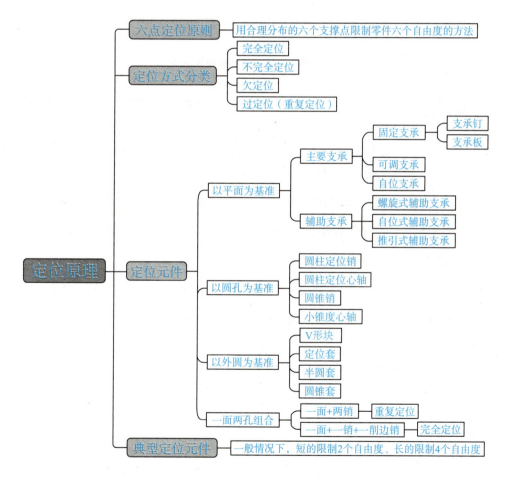

二、重点知识梳理

六点定位原理相关概念见表 3-16-1。

读书笔记

表 3-16-1　六点定位原理相关概念

序号	名称	概念
1	六点定位原理	用合理分布的六个支撑点限制零件六个自由度的定位方法
2	完全定位	指零件的六个自由度全部被限制的一种定位状态
3	不完全定位	指零件被限制的自由度数目少于六个，但能保证加工要求的一种定位状态
4	欠定位	指零件实际定位所限制的自由度数目少于按其加工要求所必须限制的自由度数目时的一种定位状态
5	过定位（重复定位）	指多个支承点重复限制一个自由度的一种定位状态
6	主要支承	指能限制零件自由度和起定位作用的支承
7	辅助支承	指在夹具中对零件不起限制自由度作用的支承
8	固定支承	在夹具体上其位置固定不变的定位元件
9	可调支承	指支承点的位置可以根据需要进行调节的支承元件
10	自位支承（浮动支承）	指在零件定位过程中，能自动调整位置的支承
11	夹紧装置	零件定位后，为保持其定位时所确定的正确加工位置，必须采用一定的机构将零件压紧夹牢，夹具上用来把零件压紧夹牢的机构称为夹紧装置
12	力源装置	是指提供原始夹紧力的装置。如液压装置、气动装置、电动装置、电磁装置等，采用手动夹紧机构时不需要力源装置
13	中间传力机构	是把力源装置产生的力传给夹紧元件的机构，如杠杆、拉杆、斜楔等机构
14	夹紧元件	是指夹紧装置的最终执行元件，一般与零件的夹压表面直接接触
15	斜楔夹紧机构	是指利用斜面直接或间接夹紧零件的机构
16	螺旋夹紧机构	是指由螺钉、螺母、垫圈、压板等元件组成的一种夹紧机构
17	偏心夹紧机构	是指用偏心件直接或间接夹紧零件的机构
18	定心夹紧机构	是指一种可同时实现对零件定心、定位和夹紧的机构。如弹簧筒夹定心夹紧机构、弹簧夹头等

✍ 例题解析

一、单选题（下列选项中只有一个答案是正确的，每题 2 分）

一般短 V 形块，限制工件（　　）自由度。

A. 二个　　　　　　B. 三个　　　　　　C. 四个　　　　　　D. 五个

答案 A

解析 掌握典型定位元件的定位分析。

二、多选题（下列选项中有一个以上答案是正确的，每题2分）

1. 下列选项中，能起限制零件自由度和定位作用的是（ ）。

A. 固定支承   B. 螺旋式辅助支承

C. 可调支承   D. 自位支承

答案 ACD

解析 掌握常用的定位元件的作用。

三、判断题（正确的填A，错误的填B，每题2分）

1.（ ）欠定位不能保证工件的定位精度，因此绝对不允许使用。

答案 A

解析 掌握定位方式的作用。

2.（ ）辅助支承不仅能提高工件定位的稳定性和刚度，还能限制工件自由度。

答案 B

解析 掌握辅助支承的作用。

四、填空题（将最恰当的答案填写在横线上，每题2分）

采用分布适当并与工件接触的_____限制工件六个自由度的定位原理称为六点定位原理。

答案 六个支承点

解析 掌握六点定位原理的概念。

专题练习

一、单选题（下列选项中只有一个答案是正确的，每题2分）

1. 夹具元件中，不起限制自由度作用的是（ ）支承。

A. 可调   B. 辅助   C. 固定   D. 自位

2. 夹紧力的方向应尽量与工件主要定位表面（ ）。

A. 平行   B. 垂直   C. 倾斜   D. 相交

3. 任何一个未被约束的物体，在空间坐标系中有（　　）种运动形式。

A. 六　　　　　　B. 五　　　　　　C. 四　　　　　　D. 三

4. 用三个支承点对工件平面进行定位时，能消除的是（　　）自由度。

A. 三个转动　　　　　　　　　　　B. 三个平动

C. 一个转动、两个平动　　　　　　D. 两个转动、一个平动

5. 用较大平面定位时，把定位平面做成（　　），可提高工件的定位稳定性。

A. 中凹　　　　　B. 中凸　　　　　C. 圆弧形　　　　D. 三角形

6. 轴类工件在长 V 形块上定位时，限制了工件（　　）个自由度。

A. 两　　　　　　B. 三　　　　　　C. 四　　　　　　D. 五

7. 采用一夹一顶装夹轴类工件时，共限制工件（　　）自由度。

A. 三个　　　　　B. 四个　　　　　C. 五个　　　　　D. 六个

8. 一般短定位套，限制工件（　　）自由度。

A. 二个　　　　　B. 三个　　　　　C. 四个　　　　　D. 五个

9. 根据加工要求，只需要限制小于六个自由度的定位方案称为（　　）。

A. 六个支承点　　　　　　　　　　B. 具有独立定位作用的六个支承点

C. 完全定位　　　　　　　　　　　D. 不完全定位

10. 在设计夹具选择定位形式时，在保证工件加工质量的前提下，应尽量选择（　　）而使夹具结构简单便于制造。

A. 完全定位　　　B. 不完全定位　　C. 过定位　　　　D. 欠定位

二、多选题（下列选项中有一个以上答案是正确的，每题 2 分）

1. 下列选项中，能起限制工件自由度和定位作用的是（　　）。

A. 固定支承　　　B. 螺旋式辅助支承　C. 可调支承　　　D. 自位支承

2. 工件根据限制自由度数目，可以将定位方式分为（　　）等几种。

A. 完全定位　　　B. 不完全定位　　C. 重复定位　　　D. 欠定位

3. 工件以外圆定位的方法主要包括（　　）。

A. 在 V 形块上定位　　　　　　　　B. 在圆柱孔中定位

C. 在圆柱心轴上定位　　　　　　　D. 在半圆弧夹具上定位

4. 工件夹紧时，下列选项正确的是（　　）。

A. 夹紧力的方向应尽量垂直于工件主要定位表面

B. 夹紧力越大越牢靠

C.夹紧力的方向尽量与切削力的方向一致

D.夹紧力的作用点尽量落在主要定位面上

5.下列选项中，关于夹紧装置的组成正确的是（　　　）。

A.力源装置　　　　B.中间传力机构　　C.加工工件　　　　D.夹紧元件

三、判断题（正确的填 A，错误的填 B，每题 2 分）

1.（　　）圆柱形工件在长 V 形块上定位时，限制了五个自由度。

2.（　　）箱体类零件在定位过程中采用"一面两孔"的定位方式，用一面加两个圆柱销的定位方案属于完全定位。

3.（　　）零件在夹具上定位时，其自由度数被限制了四个，不会是过定位，只能是欠定位。

4.（　　）辅助支承在夹具中不仅可以限制自由度，还能提高零件的装夹刚度和稳定性。

5.（　　）工件定位时，一个支承点只能限制一个自由度，两个支承点必然限制两个自由度，以此类推。

6.（　　）偏心夹紧装置夹紧迅速、夹紧力较大、自锁性好。

7.（　　）不完全定位在加工过程中是允许的。

8.（　　）重复定位能够提高工件刚性，但对工件的定位精度有影响时，一般不允许使用。

9.（　　）六点定位原理是采用六个随意分布的支承点，限制工件的六个自由度，使工件实现完全定位。

10.（　　）工件以孔在较长心轴上定位，可限制工件三个自由度。

11.（　　）当零件被限制的自由度数小于六个时，不会出现重复定位。

12.（　　）夹紧力的作用点应落在零件刚性最好的部位，以减小零件的夹紧变形。

13.（　　）满足加工要求时，不完全定位允许采用，欠定位不允许采用。

14.（　　）螺旋夹紧机构是应用最为广泛的一种夹紧机构，具有自锁性能好、夹紧力和夹紧行程大等。

15.（　　）设计夹紧装置时，其结构应力求简单，便于制造、调整和维修。

读书笔记

四、填空题（将最恰当的答案填写在横线上，每题 2 分）

1. 任何一个自由刚体（零件）在空间直角坐标系中都有_____个自由度。

2. 工件定位是指确定工件在_____中占有正确位置的过程。

3. 工件的安装包括定位和_____两项内容。

4. 多个支承点重复限制同一个自由度的一种定位状态称为_____。

5. 在零件的定位过程中，能自动调整位置的支承称为_____。

课程四 【电工电子技术与技能】

考点 1　电路基础

考纲要求

1. 了解常用电工电子仪器仪表及工具的类型及作用。

2. 了解人体触电的类型及常见原因。

3. 了解电器火灾的防范及扑救常识，能正确选择处理方法。

学习建议

1. 了解电工电子技术与技能的整体框架，明确其包含电工技术和电子技术两个部分，构建系统知识地图，明白本课程在电子电气专业知识体系里的基石地位。

2. 了解常用电工电子仪器仪表外观、型号分类，初步具备依据测量需求选择工具的能力，为后续实训操作奠定基础。

3. 了解常见触电类型及触电原因。

4. 了解电器火灾的防范及扑救常识，能正确选择处理方法。

知识梳理

一、电路基础知识树

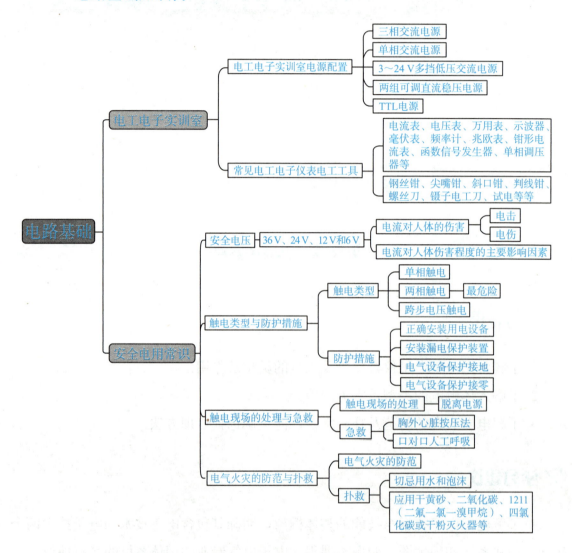

二、重点知识梳理

电路基础相关概念见表 4-1-1。

表 4-1-1　电路基础相关概念

序号	名称	概念
1	直流电	指电流的方向在电路中始终保持不变的电流类型
2	交流电	指电流的方向以一定的频率交替变化的电流类型
3	电击	指当人体直接接触带电体时，电流通过人体内部，对内部组织造成的伤害
4	电伤	指电流对人体外部造成的局部伤害，包括灼伤和皮肤金属化

续表

序号	名称	概念
5	单相触电	人体接触单根相线引起的触电
6	两相触电	人体不同部位同时接触两根相线引起的触电
7	跨步电压触电	人跨步行走在电位有落差的地面，两脚之间出现电压（36 V以上）即跨步电压，从而造成的触电事故

例题解析

一、单选题（下列选项中只有一个答案是正确的，每题2分）

1. 下列对直流电正确描述的是（ ）。

A. 字母"DC"或符号"－"　　　　　B. 字母"AC"或符号"－"

C. 字母"DC"或符号"～"　　　　　D. 字母"AC"或符号"～"

答案　A

解析　本题考查对直流电、交流电的掌握。

2. 下列属于常用电工工具的是（ ）。

A. 电流表　　　　B. 电压表　　　　C. 万用表　　　　D. 试电笔

答案　D

解析　本题考查对常见电工仪器仪表和电工工具的掌握。

二、多选题（下列选项中有一个以上答案是正确的，每题2分）

1. 人体常见触电类型有（ ）。

A. 单相触电　　　B. 两相触电　　　C. 三相触电　　　D. 跨步电压触电

答案　ABD

解析　本题考查对触电类型的掌握。

2. 电动机着火时，应使用（ ）灭火。

A. 二氧化碳　　　B. 泡沫灭火器　　　C. 干粉灭火器　　　D. 四氯化碳

答案　ACD

解析　本题考查对电气火灾的扑救的掌握。电气火灾切忌用水和泡沫灭火器，应用干黄砂、二氧化碳、1211（二氟一氯一溴甲烷）、四氯化碳或干粉灭火器等。

读书笔记

三、判断题（正确的填 A，错误的填 B，每题 2 分）

1.（ 　 ）当触电者出现心脏停搏但有呼吸的现象时应采用胸外心脏按压法。

答案　A

解析　本题考查触电现场的处理和急救。

2.（ 　 ）电流对人体的危害程度只取决于电流的大小。

答案　B

解析　本题考查对安全电压知识的掌握。

四、填空题（将最适当的答案填写在横线上，每题 2 分）

1. 当通过人体的电流超过＿＿＿＿＿＿mA 时，便会引起心力衰竭、血液循环终止、大脑缺氧而导致死亡。

答案　50

解析　本题考查对安全用电知识的掌握。

2. 进行电压测量时，应将电压表＿＿＿＿＿＿联在待测电路两端；进行电流测量时，应将电流表＿＿＿＿＿＿联在待测支路中。

答案　并　串

解析　本题考查对电工电子仪器仪表的掌握。

专题练习

一、单选题（下列选项中只有一个答案是正确的，每题 2 分）

1. 人们通常认为（ 　 ）以下的电流为安全电流，人体能主动摆脱。

A. 10 mA　　　　B. 100 mA　　　　C. 150 mA　　　　D. 200 mA

2. 电力供电的频率称为"工频"，我国的工频标准是（ 　 ）Hz。

A. 40　　　　B. 50　　　　C. 55　　　　D. 60

3. 电动机是将电能转换为（ 　 ）的装置。

A. 电能　　　　B. 化学能　　　　C. 光能　　　　D. 机械能

4. 电器火灾一旦发生，应（ 　 ）。

A. 切断电源，进行扑救　　　　　B. 迅速离开现场

C. 就近寻找水源进行扑救　　　　D. 到消防队找人救火

5. 电流越大、通电时间越长对人体的危害（　　）。

A. 越大 　　　　　B. 越小 　　　　　C. 不变 　　　　　D. 不确定

6. 在使用洗衣机时，感到手麻，这是（　　）触电。

A. 单相 　　　　　B. 双相 　　　　　C. 接触电压 　　　　　D. 跨步电压

7. 当发现有人触电时，下列说法正确的是（　　）。

A. 立即用手把人拉开，使人脱离电源

B. 立即用手把电线拉开，使人脱离电源

C. 立即用干燥木棒把电线挑开，使人脱离电源

D. 立即去叫电工

8. 当人体触碰到掉落在地上的某根带电导线时，会发生（　　）。

A. 单相触电 　　　　　　　　　　B. 双相触电

C. 接触电压触电 　　　　　　　　D. 跨步电压触电

9. 兆欧表可以用来测量（　　）。

A. 电流 　　　　　B. 电阻 　　　　　C. 电压 　　　　　D. 频率

10. 当人行走在发生雷电时的大树周围，会发生（　　）。

A. 单相触电 　　　B. 双相触电 　　　C. 三相触电 　　　D. 跨步电压触电

二、多选题（下列选项中有一个以上答案是正确的，每题 2 分）

1. 电对人体的危害程度与下列哪些因素有关（　　）。

A. 电流的大小 　　　　　　　　　B. 通电时间的长短

C. 电流流过人体的路径 　　　　　D. 电压大小

2. 电气火灾发生后，下列做法错误的是（　　）。

A. 切断电源，进行扑救 　　　　　B. 迅速离开现场

C. 就近寻找水源进行扑救 　　　　D. 用干粉灭火器扑救

3. 下列电流强度不会对人造成生命危险的有（　　）。

A. 1 A 　　　　　B. 10 mA 　　　　　C. 20 mA 　　　　　D. 60 mA

4. 电笔的作用有（　　）。

A. 判定相线与中性线 　　　　　　B. 测量电流的大小

C. 判定电器外壳是否带电 　　　　D. 测量电压大小

5. 电气设备发生火灾的原因有（　　）。

A. 设备长期过载 　　　　　　　　B. 严格按照额定值规定条件使用产品

C. 线路绝缘老化 　　　　　　　　D. 线路漏电

读书笔记

6. 下列一定是电源的有（　　　）。

A. 发电机　　　　B. 洗衣机　　　　C. 电动机　　　　D. 干电池

7. 下列对电源描述正确的是（　　　）。

A. 电源通常有交流电和直流电两大类

B. 电源是为电路提供电能的装置

C. 电源的电压都是 220 V

D. 电源是将非电能转为电能的供电设备

8. 下列关于三相交流电描述正确的是（　　　）。

A. U、V、W 为相线　　　　　　　B. N 为中性线

C. E 为地线　　　　　　　　　　D. F 为地线

9. 防止触电的保护措施有（　　　）。

A. 正确安装用电设备　　　　　　B. 安装漏电保护

C. 电气设备的保护接地　　　　　D. 电气设备保护接零

10. 下列属于单相触电的有（　　　）。

A. 人体触碰到某一根相线

B. 人体触碰到掉落在地上的某根带电导体

C. 人体不同部位触碰同一电源的两根不同电位的相线

D. 人体触碰到漏电而带电的电气设备的金属外壳

三、判断题（正确的填 A，错误的填 B，每题 2 分）

1.（　　）救护人员可戴上手套等绝缘物品拖拽触电者，使之脱离电源。

2.（　　）相线与中性线之间的电压称为相电压。

3.（　　）当触电者既无呼吸又无心跳时，人工呼吸和胸外心脏按压法不可同时进行。

4.（　　）保护接地就是把电气设备的金属外壳与中性线连接起来。

5.（　　）一般潮湿的工程地点安全电压是 24 V。

6.（　　）对有呼吸无心跳的触电者应采用胸外心脏按压法。

7.（　　）两根相线之间的电压称为相电压。

8.（　　）电气火灾一旦发生，应立即用水扑救。

9.（　　）触电造成人体伤害的主要原因其实就是电流对人体的伤害。

10.（　　）相同电压的交流电与直流电相比，交流电对人体的危害更大。

11.（　　）照明灯开关一定要接在相线上。

12.（　　）触电者脱离电源后，应立即进行现场紧急救护，给触电者注射强心针。

13.（　　）电动机着火可以采用泡沫灭火器灭火。

14.（　　）人工呼吸采用吹两秒停三秒、五秒一次的方法最恰当。

15.（　　）如果导线搭落在触电者身上或身下，可以用干燥的木棒、竹竿挑开导线。

四、填空题（将最适当的答案填写在横线上，每题2分）

1. 我国规定，一般安全电压低于＿＿＿＿＿＿＿V。

2. 电气设备保护接地时接地电阻一般不超过＿＿＿＿＿＿＿Ω。

3. 电源通常有直流电和＿＿＿＿＿＿＿电两类。

4. 三相交流电输出中，其中U、V、W代表＿＿＿＿＿＿＿线。

5. 电对人体的伤害有电击和＿＿＿＿＿＿＿。

6. 带电灭火时，忌用水和＿＿＿＿＿＿＿灭火剂。

7. 电工实验室实训中有多组电源配置，一般分为＿＿＿＿＿＿＿和＿＿＿＿＿＿＿两大类。

8. 当通过人体的电流超过＿＿＿＿＿＿＿mA时，便会引起心力衰竭、血液循环终止、大脑缺氧而导致死亡。

9. 交流电的有效值就是＿＿＿＿＿＿＿效应与它等同的直流电的电流或电压值。

10. 三相交流电中，线电压是＿＿＿＿＿＿＿V。

11. 三相交流电中，相电压是＿＿＿＿＿＿＿V。

12. 电源有两大类，其中交流用字母＿＿＿＿＿＿＿表示。

13. 电源有两大类，其中直流用字母＿＿＿＿＿＿＿表示。

14. 通常认为＿＿＿＿＿＿＿mA以下的电流是安全电流。

15. 胸外心脏按压法＿＿＿＿＿＿＿秒一次最恰当。

考点2　直流电路

考纲要求

1. 理解电路的基本组成，会识读基本的电气符号和简单的电路图。

2. 理解电路中的电流、电压、电位、电动势、电能、电功率等常用物理量的概念，能对直流电路的常用物理量进行简单的分析与计算。

3. 了解电阻的外形、作用、参数，理解电阻串联、并联及混联的连接方式与电路特点，会计算串联、并联及混联电路的等效电阻、电压、电流及电功率；了解电容的概念、参数及图形符号；了解电感的概念、参数及图形符号。

4. 理解欧姆定律、基尔霍夫定律，能应用 KCL、KVL 列出简单的电路方程，并进行计算。

学习建议

1. 认识简单电路的基本结构，了解电路的组成，并根据电路图识读基本的电气符号。

2. 理解电路中的电流、电压、电位、电动势、电能、电功率等常用物理量的概念，能根据公式对直流电路的常用物理量进行简单的分析与计算。

3. 理解欧姆定律，了解电阻定律，认识电阻器，能区分线性电阻和非线性电阻，了解电阻与温度的关系。

4. 掌握电阻作用及电路特点。

5. 会计算串联、并联和混联电路的等效电阻、电压、电流及功率。

6. 理解基尔霍夫定律，能运用 KCL、KVL 列出简单电路方程，并进行计算。

7. 会使用常用仪表测量直流电流和电压。

8. 会使用万用表电阻挡测量电阻。

知识梳理

一、直流电路知识树

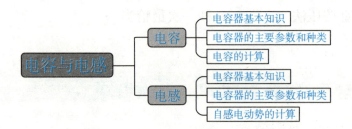

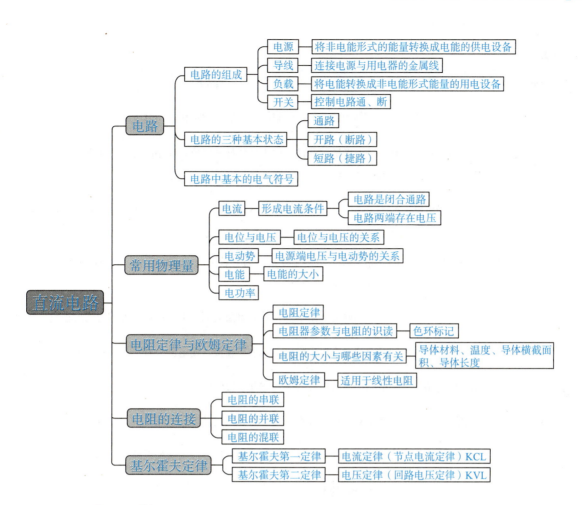

二、重点知识梳理

直流电路相关概念见表 4-2-1。

表 4-2-1　直流电流相关概念

序号	名称	概念
1	电路	指电流所流过的路径
2	电流	指电路中带电粒子在电源作用下有规则地移动
3	电位	指电路中某点的电位，就是该点与参考点之间的电压
4	电压	指两点间的电位差
5	电能	在电场力的作用下，电荷定向移动形成电流所做的功称为电能，又称电功
6	电动势	非静电力把正电荷从负极经电源内部移送到正极所做的功与被移送的电荷量的比值
7	电功率	在一段时间内，电路产生或消耗的电能与时间的比值叫作电功率，它是表示电流做功快慢的物理量
8	电阻	导体对电流阻碍作用的大小用电阻表示

读书笔记

续表

序号	名称	概念
9	部分电路欧姆定律	电阻元件中的电流与电阻两端的电压成正比，与其电阻值成反比
10	热敏性电阻	是一种温度敏感元件，由半导体材料组成，在小的温度变化下，能够呈现出与之成比例的大幅度电阻变化
11	负温度系数热敏电阻（NTC）	NTC 电阻在一定的温度范围内具有大的负温度系数，其电阻值具有随温度升高而急剧下降的特性
12	正温度系数热敏电阻（PTC）	PTC 电阻在一定的温度范围内具有大的正温度系数，其电阻值具有随温度升高而急剧增大的特性
13	压敏性电阻	是一种特殊的电阻器件，其电阻值会随着外部施加压力或力的大小发生变化
14	电阻串联电路	把两个或两个以上的电阻器依次连接，使电流只有一条通路的电路
15	电阻并联电路	指电路中电阻以并联方式相互连接的电路
16	电阻的混联	一个电路中同时存在电阻串联和电阻并联的电路
17	复杂电路	指无法用串、并联方法直接应用欧姆定律求解的电路
18	支路	一段不分岔的电路
19	节点	三条或三条以上的支路的连接点
20	回路	电路中由支路组成的任一闭合路径
21	网孔	电路中无分支的闭合路径
22	平行板电容器	两块靠近而且平行放置的金属板组成的电容器
23	电容	表示电容器储存电荷的能力的物理量。电容器所带电量 q 与它的两极板间的电压 U 之比，称为电容器的电容量，简称电容
24	空心电感线圈	绕在非铁磁材料骨架上的线圈
25	铁芯电感线圈	在空心线圈内放置铁磁材料制作成铁芯
26	电感量	表示电感器在单位电流激励下，能够产生磁通多少的物理量，也叫自感系数，简称电感或自感，用 L 表示
27	自感现象	通过线圈本身的电流发生变化而引起的电磁感应现象称为自感现象，又称为电感现象
28	自感电动势	由于自感现象而产生的电动势

例题解析

一、单选题（下列选项中只有一个答案是正确的，每题 2 分）

1. 通过一个电阻的电流是 5 A，经过 2 min，通过该电阻横截面积的电荷量是（   ）。

A. 10 C   B. 600 C   C. 1000 C   D. 1500 C

答案 B

解析 电流大小 $I = \dfrac{q}{t}$，则 $q = It = 5 \times 2 \times 60 = 600$（C）。

2. 某实验室装有"220 V 60 W"的白炽灯 50 盏，现有 9 度电可使它们正常发光（   ）h。

A. 50   B. 5   C. 6   D. 3

答案 D

解析 本题考查电能的计算。电能 $W = Pt$，则 $t = \dfrac{W}{P} = \dfrac{9}{0.06 \times 50} = 3$（h）。

二、多选题（下列选项中有一个以上答案是正确的，每题 2 分）

1. 下列关于电位和电压说法正确的有（   ）。

A. 电位是绝对量，不随参考点的改变而改变

B. 电位是相对量，随参考点的改变而改变

C. 电压是绝对量，不随参考点的改变而改变

D. 电压是相对量，随参考点的改变而改变

答案 BC

解析 本题考查电位与电压之间关系的掌握。参考点选择不同，电位也不同，但两点间的电压不变，即电位与参考点有关，而电压与参考点无关。

2. 下列公式中正确的有（   ）。

A. $P = UI$ B. $P = \dfrac{W}{t}$ C. $P = \dfrac{U^2}{R}$ D. $P = I^2 R$

答案 ABCD

解析 本题考查对电功率知识的掌握。

读书笔记

三、判断题（正确的填 A，错误的填 B，每题 2 分）

1.（　　）"220 V 40 W" 和 "220 V 60 W" 的白炽灯并联在电压为 220 V 的电路中，60 W 的白炽灯更亮。

答案　A

解析　本题考查对串并联知识的掌握。

2.（　　）直流电路中，电感相当于短路，电容相当于开路。

答案　A

解析　本题考查对电容电感知识的掌握。

四、填空题（将最适当的答案填写在横线上，每题 2 分）

1. 某导体两端电压是 12 V，通过它的电流强度是 0.9 A，欲使通过它的电流强度为 0.6 A，加在它两端的电压应为_____V。

答案　8

解析　根据部分欧姆定律 $U = IR$，$R = \dfrac{12}{0.9} = \dfrac{40}{3}(\Omega)$，通过的电流为 0.6 A 后，电阻大小不变，电压 $U = 0.6 \times \dfrac{40}{3} = 8$（V）。

2. 如下图所示电路，电压 U 为_____V。

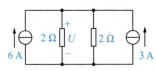

答案　9

解析　电路中间有两个 2 Ω 的电阻并联，则两端的电压 U 相等，故可将两个电阻等效成一个 1 Ω 的电阻。等效后的电路图，根据基尔霍夫电流定律可得 $I = 6 + 3 = 9$（A），则 $U = 9 \times 1 = 9$（V）。

专题练习

一、单选题（下列选项中只有一个答案是正确的，每题 2 分）

1. 开关的文字符号是（　　）。

A. R　　　　　　　B. EL　　　　　　　C. E　　　　　　　D. S

2. 电荷的基本单位是（　　　）。

A. 安秒　　　　　　B. 安培　　　　　　C. 库仑　　　　　　D. 千克

3. 电动势的方向规定为由电源（　　　）极经电源内部指向电源（　　　）极方向。

A. 正、负　　　　　B. 正、正　　　　　C. 负、正　　　　　D. 负、负

4. 1 A 等于（　　　）。

A. 10 mA　　　　　B. 100 mA　　　　　C. 1 000 mA　　　　D. 10 000 mA

5. 在生产和生活中，继电器线圈产生的是（　　　）效应。

A. 热　　　　　　　B. 磁　　　　　　　C. 光　　　　　　　D. 生命

6. 已知 a 点的对大地电位是 65 V，b 点的对大地电位是 35 V，则 U_{ba} 为（　　　）。

A. 100 V　　　　　B. 30 V　　　　　　C. 0 V　　　　　　D. −30 V

7. 在电路中，参考点的电位为零，则其余各点的电位（　　　）。

A. 一定是正电位　　B. 一定是负电位　　C. 一定是零电位　　D. 可正、可负

8. 某白炽灯标有"220 V 100 W"的字样，将它接在电源电压为 220 V 的电压下，则该白炽灯的实际功率为（　　　）。

A. 100 W　　　　　B. 50 W　　　　　　C. 20 W　　　　　　D. 不确定

9. 贴片电阻 1502 代表的电阻值是（　　　）Ω。

A. 15　　　　　　　B. 150　　　　　　　C. 1 500　　　　　　D. 15 000

10. 有一根阻值为 1 Ω 的电阻丝，将它均匀拉长为原来的 3 倍，拉长后的电阻丝的阻值为（　　　）。

A. 1 Ω　　　　　　B. 3 Ω　　　　　　　C. 6 Ω　　　　　　D. 9 Ω

二、多选题（下列选项中有一个以上答案是正确的，每题 2 分）

1. 下列说法正确的有（　　　）。

A. 流过某元件的电流的实际方向与元件两端的电压的实际方向相同时，元件是吸收功率的，属于负载特性

B. 流过某元件的电流的实际方向与元件两端的电压的实际方向相同时，元件是输出功率的，属于电源特性

C. 流过某元件的电流的实际方向与元件两端的电压的实际方向相反时，元件是输出功率的，属于电源特性

D. 流过某元件的电流的实际方向与元件两端的电压的实际方向相反时，元件

读书笔记

是吸收功率的，属于负载特性

2. 下列是将电能转化为机械能的是（　　　）。

A. 发电机　　　　　　B. 电动机　　　　　　C. 电钻　　　　　　D. 电风扇

3. 连接导线的作用是（　　　）。

A. 传送信号　　　　B. 接通电路　　　　C. 传输电能　　　　D. 切断电路

4. 开关的作用是（　　　）。

A. 传送信号　　　　B. 接通电路　　　　C. 传输电能　　　　D. 切断电路

5. 下列关于双联开关说法正确的是（　　　）。

A. 两个开关控制一盏灯的接通和断开　　B. 一个开关控制两盏灯的接通和断开

C. 双联开关又称双控开关　　　　　　　D. 双联开关有两个以上的面板

6. 下列关于电能电功率说法正确的有（　　　）。

A. 电能和电功率单位都是 W（瓦）　　　B. 电能的单位是度

C. 电功率用字母 P 表示　　　　　　　　D. 电能用字母 W 表示

7. 下列说法正确的是（　　　）。

A. 跨步电压触电是伤害最严重的

B. 电气火灾一旦发生切忌用水扑救

C. 两点之间的电位差大，一定说明两点之间的电位也很大

D. 对于负温度系数的热敏电阻，温度升高则电阻减小

8. 电气设备发生火灾应采用（　　　）灭火器。

A. 二氧化碳　　　　B. 1211　　　　　　C. 四氯化碳　　　　D. 泡沫

9. 电阻元件的主要参数是（　　　）。

A. 标称阻值　　　　B. 额定功率　　　　C. 允许偏差　　　　D. 电阻温度

10. 在下图电路中，当开关 S 接通后，将（　　　）。

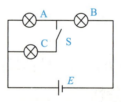

A. A 灯较原来暗　　　　　　　　　　B. B 灯和原来一样亮

C. A 灯较原来亮　　　　　　　　　　D. B 灯较原来亮

三、判断题（正确的填 A，错误的填 B，每题 2 分）

1.（　　　）电路由电源、负载和导线三部分组成。

2.（　　）电路中电流的参考方向就是电流的实际方向。

3.（　　）电流的参考方向是可以任意规定的，但电流的实际方向应结合电流参考方向的正负来说明。

4.（　　）电流是一种物理现象。

5.（　　）电流产生事故不会对人的生命产生效应。

6.（　　）电路图中标注的电流方向就是它的实际方向。

7.（　　）白炽灯的灯丝采用钨丝。

8.（　　）电炉丝一般采用康铜。

9.（　　）电路图是根据电器元件的实际位置和实际连线连接起来的。

10.（　　）电动势是电源本身的属性。

11.（　　）当外电路开路时，电源端电压等于零。

12.（　　）当外电路处于通路状态时，外电路负载上的电压等于电源电动势。

13.（　　）欧姆定律适用于任何电路和任何元件。

14.（　　）通过电阻上的电流增大到原来的 2 倍时，它所消耗的电功率也增大到原来的 2 倍。

15.（　　）一电阻上标有 4K7 字样，则电阻标称值为 4.7 kΩ。

四、填空题（将最适当的答案填写在横线上，每题 2 分）

1. 单位时间里通过导体任一横截面的电荷量叫作电流强度，简称_____。

2. 电路如下图所示，已知 I_1=2 A，I_2=3 A，则 I_3=_____A。

3. 一个电熨斗的额定电压为 220 V，额定电流为 5 A，其功率为_____kW。

4. 导体对_____的阻碍作用称为电阻。

5. "220 V 40 W" 的白炽灯在正常发光时的电阻值为_____Ω。

6. "220 V 25 W" 的白炽灯正常发光_____h，消耗的电能为 1 度。

7. 白炽灯标有 "220 V 50 W"，表明该白炽灯在 220 V 额定电压下，消耗的功率是_____W。

8. 有两根同种材料的电阻丝，长度之比为 2∶3，横截面之比为 3∶4，则它们的电阻之比为_____。

9. 有一根导线，每小时通过其横截面积的电荷量为 900 C，通过导线的电流是_____A。

10. 贴片电阻 R047 的电阻值是_____Ω。

11. 电路如下图所示，已知 I=18 A，I_1=6 A，R_1=8 Ω，R_2=12 Ω，那么 R_3=_____Ω。

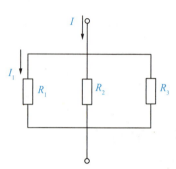

12. 现有一只内阻 R_g=1 kΩ、量程 I_g=100 μA 的微安表，要把它改为 3 V 电压表，应串联_____kΩ 分压电阻。

13. 在并联电路中，有 10 个 100 Ω 的电阻并联，它的等效电阻是_____Ω。

14. 如下图所示，已知 U_1=5 V，U_3=3 V，I=2 A，则 U_2 是_____V。

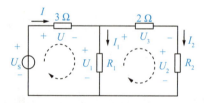

15. 在 220 V 电源上串联额定值为"220 V 60 W"的灯泡 A1 和"220 V 40 W"的灯泡 A2，若将两灯泡串联则相对较亮的是灯泡_____。（填"A1"或"A2"）

考点 3　正弦交流电路

考纲要求

1. 了解实训室工频电源，掌握交流电压表、交流电流表、试电笔等的测量方法。

2. 理解正弦交流电三要素的概念及关系。

3. 理解电路有功功率、无功功率和视在功率的概念，了解功率因数的意义以及提高功率因数的方法。

4. 了解三相正弦交流电的产生，理解相序的意义，了解三相四线供电制。

读书笔记

学习建议

1. 了解正弦交流电的产生过程，掌握正弦交流电波形图。

2. 掌握频率、角频率、周期的概念及其关系。

3. 掌握最大值、有效值的概念及其关系。

4. 了解初相位与相位差的概念，会进行同频率正弦量相位的比较。

5. 了解正弦量的矢量表示法，能进行正弦量解析式、波形图、矢量图的相互转换。

6. 理解电阻元件、电感元件、电容元件的电压与电流的关系，了解其有功功率、无功功率情况。

7. 理解 RL 串联电路的阻抗概念，了解电压三角形、阻抗三角形。

8. 理解电路有功功率、无功功率和视在功率的概念。

9. 了解 RLC 串联电路的性质和谐振的概念及应用。

10. 了解电路的功率因数及提高功率因数的方法和意义。

知识梳理

一、正弦交流电路知识树

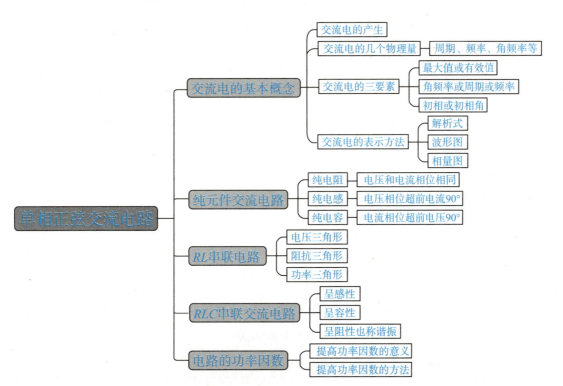

读书笔记

二、重点知识梳理

正弦交流电相关概念见表4-3-1。

表 4-3-1　正弦交流电相关概念

序号	名称	概念
1	工频交流电	频率为 50 Hz，电压幅度为 220 V 的正弦交流电
2	交流电压表	用来测量交流电压的专用仪表，采用并联方式接入被测电路
3	交流电流表	用来测量交流电流的专用仪表，采用串联的方式接入被测电路
4	钳形电流表	一种在不断开电路的情况下就能测量交流电流的仪表
5	单相调压器	就是一个调压变压器，也称自耦变压器。为了人身和设备的安全，在调压过程中，公共端必须接零，使用完后应调到 0 V 的位置
6	电度表	累计记录用户一段时间内消耗电能多少的仪表
7	试电笔	用来测试导线、开关、插座等电器及设备是否带电的工具。常用的电笔有钢笔式和螺丝刀式两种
8	周期	正弦交流电完成一次周期性变化所需要的时间。通常用字母 T 表示，单位是秒（s）
9	频率	正弦交流电在单位时间内完成周期性变化的次数。通常用字母 f 表示，单位是赫兹（Hz）
10	角频率	单位时间内变化的角度（以弧度为单位），称为角频率，单位弧度 / 秒（rad/s）
11	瞬时值	交流电每一瞬时所对应的值称为瞬时值。用小写字母表示，如 i、u、e 等
12	最大值	交流电在一个周期内数值最大的瞬时值称为最大值或幅值。用大写字母加下标表示，如 I_m、U_m 等
13	有效值	计量交流电大小的物理量，称为交流电的有效值。用大写字母表示，如 I、U 等
14	相位	（$\omega t + \rho_0$）是该正弦交流电在 t 时刻所对应的角度，称为相位
15	初相	在相位中，把 $t=0$ 时刻所对应的角度 ρ_0 称为初相角，简称初相
16	相位差	指同两个同频率正弦交流电的相位之差
17	波形图表示法	用正弦曲线表示正弦交流电随时间变化关系的方法
18	解析式表示法	用正弦函数式表示正弦交流电随时间变化关系的方法
19	旋转矢量表示法	在一个直角坐标系中用绕原点旋转的矢量来表示正弦交流电的方法
20	纯电阻电路	指电路中只含有电阻元件的电路，在纯电阻电路中，欧姆定律和焦耳定律均成立
21	纯电感电路	指电路中只含有纯电感线圈的电路
22	纯电容电路	指电路中只含有纯电容的电路

续表

序号	名称	概念
23	视在功率	电路中电流和总电压的乘积
24	感抗	指线圈的电感对交流电产生的阻碍作用
25	容抗	指交流电通过电容器时产生的阻碍作用
26	阻抗	电路中电阻、电感、电容对交流电的阻碍作用的统称
27	品质因数	串联谐振发生时，将U_L或U_C与U之比称为串联谐振电路的品质因数，也称Q值
28	功率因数	有功功率与视在功率的比值称为功率因数，用λ表示
29	三相交流电源	三个幅值相等、频率相同、相位互差120°的单相交流电源按规定方式组合而成的电源
30	星形连接	三相负载首端分别接到电源的三根相线上，其末端连在一起，接到电源的中性线上
31	三角形连接	每相负载首尾相连，形成闭合回路，并将三个连接点分别接到三相电源的相线上
32	相序	三相电动势随时间按正弦规律变化
33	线电压	相线与相线之间的电压
34	相电压	相线与中性线之间的电压
35	线电流	相线上的电流
36	相电流	流经负载的电流
37	中性线	从中性点引出的导线

例题解析

一、单选题（下列选项中只有一个答案是正确的，每题2分）

1. 在交流电中，若$u=20\sin（100t+15°）$ V，$i=20\sin（50t-15°）$ A，则相位差p_u-p_i是（　　）。

A. 30°　　　　　　B. 0°　　　　　　C. -30°　　　　　　D. 无法确定

答案　D

解析　本题考查对相位差概念的掌握。相位差是指两个同频率正弦交流电的相位之差。也就是说要同频率的两个正弦交流电才能进行比较。本题交流电电压u的角频率是100 rad/s，交流电电流i的角频率是50 rad/s，角频率不同，故频率也不相同，所以无法进行比较。

2. 一单相电动机的铭牌上标明 $U=220\text{ V}$，$I=3\text{ A}$，$\cos\rho=0.8$，则其视在功率 S 和有功功率 P 分别为（　　）。

A. 660 V·A，528 W

B. 825 V·A，660 W

C. 528 V·A，660 W

D. 660 V·A，825 W

答案　A

解析　本题考查对功率计算的掌握。有功功 $P=U_RI=UI\cos\rho=220\times3\times0.8=528$（W），视在功率 $S=UI=220\times3=660$（V·A），故选 A。

二、多选题（下列选项中有一个以上答案是正确的，每题 2 分）

1. 下列对串联谐振电路的品质因数 Q 描述正确的是（　　）。

A. U_L/U

B. U_C/U

C. X_C/R

D. X_L/R

答案　ABCD

解析　本题考查对品质因数的掌握。品质因数 $Q=\dfrac{U_L}{U}=\dfrac{U_C}{U}=\dfrac{X_L}{R}=\dfrac{X_C}{R}$，故选 ABCD。

2. 关于纯电阻电路有功功率说法正确的有（　　）。

A. $P=UI$

B. $P=U_mI_m$

C. $P=U_mI_m/2$

D. $P=U^2/R$

答案　ACD

解析　本题考查对纯电阻电路有功功率计算公式的掌握。

三、判断题（正确的填 A，错误的填 B，每题 2 分）

1. （　　）在纯电容和纯电感电路中，它们之间的瞬时值关系不符合欧姆定律。

答案　A

解析　在纯元件电路中，纯电容和纯电感电路是不符合欧姆定律的，故本题正确。

2. （　　）在纯电阻元件的交流电中，电压 u_R 和 i_R 同相，就表明 u_R 和 i_R 的初相为零。

答案　B

解析　纯电阻电路，电压 u_R 和 i_R 同相时，它的初相不一定是零。

四、填空题（将最适当的答案填写在横线上，每题2分）

1. 两个正弦电流 i_1 与 i_2，它们的最大值都是 5 A，当它们的相位差为 $180°$ 时，i_1+i_2 的最大值是_____A。

答案 0

解析 当正弦交流电电流相位差是 $180°$ 时，说明他们是反相，值是一正一负，所以 $i_1+i_2=5-5=0$（A）

2. 某电感线圈，接入直流电，测出 $R=3\ \Omega$，接入工频交流电，测出 $|Z|=5\ \Omega$，则线圈的感抗 X_L 为_____Ω。

答案 4

解析 根据阻抗三角形原理得 $X_L = \sqrt{|Z|^2 - R^2} = \sqrt{5^2 - 3^2} = 4$（$\Omega$）。

专题练习

一、单选题（下列选项中只有一个答案是正确的，每题2分）

1. 下图给出了电压和电流的相量图，从相量图可知（　　　）。

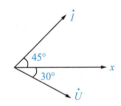

A. 有效值 $U > I$　　　　　　　　B. 电流电压的相位差为 $15°$

C. 电流超前电压 $75°$　　　　　　D. 电压的初相为 $30°$

2. 频率反映交流电变化的（　　　）。

A. 位置　　　　B. 快慢　　　　C. 大小　　　　D. 方向

3. 两个同频率正弦交流电流 i_1、i_2 的有效值分别为 40 A、30 A，当 i_1+i_2 的有效值为 50 A 时，i_1 与 i_2 的相位差是（　　　）。

A. $0°$　　　　　B. $180°$　　　　C. $45°$　　　　D. $90°$

4. 某正弦电压的有效值为 380 V，频率为 50 Hz，在 $t=0$ 时 $u=380$ V，则该正弦电压的表达式为（　　　）。

A. $u=380\sin(314t+90°)$ V　　　　　B. $u=380\sin 314t$ V

C. $u=380\sqrt{2}\sin(314t+45°)$ V　　　D. $u=380\sqrt{2}\sin(314t-45°)$ V

5. 已知交流电流 $i=4\sqrt{2}\sin$（$314t-\pi/4$）A，当它通过 $R=4\ \Omega$，$X_L=2\ \Omega$ 的电阻时，电路中消耗的无功功率是（　　　）。

A. 32 W　　　　　B. 8 W　　　　　C. 16 W　　　　　D. 10 W

6. 在电感 $X_L=50\Omega$ 的纯电感电路两端加上正弦交流电压 $u=20\sin$（$100\pi t+60°$）V，则通过它的瞬时电流为（　　　）。

A. $i=20\sin$（$100\pi t+\pi/6$）A　　　　　B. $i=0.4\sin$（$100\pi t-\pi/6$）A

C. $i=0.4\sin$（$100\pi t+\pi/3$）A　　　　　D. $i=0.4\sin$（$100\pi t+\pi/3$）A

7. 电感元件在直流电路中相当于（　　　）。

A. 开路　　　　　B. 断路　　　　　C. 短路　　　　　D. 通路

8. 在 RLC 串联交流电路中，已知 R、L、C 元件两端电压均是 200 V，则电路两端总电压是（　　　）。

A. 0 V　　　　　B. 200 V　　　　　C. 600 V　　　　　D. 100 V

9. 三角形连接的相电流是星形连接的（　　　）倍，三角形连接的线电流是星形连接的（　　　）倍。

A. 3，$\sqrt{3}$　　　　　B. 3，3　　　　　C. $\sqrt{3}$，$\sqrt{3}$　　　　　D. $\sqrt{3}$，3

10. 50 Hz 的交流电，每 0.02 s 变化 1 个循环，每秒变化（　　　）个循环。

A. 25　　　　　B. 50　　　　　C. 100　　　　　D. 150

二、多选题 （下列选项中有一个以上答案是正确的，每题 2 分）

1. 下列对正弦交流电三要素完整描述的有（　　　）。

A. 最大值、角频率、初相　　　　　B. 平均值、周期、初相

C. 有效值、频率、初相　　　　　D. 有效值、频率、周期

2. 下列物理量与周期有关的是（　　　）。

A. 有效值　　　　　B. 频率　　　　　C. 角频率　　　　　D. 最大值

3. 电容器在电路中的作用有（　　　）等。

A. 滤波　　　　　B. 耦合　　　　　C. 谐振　　　　　D. 补偿

4. 电感、电阻串联电路中，不具有矢量关系的三角形的是（　　　）。

A. 电压三角形　　　　　B. 阻抗三角形

C. 电流三角形　　　　　D. 功率三角形

5. 正弦电流通过电感元件时，下列关系式中正确的是（　　　）。

A. $U_m=\omega LI_m$　　　　　B. $u_L=\omega Li$　　　　　C. $Q_L=U_LI$　　　　　D. $L=U/\omega I$

6. 下列电路元件接在交流电源上，可以看成纯电阻电路的是（　　　）。

A. 白炽灯　　　　　B. 电阻炉　　　　　C. 电感线圈　　　　D. 电容器

7. 在 RL 串联电路中，电压保持不变，增加交流电的频率则（　　　）。

A. 电流减小　　　　B. 电流增大　　　　C. 相位角减小　　　D. 相位角增大

8. 在 RLC 串联电路中，呈容性的是（　　　）。

A. X_L=8 Ω，X_C=8 Ω　　　　　　　　B. X_L=6 Ω，X_C=8 Ω

C. X_L=8 Ω，X_C=6 Ω　　　　　　　　D. X_L=10 Ω，X_C=15 Ω

9. 下列对应关系式不正确的有（　　　）。

A. 用交流电压表测得某元件两端电压是 6 V，则该电压最大值为 6 V

B. 电感线圈在直流电路中不呈现感抗，因为此时电感为零

C. 电容在交流电路中，交流电的频率越高，其容抗越大

D. 已知电阻、感抗、容抗都为 100 Ω，则三者串联后的等效阻抗为 100 Ω

10. 下列说法错误的是（　　　）。

A. 正弦量的三要素是指最大值、角频率和相位

B. 电感元件的正弦交流电路中，消耗的有功功率等于零

C. 正弦交流电路的频率越高，阻抗越大；频率越低，阻抗越小

D. 一个实际的电感线圈，在任何情况下呈现的电特性都是感性

三、判断题（正确的填 A，错误的填 B，每题 2 分）

1. （　　　）10 A 直流电和最大值为 12 A 的正弦交流电，分别流过阻值相同的电阻，在相同的时间内，10 A 直流电发出的热量多。

2. （　　　）如果两个同频率的正弦电流在某一瞬间都是 5 A，则两者一定同相且幅值相等。

3. （　　　）两个角频率和初相都不同的正弦交流电压 u_1 和 u_2，若他们的有效值相同，则最大值也相同。

4. （　　　）电感瞬时功率波形的正、负面积相等，那么说明电感与电源之间能量的往返互换相等。

5. （　　　）在 RL 串联交流电路中，电感和电源能量交换，电路无功功率为零。

6. （　　　）镇流器的结构上有一个铁芯线圈，可以看成一个电阻与电感的串联电路。

7. （　　　）在 RLC 串联电路中，当 C<L 时，电路呈容性，即电流超前于总电压。

8.（　　）已知 $R=X_L=X_C=100\,\Omega$，则三者串联后的等效阻抗为 $100\,\Omega$。

9.（　　）电路中，提高负载的功率因数就是给它并联上一个合适的电容器。

10.（　　）在纯电容电路中，电容器有隔直流通交流、通低频阻高频的特点。

11.（　　）在正弦量的波形图中，从坐标原点到最近一个正弦波的零点之间的距离称为初相。若零点在坐标原点右方，则初相为负值。

12.（　　）在正弦交流电路中，I_m 表示正弦电流的最大值。

13.（　　）电阻元件上电压、电流的初相一定都是零，所以它们是同相的。

14.（　　）RLC 串联电路中流过各元件的电流相等。

15.（　　）已知正弦交流电流 $i=5\sqrt{2}\sin（314t-60º）$，该电流初相位为 60º。

四、填空题（将最适当的答案填写在横线上，每题 2 分）

1. 相位反映的是正弦交流电变化进程，在相位（$\omega t+\rho_0$）$=\pi/2$ 时，正弦电流为_____值。

2. 两个同频率正弦交流电的相位差等于 180°时，则它们相位关系是_____。

3. 纯电阻电路瞬时功率虽然随时间变化，但它始终在横轴上方，总为正值，说明它总是从电源吸收能量，是_____元件。

4. 一个纯电感线圈接在直流电源上，其感抗 $X_L=$_____，电路相当于短路。

5. 电感对交流电的阻碍作用称为_____。

6. 纯电感电路瞬时功率的波形在横轴上下面积是相等的，说明电感不消耗能量，是_____元件。

7. 一个电容接在直流电源上，其容抗 $X_C=\infty$，电路稳定后相当于_____。

8. 有一个 $50\,\mu F$ 的电容器，接在 220 V 的工频交流电上，电容的容抗是_____ Ω（保留整数）。

9. 有一电阻炉的额定电压 $U_N=220\,V$，额定功率 $P_N=1\,000\,W$，在 220 V 的工频交流电源下工作 2 h，它消耗的电能是_____度。

10. 在 RLC 串联电路中，已知 $R=6\,\Omega$，$X_L=10\,\Omega$，$X_C=4\,\Omega$，则电路的性质为_____性。

11. R、L、C 串联谐振的条件是 X_L_____X_C。

12. RLC 串联电路的参数如下，$R=5\,\Omega$，$X_L=7\,\Omega$，$X_C=4\,\Omega$，该电路属于_____电路。

13. 在正弦交流电中，有功功率与视在功率的比值称为_____。

14. 纯电阻的功率因数是_____。

考点 4　供用电技术

考纲要求

1. 了解发电、输电和配电过程。

2. 掌握保护接地、保护接零的方法和漏电保护器的使用及应用，会保护人身与设备安全，防止发生触电事故。

学习建议

1. 了解发电、输电和配电过程。

2. 了解电力供电的主要方式以及供配电系统的基本组成。

3. 了解节约用电的方法。

4. 了解常见的触电方式及主要保护措施。

知识梳理

一、供用电技术知识树

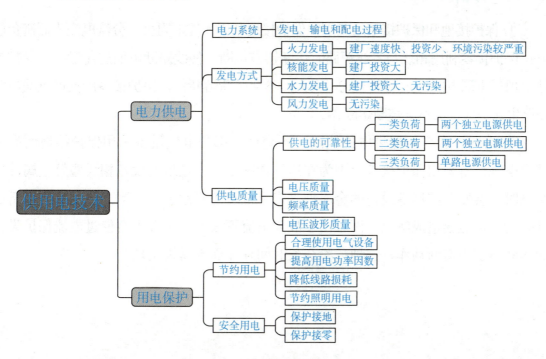

读书笔记

二、重点知识梳理

（一）供用电技术相关概念（表4-4-1）

表4-4-1　供用电技术相关概念

序号	名称	概念
1	保护接地	在电源中性点不接地的供电系统中，将电气设备的金属外壳与接地体（埋入地下并直接与大地接触的金属导体）可靠连接，这种方法称为保护接地
2	保护接零	在电源中性点已接地的三相四线制供电系统中，将电气设备的金属外壳与电源中性（零）线相连，这种方法称为保护接零

（二）电能的产生

① 火力发电是利用煤炭、石油和天然气燃烧后发出的热量来加热水，使之成为高温高压蒸汽，再用蒸汽推动汽轮机旋转并带动三相交流发电机发电。

② 核能发电是利用原子核裂变时释放出来的能量来加热水，使之成为高温高压的蒸汽，去推动汽轮机并拖动发电机发电。

③ 水力发电是利用水流的落差及流量推动水轮机旋转并带动发电机发电。

④ 风力发电是利用风车带动发电机，然后将电能输送到远方。

（三）用电保护

① 保护接地和保护接零的区别：保护接地利用人体电阻大、分流电流小而避免触电；保护接零利用相线与零线短路时熔断器被烧断，使线路断电而避免触电。保护接地出现严重漏电时由于漏电电流不太大，不会烧断熔断器，保护接零出现严重漏电时短路电流很大，必然会烧断熔断器。

② 由同一台变压器供电的线路，不允许一部分电气设备采用保护接地而另一部分电气设备采用保护接零。因为在这种情况下，当接地的设备相线碰触金属外壳漏电时，会使保护接零设备的金属外壳带上危险的对地电压，当人触及这些设备的外壳时，可能会造成触电，而且由于故障电流不太大，一般不会使过电流保护设备如熔断器实现速断动作，这种危险会长时间存在而不易被发现。

例题解析

一、单选题（下列选项中只有一个答案是正确的，每题2分）

1. 以下电能产生的形式中，发电成本最高的是（　　　）。

A. 火力发电 　　　　　　　　　　B. 核能发电

C. 水力发电 　　　　　　　　　　D. 风力发电

答案　A

解析　考查不同发电形式优缺点的掌握。

2. 在发电厂或大型变电站之间的输电网中，电能输送采用（　　　）。

A. 高压输送 　　　　　　　　　　B. 低压输送

C. 两种方式均可 　　　　　　　　D. 无法确定

答案　A

解析　考查对电力系统知识的掌握。

二、多选题（下列选项中有一个以上答案是正确的，每题2分）

1. 目前常用的发电方式有（　　　）。

A. 火力发电 　　　B. 核能发电 　　　C. 水力发电 　　　D. 风力发电

答案　ABCD

解析　考查对发电方式的掌握。

2. 下列属于三类负荷的是（　　　）。

A. 学校用电 　　　B. 居民用电 　　　C. 一般工厂 　　　D. 大型商场

答案　ABC

解析　考查不同负荷运用场合的掌握。

三、判断题（正确的填A，错误的填B，每题2分）

1. （　　　）接地体埋入地下，其接地电阻不超过人体电阻便可。

答案　B

解析　接地电阻不允许超过 4Ω。

2. （　　　）一类电力负荷通常采用两个独立电源系统供电。

答案　A

解析　考查对一类电力负荷知识的掌握。

四、填空题（将最适当的答案填写在横线上，每题2分）

1. 电力负荷通常分为_____个级别。

答案 3（三）

解析 考查对负荷种类的掌握。

2. 火力发电厂和核能发电站都是用_____作为原动机。

答案 汽轮机

解析 考查对发电原理的掌握。

专题练习

一、单选题（下列选项中只有一个答案是正确的，每题2分）

1. 以下电能产生的形式中，对环境没有污染的生产形式是（　　）。

A. 火力发电　　　　B. 水力发电　　　　C. 核能发电

2. 以下电能产生的形式中，投资成本最高的生产形式是（　　）。

A. 火力发电　　　　B. 水力发电　　　　C. 核能发电

3. 人体行走时，离高压线接地点越近，跨步电压（　　）。

A. 越低　　　　　　B. 越高　　　　　　C. 没有区别

4. 高压线断了，断头落在地上，人千万不能靠近是因为（　　）。

A. 高压线温度很高、烫手　　　　　　B. 高压线对人放电

C. 会造成跨步电压触电　　　　　　　D. 高压线会把人吸过去

5. 电源中性点接地的供电系统中，常采用的防护措施是（　　）。

A. 接地保护　　　B. 接零保护　　　C. 两者皆可

二、多选题（下列选项中有一个以上答案是正确的，每题2分）

1. 下列属于一类负荷的有（　　）。

A. 医院　　　　B. 大型影剧院　　　　C. 交通枢纽　　　　D. 重要大型企业

2. 下列属于水力发电站的有（　　）。

A. 三峡电站　　　B. 刘家峡电站　　　C. 大亚湾电站　　　D. 古田溪电站

3. 安全用电包括（　　）等三方面的内容。

A. 供电系统安全　　B. 用电安全　　C. 发电安全　　D. 人身安全

4. 节约用电的有效途径是（　　）。

A. 用高效率电气设备取代低效率电气设备

B.尽量使用中、小型变压器空载或轻载运行

C.加装无功补偿装置，提高功率因数

D.使用较大容量的电动机拖动负载

5.电力系统由（　　）等三部分组成。

A.发电设备　　　　B.电力输送设备　　C.用电设备　　　　D.导线

三、判断题（正确的填 A，错误的填 B，每题 2 分）

1.（　　）只要触电电压不高，触电时流经人体的电流再大也不会有危险。

2.（　　）提高电气安装和维修水平，可以减少火灾发生。

3.（　　）只要人体未与带电体相接触，就不可能发生触电事故。

4.（　　）同一低压电网中，不允许电气设备有的接零保护、有的接地保护。

5.（　　）接地体埋入地下，其接地电阻不超过人体的电阻。

四、填空题（将最适当的答案填写在横线上，每题 2 分）

1.电源中性点接地的供电系统中，常采用的防护措施是_____保护。

2.保护接地时，接地体电阻不允许超过_____Ω。

3.大亚湾电站属于_____发电站。

4.在工厂车间，一般只允许使用_____V 的电压作为局部照明的电源电压。

5.供电的可靠性是用事故停电到恢复供电所需时间的_____来衡量。

考点 5　常用电器

考纲要求

1.了解单相变压器的基本结构及用途，了解变压器变压比、变流比的概念，了解变压器的损耗及效率。

2.理解三相笼型交流异步电动机的基本结构、铭牌、技术参数、转动原理。

3.理解常用低压电器的分类、符号，理解熔断器、电源开关、交流接触器、主令电器、继电器等常用低压电器的结构、工作原理及应用。

读书笔记

学习建议

1. 了解常见照明灯具、节能新型电光源。

2. 理解变压器的工作原理及变压比、变流比的概念。

3. 了解变压器的外特性、损耗及效率。

4. 了解三相变压器、自耦变压器、互感器及电焊机的异同及它们的用途。

5. 了解三相笼型异步电动机的基本结构和铭牌参数。

6. 了解常用低压电器的符号、结构、工作原理及应用场合。

知识梳理

一、常用电器知识树

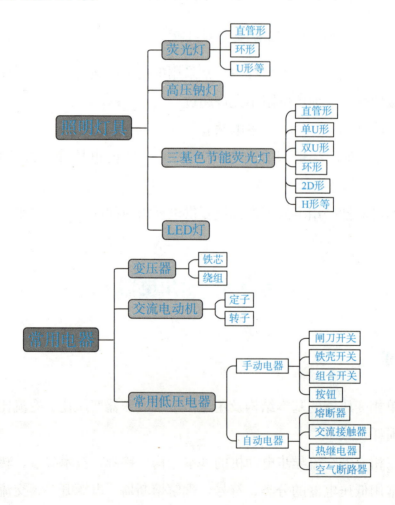

二、重点知识梳理

（一）常用电器相关概念（表 4-5-1）

表 4-5-1 常用电器概念

序号	名称	概念
1	低压电器	指交流电 1 200 V、直流 1 500 V 以下，用来控制和保护用电设备的电器
2	电动机	是将电能转换为机械能的旋转电气设备

（二）照明灯具

照明用的电光源按照产生的方式分可以分为热辐射光源和气体放电光源。

热辐射光源有白炽灯、卤钨灯等，气体放电光源有荧光灯、高压钠灯、氖气灯、卤素灯等。

（三）变压器

1. 变压器的结构（图 4-5-1）

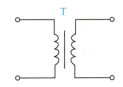

图 4-5-1 变压器的图形符号

①铁芯。小型变压器的铁芯一般用厚度为 0.35～0.5 mm、相互绝缘的硅钢片叠制而成。硅钢片的作用是构成磁路，同时减小涡流和磁滞损耗。

②绕组。小容量变压器的绕组多用高强度漆包线绕制，大中型变压器则用铜线绕制。绕组是变压器的电流通路。

初级绕组：接电源，又称一次绕组、原边线圈，用 N_1 表示。

次级绕组：接负载，又称二次绕组、副边线圈，用 N_2 表示。

2. 变压器的作用

变压器可将某一电压等级的交流电转换成同频率的另一电压等级的交流电。

3. 变压器的工作原理

①变换交流电压。变压器的一、二次绕组的电压之比等于线圈的匝数之比，即

$$\frac{U_1}{U_2} = \frac{N_1}{N_2} = k \quad (k \text{ 为变压比})。$$

$k > 1$，为降压变压器。

$k < 1$，为升压变压器。

$k = 1$，为隔离变压器。这种变压器虽然不改变电压，但它可以将用电器与电网隔离开，所以称隔离变压器。

②变换交流电流。变压器的一、二次绕组的电流之比等于线圈匝数比的倒数，即 $\dfrac{I_1}{I_2} = \dfrac{N_2}{N_1} = \dfrac{1}{k}\left(\dfrac{1}{k}$ 称为交流比$\right)$。

③变换交流阻抗。变压器可用来进行交流阻抗的变换，即 $Z_1 = k^2 Z_2$。

Z_1 是变压器一次测的阻抗，Z_2 是变压器二次测的阻抗。

注：①变压器的工作原理是电磁感应原理。

②变压器只能用于交流电，不能用于直流电，因为变压器的线圈接直流电相当于短路。

4. 变压器的外特性

①变压器二次绕组电压 U_2 与电流 I_2 的关系称为变压器的外特性。当变压器接负载工作时，若负载电流增大，二次绕组的电压会小于额定值，这是由于一、二次绕组自身都有一定内阻，会消耗掉一部分电压。

②电压调整率 ΔU（%）的计算：

$$\Delta U\% = \frac{U_{20} - U_{2N}}{U_{20}} \times 100\%$$

式中，U_{20} 为空载时二次绕组电压，U_{2N} 为额定运行时二次绕组电压。

电压调整率反映了供电电压的稳定性，是变压器的一个重要指标。一般 $\Delta U\%$ 越小越好。

5. 变压器的损耗及效率

①铜损（可变损耗）。变压器绕组都有电阻，当电流通过绕组时，在电阻上产生的功率损耗称为铜损，铜损的大小随通过绕组的电流变化而变化，也称为可变损耗。

铁损（固定损耗）。变压器铁芯中的磁滞损耗和涡流损耗称为铁损。当外加电压固定时，工作磁通也固定，铁损是不变的，也称为固定损耗。

②变压器的效率。变压器的输出功率与输入功率之比称为变压器的效率，即

$$效率 = \frac{输出功率}{输入功率} = \frac{输出功率}{输出功率 + 铁损 + 铜损} \times 100\%$$

（四）三相异步电动机

1. 三相异步电动机的基本结构

①定子。定子主要由铁芯和绕在铁芯上的三相绕组构成。整个绕组和铁芯固定在机壳上。定子绕组通电产生旋转磁场，定子铁芯是电动机的磁路部分。

②转子。转子由转子铁芯、转子绕组及转轴组成，其作用是输出机械转矩。根据构造不同，转子绕组可分为笼型和绕线型两种。

2. 三相异步电动机的同步转速与转差率

①三相异步电动机的同步转速n_0（旋转磁场转速）

$$n_0 = \frac{60f}{p}$$

式中，n_0为同步转速，单位r / min；f为电源频率，单位Hz；p为磁极对数。

②三相异步电动机的转差率

$$s = \frac{n_0 - n_2}{n_0}$$

式中，n_2为转子转速，单位r / min；

注意：转差率s是描绘异步电动机运行情况的重要参数。电动机在启动瞬间，$n_2 = 0$，$s = 1$，转差率最大；空载运行时，n_2接近于同步转速，转差率s最小。可见，转差率s描述转子转速与旋转磁场转速的差异程度，即电动机的异步程度。

（五）常用低压电器分类

1. 按动作性质分类

①手动电器。手动电器是指由人工操作的电器，如闸刀开关、按钮等。

②自动电器。自动电器是指不需要人工直接操作，按照电或非电信号自动完成接通，分断电路任务的电器，如接触器、继电器、电磁阀等。

2. 按用途分类

①低压保护电器。低压保护电器主要用于保护电源、线路或电动机，使它们不

读书笔记

在短路或过载状态下工作，如熔断器、热继电器、断路器等。

②低压控制电器。低压控制电器主要用于控制电路的通断及调节电动机的运行状态，如闸刀开关、接触器、继电器、按钮、电磁阀等。

③有的低压电器既有控制作用又有保护作用，如：自动开关既能控制电路通断，又有短路、过载、欠压保护作用；交流接触器能控制电路通断，还能对电路进行失压、欠压保护。

注：主令电器是用作接通和分断控制电路，用以发布命令的电器，主要有控制按钮、行程开关、转换开关等。

（六）常用低压电器

1. 闸刀开关（刀开关）

闸刀开关主要用作电源的隔离开关（不带负载时切断和接通电源），也可用作小容量和不频繁启动的动力电路的电源开关。

闸刀开关按极数分单极、双极和三极。

图形符号见图 4-5-2。

单极　　　　　双极　　　　　　三极

图 4-5-2　闸刀开关图形符号

2. 铁壳开关

铁壳开关主要用于各种配电设备不频繁地手动接通或分断负载的电路中。

主要由刀开关、速断弹簧、操作机构和外壳等组成。

图形符号见图 4-5-3。

图 4-5-3　铁壳开关图形符号

注：铁壳开关开盖时不能闭合，断开时壳盖才能打开。

3. 组合开关（转换开关）

组合合开关用于不频繁地手动接通或分断电路、换接电源或负载等，也可控制小容量电动机。

读书笔记

图形符号见图 4-5-4。

图 4-5-4　组合开关图形符号

4. 按钮

按钮通常用作短时接通或断开小电流控制电路的开关。

图形符号见图 4-5-5。

常开按钮　　　　常闭按钮　　　　复合按钮

图 4-5-5　按钮图形符号

注：按钮帽红色表示停止按钮，绿色表示启动按钮，黄色表示信号控制按钮。

5. 熔断器

熔断器是一种保护电器，用于短路保护。

熔断器主要由熔体和外壳组成，使用熔断器时要串联在被保护电路中。

图形符号见图 4-5-6。

FU

图 4-5-6　熔断器图形符号

6. 交流接触器

交流接触器用于接通、分断线路或频繁地控制电动机等设备运行。

交流接触器主要由电磁系统、触头系统和灭弧装置组成。

图形符号见图 4-5-7。

接触器线圈　　　　主触点　　　　常开辅助触点　　　　常闭辅助触点

图 4-5-7　交流接触器图形符号

7. 热继电器

热继电器是一种过载保护电器，它利用电流热效应原理工作。

主要由发热元件、双金属片和触点组成。发热元件串联在被保护设备的电路中。

图形符号见图 4-5-8。

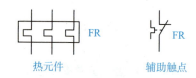

热元件　　　　　辅助触点

图 4-5-8　热继电器图形符号

8. 空气断路器

空气断路器又称自动开关，俗称空气开关，是一种自动切换电路故障的保护电器。自动开关可以对电气设备实现短路、过载和欠压保护。

图形符号见图 4-5-9 所示。

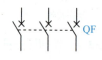

图 4-5-9　空气断路器

例题解析

一、单选题（下列选项中只有一个答案是正确的，每题 2 分）

1. 一只 7 W 的三基色节能荧光灯发出的光通量与一只普通（　　）白炽灯发出的光通量相当。

A. 7 W　　　　　　　B. 14 W　　　　　　　C. 20 W　　　　　　　D. 40 W

答案　D

解析　本题考查对三基色节能荧光灯的光通量的掌握。

2. 变压器中起到传递电能作用的是（　　）。

A. 主磁通　　　　　B. 漏磁通　　　　　C. 电流　　　　　D. 电压

答案　A

解析　变压器主磁通的磁力线沿铁芯闭合，同时与一次绕组、二次绕组相交链。变压器主磁通的大小随变压器的一次工作电压的变化而变化，工作电压升高主磁通会增大。漏磁通的磁力线主要沿非铁磁材料（油、空气）闭合，仅与一次绕组相交链。主磁通同时与一次侧绕组、二次侧绕组相交链，起能量传递媒介的作用；漏磁通仅与一次侧绕组相交链，不能传递能量，仅起电压降的作用。故选 A。

读书笔记

二、多选题（下列选项中有一个以上答案是正确的，每题2分）

1. 以下是气体放电光源的是（　　　）。

A. 白炽灯　　　　　B. 高压钠灯　　　　C. 钨丝灯　　　　D. 荧光灯

答案　BD

解析　本题考查对照明用电电光源产生方式的掌握。

2. 变压器作用是（　　　）。

A. 电压变换　　　　B. 交流电变换　　　C. 阻抗变换　　　D. 频率变换

答案　ABC

解析　本题考查对变压器作用的掌握。

三、判断题（正确的填A，错误的填B，每题2分）

1.（　　）螺口式白炽灯应把相线接在灯头顶部电极上。

答案　A

解析　本题考查对螺口式白炽灯安装方式的掌握。

2.（　　）铁壳开关的速断装置有利于夹座与闸刀之间的电弧熄灭。

答案　A

解析　本题考查对铁壳开关速断弹簧的作用的掌握。

四、填空题（将最适当的答案填写在横线上，每题2分）

1. 有一台降压变压器，一次绕组电压为220 V，二次绕组电压为110 V，一次绕组为2 200匝，若二次绕组接入10 Ω的阻抗，一次电流为_____A。

答案　5.5

解析　变压器的变压比$k = \dfrac{U_1}{U_2} = \dfrac{220}{110} = 2$

变压器二次电流$I_2 = \dfrac{U_2}{|Z|} = \dfrac{110}{10} = 11$（A）

$k = \dfrac{I_2}{I_1}$，有$I_1 = \dfrac{I_2}{k} = \dfrac{11}{2} = 5.5$（A）

2. 已知Y-160M1-2型三相异步电动机额定转速$n_2 = 2\,940$ r/min，频率$f = 50$Hz，它的转差率为_____。

答案　0.02

解析 Y-160M1-2 型三相异步电动机旋转磁场为两极，则 $p=1$，$n_0 = \dfrac{60f}{p} =$

$\dfrac{60 \times 50}{1} = 3\,000$（r/min），$s = \dfrac{n_0 - n_2}{n_0} = \dfrac{3000 - 2940}{3000} = 0.02$。

专题练习

一、**单选题**（下列选项中只有一个答案是正确的，每题 2 分）

1. 变压器的变压比 k 严格地说是（　　　）。

A. U_1/U_{20}　　　　　B. E_1/E_2　　　　　C. U_1/U_2　　　　　D. I_1/I_2

2. 常用的电力变压器，从空载到满载，电压调整率为（　　　）。

A. 3%～5%　　　B. 7%～10%　　　C. 12%～15%　　　D. 18%～20%

3. 一般维持电弧工作电压为（　　　）。

A. 5～10 V　　　B. 25～30 V　　　C. 45～50 V　　　D. 55～60 V

4. 单相变压器的变压比为 k，若一次绕组接入直流电压 U_1，则二次电压为
（　　　）。

A. U_1/k　　　　　B. 0　　　　　C. kU_1　　　　　D. ∞

5. 常用三相异步电动机在额定工作状态下转差率 s 为（　　　）。

A. 0.2～0.6　　　B. 0.02～0.06　　　C. 1.0～1.5　　　D. 0.5～1.0

6. 熔断器具有（　　　）保护作用。

A. 过载保护　　　B. 短路保护　　　C. 失压保护　　　D. 欠压保护

7. 热继电器具有（　　　）保护作用。

A. 过载保护　　　B. 短路保护　　　C. 失压保护　　　D. 欠压保护

8. 按下复合按钮时，它们的触点动作顺序是（　　　）。

A. 先接通常开触点，后断开常闭触点

B. 先断开常闭触点，后接通常开触点

C. 先断开常开触点，后接通常闭触点

D. 常开、常闭触点同时动作

9. 在安装和运行闸刀开关时，负载应接于闸刀的（　　　）。

A. 静触座　　　　　　　　　　B. 下接线座

C. 上接线座　　　　　　　　　　D. 都可以

10. 变压器匝数少的一侧绕组（　　）。

A. 电流大、电压高　　　　　　　　B. 电流大、电压低

C. 电流小、电压高　　　　　　　　D. 电流小、电压低

二、多选题（下列选项中有一个以上答案是正确的，每题2分）

1. 照明用电的光源基本要求是（　　）。

A. 光效低　　　B. 利用率高　　　C. 寿命长　　　D. 光色好

2. 照明用的电光源依据产生方式可以分为（　　）。

A. 热辐射光源　　B. 气体放电光源　　C. 自然光源　　D. 以上都是

3. 变压器的功率损耗主要是（　　）。

A. 铜损耗　　　B. 铁损耗　　　C. 自身损耗　　　D. 以上都是

4. 三相异步电动机的结构由哪两部分组成。（　　）

A. 定子　　　B. 铁芯　　　C. 转子　　　D. 绕组

5. 下列属于手动电器的是（　　）。

A. 闸刀开关　　B. 空气断路器　　C. 按钮　　　D. 组合开关

6. 自动空气断路器除具接通和分断电路的功能外，还具有（　　）特点。

A. 过载保护　　B. 短路保护　　　C. 失压保护　　　D. 欠压保护

7. LED 灯应用场合有（　　）。

A. 仪器仪表指示灯　　　　　　　　B. 交通信号灯

C. 台灯　　　　　　　　　　　　　D. 信息显示屏幕

8. 下列电器属于主令电器的是（　　）。

A. 行程开关　　B. 接触器　　　C. 热继电器　　　D. 按钮

9. 下列表示接触器的是（　　）。

A.　　　　　　　B.　　　　　　　C.　　　　　　　D.

10. 常用低压电器在供电系统的作用是（　　）。

A. 开关　　　B. 控制　　　C. 保护　　　D. 调节

三、判断题（正确的填A，错误的填B，每题2分）

1.（　　）电压调整率反映供电电压的稳定性，是变压器的一个重要性能指标。

2.（　　）使用电压互感器时，二次绕组处于短路状态。

3.（　　）使用电流互感器时，二次绕组不能开路。

4.（　　）当电动机每相绕组的额定电压等于电源的相电压时，应作三角形连接。

5.（　　）铁壳开关的速断装置有利于夹座与闸刀之间的电弧熄灭。

6.（　　）接触器铁芯的截面上有短路环，其主要作用是减少铁芯中的涡流损耗。

7.（　　）热继电器的发热元件应该并联在被保护设备的电路中。

8.（　　）自耦变压器一次、二次绕组之间不仅有磁耦合，还有电联系。

9.（　　）空气断路器可以对电动机实行无熔断器保护。

10.（　　）单相电磁铁铁芯上装有短路环，以防铁芯振动。那么，三相电磁铁铁芯上一定也有短路环。

11.（　　）目前所使用的各种灯具中，白炽灯的效率最低。

12.（　　）低压电器是指工作在交、直流 220 V 以下的电器。

13.（　　）按钮只用来发出指令信号，以控制接触器、继电器等电器，再由它们去控制主电路。

14.（　　）闸刀开关在合闸、拉闸时操作应迅速。

15.（　　）变压器铁芯采用薄而绝缘的硅钢片重叠而成，以减少涡流损耗和磁滞损耗。

四、填空题（将最适当的答案填写在横线上，每题2分）

1. 荧光灯由灯管、镇流器和_____组成。

2. 变压器空载运行是指一次绕组接电源、二次绕组_____的状态。

3. 在电源电压不变的条件下，变压器二次电压 U_2 与电流 I_2 的关系称为变压器的_____特性。

4. 变压器的二次电压 $U_2=20$ V，在接有电阻性负载时，测得二次电流 $I_2=5.5$ A，变压器的输入功率为 132 W，变压器的损耗功率是_____。

5. 电流互感器的一次绕组应该_____在待测电路中。

6. 三相异步电动机定子中的绕组有_____个接线端子。

7. 三相异步电动机由定子和_____组成。

8. 变压器由_____和两个或两个以上的绕组组成。

9. 变压器的铁芯一般采用_____制成。

10. 铁壳开关由_____和熔断器共同组装在铁壳内。

11. 接触器的主触点通过的电流大，因此接触器主触点上一般都设有_____装置。

12. 一般情况下，接触器中主触点通过的电流比_____触点通过的电流大。

13. 交流接触器铁芯端部装有_____，其作用是防止铁芯或衔铁振动。

14. 安装热继电器时，其发热元件应串接在_____电路中。

15. 白炽灯有插口式和_____式两种。

考点 6　三相异步电动机的基本控制

✦ 考纲要求

掌握三相异步电动机点动、连续运行、接触器互锁正反转控制线路的工作原理及安装方法。

✐ 学习建议

1. 了解直接启动控制及单向点动与连续控制线路的组成和工作原理。

2. 了解接触器互锁正反转控制电路的组成和工作原理。

3. 会进行点动与连续运行控制线路配电板的配线及安装。

✐ 知识梳理

一、三相异步电动机的基本控制知识树

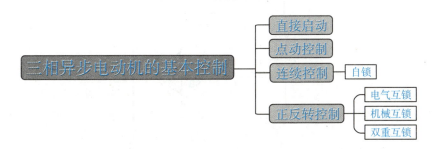

读书笔记

二、重点知识梳理

（一）三相异步电动机的基本控制相关概念（表4-6-1）

表4-6-1　三相异步电动机的基本控制相关概念

序号	名称	概念
1	主电路	一般把交流电源和电动机之间的电路称为主电路，它由电源开关、熔断器、接触器主触点、热继电器的热元件和电动机等组成，一般主电路通过的电流较大
2	辅助电路	除主电路以外的电路称为辅助电路。辅助电路包括控制电路、照明电路、信号电路和保护电路等。其中控制电路是由按钮、接触器和继电器的线圈及辅助触点、热继电器触点、保护电器触点等组成，辅助电路中通过的电流一般较小
3	自锁	通过接触器本身的辅助触点或常开触点与启动按钮并联使接触器的线圈保持通电的状态，从而实现负载长时间工作
4	电气互锁	利用接触器动断触点的互锁
5	机械互锁	利用复合按钮动动断、动合触点完成的互锁
6	双重互锁	同时采用电气互锁和机械互锁的方式

（二）三相异步电动机的基本控制电路图

1. 三相异步电动机点动运转控制电路（图4-6-1）

基本工作原理如下。

启动：合上闸刀开关 QS，按下启动按钮SB_{st}，KM 线圈得电，KM 主触点闭合，电动机 M 启动运转。

停止：按下停止按钮SB_{stp}，KM 线圈失电，KM 主触点分断，电动机 M 停止运转。

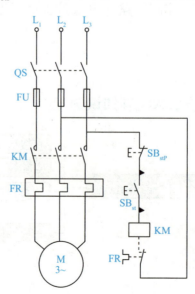

图4-6-1　三相异步电动机点动运转控制电路

读书笔记

2.三相异步电动机连续运转控制电路（图4-6-2）

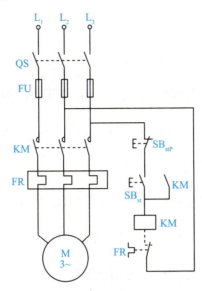

图4-6-2 三相异步电动机连续运转控制电路

基本工作原理：该电路是采用接触器自锁的控制电路。

启动：合上闸刀开关 QS，按下启动按钮SB_{st}，KM 线圈得电，KM 主触点及自锁触点闭合，电动机 M 启动运转；松开按钮SB_{st}，KM 自锁触点仍然闭合（线圈保持得电），电动机 M 连续运转。

停止：按下停止按钮SB_{stP}，KM 线圈失电，KM 主触点及自锁触点断开，电动机 M 停止运转。

3.接触器互锁正反转电路（图4-6-3）。

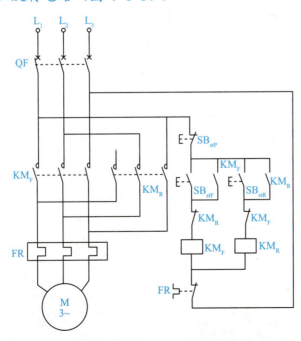

图4-6-3 接触器互锁正反转电路

基本工作原理如下。

设SB_{stF}控制正转，SB_{stR}控制反转。

正转启动：合上闸刀开关 QF，按下启动按钮SB_{stF}，接触器KM_F得电，KM_F主触点、自锁触点闭合，KM_F互锁触点断开，电动机 M 得电正转启动。

正转停止：按下停止按钮SB_{stP}，KM_F线圈失电，KM_F主触点、自锁触点断开，KM_F互锁触点闭合，电动机 M 停止正转。

反转启动：按下启动按钮SB_{stR}，接触器KM_R得电，KM_R主触点、自锁触点闭合，KM_R互锁触点断开，电动机 M 得电反转启动。

反转停止：按下停止按钮SB_{stR}，KM_R线圈失电，KM_R主触点、自锁触点断开，KM_R互锁触点闭合，电动机 M 停止反转。

4. 双重互锁正反转电路（图 4-6-4）

在接触器互锁正反转电路的基础上增加复合按钮，以实现双重互锁控制，避免主电路电源短路，同时实现正转和反转直接切换。

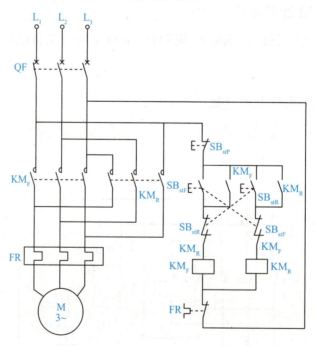

图 4-6-4　双重互锁正反转电路

例题解析

一、单选题（下列选项中只有一个答案是正确的，每题 2 分）

1. 三相异步电动机与变压器工作原理相同的是（　　）。

A. 电磁感应原理　　　　　　　　B. 静电感应原理

C. 载流导体在磁场中受安培力　　D. 带电物体在电场中受库仑力

答案　A

解析　三相异步电动机与变压器的工作原理是电磁感应原理。

2. 三相异步电动机的控制系统中，采用热继电器的作用是（　　）。

A. 对电路实现过载保护　　　　　B. 对电路实现短路保护

C. 对电路实现欠压保护　　　　　D. 对电路实现过压保护

答案　A

解析　考查对热继电器作用的掌握。

二、多选题（下列选项中有一个以上答案是正确的，每题 2 分）

1. 空气断路器在三相异步电动机正反转控制中作用是（　　）。

A. 短路保护　　　B. 过载保护　　　C. 欠压保护　　　D. 过压保护

答案　ABCD

解析　考查对空气断路器作用的掌握。

2. 在三相异步电动机正反转控制电路中互锁的方法有（　　）。

A. 机械互锁　　　B. 电气互锁　　　C. 双重互锁　　　D. 自带互锁

答案　ABC

解析　考查对三相异步电动机互锁的方法的掌握。

三、判断题（正确的填 A，错误的填 B，每题 2 分）

1.（　　）当电动机过载时，电流流过热元件，热继电器立即动作。

答案　B

解析　热继电器的工作原理是当电路中电流超过规定值时，串联在电路中的热元件发热使双金属片膨胀弯曲，推动杠杆机构，触点断开，自动切断电源。由于热元件的热惯性，过载电流通过热元件时，需要过一段时间触点才能动作，不能立即动作。

读书笔记

2.（　　）所有电器触点都是按各种电器线圈通电时的电器触点的状态画出的。

答案　B

解析　所有电器触点都是按各种电器线圈未通电时的电器触点的状态画出的。

四、填空题（将最适当的答案填写在横线上，每题2分）

1. 通常在按钮上作出不同标志予以区分，一般红色表示_____按钮。

答案　停止

解析　考查对按钮颜色作用的掌握。

2. 闸刀开关用字母_____表示。

答案　QS

解析　考查对闸刀开关表示方式的掌握。

专题练习

一、单选题（下列选项中只有一个答案是正确的，每题2分）

1. 异步电动机在启动瞬间的启动电流是额定电流的（　　）倍。

A. 1～3　　　　　　B. 5～7　　　　　　C. 9～11　　　　　　D. 13～15

2. 异步电动机定子、转子的气隙很小是为了（　　）空载电流。

A. 减小　　　　　　B. 增大　　　　　　C. 保持不变

3. 三相异步电动机的转矩与电压的关系是（　　）。

A. 成正比　　　　　　B. 成反比　　　　　　C. 相等

4. 如需要在多处对电动机进行控制，可在控制电路中（　　）启动按钮，（　　）停止按钮。

A. 串联　并联　　　B. 串联　串联　　　C. 并联　串联　　　D. 并联　并联

5. 电气互锁的作用是（　　）。

A. 增加控制电路动作的速度　　　　　　B. 维持电动机长动

C. 防止主电路误动作短路　　　　　　D. 防止电动机出现点动

二、多选题（下列选项中有一个以上答案是正确的，每题2分）

1. 下列用电器能实现正反转功能的有（　　）。

A. 电梯　　　　　　B. 起重机　　　　　　C. 车床　　　　　　D. 台钻

2. 在三相异步电动机正反转控制中，属于互锁的是（　　　）。

A. 串入对方接触器的动断触点

B. 并入对方接触器的动断触点

C. 利用复合按钮的动断、动合触点

D. 在启动按钮旁并连接触器的动合辅助触点

3. 电源电压过高或过低，对电动机的影响是（　　　）

A. 电动机启动转矩不够，造成电动机启动困难

B. 定子电流急速增大，导致定子绕组发热超过允许范围

C. 没有任何影响

4. 造成交流接触器衔铁吸合不好的原因有（　　　）。

A. 有灰层、油垢造成接触不良　　　　B. 短路环损坏、断裂

C. 电压太低，电磁力不够　　　　　　D. 弹簧太硬，活动部分发生卡阻

5. 改变三相异步电动机的转向的方法有（　　　）。

A. 降低电压　　　　　　　　　　　　B. 改变频率

C. 将其中两根相线对调　　　　　　　D. 改变旋转磁场方向

三、判断题（正确的填 A，错误的填 B，每题 2 分）

1.（　　　）利用接触器可以控制电动机正反转。

2.（　　　）机械互锁是利用复合按钮完成的。

3.（　　　）采用接触器自锁的控制电路具有失压保护功能。

4.（　　　）采用双重互锁的正反转电路中，接触器的主触点一旦熔焊不断开，实现正反转切换时将会发生短路事故。

5.（　　　）三相异步电动机的容量小于供电变压器的容量时，电动机允许直接启动。

6.（　　　）在电动机长期运转控制电路中，自锁触点应与启动按钮并联。

7.（　　　）在三相异步电动机正反转控制电路中互锁方法有机械互锁和电气互锁。

8.（　　　）三相异步电动机容量在 7.5 kW 以上，需采用降压启动。

9.（　　　）电气原理图的元器件是按实际位置和实际连线画出来的。

10.（　　　）变频空调电动机的转速是通过改变电源电压实现的。

四、填空题（将最适当的答案填写在横线上，每题 2 分）

1. 在电气原理图中，主电路画在电路图的_____边。

读书笔记

2. 交流接触器的主触点应接入电动机_____电路。

3. 点动控制电路和连续运转控制电路的区别在于是否有_____触点。

4. 电动机直接启动电路中，与启动按钮_____的接触器的动合辅助触点起到了自锁作用，故称自锁触点。

5. 三相异步电动机容量在 7.5 kW 以上，需采用_____启动。

6. 接触器产生触点熔焊的原因是触点容量过_____。

7. 采用接触器_____的控制电路具有失压保护功能。

8. 采用接触器自锁的控制电路具有_____保护功能。

9. 利用串联一个接触器的_____触点能控制另一个接触器的电感线圈的措施叫互锁。

10. 电动机是将_____能转换为_____能。

考点 7　模拟电子技术基础

⚙ 考纲要求

1. 了解二极管、三极管的外形、结构与符号以及各自的功能。

2. 了解常用整流电路结构及工作原理。

3. 了解基本共发射极放大电路结构及工作原理。

4. 了解多级放大电路的放大倍数及耦合方式。

✏ 学习建议

1. 通过观察常见二极管，掌握其外形，学习其结构特点，认识二极管电路符号，理解它的导电特性。

2. 通过观察常用三极管，认识其外形，学习其结构特点，认识三极管电路符号，能够说出三个电极的名称。

3. 通过学习，能够说出整流电路的组成部分，了解其工作原理。

4. 通过学习，了解共射放大电路的组成部分，了解其工作原理。

5. 通过学习，能够计算多级放大电路的放大倍数，了解耦合的种类。

知识梳理

一、模拟电子技术基础知识树

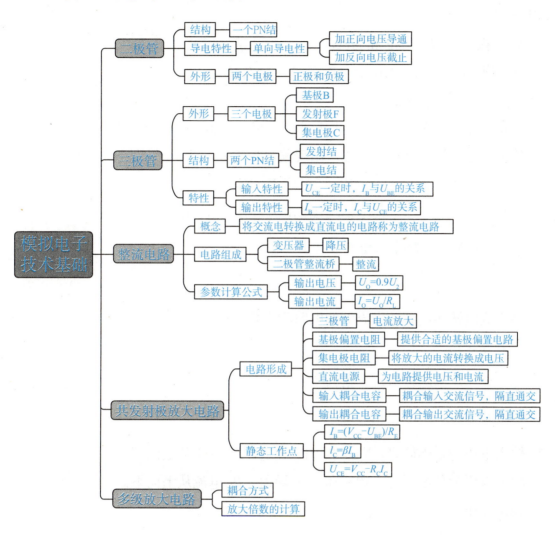

二、重点知识梳理

（一）二极管

① 二极管内部是一个 PN 结，从 P 区引出的电极为正极，从 N 区引出的电极为负极。

② 二极管的单向导电性表现为正偏导通（二极管所加正向电压超过其导通电压则二极管导通），反偏截止（二极管两端加反向电压）。

③ 硅材料二极管导通电压 0.7 V，死区电压 0.5 V；锗材料二极管导通电压 0.3 V，死区电压 0.2 V。

（二）三极管

① 三极管内部有两个 PN 结，引出的三个电极分别为基极（B）、集电极（C）、发射极（E）。

② 三极管类型：PNP 和 NPN。

③ 三极管三个电极的电流分配关系：$I_E = I_B + I_C$。

④ 三极管的工作状态。

截止状态：发射结、集电结均反偏，$I_B = I_C = I_E = 0$，无放大作用。

放大状态：发射结正偏，集电结反偏，$I_E = I_B + I_C$，$I_C = \beta I_B$，$I_E = （1 + \beta） I_B$。

PNP 三极管 $V_E > V_B > V_C$；NPN 三极管 $V_C > V_B > V_E$。

饱和状态：发射结、集电结均正偏，I_C 不受 I_B 控制。

（三）单相桥式整流电路（图 4-7-1）

1. 概念

将交流电转换成脉动直流电的电路称为整流电路。

2. 电路结构

变压器、二极管整流桥、负载。

3. 工作原理

输入电压为正半周时，VD_1 和 VD_3 导通，R_L 电流从上向下。

输入电压为负半周时，VD_2 和 VD_4 导通，R_L 电流从上向下。

输出电压 $U_O \approx 0.9 U_2$。

流过负载的电流 $I_O = U_O / R_L$。

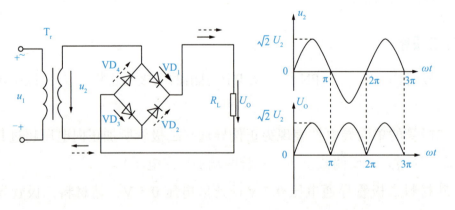

图 4-7-1　单相桥式整流电路

（四）基本共射放大电路

信号源、基极、发射极形成输入回路；负载、集电极、发射极形成输出回路。发射极是输入、输出回路公共端，故称为共射放大电路。

静态工作情况见图4-7-2。

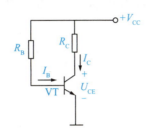

图4-7-2 共射放大电路直流回路

交流输入信号为0，电容视为开路，分析直流通路可得

$$I_B=（V_{CC}-U_{BE}）/R_B$$

通常 $V_{CC} \gg U_{BE}$，则

$$I_B \approx V_{CC}/R_B$$

$$I_C=\beta I_B$$

$$U_{CE}=V_{CC}-R_C I_C$$

以上三个参数为电路的静态工作点。

（五）多级放大电路

1. 耦合方式

①直接耦合。前级与后级之间通过导线耦合，能放大交流信号和直流信号。但各级电路静态工作点互相影响。存在"零漂"现象。

②阻容耦合。前级输出电阻与后级输入电阻通过电容连接。各级电路静态工作点稳定。放大交流信号。

③变压器耦合。前级输出信号与后级输入信号通过变压器连接。放大交流信号。

2. 多级放大电路组成

输入级、中间级、输出级。

电路总的电压放大倍数是各级放大倍数的乘积，即 $A_u=A_{u1} \cdot A_{u2} \cdot A_{u3} \cdots \cdot A_{un}$。

例题解析

一、单选题（下列选项中只有一个答案是正确的，每题 2 分）

1. 二极管的两只引脚分别为正极和负极，由 P 型半导体引出的电极称为（　　）。

A. 正极　　　　　B. 负极　　　　　C. 磁极　　　　　D. 都可以

答案　A

解析　掌握正极和负极的概念。

2. 整流是利用二极管的（　　）将交流电变为直流电。

A. 单向导电性　　B. 伏安特性　　　C. 掺杂性　　　　D. 发光性

答案　A

解析　掌握二极管的导电特性。

二、多选题（下列选项中有一个以上答案是正确的，每题 2 分）

1. 关于二极管电流与电压的关系描述正确的是（　　）。

A. 加正向电压时，可分为死区和导通区

B. 加正向电压较小时，正向电流几乎为零

C. 二极管的电流与电压是非线性关系

D. 加反向电压到一定值时，二极管可能被击穿

答案　ABCD

解析　掌握二极管电流与电压的关系。

2. 三极管按 PN 结的组成方式不同可分为两种结构（　　）。

A. NPN　　　　　B. PNP　　　　　C. NNP　　　　　D. PPN

答案　AB

解析　掌握三极管的类型。

三、判断题（正确的填 A，错误的填 B，每题 2 分）

1. （　　）单相桥式整流电路在输入交流电压的每半周内都有两只二极管导通。

答案　A

解析　掌握整流电路工作原理。

2.（　　）在三极管中，三个电极的电流方向是确定的，NPN 型和 PNP 型三极管各极电流方向是相同的。

答案　B

解析　NPN 型三极管电流从基极和集电极流入，从发射极流出；PNP 型三极管电流从发射极流入，从基极和集电极流出。

四、填空题（将最适当的答案填写在横线上，每题 2 分）

1. 二极管加正向电压的接法是 P 区引出的电极接电源的_____极。

答案　正

解析　掌握正向电压的接法。

2. 多级放大电路的耦合方式有阻容耦合、变压器耦合、直接耦合，其中_____放大电路仅能放大交流信号和直流信号。

答案　直接耦合

解析　理解多级放大电路耦合方式对信号的放大的种类。

专题练习

一、单选题（下列选项中只有一个答案是正确的，每题 2 分）

1. 在正向特性中，当正向电压较小时，正向电流几乎为零，这时二极管并未真正导通，这一段所对应的电压称为二极管的（　　）。

A. 正向导通电压　　B. 死区电压　　　　C. 截止电压　　　　D. 反向工作电压

2. 二极管内部是由（　　）所构成的。

A. 一个 PN 结　　　　　　　　　　B. 两个 PN 结

C. 两块 N 型半导体　　　　　　　　D. 两块 P 型半导体

3. 三极管的主要特性是具有（　　）放大作用。

A. 电压放大　　　B. 单向导电　　　C. 电流放大　　　D. 电流与电压放大

4. NPN 三极管处于放大状态时，各极电位关系是（　　）。

A. $V_C > V_E > V_B$　　B. $V_C > V_B > V_E$　　C. $V_C < V_E < V_B$　　D. $V_C < V_B < V_E$

5. 在一个桥式整流电路中，变压器二次侧电压为 10 V，则负载上的直流电压为（　　）。

A. 9 V　　　　　　B. 0.45 V　　　　　C. 10 V　　　　　D. 5 V

6. 单相桥式整流电路中，若有一只二极管虚焊，则输出电压（　　　）。

A. 为零　　　　　　B. 增大　　　　　　C. 不变　　　　　　D. 减小

7. 在最基本的共发射极单管放大电路中，V_{CC} 的数值一般为（　　　）。

A. 几伏到几十伏　　　　　　　　　　B. 几十伏到几百伏

C. 几百伏到几千伏　　　　　　　　　D. 没有明确规定

8. 共发射极单管放大电路中，静态工作点的主要参数是（　　　）。

A. I_B、I_C、U_{BC}　　B. I_B、I_C、U_{BE}　　C. I_B、I_E、U_{CE}　　D. I_B、I_C、U_{CE}

9. 在一个多级放大电路中，已知 $A_{u1}=50$，$A_{u2}=100$，则该电路总的电压放大倍数为（　　　）。

A. 50　　　　　　B. 100　　　　　　C. 5 000　　　　　　D. 150

10. 某三极管引脚 1 流入的电流为 3 mA，引脚 2 流出的电流为 2.95 mA，则引脚 3 流出的电流为（　　　）。

A. 0.05 mA　　　　B. 5.95 mA　　　　C. 3 mA　　　　D. 4 mA

二、多选题（下列选项中有一个以上答案是正确的，每题 2 分）

1. 三极管的三个引脚分别为（　　　）。

A. 发射极　　　　　B. 基极　　　　　C. 集电结　　　　　D. 集电极

2. 三极管的工作状态有（　　　）。

A. 饱和状态　　　　B. 短路状态　　　　C. 截止状态　　　　D. 放大状态

3. 关于三极管描述正确的是（　　　）。

A. 三极管有两个 PN 结

B. 三极管有 NPN 型和 PNP 型

C. 三极管的放大作用体现在用较小的基极电流变化量控制较大的集电极电流变化量

D. 三极管在电路中有三种工作状态

4. 常用的集中耦合方式中，静态工作点彼此独立，互不影响的耦合方式有（　　　）。

A. 间接耦合　　　　B. 直接耦合　　　　C. 阻容耦合　　　　D. 变压器耦合

5. 一个多级放大器可分为（　　　）部分。

A. 输入级　　　　　B. 耦合级　　　　　C. 中间级　　　　　D. 输出级

6. 常用的级间耦合方式有（　　　）。

A. 间接耦合　　　　B. 直接耦合　　　　C. 阻容耦合　　　　D. 变压器耦合

7. 以下属于放大电路静态工作点参数的是（　　　）。

A. I_B　　　　　　B. I_C　　　　　　C. U_{CE}　　　　　　D. V_{CC}

8. 关于共射放大电路说法正确的有（　　　）。

A. 三极管起放大电流的作用

B. 基极偏置电阻为电路提供合适的偏置电流 I_B

C. 共射放大电路直流通路中将电容看作断路

D. 静态是指没有交流输入时电路中的电压和电流不变

9. 关于静态工作点，下列说法正确的是（　　　）。

A. 在输入交流信号为零时，电路的状态为静态

B. 静态工作点的主要参数是 I_B、I_C、U_{CE}

C. 画直流通路时可将电容视为开路、电感视为短路

D. 以上说法都正确

10. 多级放大器级间耦合应满足（　　　）。

A. 前后级静态工作点影响减到最低

B. 前级输入信号能顺利传递到后级

C. 在传递过程中损耗和失真尽可能小

D. 不用考虑可以直接耦合

三、判断题（正确的填 A，错误的填 B，每题 2 分）

1.（　　）在二极管的图形符号中，三角形底边一端为阴极，另一端为阳极。

2.（　　）二极管正向导通时，阳极接高电位，阴极接低电位。

3.（　　）NPN 型三极管，图形符号中发射极电极形象地指出发射极电流的流动方向是由管内流向管外的。

4.（　　）三极管可以当作两个二极管使用。

5.（　　）在单相桥式整流电路中，负载上的电流方向始终是从上而下的。

6.（　　）流过桥式整流电路中的每只二极管的电流和负载电流相等。

7.（　　）直接耦合放大器只能放大交流信号，不能放大直流信号。

8.（　　）多级阻容耦合放大电路，各极的静态工作点彼此独立，互不影响。

9.（　　）前级输出电阻与后级输入电阻通过电容连接的耦合方式称为直接耦合。

10.（　　）V_{CC} 是放大电路的直流电源，保证三极管处于饱和状态，也为输出信号提供能量。

四、填空题（将最适当的答案填写在横线上，每题 2 分）

1. 二极管具有在正向偏置电压下导通、反向偏置电压下截止的特性，这种特性被称为＿＿＿＿。

2. 三极管处于放大状态时，基极电流 I_B 和集电极电流 I_C 的关系是＿＿＿＿。

3. 测得各极电流都很小，且三极管没有放大作用，则三极管处于＿＿＿＿状态。

4. 桥式整流电路中起到整流作用的元件是＿＿＿＿。

5. ＿＿＿＿是指将交流电变成直流电的过程，完成这一变换的电路称为整流电路。

6. 在共发射极单管放大电路中，＿＿＿＿是核心元件，起电流放大作用。

7. 在放大电路中，将发射极作为输入、输出回路为公共端的电路称为＿＿＿＿。

8. 按直流信号在电路中流通的路径可将电容视为＿＿＿＿。

9. 在多级放大器中，级与级之间的连接称为＿＿＿＿。

10. 前级输出电阻与后级输入电阻通过电容连接的耦合方式称为＿＿＿＿。

考点 8　数字电子技术基础

考纲要求

1. 了解进制及常用编码。
2. 了解基本逻辑门和复合逻辑门的逻辑功能，能够识别逻辑门的图形符号。
3. 了解逻辑代数基本运算。
4. 了解编码器、译码器的功能。

学习建议

1. 了解二进制数和十进制数的表示方法。能够识别二进制数和十进制数。

2. 了解基本逻辑门和复合逻辑门的种类，能够识别图形符号并且能够写出各种逻辑门的表达式。

3. 根据真值表写出逻辑表达式。

4. 了解编码器和译码器的功能。

读书笔记

知识梳理

一、数字电子技术基础知识树

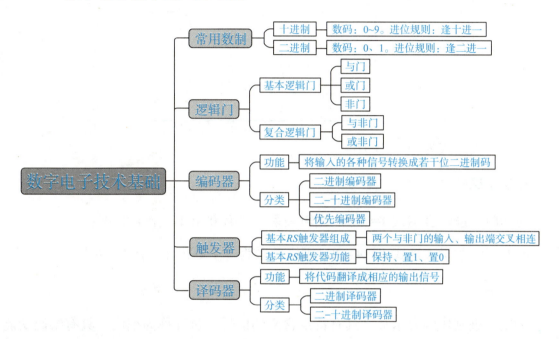

二、重点知识梳理

1. 十进制

十进制数用 0～9 十个数码按照一定规律排列来表示数值大小，数码的个数称为基数。计数规则是"逢十进一"。

如：$[1258]_{10} = 1 \times 10^3 + 2 \times 10^2 + 5 \times 10^1 + 8 \times 10^0$。

2. 二进制

二进制数用 0 和 1 两个数码按照一定规律排列来表示数值大小，计数规则是"逢二进一"。

如：$[11010]_2 = 1 \times 2^4 + 1 \times 2^3 + 0 \times 2^2 + 1 \times 2^1 + 0 \times 2^0$。

3. 基本逻辑门

与门，逻辑表达式 $Y=AB$，逻辑关系为"有 0 出 0，全 1 出 1"。

或门，逻辑表达式 $Y=A+B$，逻辑关系为"有 1 出 1，全 0 出 0"。

非门，逻辑表达式 $Y=\overline{A}$，逻辑关系为"有 0 出 1，有 1 出 0"。

4. 表达式

根据真值表写表达式，例如：

输入		输出
A	B	Y
0	0	0
0	1	1
1	0	1
1	1	0

该逻辑表达式为 $Y=\overline{A}B+A\overline{B}$。

5. 复合逻辑门

与非门，逻辑表达式 $Y=\overline{AB}$，逻辑关系为"有 0 出 1，全 1 出 0"。

或非门，逻辑表达式 $Y=\overline{A+B}$，逻辑关系为"全 0 出 1，有 1 出 0"。

6. 编码器

①用二进制代码表示某一具有特定含义的信号的过程称为编码，具有编码功能的逻辑器件称为编码器。

②二 – 十进制编码器。10 个输入端（0～9 十个数）–4 个输出端（取 0000～1001 共十个数表示 0～9 的 BCD 码）。

③优先编码器。允许同时在几个输入端都有输入信号，编码器按优先级排序最高的输入信号进行编码。对输入信号编码后须取反输出。

④译码器。将输入的二进制代码"翻译"成对应的输出信号。能实现译码功能的电路称为译码器。74LS138 为 3 线 -8 线译码器，二 – 十进制译码器是 4 线 -10 线译码器。

例题解析

一、单选题（下列选项中只有一个答案是正确的，每题 2 分）

1. 与逻辑的表达式是（   ）。

A. $Y=A \cdot B$ B. $Y=A+B$ C. $Y=A-B$ D. $Y=A/B$

答案 A

解析 掌握与逻辑的表达式。

2.74LS138集成电路是（　　）译码器。

A.8线-3线　　　B.2线-4线　　　C.3线-8线　　　D.2线-10线

答案 C

解析 掌握译码器输入与输出的个数。

二、多选题（下列选项中有一个以上答案是正确的，每题2分）

1.常用集成译码器主要有（　　）。

A.二进制译码器　　　　　　　　　B.二-十进制译码器

C.显示译码器　　　　　　　　　　D.显示器

答案 ABC

解析 了解译码器的类型。

2.关于与逻辑，下列说法正确的是（　　）。

A.当所有条件都具备时，该事件才会发生

B.表达式 $Y=A+B$

C.逻辑关系为全1出1，有0出0

D.表达式 $Y=A \cdot B$

答案 ACD

解析 B选项为或逻辑的表达式。

三、判断题（正确的填A，错误的填B，每题2分）

1.（　　）二进制的进位关系是"逢二进一"，所以1+1=10。

答案 A

解析 了解二进制数的运算规则。

2.（　　）一般编码器如果同时输入两个以上信号，编码器输出就会出错。

答案 A

解析 了解一般编码器的输入特点：不允许同时输入两个或以上的信号。

四、填空题（将最适当的答案填写在横线上，每题2分）

1.二进制数只有两种数码，分别是_____和_____。

答案 0 1

解析 掌握二进制数的特点。

2. _____是编码的逆过程，其功能是把某种代码译成相应的输出信号。

答案 译码

解析 掌握编码和译码的区别。

专题练习

一、选择题（下列选项中只有一个答案是正确的，每题 2 分）

1. 二进制数（111101）^{2} 转换为十进制数为（　　）。

A. 29　　　　　　B. 57　　　　　　C. 313　　　　　　D. 61

2. 逻辑功能为"全 0 出 1，有 1 出 0"的逻辑门是（　　）。

A. 与门　　　　　B. 与非门　　　　C. 或门　　　　　D. 或非门

3. 与非门的逻辑函数式为（　　）。

A. $Y=\overline{A}+\overline{B}$　　B. $Y=\overline{A+B}$　　C. $Y=\overline{AB}$　　D. $Y=AB$

4. 在数字电路中，将输入信号转换成二进制代码的过程称为（　　）。

A. 编码　　　　　B. 译码　　　　　C. 数制转化　　　　D. 数据分配

5. 能够将各种输入信息编程二进制代码的电路称为（　　）编码器。

A. 十进制　　　　B. 二进制　　　　C. 优先　　　　　D. BCD

6. 三位二进制编码器输出端为（　　）位。

A. 3　　　　　　B. 6　　　　　　C. 8　　　　　　D. 10

7. 三位二进制编码器输入信号为 I_3 时，输出 Y_2、Y_1、Y_0 等于（　　）。

A. 100　　　　　B. 110　　　　　C. 011　　　　　D. 111

8. 要将二进制代码转换成十进制数，应选择的电路是（　　）。

A. 编码器　　　　B. 译码器　　　　C. 加法器　　　　D. 解码器

9. 优先编码器同时有两个输入信号时，按（　　）的输入信号编码。

A. 高电平　　　　B. 低电平　　　　C. 高优先级　　　D. 高频率

10. 优先编码器同时输入 $\overline{I_6}$、$\overline{I_7}$、$\overline{I_8}$、$\overline{I_9}$，则优先级别最高的是（　　）。

A. $\overline{I_6}$　　　　　B. $\overline{I_7}$　　　　　C. $\overline{I_8}$　　　　　D. $\overline{I_9}$

二、多选题（下列选项中有一个以上答案是正确的，每题 2 分）

1. 日常生活中常用的进制有（　　）。

A. 二进制　　　　B. 十进制　　　　C. 五进制　　　　D. 十二进制

2. 电信号可分为（　　　）。

A. 数字信号　　　　B. 逻辑信号　　　　C. 模拟信号　　　　D. 算术信号

3. 下列是基本逻辑门电路的是（　　　）。

A. 或门　　　　　　B. 与门　　　　　　C. 非门　　　　　　D. 与非门

4. 关于与逻辑，下列说法正确的是（　　　）。

A. 当所有条件都具备时，该事件才会发生

B. 表达式 $Y=A+B$

C. 逻辑关系为全 1 出 1，有 0 出 0

D. 表达式 $Y=AB$

5. 关于或逻辑，下列说法正确的是（　　　）。

A. 要有一个或几个条件具备，该事件才会发生

B. 表达式 $Y=A+B$

C. 逻辑关系为有 1 出 1，全 0 出 0

D. 表达式 $Y=AB$

6. 下列可以通过编码的方式转换成二进制码的是（　　　）。

A. 数字　　　　　　B. 文字　　　　　　C. 符号　　　　　　D. 温度

7. 下列是复合逻辑门电路的是（　　　）。

A. 或非门　　　　　B. 与门　　　　　　C. 非门　　　　　　D. 与非门

8. 编码器的主要类型有（　　　）。

A. 8421BCD 编码器　　　　　　　　B. 二进制编码器

C. 十进制编码器　　　　　　　　　D. 优先编码器

9. 以下说法错误的有（　　　）。

A. 逻辑或也可以叫逻辑乘　　　　　B. 逻辑非表达式中，输入与输出相反

C. 与或非门属于基本逻辑门　　　　D. 逻辑与也可以称为逻辑加

10. 在数字电路中，输入信号包含（　　　）。

A. 十进制数　　　　B. 文字　　　　　　C. 符号　　　　　　D. 电压

三、判断题（正确的填 A，错误的填 B，每题 2 分）

1.（　　　）数字电路是处理数字信号的电路。

2.（　　　）数字电路中的 0 和 1 有时表示逻辑进制数，有时表示状态。

3.（　　　）所谓二进制就是以 2 为基数的计数体制。

4.（　　　）非门逻辑有多个输入端，一个输出端。

5.（　　）与非门和或非门都是复合门。

6.（　　）与非门实现与非运算，其运算顺序是先与运算，然后将与运算的运算结果取反。

7.（　　）优先编码器的优先级别的高低是人为设定的。

8.（　　）优先编码器同时输入两个以上信号时，只按优先级高的输入信号编码，优先级低的输入信号不起作用。

9.（　　）一般编码器如果同时输入两个以上信号，编码器输出就会出错。

10.（　　）逻辑门电路在任一时刻的输出只取决于该时刻这个门电路的输入信号。

四、填空题（将最适当的答案填写在横线上，每题2分）

1.将二进制数（1110100）^{2}转换成十进制数是_____。

2._____是指在时间和幅度上都离散的信号。

3.把输出与输入之间的逻辑关系写为与、或、非等运算组合起来的表达式，称为_____。

4.如果开关A或B只有一个闭合，在闭合C时，灯Y就点亮，则电灯的亮灭和三个开关的关系表达式为_____。

5._____的功能是允许同时在几个输入端有输入信号，并按预先排定的优先顺序，只对优先权最高的一个输入信号编码。

6.逻辑与的运算规律是"有0出_____，全1出1"。

7.想要把十进制数输入数字电路中，必须使用二－十进制编码器将十进制编码为_____。

8.由两个开关A、B并联控制一盏灯，电灯的亮灭和两个开关的关系表达式为_____。

9.或非门逻辑关系可总结为"全0出1，_____"。

10.由一串1和0组成的数码称为_____信号。

课程五 【数控加工工艺与编程】

考点1 数控机床基础知识

考纲要求

1. 了解数控机床的发展。

2. 了解数控机床的组成及其各部分的作用。

3. 掌握数控机床的分类。

4. 理解数控机床加工内容及其运动形式。

5. 掌握数控机床坐标系组成。

6. 理解数控机床的加工特点及应用范围。

学习建议

1. 了解数控机床产生的时间、地点及发展历程。

2. 能说出数控机床的主要组成部分及各部分作用。

3. 掌握数控机床的分类，各种类型数控机床的概念、特点及加工范围。

4. 能说出数控车床、数控铣床（加工中心）的加工内容，能准确说明数控车床、铣床（加工中心）的运动形式。

5. 掌握数控坐标系的建立原则，机床坐标系、工件坐标系（编程坐标系）的概念，知晓机床原点、机床参考点、工件原点（编程原点）的概念及作用。

6. 能说出数控机床的加工特点和数控机床的适用范围。

知识梳理

一、数控机床基础知识树

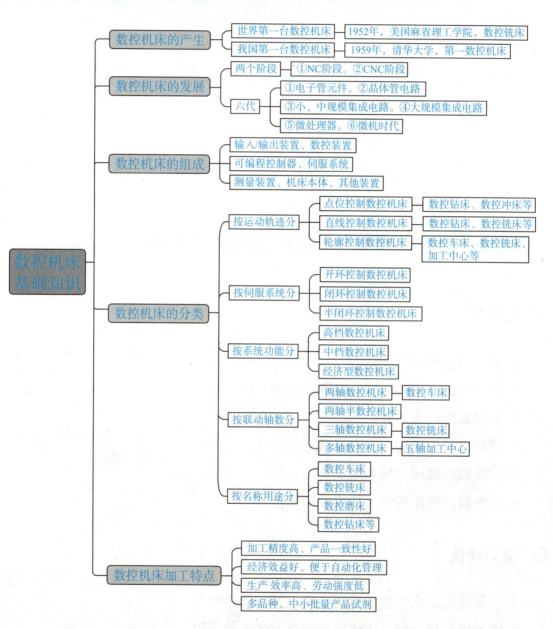

数控机床基础知识
- 数控机床的产生
  - 世界第一台数控机床 —— 1952年，美国麻省理工学院，数控铣床
  - 我国第一台数控机床 —— 1959年，清华大学，第一数控机床
- 数控机床的发展
  - 两个阶段 —— ①NC阶段。②CNC阶段
  - 六代
    - ①电子管元件。②晶体管电路
    - ③小、中规模集成电路。④大规模集成电路
    - ⑤微处理器。⑥微机时代
- 数控机床的组成
  - 输入/输出装置、数控装置
  - 可编程控制器、伺服系统
  - 测量装置、机床本体、其他装置
- 数控机床的分类
  - 按运动轨迹分
    - 点位控制数控机床 —— 数控钻床、数控冲床等
    - 直线控制数控机床 —— 数控钻床、数控铣床等
    - 轮廓控制数控机床 —— 数控车床、数控铣床、加工中心等
  - 按伺服系统分
    - 开环控制数控机床
    - 闭环控制数控机床
    - 半闭环控制数控机床
  - 按系统功能分
    - 高档数控机床
    - 中档数控机床
    - 经济型数控机床
  - 按联动轴数分
    - 两轴数控机床 —— 数控车床
    - 两轴半数控机床
    - 三轴数控机床 —— 数控铣床
    - 多轴数控机床 —— 五轴加工中心
  - 按名称用途分
    - 数控车床
    - 数控铣床
    - 数控磨床
    - 数控钻床等
- 数控机床加工特点
  - 加工精度高、产品一致性好
  - 经济效益好、便于自动化管理
  - 生产效率高、劳动强度低
  - 多品种、中小批量产品试剂

二、重点知识梳理

（一）数控机床的发展

1. 数控机床的产生

① 1952 年在美国麻省理工学院研制了世界上第一台试验性三坐标数控铣床。

② 1955 年数控机床开始批量用于生产，在复杂曲面机件的加工中发挥了重要

作用。

③1958年清华大学研制出我国第一台数控机床，也是亚洲第一台数控机床。

2. 数控机床的发展

数控系统经历了两个阶段和六代发展，即NC阶段和CNC阶段，随着元器件的发展，经历了电子管元件、晶体管电路和小、中规模集成电路三代，随着计算机技术的发展，经历了大规模集成电路的小型计算机控制系统、微处理器、微机时代。

NC：数字控制，是指用数字、文字和符号组成的数字指令来实现一台或多台机械设备动作控制的技术。

CNC：计算机数字控制。

（二）数控机床的组成及其各部分的作用

1. 数控机床的组成

输入/输出设备、数控装置、可编程控制器、伺服系统、测量装置、机床本体。

①输入/输出设备是CNC系统与外部设备进行信息交换的装置。

②数控装置是数控系统的核心部分。

③可编程控制器PLC用二进制与逻辑运算、顺序动作有关的I/O控制，由硬件和软件组成。

④伺服系统是CNC装置和机床的联系环节，是数控机床的执行机构。

⑤测量装置是位置和速度测量装置，它是实现主轴、进给速度闭环控制和进给位置闭环控制的必要装置。

⑥机床本体是数控系统的控制对象，是实现加工零件的执行部件。机床本体是数控机床的主体，是用于完成各种切削加工的机械部件。由床身、工作台、主轴箱、进给机构、自动刀具交换系统和辅助装置（如冷却、润滑、排屑、转位和夹紧装置等）组成。

2. 数控机床组成部分的作用（表5-1-1）

表5-1-1 数控机床组成部分的作用

数控机床组成部件	作用
输入/输出设备	将零件加工程序输入CNC系统，或将调试好的零件加工程序通过输出设备存放或记录在相适应的介质上

读书笔记

续表

数控机床组成部件	作用
数控装置	对输入的信息进行识别、储存、运算，然后输出控制命令到相应的执行部件完成加工程序和操作者所要求的工作
可编程控制器	控制数控机床的辅助加工动作
伺服系统	将数控装置输出的信号转化为移动部件的运动，对速度和位置进行控制
测量装置	可以随时检测工作台实际位移值，并经反馈装置输入机床的数控系统中
机床本体	完成数控加工任务

（三）数控机床的分类

1. 按机床运动轨迹分类

①点位控制数控机床，刀具从某一点位置向另一点位置移动，没有中间移动轨迹要求（数控镗床、数控钻床、数控电焊机、数控折弯机等）。

②直线控制数控机床，控制点到点的准确位置之外，还要保证两点之间移动的轨迹为一条直线，对移动速度也有控制（数控磨床）。

③轮廓控制数控机床，同时控制两个以上联动轴，具有插补功能（数控车床、数控铣床、加工中心等）。

2. 按伺服系统类型分类

①开环控制数控机床也称为经济型数控机床，无位置检测反馈装置，采用步进电机，特点是控制线路简单、调节方便、加工精度较低、系统稳定、机床成本低，适用于经济类中小型数控机床。

②闭环控制数控机床带有位置检测装置和位置检测元件，位置检测元件安装在工作台上，特点是加工精度高、结构复杂、系统调试和维修困难、成本较高，适用于精度要求较高的镗铣床、超精车床和加工中心。

③半闭环控制数控机床带有位置检测装置和位置检测元件，位置检测元件安装在伺服电机或数控机床传动丝杆的端部，特点是调试维修方便，广泛用于中、小型数控机床。

3. 按工艺用途分类

①金属切削类数控机床包括数控车床、数控铣床、数控钻床、数控磨床、数控镗床、加工中心等。

②金属成形类数控机床包括数控折弯机、数控剪板机、数控弯管机、数控压力

读书笔记

机和数控切割机等。

③特种数控机床包括数控电火花线切割机床、数控电火花成形机床、数控火焰切割机床和数控激光加工等机床。

④其他类型的数控机床有数控三坐标测量机床和数控装配机等。

4. 按数控系统功能水平分类

分为高、中、低三档。

5. 按数控坐标轴联动分类

①两轴联动。数控机床在加工零件时可实现两个坐标轴方向同时运动。

②两轴半联动。数控机床在加工零件时，工件先在某一平面内进行两坐标轴方向的联动，然后沿第三个坐标轴方向做等距周期移动，如此反复，直到加工完毕。

③三轴联动。数控机床在加工零件时可实现三个坐标轴的联动。

④多轴联动。数控机床在加工零件时，可以实现四个坐标轴、五个坐标轴，甚至六个坐标轴的联动。

（四）数控机床的加工内容及主要运动形式

1. 数控车床加工内容及其主要运动形式

数控车床主要用于加工轴类、盘类等回转体零件。数控车床加工的基本内容有车外圆柱面、车外圆锥面、车端面、车外螺纹、车槽、钻孔、钻中心孔、铰孔、镗孔、攻丝、车成形面，工件旋转为主运动，刀具的直线运动为进给运动。

2. 数控铣床加工内容及其运动形式

数控铣床（加工中心）主要用于加工箱体、泵体、阀体、壳体和机架等零件。数控铣床加工的基本内容有铣平面、铣台阶面、铣矩形槽、铣键槽、铣 T 形槽、铣螺旋槽、铣半圆槽、钻孔、镗孔、铣孔、切断、铣齿轮，铣刀的旋转运动是主运动，工件直线移动为进给运动。

（五）数控机床坐标系组成

1. 坐标系建立的基本原则

①坐标系采用右手笛卡尔直角坐标系。

②采用假设工件固定不动，刀具相对工件移动的原则。

③规定 Z 轴的运动由传递切削动力的主轴决定，与主轴轴线平行的坐标轴为 Z

轴，X 轴为水平方向，平行于工件装夹面并与 Z 轴垂直。

④采用使刀具与工件之间的距离增大的方向为该坐标系的正方向，反之为负方向。

⑤坐标轴的判断顺序为先判断 Z 轴，其次判断 X 轴，最后采用右手笛卡尔直角坐标系判断 Y 轴。

2. 机床坐标系、机床原点及参考点

①机床坐标系是机床上固有的坐标系，它是制造和调整机床的基础，也是设置工件坐标系的基础。机床坐标系由机床厂家确定，一般情况下不能随意改动。机床坐标系的原点称为机床原点或机床零点。

②机床参考点也是机床上的一个固定点，参考点的固定位置一般设在机床的各轴正向最大极限位置（开机回零就是回参考点）。

3. 工件坐标系、编程原点、对刀点（起刀点）及换刀点

①工件坐标系是编程人员根据零件图样及加工工艺等建立的坐标系，程序中的坐标值均以此坐标系为依据，因此其又称为编程坐标系。

②工件坐标系的原点也称为程序原点或编程原点，由编程人员根据具体情况确定，一般设在图样的设计基准或工艺基准处。

③确定工件具体位置的过程是通过对刀来实现的，即在机床坐标系中建立工件坐标系，确定工件原点在机床中的位置。

④对刀点。数控加工中刀具相对工件运动的起点，也可以叫作程序的起点或起刀点。

⑤换刀点。加工过程中需要换刀时刀具的相对位置点。

（六）数控机床的加工特点及应用范围

1. 数控机床的加工特点

加工精度高、产品一致性好、生产效率高、劳动强度低、经济效益好，有利于生产管理现代化。

2. 数控机床的适用范围

①多品种、单件小批量生产的零件或新产品试制中的零件。
②普通机床很难加工的精密、复杂零件。
③精度及表面粗糙度要求高的零件。

④加工过程中需要进行多工序加工的零件。

⑤用普通机床加工时，需要昂贵工装设备（工具、夹具和模具）的零件。

例题解析

一、单选题（下列选项中只有一个答案是正确的，每题 2 分）

1.（　　）将数控装置输出的信号转化为移动部件的运动。

A. 数控装置 　　　　　　　　　　B. 伺服系统

C. 输入输出装置 　　　　　　　　D. 机床本体

答案　B

解析　伺服系统的作用是将数控装置输出的信号转化为移动部件的运动，对速度和位置进行控制。

2. 按照机床的运动轨迹分类，数控钻床属于（　　　）。

A. 点位控制数控机床 　　　　　　B. 直线控制数控机床

C. 轮廓控制数控机床 　　　　　　D. 闭环控制数控机床

答案　A

解析　点位控制数控机床，刀具从某一点位置向另一点位置移动，没有中间移动轨迹要求，其中包括数控钻床、数控镗床、数控折弯机等。

二、多选题（下列选项中有一个以上答案是正确的，每题 2 分）

1. 按照数控坐标轴联动分类，数控机床分为（　　　）

A. 两轴联动数控机床 　　　　　　B. 三轴联动数控机床

C. 多轴联动数控机床 　　　　　　D. 两轴半联动数控机床

答案　ABCD

解析　按数控坐标轴联动分类：两轴联动、两轴半联动、三轴联动、多轴联动。

2. 下列选项中，属于数控机床组成部分的是（　　　）。

A. 数控装置　　　B. 伺服系统　　　C. 机床本体　　　D. 鼠标及键盘

答案　ABC

解析　数控机床由输入/输出设备、数控装置、可编程控制器、伺服系统、测量装置、机床本体等部分组成。

三、判断题（正确的填 A，错误的填 B，每题 2 分）

1.（　　）在标准坐标系中规定永远假定工件相对于静止的刀具而运动。

答案　B

解析　假设工件固定不动，刀具相对工件移动的原则。

2.（　　）点位控制系统不仅要控制从点到另一点的准确定位，还要控制从点到另一点的路径。

答案　B

解析　点位控制数控机床，刀具从某一点位置向另一点位置移动，没有中间移动轨迹要求。

四、填空题（将最恰当的答案填写在横线上，每题 2 分）

1._____年在美国麻省理工学院研制出世界上第一台三坐标_____。

答案　1952　数控铣床

解析　1952 年在美国麻省理工学院研制了世界上第一台试验性三坐标数控铣床。

2. 数控系统的核心是_____。

答案　数控装置

解析　数控装置是数控系统的核心部分。

专题练习（一）

一、单选题（下列选项中只有一个答案是正确的，每题 2 分）

1. 世界上第一台数控机床是（　　）年研制出来的。

A. 1942　　　　　B. 1948　　　　　C. 1952　　　　　D. 1958

2. 闭环控制系统的反馈装置装在（　　）。

A. 传动丝杠上　　B. 电机轴上　　　C. 机床工作台上　　D. 装在减速器上

3. 数控装置将所得到的信号进行一系列处理后，再将其处理结果以（　　）的形式向伺服系统发出执行命令。

A. 输入信号　　　B. 位移信号　　　C. 反馈信号　　　D. 脉冲信号

4.（　　）主要用于经济型数控机床的进给驱动。

A. 步进电机　　B. 直流伺服电机　　C. 交流伺服电机　　D. 直流进给伺服电机

5. CNC 系统中的 PLC 是（　　　）。

A. 可编程序逻辑控制器　　　　　　B. 显示器

C. 多微处理器　　　　　　　　　　D. 环形分配器

6. 对于配有设计完善的位置伺服系统的数控机床，其定位精度和加工精度主要取决于（　　　）。

A. 机床机械结构的精度　　　　　　B. 驱动装置的精度

C. 位置检测元器件的精度　　　　　D. 计算机的运算速度

7. 按照机床运动的控制轨迹分类，加工中心属于（　　　）。

A. 轮廓控制　　B. 直线控制　　C. 点位控制　　D. 远程控制

8. 数控机床中把脉冲信号转换成机床移动部件运动的组成部分称为（　　　）。

A. 控制介质　　B. 数控装置　　C. 伺服系统　　D. 机床本体

9. 只要数控机床的伺服系统是开环的，就一定没有（　　　）装置。

A. 检测　　　　B. 反馈　　　　C. I/O 通道　　D. 控制

二、多选题（下列选项中有一个以上答案是正确的，每题 2 分）

1. 按照伺服系统分类，数控机床可分为（　　　）。

A. 开环控制数控机床　　　　　　　B. 闭环控制数控机床

C. 直线控制数控机床　　　　　　　D. 轮廓控制数控机床

2. 数控机床由（　　　）部分组成。

A. 数控装置　　　　　　　　　　　B. 伺服单元、驱动单元和测量装置

C. PLC　　　　　　　　　　　　　D. 键盘

3. 按工艺用途分类，数控机床可分为（　　　）。

A. 切削加工类　　　　　　　　　　B. 成形加工类

C. 特种加工类　　　　　　　　　　D. 其他类型

4. 坐标系的确定原则有（　　　）。

A. 永远假定刀具远离静止的工件坐标系而运动

B. 数控机床的坐标系采用右手笛卡尔直角坐标系

C. 增大工件和刀具之间的距离为正方向

D. 刀具静止，工件相对刀具移动

5. 数控机床适宜加工（　　　）。

A. 生产批量小的零件

B. 需要进行多次改型设计的零件、科研试制产品

C.加工精度要求高、形状复杂的零件

D.需要精确复制和尺寸一致性要求高的零件

三、判断题（正确的填 A，错误的填 B，每题 2 分）

1.（ ）开环数控机床的加工精度稳定性低于闭环数控机床。

2.（ ）机床的运动永远是假定刀具相对于静止的工件坐标系而运动。

3.（ ）数控加工主要应用于加工零件形状比较复杂、精度要求较高，以及产品更换频繁、生产周期要求短的场合。

4.（ ）机床参考点通常设在机床各轴靠近正向极限位置。

5.（ ）旋转体类零件，宜采用数控加工中心或数控磨床加工。

6.（ ）数控机床重新开机后，一般需先回机床零点。

7.（ ）数控车床操作切削运动分主运动和进给运动两种，车削时，车刀的移动是进给运动。

8.（ ）数控机床的伺服系统由驱动装置和执行机构两个部分组成。

9.（ ）数控车床操作在开环和半闭环数控机床上，定位精度主要取决于进给丝杠的精度。

10.（ ）闭环数控机床的检测装置，通常安装在伺服电机上。

11.（ ）数控车床适宜加工轮廓形状特别复杂或难以控制尺寸的回转体零件、箱体类零件、精度要求高的回转体类零件、特殊的螺旋类零件等。

12.（ ）点位控制系统不仅要控制从一点到另一点的准确定位，还要控制从一点到另一点的路径。

13.（ ）每一个脉冲使机床移动部位产生的位移量称为脉冲当量，一般是 0.1～0.01 m。

14.（ ）数控车床的参考点和机床原点重合。

四、填空题（将最恰当的答案填写在横线上，每题 2 分）

1. 1952 年在美国麻省理工学院研制出世界上第一台三坐标数控＿＿＿＿。

2. ＿＿＿＿年在中国国研制出第一台数控机床，也是亚洲第一台数控机床。

3. 数控系统经历了＿＿＿＿阶段和＿＿＿＿阶段。

4. 数控机床由输入/输出设备、＿＿＿＿、可编程控制器、伺服系统、测量装置、机床本体等组成。

5. 当机床刀架回到＿＿＿＿时，点动按键的指示灯亮，表示刀架已回到机床零点位置。

6. 数控车床按主轴的布置形式分为_____和_____两种。

7. 按伺服系统的控制方式分类，数控机床的步进驱动系统属于_____数控系统。

8. 数控系统的核心是_____。

9. _____将数控装置输出的信号转化为移动部件的运动，对速度和位置进行控制。

10. 数控机床按工艺用途分类分为_____、_____、特种数控机床和其他类型数控机床。

11. 数控车床主要用于加工轴类、_____的回转体零件。

12. 与普通机床相比，数控机床加工精度_____，生产效率_____，劳动强度低。

13. 轮廓控制数控机床，不仅能完成点位及点位直线控制数控机床的加工功能，而且能够对_____坐标轴进行插补，因而具有各种轮廓切削加工功能。

14. 数控装置每发出一个脉冲信号，反映到机床移动部件上的移动量，通常称为_____。

专题练习（二）

一、单选题（下列选项中只有一个答案是正确的，每题 2 分）

1. 数控机床控制介质是指（   ）。

A. 零件图样和加工程序单　　　　B. 穿孔带

C. 穿孔带、磁盘和磁带、网络　　D. 光电阅读机

2. 从当今数控机床行业的主要发展趋势看，数控机床的技术水平向着（   ）方向发展。

A. 高精度、高速度、高柔性、多功能、网络化、高自动化、高智能化、集成化

B. 高精度、高速度、高柔性、多功能、网络化、高自动化、高智能化、集成化和开放性

C. 个性化、专业化、专用化、高科技、高效率、高精度

D. 多功能、网络化、高自动化、高智能化、集成化和开放性

3. 数控车床适用于生产（　　　）零件。

A. 大型　　　　　　B. 大批量　　　　　　C. 小批复杂　　　　D. 高精度

4. 按照数控机床工艺用途分类，数控折弯机属于（　　　）。

A. 金属切削类数控机床　　　　　　B. 金属成型类数控机床

C. 点位控制数控机床　　　　　　　D. 直线控制数控机床

5. 数控机床的主轴轴线平行于（　　　）轴。

A. X　　　　　　B. Y　　　　　　C. Z　　　　　　D. C

6. 测量反馈装置的作用是为了提高（　　　）。

A. 机床的安全性　　　　　　　　　B. 机床的使用寿命

C. 机床的定位精度、加工精度　　　D. 机床的灵活性

7. 在数控机床中，机床坐标系的 X 轴、Y 轴可以联动，Z 轴可以有上、下移动，这种方法称为（　　　）。

A. 两轴加工　　　B. 两轴半加工　　　C. 三轴加工　　　D. 五轴加工

8. 数控机床功能的强弱主要取决于（　　　）。

A. 数控装置　　　B. 伺服驱动系统　　　C. 测量装置　　　D. 反馈装置

9. 下列属于点位控制的数控机床是（　　　）。

A. 数控镗床　　　B. 数控铣床　　　C. 数控磨床　　　D. 数控车床

10. 采用数控机床加工的零件应该是（　　　）。

A. 单一零件　　　　　　　　　　　B. 中小批量、形状复杂、型号多变

C. 大批量　　　　　　　　　　　　D. 大批量、形状复杂、型号多变

11. 数控车床与普通车床相比在结构上差别最大的部件是（　　　）。

A. 主轴箱　　　B. 床身　　　　C. 进给传动　　　D. 刀架

12. 在确定坐标系时，考虑刀具与工件之间的运动关系，采用（　　　）原则。

A. 假设刀具运动，工件静止　　　B. 假设工件运动，刀具静止

C. 看具体情况而定　　　　　　　D. 假设刀具、工件都不动

13. 数控编程时，应首先设定（　　　）。

A. 机床原点　　　B. 固定参考点　　　C. 机床坐标系　　　D. 工件坐标系

14. 脉冲当量是指（　　　）。

A. 每发一个脉冲信号，机床相应移动部件产生的位移量

B. 每发一个脉冲信号，伺服电机转过角度

C. 进给速度大小

D. 每发一个脉冲信号，相应丝杠产生转角大小

15. 数控机床是在（　　）诞生的。

A. 日本 　　　　B. 美国 　　　　C. 英国 　　　　D. 德国

16. 开环控制系统用于（　　）数控机床上。

A. 经济型 　　　B. 中档 　　　　C. 精密 　　　　D. 高档

17. 数控机床的核心是（　　）。

A. 伺服系统 　　B. 数控系统 　　C. 反馈系统 　　D. 传动系统

18. 数控机床与普通机床的主机最大不同是数控机床的主机采用（　　）。

A. 数控装置 　　B. 滚动导轨 　　C. 滚珠丝杠 　　D. 拖板

19. 数控机床的检测反馈装置的作用是将其准确测得的（　　）数据迅速反馈给数控装置，以便与加工程序给定的指令值进行比较和处理。

A. 直线位移 　　　　　　　　　B. 角位移或直线位移

C. 角位移 　　　　　　　　　　D. 直线位移和角位移

20. 闭环控制系统的位置检测元件装在（　　）。

A. 传动丝杠上 　B. 伺服电动机轴上 C. 机床移动部件上 D. 数控装置中

二、多选题（下列选项中有一个以上答案是正确的，每题 2 分）

1. 以下（　　）属于闭环控制数控机床的特点。

A. 加工精度高、结构复杂

B. 系统调试和维修困难

C. 成本较高

D. 适用于精度要求较高的镗铣床、超精车床和加工中心

2. 数控车床主要用于加工（　　）零件。

A. 轴类 　　　　B. 盘类 　　　　C. 箱体类 　　　D. 阀体类

3. 数控机床适合加工（　　）。

A. 多品种、单件小批量生产的零件或新产品试制中的零件

B. 普通机床很难加工的精密、复杂零件

C. 精度及表面粗糙度要求高的零件

D. 加工过程中需要进行多工序加工的零件

4. 工件坐标系的原点也称为程序原点或编程原点，由编程人员根据具体情况确定，一般设在图样的（　　）处。

A. 设计基准 　　B. 工艺基准 　　C. 装夹基准 　　D. 图形中间

5. 以下（　　　）可以在数控铣床（加工中心）完成。

A. 铣平面　　　　　B. 铣键槽　　　　　C. 铣 T 型槽　　　　　D. 镗孔

三、判断题（正确的填 A，错误的填 B，每题 2 分）

1.（　　）在数控机床坐标系中规定传递切削力的主轴为 Y 坐标轴。

2.（　　）数控装置发出的脉冲指令频率越高，则工作台的位移速度越慢。

3.（　　）在数控机床中，加工中心是指带刀库和自动换刀装置的数控机床。

4.（　　）在数控机床坐标系中，与主轴轴线平行的标准坐标轴即 Z 轴。

5.（　　）轮廓控制数控机床的特点是能够对两个或两个以上坐标方向同时运动进行严格的不间断控制并且刀具对加工表面能连续进行切削的机床。

6.（　　）数控机床按控制坐标轴数分类，可分为两坐标数控机床、三坐标数控机床、多坐标数控机床和五轴加工数控机床等。

7.（　　）随着计算机技术的发展，机械制造技术不断向着高柔性与高度自动化、高精度和高速度的趋势发展。

8.（　　）机床坐标系是由机床设计和制造单位确定的，通常不允许改变。

9.（　　）开环进给伺服系统的数控机床，其定位精度主要取决于伺服驱动元件和机床传动机构精度、刚度和动态特性。

10.（　　）数控机床坐标轴判断顺序为先判断 X 轴，再判断 Y 轴，最后通过右手直角笛卡尔坐标系判断 Z 轴。

11.（　　）能进行轮廓控制的数控机床，一般也能进行点位控制和直线控制。

12.（　　）机床某一部件运动的正方向，是增大工件和刀具之间距离的。

13.（　　）在标准坐标系中规定永远假定工件相对于静止的刀具而运动。

14.（　　）数控车床一般是三轴联动或多轴联动数控机床。

15.（　　）数控铣床主要用于加工轴类和盘类零件。

四、填空题（将最恰当的答案填写在横线上，每题 2 分）

1. 数控铣床主要用于加工_____、_____、阀体、壳体和机架零件。

2. 数控车床坐标采用_____坐标系。

3. _____坐标系的原点可由编程人员根据具体情况确定，一般设在图样的设计基准或工艺基准处。

4. 数控机床规定，刀具远离工件的运动方向为坐标的_____。

5. 参考点的固定位置一般设在机床的各轴_____位置。

6. _____也是机床上的一个固定点，它用机械挡块或电气装置来限制刀架移动的极限位置。

7. 数控机床的原点一般为_____的交点。

8. 伺服系统包括_____和_____两大部分。

9. 开环控制数控机床采用_____电机。

10. 按照数控系统的进给伺服子系统有无_____可分为开环数控机床和闭环数控机床。

11. 开环数控机床也称为_____数控机床。

12. 数控机床加工零件时，工件先在某一平面内进行两坐标轴方向的联动，然后沿第三个坐标轴方向做等距周期移动，这种坐标轴联动方式称为_____联动机床。

13. 车削加工时主运动是工件做_____运动，进给运动是刀具做_____运动。

14. 在数控铣床上，铣刀的_____运动是主运动，工件的_____运动是进给运动。

15. 数控机床适用于_____品种、单件_____生产的零件或新产品试制中的零件。

考点 2   数控机床编程知识

🔅 考纲要求

1. 理解数控程序编制的基本概念。

2. 掌握数控程序的基本格式，了解数控程序的几种编制方式。

3. 掌握手工编程中轮廓节点的计算方法和数学基本公式，会进行数控编程数值计算以及简单零件的基点计算。

4. 掌握数控车床（铣床）常用编程指令的基本格式、编程原则以及应用，理解代码模态与非模态的含义。

5. 熟练掌握常用 G 代码、M 代码。

6. 熟练掌握数控车床上阶梯内外圆类零件、沟槽结构类零件、螺纹结构类零件的程序编制。

7. 熟练掌握数控铣床上平面、台阶面、外轮廓、内轮廓、键槽、孔等结构类零件的程序编制。

读书笔记

学习建议

1.通过查阅教材或在线资源，能对数控程序编制的定义、目的和应用有清楚的认识，尝试用简单的例子解释这些概念，以加深理解。

2.通过学习数控程序的基本结构，掌握程序名、程序主体和程序结束的组成，掌握手工编程、自动编程和 CAD/CAM 编程的基本方法和步骤。

3.通过学习解析几何和三角函数等相关数学知识，能对轮廓节点进行计算，并通过实际案例练习，掌握基点计算和数控编程数值计算的方法。

4.学习并掌握数控车床和铣床上常用的 G 代码和 M 代码的功能和应用，通过模拟编程或实际操作，熟悉这些指令的使用方法和注意事项。

5.针对不同类型的零件（内外圆类零件、沟槽类零件、螺纹类零件）编写相应的数控程序，并通过模拟仿真或实际操作，验证程序的正确性。

知识梳理

一、数控机床编程知识树

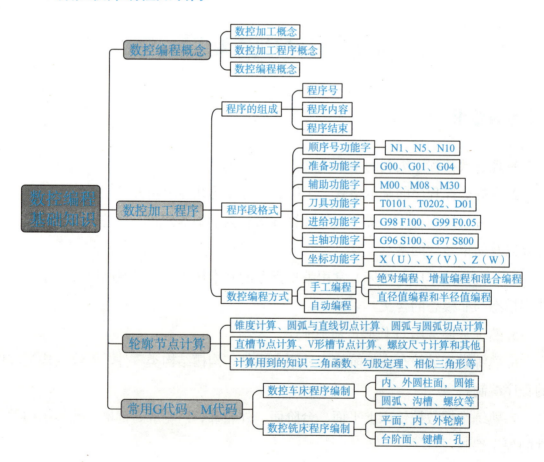

二、重点知识梳理

（一）数控基本概念

1. 数控加工概念

数控加工是指按照事先编制好的零件加工程序，经机床数控系统处理后，使机床自动完成零件的加工。

2. 数控加工程序

数控加工程序是依据数控加工工艺方案编制的一组数控机床能够识别的字符（包括数字和字母等），用来控制数控机床刀具和工件的运动轨迹，从而加工出合格产品。

数控加工程序的编制简称数控编程，是指从分析零件图样到获得数控机床所需控制介质（工序单或控制带）的全过程。

（二）数控程序

1. 数控程序

它由程序号、程序内容和程序结束组成。

①程序号又称为程序名。数控系统采用程序编号地址码区分存储器中的程序，同一数控车床中存储的程序号不能重复。FANUC 数控系统采用字母"O"作为程序编号地址码，在程序编码地址码"O"后加上四位数字，数字在 0～9 中随意选取（不能全为 0）。

②程序内容表示机床要完成的全部动作，是整个程序的核心。程序内容由若干程序段组成，每个程序段由若干字、字母、数字、符号等组成。

③程序结束可通过程序结束指令 M02 或 M30 实现，位于整个主程序的最后。

2. 数控程序的格式

①程序起始符。FANUC oi 系统用"%"字符表示程序传输开始和结束。

②程序段格式。由一个或多个程序字组成，每个程序字由字母和数字组成。（表 5-2-1）每个程序段一般占一行，由"；"作为每个程序段的结束字符。

读书笔记

表 5-2-1　FANUC oi 系统程序字、地址符的意义及说明

程序字	地址码	意义	说明
程序号	O	用于指定程序编号（0～9999）	主程序编号，子程序编号
顺序号功能字	N	又称为程序段号，是程序段的名称	由地址符 N 和后面的 2～4 位数字组成（N0001～N9999）
准备功能字	G	用于控制系统动作方式的指令	由地址符 G 和两位数字（G00～G99）组成，共 100 种。G 功能字是使数控机床做好某种操作准备的指令，如 G01 表示直线插补运动
坐标功能字	X、Y、Z、U、V、W、A、B、C、R、I、J、K	用于确定加工时刀具移动的坐标位置	X、Y、Z 用于确定终点的直线绝对坐标尺寸；U、V、W 用于确定终点的直线相对坐标尺寸；A、B、C 用于确定终点的角度坐标尺寸；R 用于确定圆弧半径；I、J、K 用于确定圆弧的圆心坐标
进给功能字	F	用于指定切削的进给速度（或进给量）	表示刀具中心运动时的进给速度，由地址符 F 和后面的数字组成，单位为 mm/min 或 mm/r。F 指令在螺纹切削程序段中
主轴功能字	S	用于指定主轴转速	由地址符 S 和后面的数字组成，单位为 r/min。对于具有恒线速度功能的数控车床，程序中的 S 指令用来指定车削加工的线速度
刀具功能字	T	用于指定加工时所用的刀具编号	由地址符 T 和后面的数字组成，数字的位数由所用的系统决定，对于 FANUCoi 系统数控车床，后跟四位数字，如 T0101 指调用 1 号刀具及 1 号刀补
辅助功能字	M	用于控制机床或系统的辅助装置的开关动作	由地址符 M 和后面的两位数字（M00～M99）组成，共 100 种。各种机床的 M 代码规定有差异，必须根据说明书的规定进行编程

3. 编程方式

（1）手工编程

手工编程从分析零件图样、确定工艺过程、数值计算、编写零件加工程序单、制备控制介质到程序校验都是由人工完成。手工编程主要用于加工形状简单、计算比较简单、程序较短的零件。

①绝对值编程、增量值编程和混合编程。

绝对值编程是根据已设定的工件坐标系计算出工件轮廓上各点的绝对坐标值进

行编程，数控车削程序中用 X、Z 表示，数控铣削程序中用 G90 指令加 X、Y、Z 表示。

增量值编程是用相对前一个位置的坐标增量来表示坐标值的编程方法，数控车削程序中用 U、W 表示，数控铣削程序中用 G91 指令加 X、Y、Z 表示。

混合编程是将绝对值编程和增量值编程混合起来进行编程的方法。

②直径编程和半径编程。

③小数点编程。

（2）自动编程

自动编程指编程人员使用计算机辅助设计和制造软件（CAD/CAM 软件）绘制出零件的三维和二维图形，根据工艺参数选择切削方式、设置刀具参数和切削用量等相关内容，再经计算机后置处理，自动生成数控加工程序，并通过动态图形模拟查看程序的正确性。

（三）手工编程计算

1. 轮廓节点计算

轮廓节点计算也称为数值计算。根据零件图的几何尺寸、确定的工艺路线及设定的坐标系，计算零件粗、精加工各运动轨迹，得到刀具的运动数据。主要计算几何元素的起点、终点、圆弧的圆心、两几何元素的交点或切点的坐标值。

锥度比 C 计算公式：$C = \dfrac{D-d}{L}$。

螺纹小径计算公式：$d_1 = d$（公称直径）$- 1.0825P$（螺距）。

螺纹牙型高度计算公式：$h = 0.54125P$。

例 5-2-1 计算图 5-2-1 轮廓节点坐标。

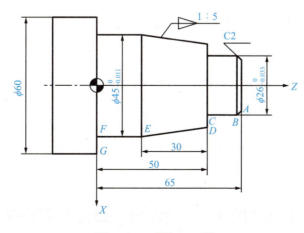

图 5-2-1 例 5-2-1 图

将图中圆锥比 1：5、圆锥大端直径 $\phi45$ mm、圆锥长度 30 mm 代入公式，即 $\dfrac{1}{5}=\dfrac{45-d}{30}$，通过计算得到 $d=39$ mm，圆锥小端直径为 $\phi39$ mm。

轮廓节点坐标：

A	B	C	D	E	F	G
X22 Z65	X26 W−2	X26 Z50	X39 Z50	X45 W−30	X45 Z0	X60 Z0

例 5-2-2 计算图 5-2-2 轮廓节点坐标。

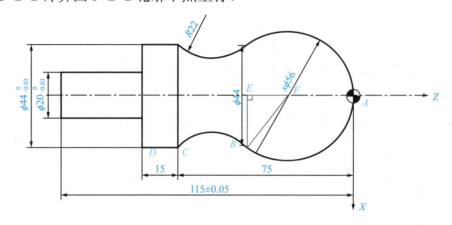

图 5-2-2　例 5-2-2 图

图中 B 点的长度尺寸 $Z_B=\phi56$ mm 的圆半径 $+EF$，$EF=\sqrt{BF^2-BE^2}$，将图中 $BF=28$ mm，$BE=22$ mm 代入式中，即 $EF=\sqrt{28^2-22^2}$ mm，通过计算得到 $EF=17.32$ mm，$Z_B=-(17.32+28)=-45.32$（mm）。

轮廓节点坐标：

A	B	C	D
X0 Z0	X44 Z−45.32	X44 Z−75	X44 Z−90

2. 数学基本公式

①正弦函数　$\sin A=a/c$（对边比斜边）。

②余弦函数　$\cos A=b/c$（邻边比斜边）。

③正切函数　$\tan A=a/b$（对边比邻边）。

④余切函数　$\cot A=b/a$（邻边比对边）。

⑤直角三角形勾股定理 $a^2+b^2=c^2$。

图 5.2.2　直角三角形关系

（四）数控编程指令

①模态指令（又称续效代码）是在程序中一经使用后就一直有效，直至出现同组中的其他任一指令将其取代。

②非模态指令（又称非续效代码）只在编有该代码的程序段中有效，下一程序段需要时必须重写。

（五）常用G代码（表5-2-2、表5-2-3）、M代码（表5-2-4）

表5-2-2　FANUC oi 数控车床 G 指令

代码	组别	功能	程序格式及说明
G00 ▲		快速点定位	G00 X＿Z＿;
G01		直线插补	G01 X＿Z＿F＿;
G01		倒角或倒圆角指令	G01 X（U）＿Z（W）＿C＿; G01 X（U）＿Z（W）＿R＿; 其中 X（U）、Z（W）的值是相邻直线 AD 和 DE 的假想交点在工件坐标系中的坐标值；X、Z 为绝对坐标值；U、W 为增量坐标值；C 值是相对于倒角起点的距离；R 值是倒圆角的圆弧半径值
G02	01	顺时针方向圆弧插补	G02X＿Z＿R＿F＿; G02X＿Z＿I＿K＿F＿; R 是圆弧半径，当圆弧所对圆心角为 0°～180° 时，R 取正值；当圆心角为 180°～360° 时，R 取负值。 I、K 为圆心在 X 轴、Z 轴方向上相对圆弧起点的坐标增量，即圆心坐标减去起点坐标（I 用半径值表示），I、K 为零时可以省略
G03		逆时针方向圆弧插补	G03 X＿Z＿R＿F＿; G03X＿Z＿I＿K＿F＿; 与 G02 相同
G04	00	暂停	G04 X1.5；或 G04 P1500； P 不带小数点
G17		选择 XY 平面	G17;
G18 ▲	16	选择 XZ 平面	G18;
G19		选择 YZ 平面	G19;
G20	06	英寸输入	G20;
G21		毫米输入	G21;
G27		返回参考点检测	G27 X（U）＿Z（W）＿; 检测刀具是否返回程序中指定的 X、Z，G00 指定，返回正确，指示灯亮，反之产生机床系统报警
G28		自动返回参考点	G28 X（U）＿Z（W）＿; X、Z 为返回过程中的经过点
G29	00	从参考点返回	G29 X（U）＿Z（W）＿; 从参考点经过中间点到达 X、Z 指定点，中间点为 G28 指定的点，所以这条指令只能出现在 G28 后面
G30		返回固定点	G30 P2/P3/P4 X＿Z＿; P2、P3、P4 表示第 2、3、4 参考点，X、Z 为中间点。含义：刀具经过中间点到达第 2、3、4 参考点位置
G31		跳转功能	

续表

代码	组别	功能	程序格式及说明
G32	01	等螺距螺纹	G32X（U）__Z（W）__F__Q__； G32 Z（W）__F__；（圆柱面螺纹） G32 X（U）__F__；（端面螺纹） G32 X（U）__Z（W）__F__；（圆锥面螺纹） 说明：①编程时应将切入、切出段加入车螺纹程序段中。 ②对于加工圆锥面螺纹，其斜角 $\alpha \leq 45°$ 时，螺纹导程以 Z 轴方向指定；其斜角 $45° < \alpha \leq 90°$ 时，螺纹导程以 X 轴方向指定。 ③Q 为螺纹起始角，不带小数点，单位 0.001
G40		刀尖半径补偿取消	G41（G42）G01（G00）X_Z_F__； G40 G01（G00）X_Z_F__；
G41		刀尖半径左补偿	对于前置刀架，外圆 G42，方位号 3；镗孔 G41，方位号 2。下图为前置刀架方位号，后置刀架 2、3 颠倒，1、4 颠倒，其余不变
G42		刀尖半径右补偿	
G50		坐标系设定或最高限速	G50 X_Z__ 或 G50 S__；
G54 ▲	14	选择工件坐标系1	G54； 开机默认。数控车床一般可以不使用
G55-59		选择工件坐标系2～6	G55-59
G70	00	内、外圆精车复合固定循环	编程格式：G70 P（ns）Q（nf）； ns：表示精加工程序段的开始程序段号； nf：表示精加工程序段的结束程序段号。 说明：①G70 指令不能单独使用，只能配合 G71、G72、G73 指令使用完成精加工固定循环，即当用 G71、G72、G73 指令粗车工件后，用 G70 来指定精车固定循环，切除粗加工留下的余量。 ②在这里 G71、G72、G73 程序段中的 F、S、T 的指令都无效，只有在 ns～nf 程序段中的 F、S、T 才有效。当 ns～nf 程序段中不指令 F、S、T 时，粗车循环中的 F、S、T 才有效

续表

代码	组别	功能	程序格式及说明
G71	00	内、外圆粗车复合固定循环	编程格式：G71U（Δd）R（e）； G71 P（ns）Q（nf）U（Δu）W（Δw）F＿S＿T＿； 其中 ns：表示精加工程序段的开始程序段号； nf：表示精加工程序段的结束程序段号； Δu：表示径向（X 轴方向）给精加工留的余量（直径值）； Δw：表示轴向（Z 轴方向）给精加工留的余量； Δd：表示每次的吃刀深度（半径值）； e：表示回刀时的径向退刀量； F：表示粗加工时的进给速度； S：表示粗加工时的主轴转速； T：表示粗加工时使用的刀具号。 说明：①当上述指令用于工件内轮廓加工时，Δu 应为负值。 ②在使用 G71 进行粗加工时，只有含在 G71 程序段中的 F、S、T 功能才有效，而包含在 ns～nf 程序段中的 F、S、T 功能即使被指定，对粗车循环也无效。可以进行刀具补偿，可在 G70 之前编写刀尖半径补偿，通常在趋近起点的运动中编入。如 G42G00X55Z2；G70P10Q20；G40G00X100Z50。 ③该指令适用于随 Z 坐标的单调增加或减小，X 坐标也单调变化的情况。ns 程序段必须沿 X 轴方向进刀，不能出现 Z 值
G72		端面粗车复合固定循环	编程格式：G72W（Δd）R（e）； G72 P（ns）Q（nf）U（Δu）W（Δw）F＿S＿T＿； Δd：Z 轴方向背吃刀量，不带符号； 其余参数同 G71。 ns 程序段必须沿 Z 进刀，不能出现 X 值。 当上述指令用于工件内轮廓加工时，Δu 应为负值
G73		仿形复合循环	编程格式：G73 U（Δi）W（Δk）R（d）； G73 P（ns）Q（nf）U（Δu）W（Δw）F＿S＿T＿； d：表示粗车循环次数（分层数）。 Δi：粗车时，X 轴方向需要切除的总余量（退刀量）和方向，半径值，即毛坯尺寸减去工件最小尺寸除以 2。内孔为负值。 Δk：粗车时，Z 轴方向需要切除的总余量（退刀量）和方向；Δk 一般情况下是零。其余同 G71 指令
G74		端面切槽循环 / 钻孔循环	编程格式：G74 R（e）； G74 X（U）Z（W）P（Δi）Q（Δk）R（d）F＿；
G75		径向切槽循环	编程格式：G75 R（e）； G75 X（U）Z（W）P（Δi）Q（Δk）R（d）F＿； e：退刀量； X（U）Z（W）：切槽终点坐标； Δi：X 向每次切深，不带符号半径表示； Δk：刀具完成一次径向切削后，Z 轴方向偏移量，不带符号； D：刀具切削底部时 Z 轴方向退刀量，一般省略； F：切削进给速度。 注意：①最后一次切深量和最后一次 Z 向偏移量由系统自行计算。 ②Δi、Δk 为最小编程单位，如 P1500 表示切深 1.5 mm

读书笔记

续表

代码	组别	功能	程序格式及说明
G76		螺纹切削复合循环	G76 P（m）（r）（α）Q（Δd min）R（d）； G76 X（U）Z（W）R（i）P（k）Q（Δd）F（L）； m：精加工重复次数，可以是 1～99 次，该值是模态值。 r：螺纹尾部倒角量（Z 轴方向斜向退刀距离），是螺纹导程的 0.0～9.9 倍。单位 0.1L，两位数表示 00～99 α：螺纹刀尖角度（螺纹牙型角）。可以选择 80°、60°、55°、30°、29° 和 0° 六种中的一种，由两位数规定。该值是模态的。 Δd min：切削时的最小背吃刀量。半径值指定，单位为 μm。不带小数。 d：精加工余量。该值是模态的，带小数半径值。单位为 mm。 i：螺纹起始点与螺纹终点的半径差，i 为 0 时，是普通直螺纹切削。 k：螺纹的牙深。外螺纹按 $k=649.5P$ 进行计算，内螺纹按 $k=541.3P$ 进行计算，半径值指定，单位为 μm。不带小数。 Δd：第一次切深，半径值指定，单位为 μm。不带小数。 X、Z：绝对值编程时，为螺纹终点在工件坐标系下的坐标；增量编程时，为切削终点相对于循环起点的增量坐标值，用 U、W 表示。 L：螺纹导程，单位为 mm
G90		圆柱 / 圆锥面单一固定循环	G90 X（U）Z（W）R__F__； R 表示圆锥面切削起点处 X 坐标减终点处 X 坐标之值的二分之一，有负值，正锥为负，倒锥为正，无 R 为圆柱切削。 切削速度：G00 — G01 — G01 — G00
G92		螺纹切削循环	G92 X（U）__Z（W）F__R__； $R=(X起点 -X终点)/2$，R 为非模态，每句必须有
G94		端面切削循环	指令格式：G94 X__（U）Z（W）__F__； 锥端面切削指令格式：G94 X（U）__Z（W）R__F__； X、Z：表示切削段的终点绝对坐标值； U、W：表示切削段的终点相对于循环起点的增量坐标值； F：表示进给速度 R：表示切削段起点相对终点的 Z 轴方向坐标值之差（通常为负值），即 $R=Z起点 -Z终点$
G96	02	恒线速度执行 v_C	M3 S300；初始速度 G50 S1000；最高限速 1 000
G97 ▲		恒线速取消，恒转速，n	M3 G96 S100；主轴转速 100 m/min G50 S2000；最高转速 2 000 r/min M0 G97 S800；取消恒线速，转速为 800 r/min
G98	05	每分钟进给	单位：mm/min　如 G98 G01 X20 F200
G99 ▲		每转进给	单位：mm/r　如 G99 G01 X20 F0.2

表 5-2-3　FANUC oi 数控铣床（加工中心）G 指令

G 代码	组别	功能	程序格式及说明
G00	01	快速点定位	G00 X__Y__Z__；
G01		直线插补	G01 X__Y__Z__F__；
G02		顺时针圆弧插补	G02 X__Y__Z__I__J__K__F__；或 G02 X__Y__Z__R__F__；
G03		逆时针圆弧插补	X、Y：终点坐标； I、J：圆心相对于起点在 X、Y 轴方向的距离； R：圆弧半径； F：进给速度
G04	00	暂停（延时）	G04 X/P； X：程序停留时间（单位：s） P：程序停留时间（单位：ms）
G17	02	XY 平面选择	G17；
G18		ZX 平面选择	G18；
G19		ZY 平面选择	G19；
G20	06	英制输入	G20；
G21		公制输入	G21；
G40	07	取消刀具半径补偿	G40；
G41		刀具半径左补偿	G01 G41 X__Y__D__F__；
G42		刀具半径右补偿	G01 G41 X__Y__D__F__；
G43	08	刀具长度正补偿	G00 G43 Z__H__；
G44		刀具长度负补偿	G00 G44 Z__H__；
G49		取消刀具长度补偿	G49；
G50	11	取消比例缩放	G50；
G51		比例缩放	G51 X__Y__Z__P__；
G50.1		取消坐标系镜像	G50.1；
G51.1		镜像	G51.1 X__Y__Z__；
G54～G59	14	工件坐标系	G54；G55；G56；G57；G58；G59；

读书笔记

续表

G 代码	组别	功　能	程序格式及说明
G65	00	调用宏程序	G65 P L；
G68	16	坐标系旋转	G17 G68 X__Y__R__ X、Y：基准点； R：旋转角度
G69		取消坐标系旋转	G69；
G73		高速往复钻削深孔钻循环	G73 X__Y__Z__R__Q__F__K__； X、Y：加工点 XY 坐标； Z：钻孔深度； R：参考平面位置； Q：每次下降高度； F：切削速率； K：反复钻削次数
G74		攻左旋螺纹循环	G74 X__Y__Z__R__P__F__K__； P：孔底停留时间
G76		精镗循环	G76 X__Y__Z__R__Q__P__F__K__；
G80	09	取消固定钻削循环	G80；
G81		普通钻削循环	G81 X__Y__Z__R__F__L__；
G82		钻削循环（孔底有停留）	G82 X__Y__Z__R__F__L__P__；
G83		钻削循环（间隙进给）	G83 X__Y__Z__R__F__L__P__Q__I__J__K__； L：第一次切削深度； J：每一次切削后切削量的减少值； K：最少切削量
G84		攻右旋螺纹循环	G84 X__Y__Z__R__F__L__P__；
G85		精钻削循环	G85 X__Y__Z__R__F__L__P__；
G86		镗孔循环	G86 X__Y__Z__R__F__L__P__；
G87		反向镗孔循环	G87 X__Y__Z__R__F__L__P__；
G88		反向攻丝循环	G88 X__Y__Z__R__F__L__P__；
G90	03	绝对值编程	G90；
G91		相对值编程	G91；
G92	00	坐标系设定	G92；
G94	05	每分钟进给	单位：mm/min
G95		每转进给	单位：mm/r
G98	05	钻削循环返回到初始点	G98；
G99	10	钻削循环返回到 R 点	G99；

表5-2-4 FANUC oi 数控 M 指令

代码	功能	说明
M00	程序暂停	所有动作停止
M01	程序选择停止	必须按下："选择停止"键才有效，效果同 M00
M02	程序结束	光标不返回
M03	主轴正传	M03 S300；
M04	主轴反转	M04 S300；
M05	主轴停止	
M08	冷却液开	
M09	冷却液关	
M30	程序结束	光标返回程序开始。
M98	调用子程序	编程格式：M98 P××××L__； 或 M98 P××××××××； M99； 其中调用地址 P 后跟 4 位数为子程序号，调用地址 L 后为调用次数，调用次数为 1 时，可以省略，允许重复调用次数为 999 次。地址 P 后跟 8 位数时，前四位为调用次数，后四位为子程序号，调用次数为 1 时，可以省略。
M99	返回主程序	M99 P100；表示返回主程序 N100 程序段； M99 L2，表示子程序强制执行 2 次，不管主程序要求几次

（六）数控车削程序编制

1. 内外圆柱、圆锥类零件编程实例

图 5-2-3 中毛坯为 ϕ60 mm，长度为 100 mm，45 钢。

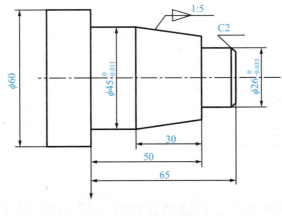

图 5-2-3 外圆锥轴

加工程序见表 5-2-5。

表 5-2-5　外圆锥加工程序

O0001；	X45.0 W−30.0；
T0101；	Z0；
M03 S500；	N20 G40 X60.0；
G99；	G0 X100.0 Z100.0；
G0 X60.0 Z67.0；	M05；
G71 U2.0 R0.5；	M00；
G71 P10 Q20 U0.5 F0.2；	T0202；
N10 G42 G0 X22.0；	M03 S800；
G1 Z65.0 F0.1；	G0 X60.0 Z67.0；
X26.0 W−2.0；	G70 P10 Q20；
Z50.0；	G0 X100.0 Z100.0；
X39.0；	M30；

2. 沟槽结构类零件编程实例

图 5-2-4 中 3# 切槽刀刀宽为 3 mm。

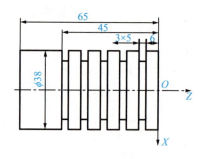

图 5-2-4　等距槽

加工程序见表 5-2-6

表 5-2-6　等距槽加工程序

O0002；	G75 R1.0；
T0101；（切槽刀）	G75 X28.0 Z−45.0 P1500 Q9000 F0.08；
M03 S400；	G0 X100.0 Z100.0；
G0 X39.0 Z−9.0；	M30；

3. 螺纹类零件编程实例

图 5-2-5 中 M30×2-6 g 普通圆柱螺纹，用 G92 指令加工时，其程序设

计为取编程大径为 $\phi29.7$ mm，据计算螺纹底径为 $\phi27.246$ mm，取编程小径为 $\phi27.3$ mm。

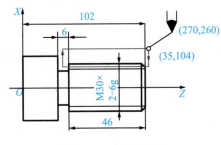

图 5-2-5　螺纹轴

加工程序见表 5-2-7。

表 5-2-7　螺纹加工程序

O0003；	X28.2；
T0101；	X27.7；
M03 S800；	X27.3；
G00 X35.0 Z104.0；	G00 X270.0 Z260.0；
G92 X28.9 Z53.0 F2.0；	M30；

（七）数控铣削程序编制

1. 平面类零件编程实例

图 5-2-6 中零件材料为 45 钢，选用 $\phi100$ mm 硬质合金面铣刀，精铣选用 $\phi200$ mm 硬质合金面铣刀。

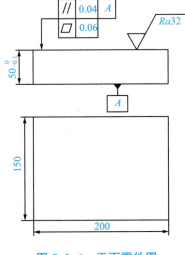

图 5-2-6　平面零件图

加工程序见表 5-2-8、表 5-2-9。

表 5-2-8　平面粗铣加工程序

加工程序	注释
O2101	程序名
N10 G54 G21 G90；	G54 工件坐标系
N20 M03 S400；	主轴正转转速为 400 r/min
N30 G00 X160 Y−40；	刀具快速接近工件
N40 G01 Z−2.5 M08 F1000；	Z 轴方向进给 −2.5 mm，留 0.5 mm 精加工余量，切削液开
N50 G01 X−180 F60；	第一刀粗加工上表面
N60 G00 Z20；	抬刀至 Z20 mm 位置
N70 X160 Y40；	
N80 G01 Z−2.5 F1000；	
N90 G01 X−180 F60；	第二刀粗加工上表面
N100 G00 Z100 M09；	抬刀，关切削液
N110 M30；	程序结束

表 5-2-9　平面精铣加工程序

加工程序	注释
02102	程序名
N10 G55 G21 G90；	G55 工件坐标系
N20 M03 S450；	主轴正转，转速为 450 r/min
N30 G00 X210 Y0；	刀具接近工件
N40 G01 Z−3 M08 F1000；	刀具移到 Z−3 mm 位置
N50 G01 X−210 F80；	精加工上表面
N60 G00 Z100；	抬刀至 Z100 mm 位置
N70 M05 M09；	主轴停转，切削液关
N80 M30；	程序结束

2. 外轮廓零件编程实例

图 5-2-7 中零件材料为 45 钢，选用 $\phi 10\,mm$ 三齿立铣刀。

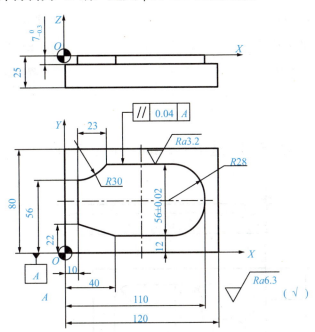

图 5-2-7　外轮廓零件图

加工程序见表 5-2-10。

表 5-2-10　外轮廓零件加工程序

加工程序	注释
O2202	程序名
N10 G54 G90 G17 G80 G40；	建立工件坐标系
N20 M03 S400；	主轴正转，转速为 400 r/min
N30 G41 G00 X10 Y-20 D01；	快速进刀，建立刀具左补偿，由 D01 指定刀补值
N40 Z-7；	Z 轴快速移动到 Z-7
N50 G01 Y56 F100；	直线插补到（X10，Y56），进给速度 100 mm/min
N60 G03 X33 Y68 R30；	逆时针圆弧插补到（X33，Y68），半径为 30 mm
N70 G01 X82；	直线插补到（X82，Y68）
N80 G02 X82 Y12 R28；	逆时针圆弧插补到（X82，Y12），半径为 28 mm
N90 G01 X40；	直线插补到（X40，Y12）
N100 X10 Y22；	直线插补到（X10，Y22）
N110 Y86；	直线插补到（X10，Y86）
N120 G40 G00 X150 Y150；	取消刀具半径补偿，快速移至（X150，Y150）

续表

加工程序	注释
N130 Z100；	快递抬刀至 Z100
N140 M05；	主轴停转
N150 M30；	程序结束

3. 内轮廓零件编程实例

图 5-2-8 中材料为 45 钢，选用 ϕ12 mm 三齿立铣刀。

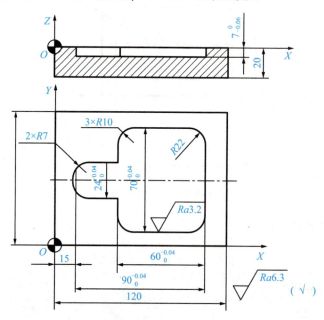

图 5-2-8　内轮廓零件图

加工程序见表 5-2-11、表 5-2-12。

表 5-2-11　粗铣加工程序

加工程序	注释
O2301	程序名
N10 G17 G54 G90 G40 G80 G49；	采用 G54 坐标系，取消各种功能
N20 M03 S360；	主轴正转，转速为 360 r/min
N30 G00 X90 Y45；	快速定位到（X90，Y45）位置
N40 Z3；	
N50 G01 Z-6.8 F60；	刀具到 Z-6.8，深度方向留 0.2 mm 余量
N60 G42 X60 Y33 D01；	建立刀补（轮廓留 0.2 mm 精加工余量）
N70 X22；	加工内轮廓，直线插补到（X22，Y33）

续表

加工程序	注释
N80 G02 X15 Y40 R7;	加工 R7 圆弧
N90 G01 Y50;	直线插补到（X15，Y50）
N100 G02 X22 Y57 R7;	加工 R7 圆弧
N110 G01 X45;	直线插补到（X45，Y57）
N120 Y70;	直线插补到（X45，Y70）
N130 G02 X55 Y80 R10;	加工 R10 圆弧
N140 G01 X83;	直线插补到（X83，Y80）
N150 G02 X105 Y58 R22;	加工 R22 圆弧
N160 G01 Y20;	直线插补到（X105，Y20）
N170 G02 X95 Y10 R10;	加工 R10 圆弧
N180 G01 X55;	直线插补到（X55，Y10）
N190 G02 X45 Y20 R10;	加工 R10 圆弧
N200 G01 Y45;	直线插补到（X45，Y45）
N210 G40 X90 Y45;	退刀，取消刀具半径补偿
N220 G00 Z150;	抬刀
N230 M30;	程序结束

表 5-2-12 精铣加工程序

加工程序	注释
O2302	程序名
N10 G17 G54 G90 G40 G80 G49;	采用 G54 坐标系，取消各种功能
N20 M03 S400;	主轴正转，转速为 400 r/min
N30 G00 X90 Y45;	快速定位到（X90，Y45）位置
N40 Z3;	
N50 G01 Z-7 F80;	刀具到 Z-7
N60 G42 X60 Y33 D02;	建立刀具半径补偿
N70 X22;	加工内轮廓，直线插补到（X22，Y33）
N80 G02 X15 Y40 R7;	加工 R7 圆弧
N90 G01 Y50;	直线插补到（X15，Y50）
N100 G02 X22 Y57 R7;	加工 R7 圆弧

续表

加工程序	注释
N110 G01 X45；	直线插补到（X45，Y57）
N120 Y70；	直线插补到（X45，Y70）
N130 G02 X55 Y80 R10；	加工 R10 圆弧
N140 G01 X83；	直线插补到（X83，Y80）
N150 G02 X105 Y58 R22；	加工 R22 圆弧
N160 G01 Y20；	直线插补到（X105，Y20）
N170 G02 X95 Y10 R10；	加工 R10 圆弧
N180 G01 X55；	直线插补到（X55，Y10）
N190 G02 X45 Y20 R10；	加工 R10 圆弧
N200 G01 Y45；	直线插补到（X45，Y45）
N210 G40 X90 Y45；	退刀，取消刀具半径补偿
N220 G00 Z150；	抬刀
N230 M30；	程序结束

4. 孔类零件编程实例

图 5-2-9 中零件材料为 45 钢，T01 为 A2 中心站，T02 为 ϕ11.8 mm 麻花钻，T03 为 ϕ13.8 mm 麻花钻，T04 为 ϕ12 mm 铰刀，T05 为 ϕ14 mm 铰刀。

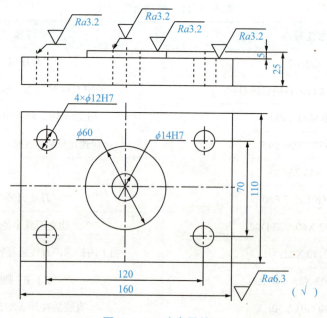

图 5-2-9　孔类零件图

加工程序见表 5-2-13。

表 5-2-13　孔类零件加工程序

加工程序	注释
O2501	程序名
N10 G90 G80 G40 G49 G69 G17 G54;	采用 G54 坐标系，取消各种功能
N20 M03 S1000;	主轴正转，转速为 1 000 r/min
N30 M06 T01;	换 T01 号刀具，A2 中心钻
N40 G43 G00 Z50 H01;	建立 T01 号长度补偿，快速定位到 Z50
N50 X60 Y−35;	快速定位到点（X60，Y−35）
N60 G99 G81 Z−7 R0 F80;	用 G81 指令钻第一个定位孔
N70 X60 Y35;	钻第二个定位
N80 X−60 Y35;	钻第三个定位
N90 X−60 Y−35;	钻第四个定位
N100 X0 Y0 Z−2 R5;	钻第五个定位
N110 G49 G80 G00 Z150;	取消孔加工固定循环，快速退刀到 Z150
N120 M06 T02;	换 T02 号刀具
N130 G54 M03 S560 M07;	取消刀补，主轴正转，转速为 560 r/min
N140 G43 G00 Z50 H02;	建立 T02 好长度补偿，快速定位到 Z50
N150 X60 Y−35;	快速定位到点（X60，Y−35）
N160 G99 G83 Z−30 R3 Q3 F50;	用 G83 指令钻第一个通孔
N170 X60 Y35;	钻第二个通孔
N180 X−60 Y35;	钻第三个通孔
N190 X−60 Y−35	钻第四个通孔
N200 X0 Y0;	钻中心位置的通孔
N210 G49 G80 G00 Z150 M09;	快速退刀到安全高度，切削液关
N220 M06 T03;	换 T03 号刀
N230 G54 M03 S500 M07;	取消刀补，主轴正转，转速为 500 r/min
N240 G43 G00 Z50 H03;	建立 T03 号长度补偿，并快速定位
N250 X0 Y0;	快速定位到点（X0，Y0）
N260 G99 G83 Z−30 R3 Q3 F50;	快速退刀到安全高度，切削液关
N270 G49 G80 G00 Z100 M09;	快速退刀到安全高度，切削液关
N280 M06 T04;	换 T04 号刀

续表

加工程序	注释
N290 G54 M03 S150 M07;	取消刀补，主轴正转，转速为 150 r/min
N300 G43 G00 Z50 H04;	建立 T04 号长度补偿，并快速定位
N310 X60 Y−35;	快速定位到点（X60，Y−35）
N320 G99 G81 Z−30 R0 F50;	用 G81 指令铰第一个通孔
N330 X60 Y35;	铰第二个通孔
N340 X−60 Y35;	铰第三个通孔
N350 X−60 Y−35	铰第四个通孔
N360 G80 G00 Z100 M09;	快速退刀到安全高度，切削液关
N370 M06 T05;	换 T05 号刀
N380 G49 G54 M03 S100 M07;	取消刀补，主轴正转，转速为 100 r/min
N390 G43 G00 Z50 H05;	建立 T05 号长度补偿，并快速定位到 Z50
N400 X0 Y0;	快速定位到点（X0，Y0）
N410 G99 G81 Z−30 R5 F50;	运用孔指令 G81 进行铰孔
N420 G80 G00 Z100 M09;	快速退刀到安全高度，切削液关
N430 G49;	取消刀补
N440 M30;	程序结束

📐 例题解析

一、单选题（下列选项中只有一个答案是正确的，每题 2 分）

1. 在指令 G01 指令格式 G01 X（U）Z（W）中 X、Z 代表（ ）。

A. 绝对坐标　　　B. 增量坐标　　　　C. 字母　　　　D. 坐标轴

答案　A

解析　X、Z 表示绝对坐标值，U、W 表示增量坐标值。

2. G00 指令的含义是（ ）。

A. 圆弧插补　　　B. 快速定位　　　C. 直线插补　　　D. 循环指令

答案　B

解析　G00 指令为快速定位指令，G01 指令为直线插补指令。

二、多选题（下列选项中有一个以上答案是正确的，每题 2 分）

1. 在下列数控车削加工指令中（   ）属于循环指令。

A. G90   B. G01   C. G71   D. G03

答案 AB

解析 循环指令包括 G90、G94、G70、G71、G72、G73、G74、G75、G76、G92。

2. 一个完整的加工程序由（   ）组成。

A. 程序号   B. 程序内容

C. 程序结束（M02/M30）   D. 程序段

答案 ABC

解析 一个完整的加工程序由程序号（程序名）、程序内容（程序主体）、程序结束组成，若干个程序段组成了程序内容。

三、判断题（正确的填 A，错误的填 B，每题 2 分）

1.（   ）在数控车削中，刀具功能指令 T0102 表示第 1 号刀补和对应的第 2 号刀。

答案 B

解析 T0102 表示 1 号刀，2 号刀补。

2.（   ）进给功能 F 指令用于控制主轴进给速度或进给率。

答案 B

解析 进给功能 F 指令用于指定切削的进给速度（或进给量）。

四、填空题（将最适当的答案填写在横线上，每题 2 分）

1. 数控加工程序编制方法有_____和_____两种，其中后一种是利用 CAD/CAM 软件，实现造型及图像的程序自动生成。

答案 手工编程 自动编程

解析 数控加工程序的编制方法有手工编程与自动编程两种，因题中说到"后一种是利用 CAD/CAM 软件，实现造型及图像的程序自动生成"，这句话是自动编程的概念，所以在填写答案时需要把自动编程写在后面，故第一个空就填手工编程。

2. 在数控加工程序中，常用_____和_____来描述加工工艺过程的各种操作和运动特征。

答案 G 指令 M 指令

读书笔记

解析 G 指令是用于控制系统动作方式的指令，M 代码是用于控制机床或系统的辅助装置的开关动作。

专题练习（一）

一、单选题（下列选项中只有一个答案是正确的，每题 2 分）

1. 数控车床加工中需要换刀时，程序中应设定（　　）。

A. 参考 　　　　 B. 起刀 　　　　 C. 对刀 　　　　 D. 换刀

2. 数控铣削加工中，取消刀具长度补偿的指令是（　　）。

A. G04 　　　　 B. G40 　　　　 C. G43 　　　　 D. G49

3. G73 指令中 Δd 的含义是（　　）。

A. X 轴方向总加工余量 　　　　 B. Z 轴方向总加工余量

C. X 轴方向退刀量 　　　　 D. 循环次数

4. 径向宽槽加工时，使用（　　）指令可简化编程，利于排屑。

A. G72 　　　　 B. G73 　　　　 C. G74 　　　　 D. G75

5. 程序段 G01 U−6.0 W−4.0 F0.15；执行后刀具移动了（　　）mm。

A. 6 　　　　 B. 4 　　　　 C. 10 　　　　 D. 5

6. 数控车削 G 指令中用于指定恒线速度切削的指令是（　　）。

A. G94 　　　　 B. G95 　　　　 C. G96 　　　　 D. G73

7. 用于机床开关指令的辅助功能的指令代码是（　　）。

A. F 代码 　　　　 B. S 代码 　　　　 C. M 代码 　　　　 D. G 代码

8. 辅助功能中表示无条件程序暂停的指令是（　　）。

A. M00 　　　　 B. M01 　　　　 C. M02 　　　　 D. M30

9. 英文缩写 CAM 表示（　　）。

A. 计算机辅助设计 　　　　 B. 计算机辅助制造

C. 计算机辅助管理 　　　　 D. 计算机辅助教学

10. 车床数控系统中，下列指令正确的是（　　）。

A. G0 S__； 　　　　 B. G41 X__ Z__；

C. G40 G0 Z__； 　　　　 D. G42 G00 X__ Z__；

11. 用于指令动作方式的准备功能的指令代码是（　　）。

A. F 代码 　　　　 B. G 代码 　　　　 C. T 代码 　　　　 D. M 代码

读书笔记

12. 数控系统中，（　　）指令是非模态指令。

A. G90　　　　　　B. G55　　　　　　C. G04　　　　　　D. G02

13. 螺纹加工时，使用（　　）指令可简化编程。

A. G73　　　　　　B. G74　　　　　　C. G75　　　　　　D. G76

14. 采用半径编程方法编写圆弧插补程序时，当圆弧所对应的圆心角（　　）180°时，该半径值前加负号。

A. 大于　　　　　　B. 小于　　　　　　C. 大于或等于　　　D. 小于或等于

15. FANUC 系统中，M98 指令是（　　）指令。

A. 主轴低速范围　　B. 调用子程序　　　C. 主轴高速范围　　D. 子程序结束

二、多选题（下列选项中有一个以上答案是正确的，每题 2 分）

1. 铣削加工中，刀具补偿包括（　　）。

A. 长度补偿　　　　B. 半径补偿　　　　C. 位置补偿　　　　D. 直径补偿

2. 一个完整的加工程序由（　　）组成。

A. 程序号　　　　　　　　　　　　　B. 程序内容

C. 程序结束（M02/M30）　　　　　　D. 程序段

3. 以下（　　）是循环指令。

A. G90　　　　　　B. G70　　　　　　C. G75　　　　　　D. G32

4. FANUC 数控车系统中，下列程序正确的有（　　）。

A. G41 G01 Z __ X __;　　　　　　B. G41 G02 Z __ X __ R __;

C. G40 G0 X __ Z __;　　　　　　 D. G40 G2 X __ Z __ R __;

5. FANUC 数控系统的 0 系列型号划分为（　　）。

A. 0D 系列　　　　B. 0C 系列　　　　C. 0i 系列　　　　D. 0A 系列

6. 车床数控系统中，下列指令正确的是（　　）。

A. M03 S __;　　　　　　　　　　　B. G01 X __ Z __;

C. G98 G00 Z __;　　　　　　　　　D. G42 G00 X __ Z __;

7. 数控车床可以加工（　　）。

A. 螺纹　　　　　　B. 键槽　　　　　　C. 外圆柱面　　　　D. 端面

8. 车床数控系统中，用（　　）指令不能进行恒线速控制。

A. G0 S __;　　　　B. G96 S __;　　　　C. G01 F __;　　　　D. G98 S __;

9. 下列选项中，描述正确的是（　　）。

A. G92 是模态指令　　　　　　　　　B. G04 P300 表示暂停 300 s

读书笔记

C. G18 表示选择 *XZ* 平面为加工平面　D. G41 是刀具左补偿

10. 从（20.0，0）处逆时针铣削一个整圆，圆心在坐标原点，半径为 20 mm，下列程序段正确的为（　　）。

A. G91 G03 X20.0 Y0 I–20.0 F200；　　B. G91 G03 X0 Y0 I–20.0 F200；

C. G90 G03 X20.0 Y0 I20.0 F200；　　D. G90 G03 X20.0 Y0 I–20.0 F200；

三、判断题（正确的填 A，错误的填 B，每题 2 分）

1.（　　）FANUC 系统中，M30 指令是主程序结束指令，程序返回到开头，机床运动全部停止。

2.（　　）程序段 G73 P0035 Q0060 U1.0 W0.5 F0.3；中，Q0060 的含义是精加工路径的最后一个程序段顺序号。

3.（　　）程序段 G75 X20.0 P5.0 F0.15；中，P5.0 的含义是沟槽深度。

4.（　　）所谓非模态指令指的是在本程序段有效，不能延续到下一段指令。

5.（　　）指令 M03 为主轴反转，M04 为主轴正转。

6.（　　）当数控加工程序编制完成后即可进行正式加工。

7.（　　）圆弧插补中，对于整圆，其起点和终点相重合，用 R 编程无法定义，所以只能用圆心坐标编程。

8.（　　）在数控加工中，如果圆弧指令后的半径遗漏，则圆弧指令作直线指令执行。

9.（　　）螺纹指令 G92 X41.0 W–43.0 F1.5；是以每分钟 1.5 mm 的速度加工螺纹。

10.（　　）在执行 G00 指令时，刀具路径不一定为一直线。

11.（　　）刀具补偿功能包括刀补的建立、刀补的执行和刀补的取消三个阶段。

12.（　　）数控机床的进给路线不但是作为编程轨迹计算的依据，而且还会影响工件的加工精度和表面粗糙度。

13.（　　）在 G74　X60 Z–100 P5 Q20 F0.3；程序格式中，20 表示 *Z* 轴方向上的间断走刀长度。

14.（　　）在程序中 F 只能表示进给速度。

15.（　　）在程序中，X、Z 表示绝对地址，U、W 表示相对坐标地址。

四、填空题（将最适当的答案填写在横线上，每题 2 分）

1. 数控程序通常由程序号、_____和_____三部分组成。

2. 数控加工程序编制方法有_____和_____两种，其中后一种是利用 CAD/CAM 软件，实现造型及图像的程序自动生成。

3. 在数控加工程序中，常用_____和_____来描述加工工艺过程的各种操作和运动特征。

4. 当圆弧所对的圆心角_____时，R 取正值；当圆弧所对的圆心角_____时，R 取负值。

5. 程序段 M98 P2400；的含义是_____。

6. G 代码被执行后，直到同组的另一 G 代码被执行后才无效的指令称为_____。

7. 从分析零件图样到获得数控机床所需控制介质的全过程，称为_____。

8. _____是依据数控加工工艺方案编制的一组数控机床能够识别的字符，用来控制数控机床刀具和工件的运动轨迹，从而加工出合格产品。

9. FANUC oi 系统用"_____"字符表示程序传输开始和结束。

10. _____由一个或多个程序字组成，每个程序字是由字母和数字组成。

专题练习（二）

一、单选题（下列选项中只有一个答案是正确的，每题 2 分）

1. 数控机床程序中，F100 表示（ ）。

A. 切削速度　　　B. 进给速度　　　C. 主轴转速　　　D. 步进电机转速

2. 程序 G50 S5000；表示（ ）。

A. 主轴转速最高为 5 000 r/min　　　B. 主轴移动速度为 200 mm/min

C. 切削速度是 200 m/min　　　D. 主轴每转进给 200 μm

3. FANUC 系统中，（ ）指令是切削液停指令。

A. M08　　　B. M02　　　C. M09　　　D. M06

4. 数控机床加工依赖于各种（ ）。

A. 位置数据　　　B. 模拟量信息　　　C. 准备功能　　　D. 数字化信息

5. 圆弧插补方向（顺时针和逆时针）的规定与（ ）有关。

A. X 轴　　　　　　　　B. Z 轴

读书笔记

C. 不在圆弧平面内的坐标轴　　　　　　D. 操作者

6. 在 FANUC 系统中，采用（　　　）作为程序编号地址。

A. N 　　　　　　B. O 　　　　　　C. P 　　　　　　D. ％

7. 在 ISO 标准中，I、K 的含义是圆弧的（　　　）。

A. 圆心坐标 　　　　　　　　　　B. 起点坐标

C. 圆心对起点的增量 　　　　　　D. 圆心对终点的增量

8. 以下（　　　）为取消刀具半径补偿指令格式。

A. G43 　　　　B. G42 　　　　C. G41 　　　　D. G40

9. 刀具长度补偿由准备功能 G43、G44、G49 及（　　　）代码指定。

A. K 　　　　　　B. J 　　　　　　C. I 　　　　　　D. H

10. 在 FANUC 数控车系统中，（　　　）是外圆切削循环指令。

A. G74 　　　　B. G94 　　　　C. G90 　　　　D. G92

11. 在 FANUC 系统中，车削（　　　）可用 G90 循环指令编程。

A. 钻深孔 　　　B. 余量大的端面 　　C. 圆锥 　　D. 大螺距螺纹

12. 程序段 G90X52Z-100R5F0.3；中，R5 的含义是（　　　）。

A. 进刀 　　　　　　　　　　B. 圆锥大、小端的直径差

C. 圆锥大、小端的直径差的一半 　　D. 退刀量

13. 程序段 G92 X52.0 Z-100.0 R3.5 F3；的含义是车削（　　　）。

A. 外螺纹 　　　B. 锥螺纹 　　　C. 内螺纹 　　　D. 三角螺纹

14. FANUC 系统中（　　　）必须在操作面板上预先按下"选择停止开关"时才起作用。

A. M01 　　　　B. M00 　　　　C. M02 　　　　D. M30

15. FANUC 系统中，当需要改变主轴旋转方向时，必须先执行（　　　）指令。

A. M05 　　　　B. M02 　　　　C. M03 　　　　D. M04

二、多选题（下列选项中有一个以上答案是正确的，每题 2 分）

1. 执行下列（　　　）指令后，主轴旋转可能停止。

A. M00 　　　　B. M02 　　　　C. M04 　　　　D. M05

2. 程序需暂停 5s 时，下列正确的指令段是（　　　）。

A. G04 P5000； 　B. G04 P500； 　C. G04 X5.0； 　D. G04 P5；

3. 下列指令中属于刀具补偿指令的是（　　　）。

A. G40、G41、G42 　　　　　　B. G17、G18、G19

C. G20、G21　　　　　　　　　　　　D. G43、G44、G49

4. 在辅助功能锁住状态下，（　　　）无效不被执行。

A. M03　　　　　　B. M00　　　　　　C. S 代码　　　　　　D. T 代码

5. 加工中心的固定循环功能不适用于（　　　）。

A. 曲面形状加工　　B. 平面形状加工　　C. 钻孔加工　　　　D. 凸轮加工

6. FANUC 0i 系统中，当前刀具所在位置是 G54 坐标系的（X10.0，Y10.0），现需要坐标轴 X、Y 从目前位置直接返回参考点，所用的程序为（　　　）。

A. G54 G90 G28 X0 Y0;　　　　　　　B. G91 G28 X0 Y0;

C. G54 G91 G28 X10.0 Y10.0;　　　　　D. G54 G90 G28 X10.0 Y10.0;

7. G70 精加工循环指令可与（　　　）粗加工循环指令配合使用。

A. G72　　　　　　B. G71　　　　　　C. G73　　　　　　D. G76

8. 以下对 G71 指令说明正确的有（　　　）。

A. G71 为外圆粗车复合固定循环指令，因此只适用于外圆粗加工。

B. G71 指令仅适用于单调递增或单调递减的零件加工。

C. G71 指令可加工形状复杂的轴类零件。

D. G71 指令在粗加工时需要执行精加工程序段的内容。

9. 以下属于刀具长度补偿的指令有（　　　）。

A. G43　　　　　　B. G4　　　　　　C. 40　　　　　　　D. G44

10. 程序段格式由以下（　　　）功能字组成。

A. 准备功能字　　　B. 进给功能字　　　C. 辅助功能字　　　D. 刀具功能字

三、判断题（正确的填 A，错误的填 B，每题 2 分）

1.（　　　）程序段 G73 P0035 Q0060 U1.0 W0.5 F0.3；中，U1.0 的含义是 X 轴方向的背吃刀量。

2.（　　　）M30 不但可以完成 M02 的功能还可以使程序自动回到开头。

3.（　　　）建立刀补程序段内必须有 G00、G01、G02 或者 G03 功能才有效。

4.（　　　）数控编程一般可分为手工编程和自动编程两种。

5.（　　　）FANUC 系统 G75 指令不能用于内沟槽加工。

6.（　　　）对于没有刀具半径补偿功能的数控系统，编程时不需要计算刀具中心的运动轨迹，可按零件轮廓编程。

7.（　　　）程序段 N110 G00 G28 U0 W0；是正确的。

8.（　　　）程序段 N120 G00 X25.0 Z5.0 F250；是正确的。

9.（　　）G90 可以进行外圆及内孔直线加工和锥面加工循环。

10.（　　）在 FANUC 车削系统中，G92 指令可以进行圆柱螺纹车削循环，但不能加工锥螺纹。

11.（　　）计算公式 $\delta_1 = 0.001\,5nP$ 中，n 表示主轴转速，P 表示螺纹螺距。

12.（　　）程序段 G90 G94 G40 G80 G17 G21 G54；中出现了多个 G 代码，因此该程序段不是一个规范正确的程序段。

13.（　　）准备功能 G 代码主要用来控制机床主轴的开、停，切削液的开关和工件的夹紧与松开等机床准备动作。

14.（　　）在数控铣床上加工整圆时，为避免工件表面产生刀痕，刀具从起始点沿圆弧表面的切线方向进入，进行圆弧铣削加工；整圆加工完毕退刀时，顺着圆弧表面的切线方向退出。

15.（　　）使用返回参考点指令 G28 时，应取消刀具补偿功能，否则机床无法返回参考点。

四、填空题（将最适当的答案填写在横线上，每题 2 分）

1. 每个程序段一般占一行，由"_____"作为每个程序段的结束符号。

2. 数控程序编制的规则有_____和_____以及混合编程。

3. 数控车床的固定循环指令一般分为_____和_____指令。

4. 数控刀具圆弧半径补偿分为_____和_____。

5. 数控车床加工程序中位置补偿用指定的 T 代码来实现，T 代码后的四位数字中，前两位表示_____，后两位为_____。

6. 顺时针圆弧插补指令为_____，逆时针圆弧插补指令为_____。

7. 圆弧加工程序段中 I、K 的数值应为_____值，不能为_____值。

8. 子程序结束没有_____时将不能返回主程序。

9. 螺纹底径的计算公式为_____。

10. 在螺纹加工指令格式中，F 表示_____。

读书笔记

考点 3　数控车床编程知识

考纲要求

1. 掌握数控车程序编制的基本概念、编程格式。

2. 熟悉数控车削编程的常用编程指令，能根据工艺要求编写合格的车削加工程序。

学习建议

1. 能根据零件图的要求，编写数控车床程序。

2. 掌握数控加工程序结构，熟记各程序段内容含义。

3. 会用直径值编程方式和手动编程方式编写数控车床加工编程。

4. 掌握数控车削编程常用指令的含义及格式。

5. 会根据加工工艺要求，正确编写车削加工程序。

知识梳理

一、数控车床编程知识树

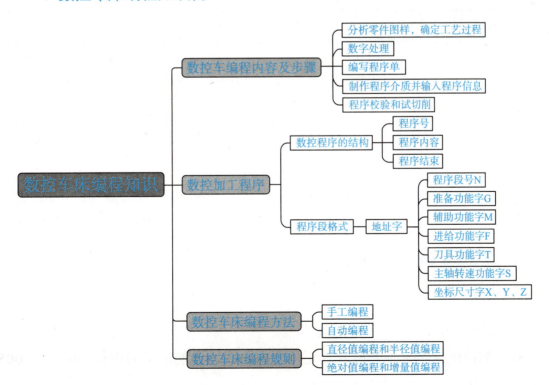

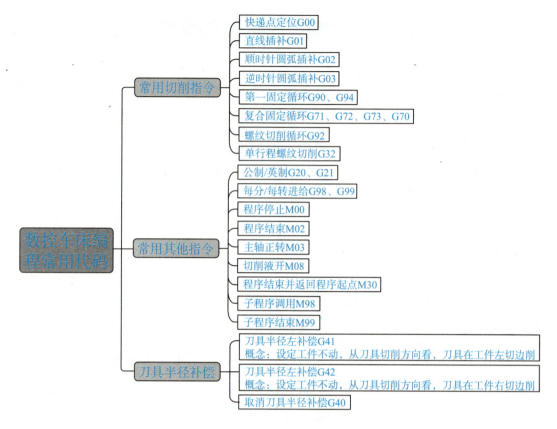

二、重点知识梳理

（一）数控编程的主要内容（表5-3-1）

表5-3-1　数控编程的主要内容

序号	内容	说明
1	分析零件图和确定加工工艺	要根据图样中零件的形状、尺寸、技术要求选择加工方案，确定加工顺序、加工路线、装夹方式、刀具及切削参数，正确选择对刀点、换刀点，减少换刀次数
2	数值计算	计算零件粗精加工的运动轨迹。当零件图样坐系与编程坐系不一致时，需要对坐标进行换算。对于形状比较简单的零件（直线和圆弧组成的零件）的轮廓加工，需要计算出几何元素的起点和终点、圆弧的圆心、两几何元素的交点或切点的坐标值
3	编写零件加工程序	根据数控系统的功能指令代码及程序段格式，编写加工程序单，填写有关的工艺文件，如数控加工工序卡、数控刀具卡、数控加工程序单等
4	输入程序	手动输入数据或通过计算机传输程序至机床数控系统
5	模拟检验与首件试切	在数控仿真系统上仿真加工过程，空运行观察走刀路线是否正确，但这只能检验出运动是否正确，不能检验出被加工零件的加工精度，因此有必要进行零件的首件试切

（二）数控车床编程的基本知识

1. 数控车床的坐标系

（1）坐标系的建立

对于数控机床坐标轴名称及其正负方向，我国已制定了 GB/T 19660—2005

《工业自动化系统与集成 机床数值控制坐标系和运动命名》标准。标准坐标系采用右手直角笛卡尔坐标系，见图 5-3-1。

在坐标系中车床主轴纵向是 Z 轴，平行于横向的运动方向为 X 轴，车刀远离零件的方向为正向，接近零件的方向为负向。卧式车床坐标系见图 5-3-2。

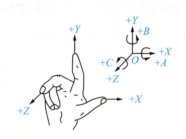

图 5-3-1　右手笛卡尔直角坐标系

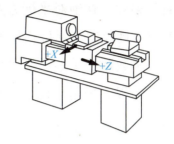

图 5-3-2　卧式车床坐标系

（2）编程坐标系与编程原点

为了方便编程，首先要在零件图上适当地选定一个编程原点，该点应尽量设置在零件的工艺基准与设计基准上，并以这个原点作为坐标系的原点，再建立一个新的坐标系，称为编程坐标系或零件坐标系。

编程坐标系用来确定编程和刀具的起点。在数控车床上，编程原点一般设在零件右端面与主轴回转中心线交点上，也可设在零件的左端面与主轴回转中心线交点上，如图 5-3-3 所示。坐标系以机床主轴方向为 Z 轴方向，刀具远离零件的方向为 Z 轴的正方向。X 轴位于水平面且垂直于零件旋转轴线的方向，刀具远离主轴轴线的方向为 X 轴正向。

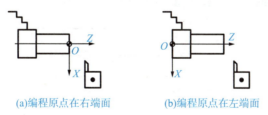

(a)编程原点在右端面　　　(b)编程原点在左端面

图 5-3-3　编程原点及零件坐标系

（三）数控车床编程的方法

1. 手工编程

手工编程是指零件图样分析、工艺处理、数值计算、编写程序单、程序输入及程序校验等均由人工完成。

2. 自动编程

自动编程是指借助数控自动编程系统由计算机来辅助生成加工程序，常用软件

读书笔记

有 Mastercam、UG、Pro/E、CAXA 等。

（四）数控车床编程规则

1. 直径编程和半径编程

①直径编程。在绝对坐标方式编程中，值为零件的直径值；在增量坐标方式编程中，X 为刀具径向实际位移量的两倍。由于零件在图样上的标注及测量多为直径值，因此大多数数控车削系统采用直径编程。常见的 FANUC 系统采用直径编程。

②半径编程。采用半径编程时，X 值为零件半径值或刀具实际位移量。

2. 绝对值与增量值编程

①绝对值编程。根据事先预定的编程原点计算出绝对坐标值坐标尺寸进行编程的一种方法，即程序中的终点是相对于程序原点的（也就是刀具运动位置的坐标值表示为相对坐标原点的距离）。

②增量值编程。根据与前一个位置的坐标值增量来确定坐标点位置的一种编程方法，即程序中的终点坐标是相对于起点而言的（也就是目标点绝对坐标值与当前点绝对坐标值的差值）。增量编程时 U、W 表示 X 轴、Z 轴的坐标值，当行程方向与工件坐标轴方向一致时，为正值，反之则为负值。

在一个程序段中可采用绝对坐标方式或增量坐标方式编程，也可采用两者混合的方式编程，编程中可根据图样尺寸的标注方式及加工精度要求选用。

（五）数控车床编程的主要步骤（图 5-3-4）

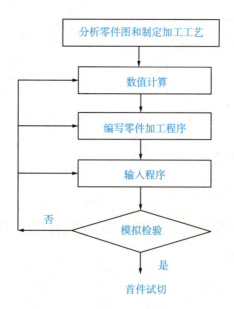

图 5-3-4　数控车床编程的主要步骤

（六）数控车床加工程序

1. 数控车床程序结构

一个完整的程序，一般由程序号、程序内容和程序结束三部分组成。

2. 程序段格式

现在最常用的是可变程序段格式。每个程序段由若干个地址字构成，而地址字又由表示地址字的英文字母、特殊文字和数字构成，见表 5-3-2。

表 5-3-2　可编程序段格式

1	2	3	4	5	6	7	8	9	10
N	G	X U	Y V	Z W	I J K R	F	S	T	M
程序段号	准备功能	坐标尺寸字				进给功能	主轴功能	刀具功能	辅助功能

例如 N50 G01 X30 Z40 F100;

说明：

①程序段中字的排列顺序并不严格，只是为了方便程序编辑与修改，按照上述格式顺序书写。

②没有必要的功能字符可以省略。

③有些字属于模态指令（模态指令是指一经使用，便一直有效，直到被同组的其他代码取代为止），所以由前面程序段指定的某些 G、F、S、T、M 功能在本程序段有效时，可以省略。

④坐标值中可只写有效数字，省略前置零。

⑤程序段号也可以由数控系统自动生成，也可以由编程人员定义。

（七）刀尖圆弧半径补偿

1. 刀尖圆弧半径补偿的概念

刀具车削过程中，刀具切削圆弧或锥面时实际切削点是过渡刃圆弧与工件轮廓表面的切点，因此实际编程和对刀时，是以图 5-3-5（b）中点 P 为刀位点。

(a)带圆弧刀尖

(b)带圆弧刀尖的切削位置

图 5-3-5　带圆弧刀具及其切削位置

车削锥面时，实际切削点与点 P 之间在 X 轴、Z 轴方向都存在位置偏差，以点 P 编程的轨迹 P1P2 为零件轮廓线（图 5-3-6 中实线），刀尖圆弧实际切削轨迹为图 5-3-6 中虚线，两者产生欠切误差 δ。

在加工中，刀具实际切削点的位置，随着加工表面不同而变化，但不管如何变化，刀尖圆弧的圆心始终与实际切削点保持一个刀尖圆弧半径值，故采用刀尖圆弧圆心作为刀位点进行编程。

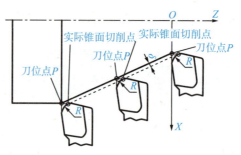

图 5-3-6　车圆锥产生偏差

在加工前，通过数控系统可使刀具按指定方位偏离一个刀具半径值，这样刀具实际切削的轨迹即零件轮廓线的轨迹（图 5-3-7），该功能称为刀尖圆弧半径补偿。

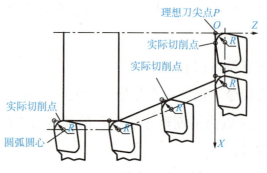

图 5-3-7　刀具不经补偿原理

2. 刀具半径补偿的方法

①在加工前，通过机床数控系统的操作面板向系统存储器中输入刀具半径补偿的相关参数。

②编程时，按零件轮廓编程，并在程序中采用刀具半径补偿指令。

3. 刀具半径补偿指令：G41、G42、G40

（1）G41、G42、G40 指令格式

$$\left.\begin{matrix}G41\\G42\\G40\end{matrix}\right\}\left.\begin{matrix}G01\\G00\end{matrix}\right\}X\_\_\ Z\_\_;$$

其中 X、Z 为建立（G41、G42）或取消（G40）刀具补偿程序段中，刀具移动的终点坐标（图 5-3-8）。

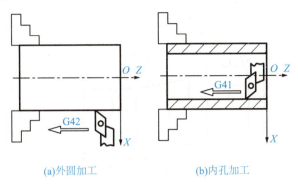

(a)外圆加工 (b)内孔加工

图 5-3-8 刀架前置情况下 G41 和 G42 的用法

（2）G41、G42、G40 指令说明

① G41、G42、G40 指令与 G01、G00 指令可在同程序段出现，通过直线运动建立或取消刀补。

② G41、G42、G40 为模态指令。

③ G41、G42 不能同时使用，即在程序中，前面程序段有了 G41 就不能继续使用 G42，必须先用 G40 指令解除 G41 刀补状态后，才可使用 G42 刀补指令。

（八）编程举例

① 图 5-3-9 中的工件，粗加工后留下 1 mm 精加工余量，利用直线插补指令完成精车倒角及外圆轮廓的加工程序（表 5-3-3）。

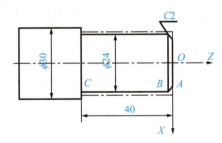

图 5-3-9 工件（一）

表 5-3-3 坐标说明

绝对坐标方式	增量坐标方式	说明
···;	···;	
G00 X0.0 Z2.0;	G00 X0.0 Z2.0;	刀具快速移动至轴线
G01 Z0.0 F0.1;	G01 W-2.0 F0.1;	刀具慢速移至 O 点，设进给量为 0.1 mm/r
X20.0;	U20.0;	车端面至 A 点
X24.0 Z-2.0;	U4.0 W-2.0;	车倒角至 B 点
Z-40.0;	W-38.0;	车 $\phi24$ 的外圆至 C 点
···;	···;	

读书笔记

② 图 5-3-10 中的工件，FANUC 系统加刀具半径补偿编写精加工轮廓程序，已知毛坯尺寸为 $\phi 60\,mm \times 75\,mm$，材质为 45 钢，编制加工程序。

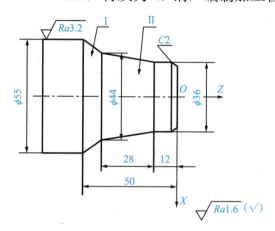

图 5-3-12　工件（二）

参考程序：

O0002；	G01 Z-12.0；
G40 G97 G99 M03 S300；	X45.0 Z-40.0；
T0101；	G00 Z2.0；
M08；	X37.0；
G42 G00 X51.0 Z2.0；	G01 Z-12.0；
G01 Z-40.0 F0.25；	X45.0 Z-40.0；
X55.0 Z-50.0；	G00 Z2.0；
G00 Z2.0；	X0.0；
X47.0；	G01 Z0.0；
G01 Z-40.0；	X32.0 F0.1；
X55.0 Z-50.0；	X36.0 Z-2.0 S800；
G00 Z2.0；	Z-12.0；
X43.0；	X44.0 Z-40.0；
G01 Z-40.0；	X55.0 Z-50.0；
X55.0 Z-50.0；	G00 X200.0 Z100.0；
G00 Z2.0；	M30；
X40.0；	

③ 图 5-5-11 中的工件，毛坯尺寸为 $\phi 40\,mm \times 50\,mm$ 的棒料，需加工 $\phi 25\,mm$ 外圆至尺寸，试用单一外圆循环编写加工程序。

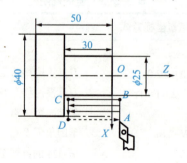

图 5-3-11　工件（三）

参考程序：

O0003； G40 G97 G99 M03 S300； T0101； M08； G42 G00 X40.0 Z2.0； G90 X35.0 Z−30.0 F0.2； X30.0； X25.5；	G00 X25.0 Z2.0 S800； G01 Z−30.0 F0.1； X40.0； G40 G00 X41.0； G00 X200.0 Z100.0； M30；

④ 图 5-3-12 中的工件，已知工件毛坯尺寸为 ϕ120 mm×160 mm，材料为 45 钢。采用 G71、G70 指令，编制零件的粗、精加工程序。

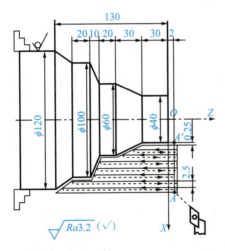

图 5-3-14　工件（四）

参考程序：

O0004； G97 G99 M03 S500 F0.2； T0101； M08； G42 G00 X120.0 Z2.0； G71 U2.5 R0.5； G71 P10 Q20 U0.5 W0.05 F0.2； N10 G00 X0.0 S500； G01 Z0.0 F0.15； X40.0； W−30.0；	X60.0 W−30.0； W−20.0； X100.0 W−10.0； W−20.0； X120.0 Z−130.0； N20 G01 X121.0； M03 S1000 G70 P10 Q20 F0.08； G40 G00 X100.0 Z100.0； M30；

例题解析

一、**单选题**（下列选项中只有一个答案是正确的，每题 2 分）

1. 数控机床上有一个机械原点，该点在机床出厂时设定，该点称（　　）。

A. 机床零点　　　　B. 零件原点　　　　C. 工件零点　　　　D. 编程原点

答案　A

解析　机床坐标系。

2. 辅助功能 M 指令中（　　）用于主轴正转。

A. M03　　　　　　B. M04　　　　　　C. M05　　　　　　D. M06

答案　A

解析　数控车床编程辅助功能指令。

3. 前刀架使用刀具圆弧半径补偿车内圆，刀具向卡盘进刀时用（　　）指令。

A. G40　　　　　　B. G41　　　　　　C. G42　　　　　　D. G43

答案　B

解析　刀具半径补偿。

4. G71 指令 G71 U__R；中，R 为（　　）。

A. 背吃刀量　　　　　　　　　　B. 退刀量

C. X 轴方向的精加工余量　　　　D. Z 轴方向的精加工余量

答案　B

解析　G71 指令格式含义。

二、**判断题**（正确的填 A，错误的填 B，每题 2 分）

1.（　　）数控车削加工的零件中，其加工顺序一般按照粗车、精车的顺序进行。

答案　A

解析　数控编程加工路线的基本原则。

2.（　　）数控机床编程有绝对值编程和增量值编程，使用时不能将它们放在同一程序段中。

答案　B

解析　绝对值编程、增量值编程、混合编程使用规则。

3.（　　）G90 指令可以用来加工外圆，不可以加工圆锥面。

答案　B

解析　G90 指令应用范围。

4.（　　）程序中 G41、G42 指令可以重复使用，无须 G40 解除原补偿状态。

答案　B

解析　刀具半径补偿。

三、填空题（将最适当的答案填写在横线上，每题 2 分）

1. 数控车床编程的方法有_____和_____两种。

答案　手工编程　自动编程

解析　数控车床的编程的方法。

2. 一个完整的程序由_____、_____和_____三部分组成。

答案　程序号　程序内容　程序结束

解析　数控车床程序结构。

3. G00、G01 指令均属于同组的_____代码。

答案　模态指令

解析　模态与非模态的指令的区别。

4. G41 为_____指令。

答案　刀具半径左补偿

解析　刀具补偿指令。

专题练习

一、单选题（下列选项中只有一个答案是正确的，每题 2 分）

1. 数控车床中，用于控制机床开、关功能的是（　　）。

A. F 指令　　　　　B. M 指令　　　　　C. S 指令　　　　　D. T 指令

2. 数控车削加工编程时，应首先设定（　　）。

A. 工件坐标系　　　B. 机床坐标系　　　C. 机床参考点　　　D. 机床零点

3. 用于指定数控车床加工方式的是（　　）。

A. F 指令　　　　　B. G 指令　　　　　C. S 指令　　　　　D. T 指令

4. 确定数控机床坐标轴，一般先确定（　　）。

A. X 轴　　　　　B. Y 轴　　　　　C. Z 轴　　　　　D. 全部

5. 数控机床上有一个机械原点，该点到机床坐标原点在进给坐标轴方向上的距离可以在机床出厂时设定。该点称（　　）。

A. 机床零点　　　　B. 零件原点　　　　C. 工件零点　　　　D. 编程原点

6. 在数控机床上设置限位开关的作用是（　　　）。

A. 线路开关　　　B. 过载保护　　　C. 位移控制　　　D. 安全防护

7. 辅助功能 M 指令中（　　　）用于主轴正转。

A. M03　　　　　B. M04　　　　　C. M05　　　　　D. M06

8. 辅助功能 M 指令中（　　　）用于主轴反转。

A. M03　　　　　B. M04　　　　　C. M05　　　　　D. M06

9. 辅助功能 M 指令中（　　　）用于主轴停转。

A. M03　　　　　B. M04　　　　　C. M05　　　　　D. M06

10. 程序校验与首件试切的作用是（　　　）。

A. 检查机床是否正常

B. 提高加工质量

C. 提高生产率

D. 检查程序是否可行及零件的加工精度是否满足图样要求

11. 用于机床刀具编号的指令是（　　　）。

A. F 指令　　　　B. T 指令　　　　C. M 指令　　　　D. G 指令

12. FANUC 系统中（　　　）用于程序全部结束，机床所有动作停止。

A. M01　　　　　B. M00　　　　　C. M02　　　　　D. M03

13. 前刀架使用刀具圆弧半径补偿车内圆，刀具向卡盘进刀时用（　　　）指令。

A. G40　　　　　B. G41　　　　　C. G42　　　　　D. G43

14. 数控车削加工中，若未考虑刀具圆弧半径补偿值，会影响车削工件的（　　　）精度。

A. 外径　　　　　B. 长度　　　　　C. 锥度　　　　　D. 圆弧

15.（　　　）是 G71、G74、G73 粗加工后精加工指令。

A. G75　　　　　B. G76　　　　　C. G70　　　　　D. G90

16. G90 可以完成（　　　）个指令动作。

A. 1　　　　　　B. 2　　　　　　C. 3　　　　　　D. 4

17. 用于机床刀具编号的指令是（　　　）。

A. F 指令　　　　B. M 指令　　　　C. S 指令　　　　D. T 指令

18. FANUC 系统中（　　　）用于程序全部结束，机床所有动作停止。

A. M00　　　　　B. M01　　　　　C. M02　　　　　D. M03

19. 程序段 G90 X48.0 W-10.0 F0.25；用的是（　　）编程方法。

A. 绝对坐标　　　　B. 增量坐标　　　　C. 混合坐标　　　　D. 极坐标

20. G71、G73 指令中的 F、S、T，只对（　　）循环时有效。

A. 粗加工　　　　　B. 半精加工　　　　C. 精加工　　　　　D. 超精加工

二、判断题（正确的填 A，错误的填 B，每题 2 分）

1.（　　）数控机床可加工形状复杂的回转体零件。

2.（　　）G 指令为辅助功能指令。

3.（　　）数控车床坐标轴只有 X 轴、Y 轴两个。

4.（　　）工件坐标系是编程时使用的坐标系。

5.（　　）加工程序中的 F 指令，只指定切削速度，不指定其他内容。

6.（　　）M03 指令表示程序停止。

7.（　　）不同的数控机床可能选用不同的数控系统，但数控加工程序指令都是相同的。

8.（　　）同一零件的多道工序尽可能选择同一个定位基准，称为基准统一。

9.（　　）数控机床上的坐标系采用右手笛卡尔坐标系。

10.（　　）Z 轴是首先确定的坐标轴，为机床上提供切削力的主轴的轴线方向。

11.（　　）辅助功能中表示选择停止的指令是 M01。

12.（　　）M00 指令主要用于工件关键尺寸的停机抽样检查等情况。

13.（　　）数控机床编程有绝对值编程和增量值编程，使用时不能将它们放在同一程序段中。

14.（　　）由于零件在图样上的标注及测量多为直径值，因此大多数数控车削系统采用直径编程。

15.（　　）用 C90 指令编程可以缩短刀具的走刀路线。

16.（　　）G90 指令的切削速度由机床生产厂家指定。

17.（　　）G71 指令粗加工最后一步刀具路线是轮廓线的平行线。

18.（　　）循环主体中指定的 F 指令在 C71 粗加工中不起作用。

19.（　　）G41 为刀具半径左补偿，即刀具沿工件左侧运动方向时的半径补偿。

20.（　　）G40 为取消刀具补偿指令。

三、填空题（将最适当的答案填写在横线上，每题2分）

1. 数控编程分为_____和_____两种。

2. 在数控车削编程中，X坐标值有两种表示方法，即_____和_____。

3. 一个完整的程序由_____、_____和_____三部分组成。

4. 程序段中主要字的功能有G功能_____，M功能_____，T功能_____、F功能_____、S功能_____。

5. G指令分为_____和_____两种。

6. T功能T0402指令中的04表示_____，02表示_____。

7. 数控车床CKA6150有_____个坐标轴，分别为_____轴和_____轴。

8. _____指令适合于零件毛坯已基本成形的铸件或锻件的加工。

9. 前刀架使用刀具圆弧半径补偿车外圆，刀具向卡盘进刀时用_____指令。

10. G90指令格式中R值为_____，该值有正负号。若_____，R取负值；反之R取正值。

11. G97是_____指令，G97是_____指令。

12. G71和G73指令的精加工循环都可以采用_____。

13. G71指令主要应用于毛坯的加工，其格式中Δd为_____；e为_____；Δu为_____；Δw为_____。

考点4　数控车床基本操作

⚡ 考纲要求

1. 了解数控车床的分类，根据数控车床结构特点能进行机床的对刀、程序的编制、执行、修改等基本操作与机床正确使用及维护。

2. 熟悉数控车床常用数控系统（广州数控系统、FANUC数控系统）的基本操作。

3. 能正确编制典型零件的加工程序。

学习建议

1. 熟悉数控车床面板常用按键的含义及操作。

2. 会进行机床对刀、程序录入等操作。

3. 会根据加工工艺要求，完整编写典型零件的车削加工程序。

知识梳理

一、数控车床基本操作知识树

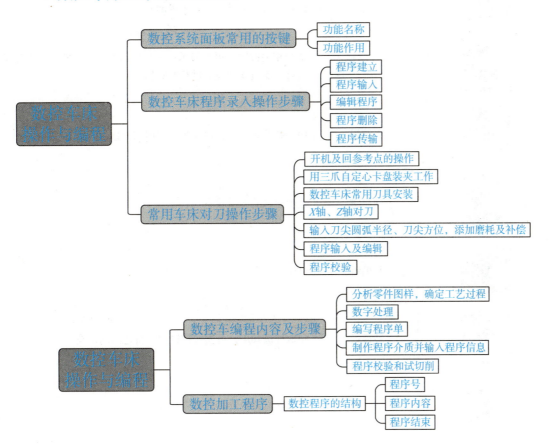

二、重点知识梳理

（一）数控系统面板常用的按键（表 5-4-1、表 5-4-2）

表 5-4-1 数控车系统操作区常用按键及其含义（FANUC 数控系统）

按键	名称	功能
RESET	复位键	当前状态解除、加工程序重新设置、机床紧急停止时可使用该键

读书笔记

续表

按键	名称	功能
	程序键	在编辑方式下，可进行编辑、修改、查找、删除等操作
	刀具偏置键	结合其他按键可进行工件坐标系设置，并可进行刀尖半径、磨损补正等操作
	位置键	显示各坐标轴的机床坐标、绝对坐标、增量坐标值以及程序执行中各坐标轴距指定位置的剩余值
	图形显示键	结合相关按键，可在显示屏进行仿真加工，观察刀具的运动轨迹，而机床则没有进行实际加工
	系统键	用于数控系统自我诊断相关数据和参数
	信息键	显示系统的警示状态
	帮助键	机械装备的说明等功能
	转换键	和地址键共用，可实现按键的字符之间的切换
	插入键	在光标指定位置插入字符或数字
	输入键	用于参数或偏置值的输入、启动 I/O 设备的输入，MDI 方式下的指令数据的输入
	替换键	修改程序中光标指定位置的地址和数据命令，或用新数据来替换原来的数据
	删除键	删除程序中光标指定位置的字符或数字（＊被删除后的语句不能复原，操作前应仔细确认是否要删除该内容）

续表

按键	名称	功能
	取消键	删除写入储存区的字符
	结束键	用于每段程序编辑时的结束指令
	翻页键	显示屏页面的切换控制键
	光标移动键	控制光标在显示屏中上下左右移动

表 5-4-2 数控车系统机床控制区常用按键及其含义（FANUC 数控系统）

按键	名称	功能
	编辑方式	可输入、输出程序，也可对程序进行修改或删除
	MDI 方式	在 PROG 下输入程序，按循环启动后直接执行输入程序段，可输入 10 条指令
	自动加工方式	在 PROG 下调用要执行的程序编号，循环启动后对工件执行自动加工
	手动方式	结合刀架移动控制键可对刀架执行快、慢速移动等操作
	返回参考点方式	手动返回参考点位置，建立机床坐标系
	手轮方式	可用手摇脉冲操作刀架沿 X、Z 轴方向作 X1 μm、X10 μm、X100 μm 三种微量移动

续表

按键	名称	功能
	单段执行	按下此键，在自动加工模式或 MDI 模式中单段运行
	程序跳步	如程序中使用了跳段符号"/"，程序运行到有该符号标定的程序段，即跳过不执行该段程序，解除该键，则跳段功能无效
	机床锁住	按下该键后，机床的所有实际动作无效（不能手动、自动控制进给轴、主轴、冷却等实际动作），但指令运算有效，故可在此状态下模拟运行程序
	空运行	按下此键，车床执行空运行，通过空运行观察刀具的运动轨迹，从而判定程序的正确性
	主轴正转	在手动或手轮方式下，实现主轴的正向、反向和停止等运动
	主轴停止	
	主轴反转	
	换刀按键	按下该键，刀架旋转一个刀位，必须一个刀位换好后才能换第二个刀位
	冷却键	按下该键后，冷却液开且指示灯亮，再按一次，则冷却液关且指示灯关闭
	工作灯	按下此键，机床工作灯打开，再按一次，则关闭工作灯
	刀架移动方向键	在手动方式下，实现刀架 X、Z 轴方向的移动，当按下中间的"快速"键时，可实现手动快速移动

续表

按键	名称	功能
	刀具移动倍率键	有 F0%、25%、50%、100% 四挡调节，系统默认为 100%
	主轴倍率旋钮	主轴速度调节开关，从 50%～120% 共八挡可供调节
	进给倍率旋钮	加工零件时可根据实际情况在 0%～120% 范围内自行调节，范围按每挡 10% 变化量调节
	手轮	在手轮工作方式下，摇动手轮可控制刀架移动，手轮"–"向旋转，控制刀架向 X 轴或 Z 轴负方向移动。反之，则控制刀架向 X 轴或 Z 轴正向移动
	循环启动	在自动加工或 MDI 工作方式下按下此键自动加工执行当前程序，其余工作方式按此键无效
	保持进给	按该键可使机床处于暂停状态，再按一次循环启动，则自动保持运动，与 M00 指令基本等同

（二）数控车床操作面板

数控机床操作面板是数控机床的重要组成部件，是操作人员与数控机床（系统）进行交互的工具。主要可分成系统控制面板（图 5–4–1）和机床控制面板等。

图 5-4-1　数控车床系统面板（FANUC 数控系统）

1. 认识系统操作区（图 5-4-2）

主要在程序编辑与调试、对刀参数输入、机床当前加工状态的实时监控、机床维修参数修改等过程中实现人机对话。

图 5-4-2　数控车床系统操作区面板（FANUC 数控系统）

2. 认识数控车床操作面板机床控制区和电源开区（图 5-4-3）

主要用于操作数控车床，包括操作模式选择、主轴转向选择与刀架移动操作、主轴倍率与刀架移动速率调节等。

图 5-4-3　数控车床系统控制区面板（FANUC 数控系统）

（三）数控车床的基本操作

1. 开机前机床检查

①开机前检查机床。

②开启机床总电源，释放急停按钮，开启系统启动电源，等待系统启动，系统启动完毕，开机结束。

③检查控制面板上的各指示灯是否正常，屏幕显示是否正常，各按钮开关是否处于正常位置，是否有报警显示。如有报警，系统可能发生故障，需立即检查。

2. 开机，回参考点

①将工作方式调整到回零方式上。

②先按"+X"键（X 轴正方向），进行 X 轴返回参考点操作，直至 X 零点亮灯，显示器显示 X 轴绝对坐标为零。

③再按"+Z"键（Z 轴正方向），进行 Z 轴返回参考点操作，直至 Z 零点亮灯，显示器显示 Z 轴绝对坐标为零。

此时，机床回参考点操作结束，机床已经建立机床零点。

3. 程序的建立与编辑

（1）程序建立

①将工作方式选择按钮置于编辑位置上。

②按"PROG"键，进入程序编辑画面。

③键入地址 O。

④输入准备存储的程序号（如 O0001）。

⑤按"INSERT"键，输入程序号，按"EOB"结束。

（2）程序输入

①在程序输入界面依次输入各程序段的字，每输完一个程序段后，按"EOB"键，再按"INSERT"键，直至全部程序段输入完成。

②"SHIFT"键为上挡键，先按"SHIFT"键，再按下所需输入键的上挡字符即可。

③在按"INSERT"键之前，如程序字输入错误，可按"CAN"取消，连续按"CAN"可取消多个字。

（3）编辑程序

程序输入包括修改、插入和删除等操作。

读书笔记

①用"↓"键或"↑"键移动光标到需要编辑的字。

②修改字符。光标放置在要修改的字符上，输入改的字符后，按"ALTER"键。

③插入字符。输入要插入的字符后，按"INSERT"键，则在光标所在字之后，插入刚输入的字符。

④删除字符。将光标放置在要删除的字符上，按"DELE"键即可。

（4）程序删除

首先在程序编辑界面输入所要删除程序的程序名"O0001"，按"DELE"键删除，O0001程序删除完毕。

（5）程序传输

首先连接存储卡，按"PROG"键，按屏幕下向右的箭头软键，按软键卡、按软键操作、按软键"N"读取，输入存储卡中的文件名1084，单击文件名，输入程序名1084，按执行，O1084程序传输完毕。

4.试切对刀

（1）设置主轴转动

按"MDI"键，按"PROG"键，输入MO3S600，按"INSERT"键，再按启动键。

（2）X向对刀

在手动JOG方式下移动刀架使其靠近零件，车削外圆B面，见图5-4-4，车削长度至方便测量工具测量外圆直径即可。车削后不移动X轴，仅Z轴正方向退刀。退出足够距离后按停止键，待主轴停止转动后，测量已切削外圆的直径。按"OFFSET/SETTING"键，显示界面见图5-4-5，然后按【形状】软键，用"↓"键或"↑"键移动光标到相应刀号的位置，如1号刀在G01，输入X直径，按测量软键，完成X向对刀。

（3）Z向对刀

在手动JOG方式下按主轴正转键使主轴转动，移动刀架使其靠近零件，车削端A面，见图5-4-4。不移动Z轴，仅X轴正方向退刀，退出足够距离后按主轴停止键，按"OFFSET/SETTING"键，显示界面见图5-4-5，然后按【形状】软键，用"↓"键或"↑"键移动光标到相应刀号的位置，如1号刀在G01，输入Z0，按测量软键，完成Z向对刀。

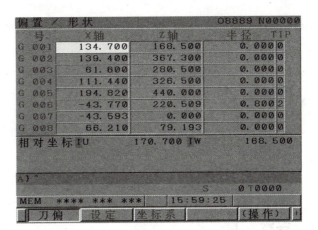

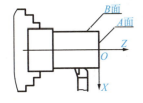

图 5-4-4　对刀示意图

图 5-4-5　数控车床参数输入界面（形状）

5. 刀尖 R 补偿量的设定

（1）输入刀尖圆弧半径、刀尖方位

（2）添加磨耗及补偿

6. 机床操作

机床的操作分为手动方式和自动方式两种。

（1）手动方式

① JOG 方式。将工作方式选择为 JOG，在 JOG 方式下，按机床操作面板上的进给轴和方向选择键 +X、+Z、−X、−Z，机床沿选定轴方向运动。手动连续进给速度可使用进给倍率调节，若使用快速进给，机床以快速移动速度运动。

② 手轮进给。将工作方式选择为手轮，在手轮方式下，手摇脉冲发生器（手轮）才起作用，通过旋钮选择 X、Z 轴方向，同时选择好手轮的倍率。在这种方式下，也能实现单步移动功能，通过 X、Z 轴方向移动按钮，按所选定的轴移动按钮选择 X1、X10、X100 之一，旋转手轮移动刀架。

（2）自动方式

自动方式分为 MDI 方式和存储器方式。

① MDI 方式。MDI 方式也称手动数据输入方式，允许操作者通过数控系统的控制面板输入一个程序段的指令，但不会立即执行该程序段。步骤：按工作方式选择键 MDI，按"PROC"键，按"PACE"键，输入一个程序段，然后按"INSERT"键，按循环启动按钮。

② 存储器运行。在已事先编辑好的零件加工程序中，选择较好运行的加工程序，设置好刀具补偿值。在防护门关好的前提下将工作方式选择为自动：按循环启

动按钮循环指示灯亮。程序运行时按进给暂停按钮，可使自动运行暂停，循环指示灯灭。

例题解析

一、单选题（下列选项中只有一个答案是正确的，每题 2 分）

1. 数控车床开机，首先要做（ ）操作。

A. 对刀   B. 回零   C. 空运行   D. MDI

答案 B

解析 数控车床的基本操作。

2. 在数控车床 MDI 操作面板上，换行键用（ ）表示。

A. PROG   B. POS   C. EOB   D. OFFSET/SETTING

答案 C

解析 数控车床系统面板指令。

二、判断题（正确的填 A，错误的填 B，每题 2 分）

1.（ ）数控车床中 MDI 方式是手动数据输入方式。

答案 A

解析 数控车床系统 MDI 功能。

2.（ ）数控机床的程序保护开关处于 ON 位置时，不能对程序进行编辑。

答案 A

解析 数控车床的基本操作。

三、填空题（将最恰当的答案填写在横线上，每题 2 分）

1. 数控车床开机前检查机床，确定没有问题后，打开机床的_____及_____。

答案 总电源   系统电源

解析 数控车床的基本操作。

2. 复位键的作用是解除报警，CNC 复位，在系统键盘的右下角表示为_____。

答案 RESET

解析 数控系统面板按键。

四、编程题（根据要求完成试题，60 分）

根据加工工序卡和刀具卡，正确编写零件程序。

（1）零件图样

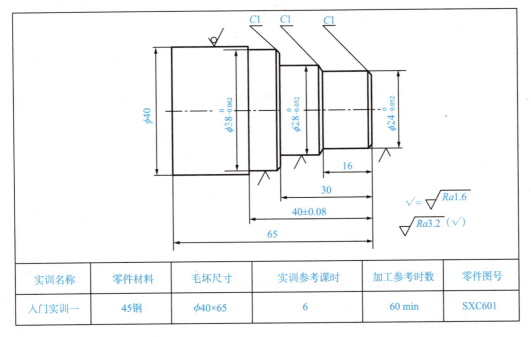

实训名称	零件材料	毛坯尺寸	实训参考课时	加工参考时数	零件图号
入门实训一	45钢	$\phi40\times65$	6	60 min	SXC601

（2）加工刀具

产品名称或代号		数控车削加工与编程实训件	零件名称	数控入门实训件一	零件图号		SXC601	
序号	刀具号	刀具名称	数量	加工表面	刀尖半径 R/mm	刀尖方位 T	备注	
1	T01	90°硬质合金偏刀	1	粗车外轮廓	0.4	3		
2	T02	90°硬质合金偏刀	1	精车外轮廓	0.2	3		
编制		审核		批准		共1页	第1页	

（3）操作步骤

①毛坯测量。

②装夹毛坯，首先将毛坯装夹在三爪自定心卡盘上，手动转动主轴，进行毛坯找正，找正结束后夹紧毛坯。

③装夹刀具。粗加工刀具放1号刀位，精加工刀具放2号刀位。

④对刀。

⑤输入刀补参数。

⑥输入程序。

⑦自动粗加工。首先使用1号刀具粗加工，测量并补偿磨耗。

⑧自动精加工。换第2把精加工刀具，启动程序完成精加工。

⑨测量尺寸，确认工件合格。

（4）加工工序卡

单位名称	实习厂	产品名称或代号		零件名称	零件图号
		数控车削加工与编辑实训件		数控入门实训件一	SXC601
工序号	程序编号	夹具名称	使用设备	数控系统	车间
001	O6001	三爪自定心卡盘	CKA6150	BEIJING-FANUC0i-Mate	实习车间

工步号	工具内容	刀具号	刀具规格 /mm	主轴转速 $n/$（r·min^{-1}）	进给量 $f/$（min·r^{-1}）	背吃刀量 $a_p/$mm	备注（程序名）
1	粗车外轮廓，留余量 0.5 mm	T01	25×20	600	0.25	1.5	自动（O6001）
2	精车各表面至尺寸要求	T02	25×20	800	0.15	0.25	自动（O6001）
编制		审核		批准		共 1 页	第 1 页

程序如下：

O0001；

G40 G97 G99 M03 S600 F0.25；

T0101；

M08；

G00 X38.5 Z2.0；

G01 Z-40；

G00 X40.0 Z2.0；

X35.5；

G01 Z-30.0；

G00 X38.0 Z2.0；

X32.5；

G01 Z -30.0；

G00 X34.0 Z2.0；

X30.5；

G01 Z-30.0；

G00 X32.0 Z2.0；

X28.5；

MO3 S800 F0.15；

G0O X0.0；

G01；

Z0.0；

X21.974；

G01 X23.974 Z-1.0；

Z-16.0；

X25.974；

X27.974 W-1.0；

Z-30.0；

X35.969；

X37.969 W-1.0；

Z-40.0；

X40.0；

G00 X200.0 Z100.0；

M30；

读书笔记

G01 Z−30.0;

G00 X30.0 Z2.0;

X27.5;

G01 Z−16.0;

G00 X29.0 Z2.0;

X24.5;

G01 Z−16.0;

X40.0;

G0O X200.0 Z100.0;

M09;

M01;

T0202;

M08;

专题练习

一、单选题（下列选项中只有一个答案是正确的，每题 2 分）

1. MDI 工作方式也称（　　）数据输入方式。

A. 手动　　　　　B. 自动　　　　　C. 半自动　　　　D. 都不是

2. 数控车床面板上 JOG 是指（　　）方式。

A. 快进　　　　　B. 手动　　　　　C. 自动　　　　　D. 暂停

3. DELETE 键用于（　　）已编辑的程序或内容。

A. 插入　　　　　B. 修改　　　　　C. 删除　　　　　D. 取消

4. INSRT 键用于编辑新的程序或（　　）新的程序内容。

A. 插入　　　　　B. 修改　　　　　C. 删除　　　　　D. 取消

5.（　　）不属于程序编辑键。

A. INSERT　　　　B. ALTER　　　　C. INPUT　　　　D. DELETE

6. 数控车床在自动工作方式时，工作方式选择开关应放在（　　）。

A. 自动　　　　　B. 程序　　　　　C. 回零　　　　　D. 手摇

7. 数控车床在编辑工作方式时，工作方式选择开关应放在（　　）。

A. JOG　　　　　B. 程序　　　　　C. 回零　　　　　D. 编辑

8. 在数控车床 MDI 操作面板上，换行键用（　　　）表示。

A. PROG   B. POS

C. EOB   D. OFFSET/SETTING

9. 数控车床的单段执行开关灯（　　　）时，程序连续执行。

A. 打开   B. 关闭   C. 启动   D. 停止

10. 在数控机床控制面板上页面变换键是（　　　）。

A. PAGE   B. CURSOR   C. EOB   D. PROG

二、判断题（正确的填 A，错误的填 B，每题 2 分）

1.（　　　）数控机床的程序保护开关处于 ON 位置时，不能对程序进行编辑。

2.（　　　）数控机床中 MDI 是机床诊断智能化的英文缩写。

3.（　　　）只有在 EDIT 或 MDI 方式下，才能进行程序的输入操作。

4.（　　　）当数控机床失去对机床参考点的记忆时，必须进行返回参考点的操作。

5.（　　　）数控机床在手动和自动运行中，一旦发现异常情况，应立即使用紧急停止按钮。

6.（　　　）在数控车床上，对刀的准确程度将影响加工零件的尺寸精度。

7.（　　　）数控车床中 MDI 方式是手动数据输入方式。

8.（　　　）按数控系统操作面板上的 RESET 键后就能消除报警信息。

9.（　　　）数控车床在编辑工作方式时，只可对程序进行输入。

10.（　　　）单段、跳选和空运行仅对自动工作方式有效。

三、填空题（将最恰当的答案填写在横线上，每题 2 分）

1. 数控车床操作时，一般先_____，再进行回零、输入编辑程序和移动刀架等操作。

2. 数控车床的操作分为_____和_____两种。

3. 只有在_____工作方式下，手摇脉冲发生器（手轮）才起作用。

4. 一般用于参数、偏置值等输入的键是"_____"键。

5. 常用的程序编辑键有三个，其中文名称分别为_____键、_____键和替换键。

6. 用于选择液晶显示屏显示方式的功能键有六个，它们分别是程序键、位置键、刀具偏置键、图形显示键、_____键和_____键。

7. 取消键的作用是删除输入缓冲寄存器中的文字或符号，在系统键盘上表示为_____。

8. 数控车床的工作模式有自动、编辑、MDI、DNC、回零、_____和_____七种。

9. 在液晶显示屏屏幕上移动光标到指定位置一般使用_____。

10. 液晶显示屏屏幕翻页键有两个，在系统键盘上表示为"_____"。

四、多选题（下列选项中有一个以上答案是正确的，每题 2 分）

1. 在程序编辑状态可进行（　　　）。

A. 程序修改   B. 调试程序

C. 程序输入   D. 程序删除

E. MDI 操作

2. 数控车床在手动工作方式时，可以进行（　　　）操作。

A. 快速移动   B. 手动进给

C. 回零   D. 手轮

五、编程题（按要求完成试题，60 分）

根据加工工序卡和刀具卡，正确编写零件车削程序。

（1）零件图

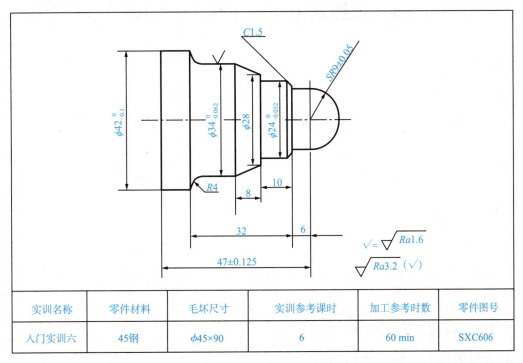

实训名称	零件材料	毛坯尺寸	实训参考课时	加工参考时数	零件图号
入门实训六	45钢	$\phi45\times90$	6	60 min	SXC606

（2）刀具卡

序号	刀具号	刀具名称	数量	加工表面	刀尖半径 R/mm	刀尖方位 T
1	T01	90°硬质合金偏刀	1	粗车外轮廓	0.4	3
2	T02	90°硬质合金偏刀	1	精车外轮廓	0.2	3
3	T03	硬质合金切刀	1	切断	刀宽4mm	

（3）加工工序卡

工步号	工步内容	刀具号	刀具规格/mm	主轴转速 n/（r/min）	进给量 f/（mm/r）	背吃刀量 a_p/mm
1	循环粗车外轮廓留余量0.5 mm	T01	25×20	600	0.25	1.5
2	精车各表面至尺寸要求	T02	25×20	800	0.15	0.25
3	切断	T03	25×20	300	0.05	4

考点5 数控铣床（加工中心）编程知识

考纲要求

1. 理解数控铣削编程指令与编程格式。
2. 了解加工中心的常用代码。
3. 能编写典型零件加工程序。

学习建议

1. 准确理解数控铣床与加工中心常用 G 代码的含义及编程格式。
2. 准确理解数控铣床与加工中心常用 M 代码的含义及功能。
3. 会应用 G 代码、M 代码进行编程。
4. 掌握数控程序的基本结构。

5. 通过理实一体化学习，能够熟练完成典型零件的平面加工程序编辑、孔加工程序编辑、轮廓加工程序编辑。

知识梳理

一、数控铣床编程知识树

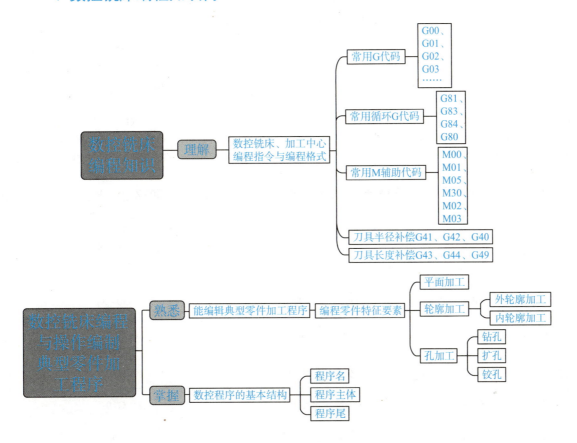

一、重点知识梳理

（一）数控铣床、加工中心编程指令常用 G 代码、M 代码

数控铣床、加工中心编程指令常用功能 G 代码、M 代码的含义及格式见表5-5-1、表5-5-2。

表 5-5-1　数控铣床、加工中心编程指令常用 G 代码及含义

序号	代码	含义	格式
1	G00	定位（快速移动）	G00 X__ Y__；
2	G01	直线插补（切削进给）	G01 X__ Y__ F__；

读书笔记

续表

序号	代码	含义	格式
3	G02	圆弧插补/顺时针圆弧（CW）	G17 平面 G02 X__Y__R__F__; G02 X__Y__I__J__F__; G18 平面 G02 Z__X__R__F__; G02 Z__X__I__K__F__; G19 平面 G02 Z__Y__R__F__; G02 Z__Y__J__K__F__;
4	G03	圆弧插补/逆时针圆弧（CCW）	G17 平面 G03 X__Y__R__F__; G03 X__Y__I__J__F__; G18 平面 G03 Z__X__R__F__; G03 Z__X__I__K__F__; G19 平面 G03 Z__Y__R__F__; G03 Z__Y__J__K__F__;
5	G04	暂停、准备停止	G04 X;
6	G17	X/Y 平面编程	G17;
7	G18	Z/X 平面编程	G18;
8	G19	Z/Y 平面编程	G19;
9	G20	英制输入	G20;
10	G21	公制输入	G21;
11	G28	自动返回至参考点	G28 X__Y__Z__;
12	G29	从参考点移动（配合 G28 使用）	G29 X__Y__Z__; 在使用 G29 之前一定是用过 G28 例： G00 G91 G28 X0 Y0 Z0; G90 G29 X100 Y100 Z100;
13	G40	刀尖半径补偿取消	G17 G18 }G40{ X__Y__; G19 X__Z__; Y__Z__;

读书笔记

续表

序号	代码	含义	格式
14	G41	刀尖半径左补偿	$\left.{G17\atop G18\atop G19}\right\} G41\ D\_\ \left\{{G00\atop G01}\right. \left\{{X\_\ Y\_\ ;\atop X\_\ Z\_\ ;\atop Y\_\ Z\_\ ;}\right.$
15	G42	刀尖半径右补偿	$\left.{G17\atop G18\atop G19}\right\} G42\ D\_\ \left\{{G00\atop G01}\right. \left\{{X\_\ Y\_\ ;\atop X\_\ Z\_\ ;\atop Y\_\ Z\_\ ;}\right.$
16	G43	刀具长度补偿（正向补偿）	G43 H__ Z__ ;
17	G44	刀具长度补偿（负向补偿）	G44 H__ Z__ ;
18	G49	取消刀具长度补偿	G49 H__ ;
19	G54	工件坐标系 1 选择	G54;
20	G80	固定循环取消	G80 ;
21	G81	钻孔循环	G81 X__ Y__ Z__ R__ F__ K__ ;
22	G83	深孔钻孔循环	G83 X__ Y__ Z__ R__ Q__ F__ K__ ;
23	G84	攻丝循环	G84 X__ Y__ Z__ R__ P__ Q__ F__ K;
24	G90	绝对值编程	G90;
25	G91	增量值编程	G91;
26	G94	每分钟进给（mm/min）	G94;
27	G95	每转进给（mm/rev）	G95;
28	G98	固定循环初始平面返回	G98；（配合循环指令使用）
29	G99	固定循环 R 点平面返回	G99；（配合循环指令使用）
30	G15	极坐标取消指令	G15;
31	G16	极坐标指令	G16;
32	G92	临时工作坐标设定	G92 X__ Y__ Z__ ;
33	G65	宏程序调用	G65 P__ L__ ;
34	G66	宏模态调用	G66 P__ L__ ;

表5-5-2　数控铣床、加工中心编程指令常用 M 代码及含义

序号	代码	含义
1	M00	数控程序暂停
2	M01	数控程序选择停
3	M02	数控程序结束
4	M03	机床主轴正转
5	M04	机床主轴反转
6	M05	机床主轴停止转动
7	M06	机床自动换刀
8	M08	机床冷却液开
9	M09	机床冷却液关
10	M30	数控程序结束并返回到程序头
11	M98	调用子程序
12	M99	子程序结尾由子程序返回到主程序

（二）数控铣床、加工中心典型零件加工程序知识与技能相关概念（表5-5-3）

表5-5-3　数控铣床、加工中心典型零件加工程序知识与技能相关概念

序号	名称	概念
1	程序结构	数控程序是由为使机床运转而给予数控装置的一系列指令的有序集合所构成的。这些指令使刀具按照直线或者圆弧及其他曲线运动，控制主轴的回转、停止、切削液的开关、自动换刀装置等。 一个完整的零件加工程序由若干程序段组成，程序段由若干字和";"组成，每个字又由字符（字母和数字）组成，即字母和数字组成字，字组成程序段，程序段组成程序
2	程序名	单列一行，有两种形式：一种以规定的英文字母（通常为 O）为首，后面接若干位数字（通常为 2 位或者 4 位），如 O0010，也可称为程序号；另一种以英文字母、数字和符号"-"混合组成，比较灵活。程序名具体采用何种形式由数控系统决定
3	程序主体	程序主体由多个程序段组成，程序段是数控程序中的一句，单列一行，用于指挥机床完成某一个或多个动作
4	程序尾	在程序末尾（N160）一般有程序结束指令，如 M30 用于停止主轴、切削液和进给，并使控制系统复位
5	平面加工	数控机床铣削平面可以分为对工件的水平面（XY）加工，对工件的正平面（XZ）加工和对工件的侧平面（YZ）加工。只要使用两轴半控制的数控铣床就能完成这样平面的铣削加工

续表

序号	名称	概念
6	轮廓加工	轮廓加工涉及两个方面：外轮廓加工和内轮廓加工，是利用立铣刀沿轮廓曲线进行外形铣削的工艺过程
7	孔加工	在铣床上加工孔的加工方法有钻孔、扩孔、铰孔、铣孔等加工方法，其工艺适应性都不尽相同。应根据零件内结构尺寸以及技术要求的不同，选择相应的工艺方法
8	螺纹加工	利用螺纹铣刀或丝锥对工件表面的外轮廓或内轮廓进行螺纹铣削加工的工艺过程
9	坐标原则	机床相对运动的规定。无论机床在实际加工中是工件运动还是刀具运动，在确定编程坐标时，一般看作是工件相对静止，而刀具运动。这一原则可以保证编程人员在不确定机床加工零件时是刀具移向工件，还是工件移向刀具的情况下，都可以根据图纸或数模进行手工或自动数控编程
10	右手笛卡尔坐标系	在空间直角坐标系中，让右手拇指指向 X 轴的正方向，食指指向 Y 轴的正方向，中指指向 Z 轴的正方向，则称这个坐标系为右手直角坐标系，即右手笛卡尔坐标系
11	右手螺旋法则	围绕坐标轴 X、Y、Z 旋转的运动，分别用 A、B、C 表示。它们的正方向用右手螺旋法则判定
12	机床坐标系	机床坐标系又称机械坐标系，用以确定工件、刀具等在机床中的位置，是机床运动部件的进给运动坐标系，其坐标轴及运动方向按标准规定，是机床上的固有坐标系
13	加工坐标系	工件坐标系是编程时使用的坐标系，所以又称为编程坐标系、加工坐标系

（三）数控铣床与加工中心的区别

加工中心在数控铣床的基础上增加了刀库和自动换刀装置，从而实现了工件一次装夹后即可进行铣削、钻削、镗削、铰削和攻丝等多种工序的集中加工。

（四）数控铣床（加工中心）的坐标系

1. 坐标原则

在数控编程时，为了描述机床的运动，简化程序编制的方法及保证记录数据的互换性，目前国际上数控机床的坐标轴和运动方向均已实现标准化。掌握机床坐标系、编程坐标系、加工坐标系等概念，是具备人工设置机床加工坐标系的基础。

2. 机床相对运动的规定

无论机床在实际加工中是工件运动还是刀具运动，在确定编程坐标时，一般看作是工件相对静止，而刀具运动。这一原则可以保证编程人员在不确定机床加工零件时是刀具移向工件，还是工件移向刀具的情况下，都可以根据图纸或数模进行手工或自动数控编程。

3. 机床坐标系的规定

为了确定机床的运动方向和移动距离，需要在机床上建立一个坐标系，这个坐标系就是机床坐标系。数控机床上的标准坐标系采用右手直角笛卡尔坐标系。在确定机床坐标轴时，一般先确定 Z 轴，然后确定 X 轴和 Y 轴，最后确定其他轴。机床某一零件运动的正方向，是指增大工件和刀具之间距离的方向。

① Z 轴。Z 轴的方向是由传递切削力的主轴确定的，与主轴轴线平行的坐标轴即 Z 轴，Z 轴的正向为刀具离开工件的方向。如果机床上有几个主轴，则选一个垂直于工件装夹平面的主轴方向为 Z 轴方向；如果主轴能够摆动，则选垂直于工件装夹平面的方向为 Z 轴方向；如果机床无主轴，则选垂直于工件装夹平面的方向为 Z 轴方向。

② X 轴。X 轴是水平轴，平行于工件的装夹面，且垂直于 Z 轴。这是在刀具或工件定位平面内运动的主要坐标。对于工件旋转的机床（如车床、磨床等），X 轴的方向是在工件的径向上，且平行于横滑座。刀具离开工件旋转中心的方向为 X 轴正方向。

③ Y 轴。Y 轴垂直于 X、Z 轴。Y 轴的正方向根据 X 轴和 Z 轴的正方向，按照右手直角笛卡尔坐标系来判断。旋转坐标轴：围绕坐标轴 X、Y、Z 旋转的运动，分别用 A、B、C 表示。它们的正方向用右手螺旋法则判定。

（五）程序结构

数控程序是由为使机床运转而给予数控装置的一系列指令的有序集合所构成的。这些指令使刀具按照直线或者圆弧及其他曲线运动，控制主轴的回转、停止、切削液的开关、自动换刀装置等。一个完整的零件加工程序由若干程序段组成，程序段由若干字和";"组成，每个字又由字符（字母和数字）组成，即字母和数字组成字，字组成程序段，程序段组成程序。FANUC 系统程序，一般情况下，一个基本的数控程序由下面几个部分组成。

① 程序名。单列一行，有两种形式：一种是以规定的英文字母（通常为 O）为首，后面通常为 4 位数字，如 O0010，也可称为程序号；另一种以英文字母、数字和符号 "-" 混合组成，比较灵活。

② 程序主体。由多个程序段组成，程序段是数控程序中的一句，单列一行，用于指挥机床完成某一个或多个动作。

③ 程序结束。一般有程序结束指令，如 M30 用于停止主轴、切削液和进给，并使控制系统复位。

（六）刀具长度补偿指令（G43、G44、G49）

1. 刀具长度补偿功能的执行过程

典型的指令格式为 G43 Z_H_；或 G44 Z_H_；。其中，G43 指令加补偿值，也叫正向补偿，即把编程的 Z 值加上 H 代码的偏值寄存器中预设的数值后作为 CNC 实际执行的 Z 坐标移动值。相应的 G44 指令减去预设的补偿值，也叫负向补偿。

当指令 G43 时，实际执行的 Z 坐标值 Z'=Z_+（H_）；

当指令 G44 时，实际执行的 Z 坐标值为 Z'=Z_－（H_）；

这个运算不受 G90 绝对值指令或 G91 增量值指令状态的影响。偏值寄存器中可预设正值或负值，因此有如下等同情况。

①指令 G43、H 设正值等同于指令 G44、H 设负值的效果。

②指令 G43、H 设负值等同于指令 G44、H 设正值的效果。

2. 利用刀具长度补偿功能简化编程

利用 NC 处理刀具长度补偿功能的原理，可以简化编程。在编制加工程序时，忽略不同刀具长度对编程的影响，可以只以一把假想长度的标准刀具进行编程，这个假想长度可以是 0，以简化编程中不必要的计算，在正式加工前再把实际刀具长度与标准刀具长度的差值作为该刀具的长度补偿值设置到其所使用的 H 代码地址内。

试切时在零件或夹具上垂直于 Z 轴（平行于 X、Y 轴）的平面族内选择一个 Z0 平面，该平面是刀具长度补偿后编辑的 Z 坐标 0 点。一般以达到图纸尺寸的零件上的一个平面或台阶作为 Z0 平面，也叫对刀基准面。如果是切削毛坯，需先用一把铣刀通过试切建立这个平面。

根据机床的实际配置，对刀有两种情况。

（1）有机外对刀仪

一般以对刀仪校验棒作为标准刀具，把它装进主轴，Z 轴回到机床零点，然后以手动方式使标准刀具的前端（一般是钢球）抵至 Z0 平面，可以用塞尺确定。

①把此时机床坐标系的 Z 轴值（负值）减去标准刀具的长度（正值），注意是负值时的绝对值相加，把这个值（负值）设置为该工件坐标系的 Z 值。接着在对刀仪上测出所有加工刀具的长度，即主轴端面至刀尖的距离，然后把这些值（正值）分别作为每把刀的刀具长度补偿值。

②直接把此时机床坐标系的 Z 轴值（负值）设置为该工件坐标系的 Z 值。接着在对刀仪上测出所有加工刀具与标准刀具的长度之差，比标准刀具长的记为正值，比标准刀具短的记为负值，然后把这些值分别作为每把刀的刀具长度补偿值。

（2）无对刀仪的机床

一般采用前述的指令 G43、H 只设负值的方式。分别把加工刀具装进主轴，Z 轴回到机床零点，然后以手动方式使刀具的前端抵至 Z0 平面。把此时机床坐标系的 Z 轴值（负值）直接作为每把刀的刀具长度补偿值，同时该工件坐标系的 Z 值永远置 0。这种对刀过程，对大部分数控系统，在刀具偏置页面下就可以显示当时的 Z 坐标值，可以直接把该值输入补偿地址。应注意这时显示的 Z 坐标值一般是相对值，一定要切换到机床坐标系，否则很容易造成事故。

有的操作者用一个对刀块确认刀具的前端抵至 Z0 平面，这样在输入补偿值或输入工件坐标系 Z 值时换算对刀块的厚度，也容易因加减搞错和漏加漏减造成事故。

根据使用经验，为使程序调整简单，钻头、铣刀、镗刀等刀具以刀尖对刀。但是对倒角刀具，比如锪钻、倒角镗刀、倒角立铣刀等以被倒角的孔口接触刀刃作为对刀点，这样可以简化倒角角度与 Z 轴进给长度的换算。

（七）刀具半径补偿指令（G40、G41、G42）

1. 刀具半径补偿定义

在编制轮廓切削加工程序的场合，一般以工件的轮廓尺寸作为刀具轨迹进行编程，而实际的刀具运动轨迹则与工件轮廓有一偏移量（刀具半径），见图 5-5-1。数控系统的这种编程功能称为刀具半径补偿功能。通过运用刀具补偿功能来编程，可以达到简化编程的目的。可以利用同一加工程序，只需对刀具半径补偿量做相应的设置就可以进行零件的粗加工、半精加工及精加工。

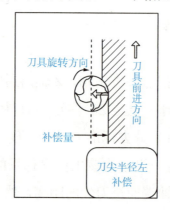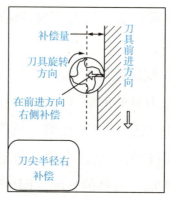

图 5-5-1　刀具半径补偿示意图

2. 指令格式

G41 X__ Y__ Z__ D__ F__；（刀具半径左补偿）

G42 X__ Y__ Z__ D__ F__；（刀具半径右补偿）

一般 FANUC 系统 D_ 用于存放刀具半径补偿值的存储位置。对 SINMmERIK 系统，在引入长度补偿时会预调入刀具半径补偿量，执行 G41 或 G42 后会激活，所以这儿的"D_"可以不写。

3. 指令说明

G41 与 G42 的判断方法：处在补偿平面外另一根轴的正方向，沿刀具的移动方向看，当刀具处在切削轮廓左侧时，称为刀具半径左补偿；当刀具处在切削轮廓的右侧时，称为刀具半径右补偿。

地址 D 所对应的在偏置存储器中存入的偏置值通常指刀具半径值。和刀具长度补偿一样，刀具刀号与刀具偏置存储器号可以相同，也可以不同，一般情况下，为防止出错，最好采用相同的刀具号与刀具偏置号。

G41、G42 为模态指令，可以在程序中保持连续有效。G41、G42 的撤销可以使用 G40 进行。

4. 刀具半径补偿过程

刀具半径补偿的过程见图 5-5-2，共分三步，即刀补的建立、刀补的进行和刀补的取消。

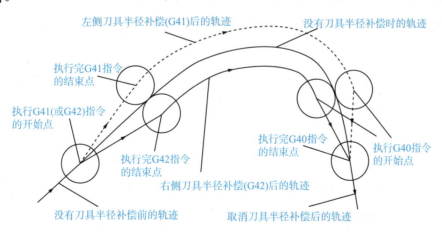

图 5-5-2　刀具半径补偿过程

①刀补建立。刀补的建立指刀具从起点接近工件时，刀具中心从与编程轨迹重合过渡到与编程轨迹偏离一个偏置量的过程。该过程的实现必须有 G00 或 G01 功能才有效。

②刀补进行。在 G41 或 G42 程序段后，程序进入补偿模式，此时刀具中心与编程轨迹始终相距一个偏置量，直到刀补取消。

在补偿模式下，数控系统要预读两段程序，找出当前程序段刀位点轨迹与下程序段刀位点轨迹的交点，以确保机床把下一个工件轮廓向外补偿一个偏置量。

③刀补取消。刀具离开工件，刀具中心轨迹过渡到与编程轨迹重合的过程称为刀补取消。

刀补的取消用 G40 来执行，要特别注意的是，G40 必须与 G41 或 G42 成对使用。

5. 刀具半径补偿注意事项（图 5-5-3）

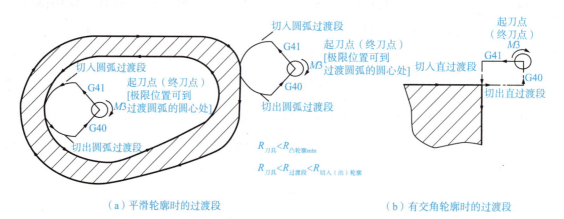

（a）平滑轮廓时的过渡段　　　　　　　（b）有交角轮廓时的过渡段

图 5-5-3　内、外轮廓刀具半径补偿时的切入、切出（图中都为顺铣）

在刀具半径补偿过程中要注意以下几个方面的问题。

①半径补偿模式的建立与取消程序段只能在 G00 或 G01 移动指令模式下才有效。

②为保证刀补建立与刀补取消时刀具与工件的安全，通常采用 G01 运动方式来建立或取消刀补。如果采用 G00 运动方式来建立或取消刀补，则要采取先建立刀补再下刀和先退刀再取消刀补的编程加工方法。

③为了保证切削轮廓的完整性、平滑性，特别在采用子程序分层切削时，注意不要造成欠切或过切的现象。内、外轮廓的走刀方式为用 G41 或 G42 指令进行刀具半径补偿→走过渡段→轮廓切削→走过渡段→用 G40 指令取消刀具半径补偿。

④切入点应选择那些在 XY 平面内最左（或右）、最上（或下）的点（如圆弧的象限点等）或相交的点。

⑤在刀具补偿模式下，一般不允许存在连续两段以上的非补偿平面内移动指令，否则刀具也会出现过切等危险动作。

非补偿平面移动指令通常指只有 G、M、S、F、T 代码的程序段（如 G90、M05 等）；程序暂停程序段（如 G04 X10.0；等）；G17（G18、G19）平面内的 Z（Y、X）轴移动指令等。

（八）常用固定循环代码及用法

1. G80——撤销固定循环

使用 G80 指令后，固定循环被取消，孔加工数据全部清除，R 点和 Z 点也被取消。从 G80 的下一程序段开始执行一般 G 指令。

用法：G80 可自成一行，也可与 G28 一起使用，如 G80 G28 G91 X0 Y0 Z0；。

注意：G80、G01~G03 等代码均可以取消固定循环。

2. G81——定点钻孔循环（中心钻）

格式

$$\left\{ \begin{matrix} G98 \\ G99 \end{matrix} \right\} G81 \ X\_\_ \ Y\_\_ \ Z\_\_ \ R\_\_ \ F\_\_ \ K\_\_;$$

G81 钻孔动作循环，用作正常钻孔。切削进给执行到底孔，然后刀具从孔底快速移动退回。包括 X、Y 坐标定位，快进，工进和快速返回等动作。

当 G81 指令和 M 代码在同一程序段中指定时，在第一定位动作的同时执行 M 代码，然后系统处理下一个动作。当指定重复次数 K 时，只对第一个孔执行 M 代码，对第二或以后的孔不执行 M 代码。在固定循环方式中，刀具偏置被忽略。

G81 指令动作循环见图 5-5-4。注意：如果 Z 的移动量为零，该指令不执行。

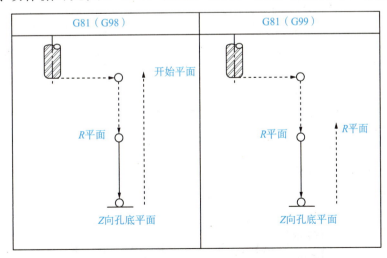

图 5-5-4 G81 指令运动轨迹

3. 深孔钻孔指令 G83

在数控加工中常遇到孔的加工，如定位销孔、螺纹底孔、挖槽加工预钻孔等。采用立式加工中心和数控铣床进行孔加工是最普通的加工方法。但深孔加工较为困难，在深孔加工中除合理选择切削用量外，还需解决三个主要问题：排屑、冷却钻头和使加工周期最小化。大多数的数控系统都提供了深孔加工指令。FANUC 系统提供了 G73 和 G83 两个指令：G73 为高速深孔往复排屑钻指令，G83 为深孔往复排屑钻指令。

（1）G83 ——排屑钻孔循环

格式：

$$\begin{Bmatrix} G98 \\ G99 \end{Bmatrix} G83\ X\_\_\ Y\_\_\ Z\_\_\ R\_\_\ Q\_\_\ P\_\_\ F\_\_\ K\_\_ ;$$

其中，X、Y 为孔在 XY 平面上的位置坐标；Z 为钻孔深度；R 为循环起点；F 为切削进给率；Q 为每次切削进给的切削深度，必须用增量值指定，且为正值，负值被忽略。

（2）G73 ——高速排屑钻孔循环

G73 指令动作循环见图 5-5-5。

注意：如果 Z、Q 的移动量为零，该指令不执行。

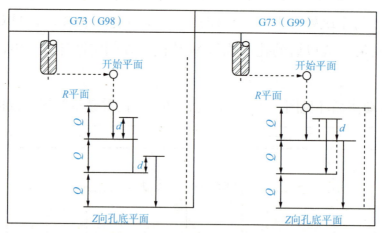

图 5-5-5　G73 指令运动轨迹

4. G84 ——攻右旋螺纹

格式：

$$\begin{Bmatrix} G98 \\ G99 \end{Bmatrix} G84\ X\_\_\ Y\_\_\ Z\_\_\ R\_\_\ P\_\_\ F\_\_\ K\_\_ ;$$

G84 循环指令为右旋螺纹攻螺纹指令，用于加工右旋螺纹。执行该指令时，主轴正转，在 G17 平面快速定位后快速移至 R 点，执行攻螺纹指令到达孔底，然后再主轴反转退回到 R 点，主轴恢复正转，完成攻螺纹动作。该指令的动作示意图见图 5-5-6。在 G84 指定的攻螺纹循环中，进给率调整无效，即使使用进给暂停，在返回动作结束之前也不会停止。

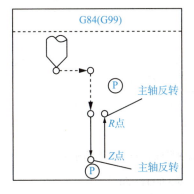
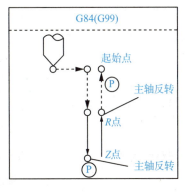

图 5-5-6　G84 指令运动轨迹

（九）轮廓铣削加工编程举例

应用数控铣床完成图 5-5-7 零件外轮廓的铣削，工件材料为 LY12。

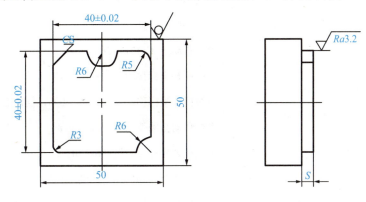

图 5-5-7　圆弧轮廓加工实例

1. 加工方案

使用台虎钳装夹，伸出钳口高度高于加工深度。粗精铣采用同一个程序（改变切削用量与刀具）。

2. 加工路线

粗铣轮廓，单边预留 0.2 mm 精铣余量；精铣轮廓至要求尺寸。

读书笔记

3. 工序卡（表5-5-4）

表5-5-4　工艺卡

工序	刀具规格型号	a_p/mm	v_c/（m/min）[n/(r/min)]	f/（mm/min）
粗加工	HSS ϕ8 mm 立铣刀	5	75（约3000）	800
精加工	硬质合金 ϕ8 mm 立铣刀	5	95（约3800）	500

4. 加工程序与注释（表5-5-5）

表5-5-5　加工程序与注释

加工程序	注释
O0001；	程序名
G15 G17 G21 G40 G49 G69 G80；	选择铣削平面、公制、取消相关代码
M03 S3000；	主轴正转 3 000 r/min
G54 G90 G00 X0 Y-30；	选 G54 坐标系使用绝对坐标，快速移动起始点
Z100；	Z 至安全高度
Z2 M08；	Z 至观察高度、切削液开
G01 Z-5 F500；	切削加工速度，Z 至铣削深度
G41 D01 Y-20；	半径补偿左刀补
X-17；	坐标移动至（-17，-20）
G2 X-20 Y-17 R3；	圆弧插补坐标移动至（-20，-17），圆弧半径 R3
G1 Y20 C5；	直线插补坐标移动至（-20，20），倒角 C5
X-6；	坐标移动至圆弧起点（-6，20）
G3X 6R6；	圆弧插补坐标移动至（6，20），圆弧半径 R6
G1 X15；	坐标移动至（20，20），倒角 C2
G2 X20 Y15 R5；	圆弧插补坐标移动至（20，15），圆弧半径 R5
G1 Y-14；	坐标移动至（20，-14）
G2 X14 Y-20 R6；	圆弧插补坐标移动至（14，-20），圆弧半径 R6
G1 X0；	坐标移动至（0，-20）
G40 X0 Y-30；	取消刀具半径补偿
G0 Z100；	Z 提至 100 mm 安全高度
M05；	主轴停止
M09；	切削液关
M30；	程序结束

（十）整圆铣削加工编程举例

应用数控铣床完成图 5-5-8 零件外轮廓的铣削，工件材料为 LY12。

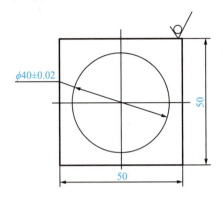
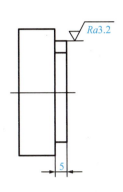

图 5-5-8　整圆加工实例

1. 加工路线

粗铣轮廓，单边预留 0.2 mm 精铣余量；精铣轮廓至要求尺寸。

2. 工序卡（表 5-5-6）

表 5-5-6　工序卡

工序	刀具规格型号	a_p/mm	v_c/（m/min）［n/（r/min）］	f/（mm/min）
粗加工	HSS ϕ8 mm 立铣刀	5	75（约 3 000）	800
精加工	硬质合金 ϕ8 mm 立铣刀	5	95（约 3 800）	500

3. 加工程序与注释（表 5-5-7）

表 5-5-7　加工程序与注释

加工程序	注释
O0001；	程序名
G15 G17 G21 G40 G49 G69 G80；	选择铣削平面、公制、取消相关代码
M03 S3000；	主轴正转 3 000 r/min
G54 G90 G00 X0 Y-30；	选 G54 坐标系使用绝对坐标，快速移动起始点
Z100；	Z 至安全高度
Z2 M08；	Z 至观察高度、切削液开
G01 Z-5 F500；	切削加工速度　Z 至铣削深度
G41 D01 Y-20；	半径补偿左刀补

续表

加工程序	注释
G2 J20;	圆弧整圆加工
G40 X0 Y−30;	取消刀具半径补偿
G0 Z100;	Z 提至 100 mm 安全高度
M05;	主轴停止
M09;	切削液关
M30;	程序结束

（十一）孔加工举例

完成图 5-5-9 所示的 5-ϕ8 mm 深为 50 mm 的孔加工。

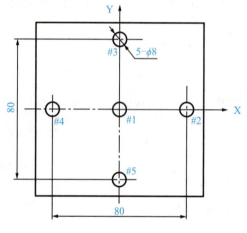

图 5-5-9　孔加工实例

1. 零件图分析

该零件为孔类零件，所加工的孔均为深孔。材料为 45 钢，应选用深孔钻削循环指令 G83 编程，刀具选用直径 8 mm 的钻头。

2. 夹具的选择

零件外形为规则的方形，适宜平口钳装夹。

3. 钻孔加工路线

对钻孔加工来说，只要求定位精度较高，定位过程尽可能快，而刀具相对于工件的运动路线无关紧要，因此应按空程最短来安排加工路线。

4. 加工程序与注释（表 5-5-8）

表 5-5-8 加工程序与注释

加工程序	注释
O0001；	程序名
G15 G17 G21 G40 G49 G69 G80；	选择铣削平面、公制、取消相关代码
M03 S800；	主轴启动
G54 G90 G00 X0 Y0；	选择 G54 坐标系，定位到坐标原点 X0、Y0
G00 Z100；	移动至零件基准平面上方 100 mm 处
G98 G83 X0 Y0 Z-50 R2 Q5 F50；	启用 G83 钻孔循环指令，每次钻削深度 5 mm，1# 点位钻削
X40 Y0 Z-50；	2# 点位钻削
X0 Y40 Z-50；	3# 点位钻削
X-40 Y0 Z-50；	4# 点位钻削
X0 Y-40 Z-50；	5# 点位钻削
G01 Z100 F2000；	返回 Z 向安全高度 100 mm
M05；	主轴停
M30；	程序结束并返回起点

上述程序中，G54 坐标原点设置在工件中心表面 X0、Y0、Z0，选择深孔钻 G83 指令加工方式进行孔加工，并以 G98 确定每一孔加工完后回到 R 平面。设定孔口表面的 Z 向坐标为 0，R 平面的坐标为 2，每次切深量 Q 为 5，系统设定退刀排屑量 d 为 2。

G83 指令为模态指令，编程中后续连续使用可以省略。

5. 攻螺纹

完成图 5-5-10 所示的 4-M8 深为 10 mm 的螺纹加工。

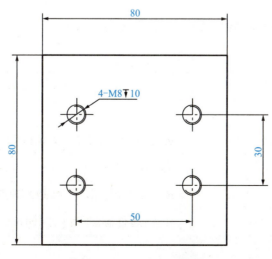

图 5-5-10 攻螺纹实例

读书笔记

（1）工艺安排

先计算 M8 小径直径，用麻花钻钻孔，孔深度为 15 mm 即可，孔的深度要能满足螺纹深度 10 mm。孔深较浅，可选用 G81 指令钻孔，攻丝指令选用 G84。

（2）夹具的选择

零件外形为规则的方形，选用平口钳装夹。

（3）刀具选择

选择直径 6.8 mm 的麻花钻钻螺纹底孔，选择 M8 丝锥攻螺纹。

（4）加工程序

①工序一：用 G81 钻孔程序与注释（表 5-5-8）

表 5-5-8　加工程序与注释

加工程序	注释
O0001；	程序名
G15 G17 G21 G40 G49 G69 G80；	选择铣削平面、公制、取消相关代码
M03 S800；	主轴启动
G54 G90 G00 X0 Y0；	选择 G54 坐标系，定位到坐标原点 X0、Y0
G0 Z100；	移动至零件基准平面上方 100 mm 处
G98 G81 X-25 Y-15 Z-15 R2 F50；	启用 G81 钻孔循环指令，钻削深度 15 mm，1# 点位钻削
X-25 Y15；	2# 点位钻削
X25 Y15；	3# 点位钻削
X25 Y-15；	4# 点位钻削
G80	取消固定循环
G01 Z100 F2000；	返回 Z 向安全高度 100 mm
M05；	主轴停
M30；	程序结束并返回起点

②工序二：用 G84 攻螺纹程序与注释（表 5-5-9）

表 5-5-9　加工程序与注释

加工程序	注释
O0001；	程序名
G15 G17 G21 G40 G49 G69 G80；	选择铣削平面、公制、取消相关代码
M03 S100；	主轴启动
G54 G90 G00 X0 Y0；	选择 G54 坐标系，定位到坐标原点 X0、Y0
G0 Z100；	移动至零件基准平面上方 100 mm 处

续表

加工程序	注释
G98 G84 X–25 Y–15 Z–12 R2 F125;	1# 点位攻丝，攻丝深度 12 mm，$f=P$（螺距）$\times S$（转速）
X–25 Y15;	2# 点位攻丝
X25 Y15;	3# 点位攻丝
X25 Y–15;	4# 点位攻丝
G01 Z100 F2000;	返回 Z 向安全高度 100 mm
G80;	取消固定循环
M05;	主轴停
M30;	程序结束并返回起点

例题解析

一、单选题（下列选项中只有一个答案是正确的，每题 2 分）

1. 设 H01=6 mm，则 G91 G43 G01 Z–15.0 H01；执行后的实际移动量为
（   ）。

A. 9 mm   B. 21 mm   C. 15 mm   D. –15 mm

答案　A

解析　当指令 G43 时，实际执行的 Z 坐标值 Z′=Z_+（H_）。

2. 下列关于 G54 与 G92 的说法不正确的是（   ）。

A. G54 与 G92 都是用于设定工件加工坐标系的

B. G92 是通过程序来设定工件加工坐标系的，G54 是通过 CRT/MDI 在设置参数方式下设定工件加工坐标系的

C. G92 所设定的加工坐标原点是与当前刀具所在位置无关

D. G54 所设定的加工坐标原点是与当前刀具所在位置无关

答案　C

解析　G92 指令与 G54～G59 指令都用于设定工件加工坐标系，但在使用中是有区别的。G92 指令是通过程序来设定、选用加工坐标系的，它所设定的加工坐标系原点与当前刀具所在的位置有关。

3. 采用固定循环编程，可以（   ）。

A. 加快切削速度，提高加工质量　　　B. 缩短按程序的长度，减少程序所占内存

C.减少换刀次数，提高切削速度　　　D.减少刀尖圆弧半径对加工的影响

答案　B

解析　采用固定循环指令编程可以简化编程的工作量，减少程序所占内存，提高编程效率。

4. G02 X20 Y20 R-10 F100；所加工的一般是（　　　）。

A.整圆　　　　　　　　　　　　　　B.夹角≤180°的圆弧

C.180°＜夹角＜360°的圆弧　　　　D.任意圆

答案　C

解析　圆弧半径 R 有正值与负值之分。当圆弧所对应的圆心角小于或等于180°时，程序中的 R 用正值表示；当圆弧所对应的圆心角大于180°并小于360°时，R 用负值表示。需要注意的是，该指令格式不能用于整圆插补的编程，整圆插补需用I、J、K方式编程。

二、多选题（下列选项中有一个以上答案是正确的，每题2分）

1.下列代码中属于模态指令的是（　　　）。

A. G01　　　　　B. G00　　　　　C. G04　　　　　D. M00

E. G03　　　　　F. G02　　　　　G.M03

答案　ABCEF

解析　模态指令：一组可以互相注销的指令，这类指令一旦被执行，则一直有效，直到被同组的其他指令注销为止。非模态指令：只在所使用的本程序段中有效，程序段结束时，该指令功能自动被取消。G指令是数控系统中重要的模态指令之一，例如G00、G01、G02、G03等。M指令是另一个常见的模态指令，M指令主要用于控制机床工作状态和辅助功能，例如M03、M04、M05等。M00程序暂停为非模态指令。

2.下列说法正确的是（　　　）。

A.数控系统中，固定循环指令一般用于精加工过程

B. G00和G01的运行轨迹都一样，只是速度不一样

C.准备功能M指令和刀具的插补运动有关

D. M00指程序停止指令，而M01是指有条件停止指令

E.非模态指令只能在本程序段内有效

F.刀具补偿功能包括刀补的建立、刀补的执行和刀补的取消三个阶段

G.建立刀具半径补偿可以采用圆弧进给指令来进行建立

答案 BDEF

解析 固定循环指令用于粗加工和精加工，准备功能M指令和刀具的插补运动无关，建立刀具半径补偿只能采用G00、G01指令来进行建立刀具半径补偿。

3.ISO标准指令中，数控插补包括（　　）。

A.直线插补　　　B.抛物线插补　　　C.圆弧插补　　　D.椭圆插补

E.开线插补

答案 AC

解析 ISO标准指令中包含常用的G代码，而抛物线插补、椭圆插补、开线插补不在ISO标准指令范围内。

4.用FANUC数控系统编程，对一个厚度为10 mm、Z轴零点在下表面的零件钻孔，其中的一段程序表述如下：G90 G83 X10.0 Y20.0 Z4.0 R13.0 Q3.0 F100.0；它的含义是（　　）。

A.啄钻、钻孔位置在（10，20）点上

B.啄钻、钻孔位置在（0，0）点上

C.钻头尖钻到$Z=4.0$ mm的高度上，安全间隙面在$Z=13.0$ mm的高度上

D.钻削深度为4 mm、安全间隙面在$Z=13.0$ mm的高度上

E.每次啄钻深度为3 mm、进给速度为100 mm/min

F.钻削深度为4 mm、刀具半径为13 mm、每次啄钻深度为3 mm、进给速度为100 mm/min

G.钻头尖钻到$Z=4.0$ mm的高度上，工件表面在$Z=13.0$ mm的高度上

答案 ACE

解析 理解G83钻孔指令的参数含义。啄钻、钻孔位置在（10，20）点上、钻头尖钻到$Z=4.0$ mm的高度上，安全间隙面在$Z=13.0$ mm的高度上、每次啄钻深度为3 mm、进给速度为100 mm/min。

三、判断题（正确的填A，错误的填B，每题2分）

1.（　　）在数控编程指令中，不一定只有采用G91方式才能实现增量方式编程。

答案 A

解析 子程序编程也可以是增量方式编程。

2.（　　）在（50，50）坐标点，钻一个深10 mm的孔，Z轴坐标零点位于零件表面上，则指令为G81 X50.0 Y50.0 Z−10.0 R5.0 F50；。

答案 A

解析 G81 指令格式：G81 X__ Y__ Z__ R__ F；。

3. 在固定循环指令格式 G90 G98 G83 X__ Y__ R__ Z__ Q__ F__；其中 R 表示 R 点平面的 Z 坐标（　　）。

答案 A

解析 理解 G83 指令的编程格式及参数含义。

4. 程序中指定了 G49 时，刀具半径补偿被撤销（　　）。

答案 B

解析 刀具半径补偿取消指令为 G40，刀具长度补偿取消为 G49。

四、填空题（将最适当的答案填写在横线上，每题 2 分）

1. 在数控编程时，使用_____指令后，就可以按工作的轮廓尺寸进行编程，而不需按照刀具的中心线运动轨迹来编程。

答案 刀具半径补偿

解析 在编制轮廓切削加工程序的场合，一般以工件的轮廓尺寸作为刀具轨迹进行编程，而实际的刀具运动轨迹则与工件轮廓有一偏移量（即刀具半径），数控系统的这种编程功能称为刀具半径补偿功能。

2. 现代数控机床的辅助动作，如刀具的更换和切削液的起停等，是用_____指令进行控制的。

答案 M

解析 理解 FANUC、广数常用辅助代码指令及其功能。

3. 圆弧加工指令是指从_____轴_____方向看，顺时针用 G02 表示。

答案 Z 轴　正方向往负

解析 圆弧插补的顺、逆方向的判断方法是沿圆弧所在平面（如 XY 平面）的另一根轴（Z 轴）的正方向向负方向看，顺时针方向为顺时针圆弧，逆时针方向为逆时针圆弧。

4. 整圆的直径为 $\phi 40$ mm，要求由 A（20，0）点逆时针圆弧插补并返回 A 点，圆弧中心在原点，其程序段格式为_____。

答案 G90 G03 X20.0 Y0 I-20.0 J0 F100；

解析 由题意可得采用逆时针整圆铣削，圆弧半径整圆插补的编程，整圆插补需用 I、J、K 方式编程。I__ J__ K__ 为圆弧的圆心相对其起点分别在 X、Y 和 Z 坐标轴上的矢量值。

📝 专题练习

读书笔记

一、单选题（下列选项中只有一个答案是正确的，每题2分）

1. 程序中指定了（　　）时，刀具半径补偿被撤销。

A. G40；　　　　　B. G41；　　　　　C. G42；　　　　　D. G49；

2. 数控机床进行第二切削液开的指令为（　　）。

A. M07　　　　　B. M08　　　　　C. M09　　　　　D. M10

3. 普通数控铣床加装（　　）后就成为数控加工中心。

A. 刀库和准停装置　　　　　　B. 刀库和换刀装置

C. 换刀装置和准停装置　　　　D. 上述均不正确

4. 数控机床的旋转轴之一 A 轴是绕（　　）直线轴旋转的轴。

A. X 轴　　　　　B. Y 轴　　　　　C. Z 轴　　　　　D. W 轴

5. FANUC 系统中，程序段 G51 X0 Y0 P1000；中，P 指令是（　　）。

A. 子程序号　　　B. 缩放比例　　　C. 暂停时间　　　D. 循环参数

6. 加工程序中平面设定可用（　　）。

A. G17、G18、G19　　　　　　B. G16、G17、G18

C. G18、G19、G20　　　　　　D. G20、G21、G22

7. 在加工圆弧格式 G02 X__ Y__ I__ J__；中，下列说法正确的是（　　）。

A. X、Y 值为起点坐标

B. X、Y 值为终点坐标

C. I、J 值为圆心点坐标

D. I、J 值为圆心点坐标相对于终点的增量

8. 某直线控制数控机床加工的起始坐标为（0，0），接着分别是（0，5），（5，5），（5，0），（0，0），则加工的零件形状是（　　）。

A. 边长为 5 的平行四边形　　　B. 边长为 5 的正方形

C. 边长为 10 的正方形

9. G91 G00 X30.0 Y-20.0；表示（　　）。

A. 刀具按进给速度移至机床坐标系 X=30 mm，Y=−20 mm 点

B. 刀具快速移至机床坐标系 X=30 mm，Y=−20 mm 点

C. 刀具快速向 X 正方向移动 30 mm，Y 负方向移动 20 mm

D. 编程错误

10. G00 指令与下列的（　　　）指令不是同一组的。

A. G01　　　　　　B. G02　　　　　　C. G90　　　　　　D. G03

11. 在 XY 平面上，某圆弧圆心为（0，0），半径为 80 mm，如果需要刀具从（80，0）沿该圆弧到达（0，80），程序指令为（　　　）。

A. G02 XO Y80 I80 F300;　　　　　B. G03 XO Y80 I−80 J0 F300;

C. G02 X8O Y0 J80 F300;　　　　　D. G03 X80 Y0 J−80 I0 F300;

12. 程序段 G00G01G02G03X50.0Y70.0R30.0F70；最终执行（　　　）指令。

A. G00　　　　　　B. G01　　　　　　C. 程序有误报警　　D. G03

13. 加工中心在铣削加工一个 XY 平面上的圆弧时，圆弧起点在（30，0），终点在（−30，0），半径为 50 mm，圆弧起点到终点的旋转方向为顺时针，则铣削圆弧的指令为（　　　）。

A. G18 G90 G02 X−30.0 Y0 R50.0 F50;

B. G17 G90 G03 X−300.0 Y0 R−50.0 F50;

C. G17 G90 G02 X−30.0 Y0 R50.0 F50;

D. G18 G90 G02 X30.0 Y0 R50.0 F50;

14. 在（50，50）坐标点，钻一个深 10 mm 的孔，Z 轴坐标零点位于零件表面上，则指令为（　　　）。

A. G85 X50.0 Y50.0 Z−10.0 R0 F50;

B. G81 X50.0 Y50.0 Z−10.0 R0 F50;

C. G81 X50.0 Y50.0 Z−10.0 R5.0 F50;

D. G83 X50.0 Y50.0 Z−10.0 R5.0 F50;

15. 用于指令动作方式的准备功能的指令代码是（　　　）。

A. F 代码　　　　　B. G 代码　　　　　C. T 代码

16. 在 G00 程序段中，（　　　）值将不起作用。

A. X　　　　　　　B. S　　　　　　　C. F　　　　　　　D. T

17. 孔加工循环结束后，刀具返回参考平面的指令为（　　　）。

A. G96　　　　　　B. G97　　　　　　C. G98　　　　　　D. G99

18. 刀尖半径左补偿方向的规定是在垂直于圆弧所在平面轴的负方向（　　　）。

A. 沿刀具运动方向看，工件位于刀具左侧

B. 沿工件运动方向看，工件位于刀具左侧

C. 沿工件运动方向看，刀具位于工件左侧

D. 沿刀具运动方向看，刀具位于工件左侧

19. 钻镗循环的深孔加工时需采用间歇进给的方法，每次提刀退回安全平面的应是（　　）。

A. G73　　　　　　B. G83　　　　　　C. G74　　　　　　D. G84

20. 在 G54 中设置的数值是（　　）。

A. 工件坐标系的原点相对机床坐标系原点偏移量

B. 刀具的长度偏差值

C. 工件坐标系的原点

D. 工件坐标系原点相对对刀点的偏移量

21. 在数控铣床中，如果当前刀具刀位点在机床坐标系中的坐标现显示为（150，-100，-80），用 MDI 功能执行指令 G92 X100.0 Y100.0 Z100.0；后，屏幕上显示的工件坐标系原点在机床坐标系中的坐标将是（　　）。

A.（250，0，20）　　　　　　B.（50，-200，-180）

C.（100，100，100）　　　　D.（200，200，200）

22. 材料是钢，欲加工一个尺寸为 6F8 深度为 3mm 的键槽，键槽侧面表面粗糙度为 Ra1.6 mm，最好采用（　　）。

A. ϕ6 mm 键槽铣刀一次加工完成

B. ϕ6 mm 键槽铣刀分粗精加工两遍完成

C. ϕ5 mm 键槽铣刀沿中线直一刀，然后精加工两侧面

D. ϕ5 mm 键槽铣刀顺铣一圈一次完成

23. 铣削加工时，为了减小工件表面粗糙度 Ra 的值，应该采用（　　）。

A. 顺铣　　　　　　　　　　B. 逆铣

C. 顺铣和逆铣都一样　　　　D. 依被加工表面材料决定

24. 采用固定循环编程可以（　　）。

A. 加快切削速度，提高加工质量　　B. 缩短程序的长度，减少程序所占的内存

C. 减少换刀次数，提高切削速度　　D. 减少吃刀深度，保证加工质量

25. 位置精度较高的孔系加工时，特别要注意孔的加工顺序的安排，主要是考虑到（　　）。

A. 坐标轴的反向间隙　　　　B. 刀具的耐用度

C. 控制振动　　　　　　　　D. 加工表面质量

26. 在数控铣床上用 ϕ20 mm 铣刀执行下列程序后，其加工外圆弧的直径尺寸是（　　）。

N1 G90 G17 G41 X18.0 Y24.0 M03 D06;

N2 G02 X74.0 Y32.0 R40.0 F180;（刀具半径补偿偏置值设置为 10.1 mm）

A. ϕ80.2 mm   B. ϕ80.4 mm   C. ϕ79.8 mm   D. ϕ80 mm

27. G91 G01 X3.0 Y4.0 F100；执行后，刀具移动了（   ）mm。

A. 1   B. 3   C. 5   D. 0.75

28. 执行下列程序的轨迹图形是（   ）。

G90 G00 X200.0 Y40.0;

G03 X140.0 Y100.0 I−60.0 F300;

A. 是半径 R60 的 1/4 圆   B. 是半径 R60 的 1/2 圆

C. 是半径 R60 的 3/4 圆   D. 是半径 R40 的 1/2 圆

29. 下列功能中不能实现多段预读控制的是（   ）。

A. 空运行   B. 固定循环   C. 圆弧插补   D. 工作坐标系

二、多选题（下列选项中有一个以上答案是正确的，每题 2 分）

1. ISO 标准指令中，数控插补包括（   ）。

A. 直线插补   B. 抛物线插补   C. 圆弧插补   D. 椭圆插补

E. 开线插补

2. 铣削力的来源主要有（   ）等方面。

A. 铣削层金属弹性变形   B. 切屑塑性变形

C. 工件表面金属弹性变形   D. 铣刀与切屑的摩擦

E. 铣刀与工件的摩擦   F. 铣刀变形

G. 工件温度上升

3. 铣削发展的主要方向是（   ）。

A. 微型加工   B. 数控加工   C. 大型工件加工   D. 强力铣削

E. 阶梯铣削   F. 多轴铣削   G. 精密铣削

4. 下列说法中正确的是（   ）。

A. 数控机床是在 20 世纪 50 年代诞生的

B. 数控机床是在日本诞生的   C. NC 是指网络控制

D. 数控机床是在美国诞生的   E. 开环控制系统用于经济型数控机床上

5. 采用简化编程功能，不能（   ）。

A. 加快切削速度，提高加工质量   B. 大大简化程序，减少程序所占内存

C. 减少换刀次数，提高切削速度   D. 减少吃刀深度，保证加工质量

E. 减少零件装夹次数，提高加工质量

6. 下列属于国内典型数控系统的是（   ）。

A. FANUC 系统　　B. HNC 系统　　　C. SIEMENS 系统 D. GSK 系统

E. FAGOR 系统

7. 按铣刀的结构分类，可分为（   ）。

A. 整体铣刀　　　B. 立铣刀　　　　C. 镶齿铣刀　　　D. 球头铣刀

E. 机夹式铣刀

8. 左偏刀具半径补偿适用于（   ）。

A. 逆向铣削外轮廓

B. 顺向铣削内轮廓

C. 沿进给方向看刀具在工件左侧的铣削

D. 沿进给方向看刀具在工件右侧的铣削

E. 沿进给方向看工件在刀具右侧的铣削

9. 在数控机床上，直线型检测元件有（   ）。

A. 感应同步器　　B. 光栅　　　　　C. 脉冲编码器　　D. 磁栅

E. 激光干涉仪

10. 适合铣床加工的零件形状有（   ）。

A. 孔　　　　　　B. 平面　　　　　C. 回转体类零件 D. 曲面

E. 槽

三、判断题（正确的填 A，错误的填 B，每题 2 分）

1.（   ）每一指令脉冲信号使机床移动部件产生的位移量称脉冲当量。

2.（   ）在镜像功能有效后，刀具在任何位置都可以实现镜像指令。

3.（   ）钻中心孔时不宜选择较高的机床主轴转速。

4.（   ）CNC 系统中，用软件实现插补运算比硬件插补器运算速度快。

5.（   ）加工中心机床属于轮廓控制的数控机床。

6.（   ）程序中使用机床暂停指令的只有 M00。

7.（   ）使用 G28 回 Z 轴参考点时就取消半径刀补，保留长度刀补。

8.（   ）程序 G01 X0 Y10；与程序 G01 X10 Y10；代表的路径是不同的。

9.（   ）非模态码只在指令它的程序段中有效。

10.（   ）数控铣床只有一个参考点。

11.（   ）G92 坐标系在开关机后保持不变。

12.（   ）G54 坐标系在开关机后保持不变。

13.（　　）G43 与 G44 的刀具长度偏置补偿方向是一致的。

14.（　　）G90、G01、G17、G40、G80 均为准备功能。

15.（　　）程序段 G96 S500；与 G97 S500；的主轴转速相同。

16.（　　）用 G92 设定工件坐标系时，起刀点与工件坐标系的位置无关。

17.（　　）暂停指令 G04 不是模态指令。

四、填空题（将最适当的答案填写在横线上，每题 2 分）

1. 常用的数控代码有_____和_____两种。

2. 在 G41 或 G42 指令的起始程序段中，刀具相邻轨迹间的夹角不能小于_____。

3. 当代数控系统中都具备储存螺距误差补偿功能，该补偿功能的作用是_____。

4. G 功能指令分若干组（指令群），有_____指令和_____指令之分。

5. 数控铣削所用 BT40 刀柄锥度是_____。

6. 数控机床常用的位移执行机构的电机有_____电机_____电机和_____电机。

7. 刀具号和刀套号_____的方式有利于 ATC 缩短换刀、选刀时间。

8. 弹簧夹头刀柄比侧固式刀柄装夹_____好，侧固式刀柄比弹簧夹头刀柄装夹_____好。

9. 根据输出信号方式的不同，软件插补方法可分为_____和_____两类。

10. 自动换刀装置根据其组成结构可以分为_____自动换刀装置、_____自动换刀装置和_____自动换刀装置。

五、编程题（按照要求完成试题，每题 20 分）

1. 完成下图内部型腔轮廓程序的编写。坐标原点设置在毛坯中心。

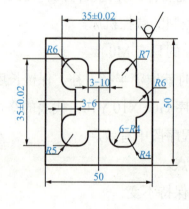
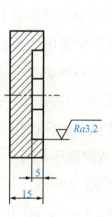

2. 完成下图外部型腔轮廓的程序编写。坐标原点设置在毛坯中心。

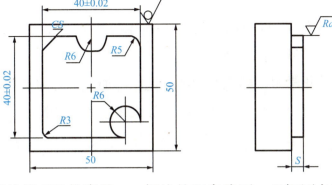

3. 完成下图外部型腔轮廓及 M8 螺纹的程序编写。坐标原点设置在毛坯中心。

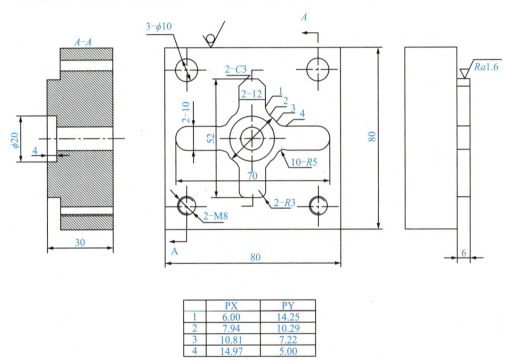

	PX	PY
1	6.00	14.25
2	7.94	10.29
3	10.81	7.22
4	14.97	5.00

考点 6　数控铣床（加工中心）基本操作

考纲要求

1. 熟悉数控铣床常用数控系统（广州数控系统、FANUC 数控系统等）的基本操作。

2. 熟悉加工中心的对刀操作及机床的正确操作与日常维护要求。

学习建议

1. 通过理实一体化学习，熟练掌握数控铣床与加工中心的操作的手动、手轮、MDI、编辑等数控系统基本操作技能。

2. 通过理实一体化学习，熟练掌握数控铣床与加工中心的夹具、刀具安装技能以及夹具找正、工件对刀、建立工件坐标系等机床基本操作技能。

3. 通过理实一体化学习，了解数控铣床与加工中心的维护要点。

知识梳理

一、数控铣床基本操作知识树

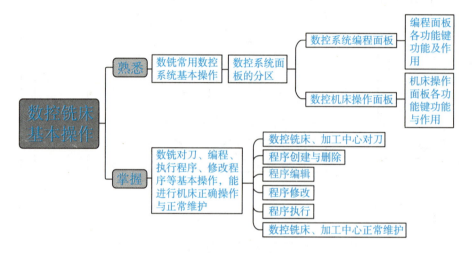

二、重要知识梳理

（一）数控铣床（加工中心）基本操作相关概念（表5-6-1）

表5-6-1　数控铣床（加工中心）基本操作相关概念

序号	名称	概念
1	开机	CNC数控机床通电机床打开
2	机床手动返回参考点	CNC机床上有一个确定的机床位置的基准点，这个点叫作参考点。通常机床开机以后，第一件要做的事情就是使机床返回到参考点位置。如果没有执行返回参考点就操作机床，机床的运动将不可预料
3	关机	CNC数控机床断电机床关闭
4	手动模式操作	按住操作面板上的进给轴（+X、+Y、+Z或者 -X、-Y、-Z），会使刀具沿着所选轴的所选方向连续移动

续表

序号	名称	概念
5	手轮模式操作	在 FANUC Oi Mate-MD 数控系统中，手轮是一个与数控系统以数据线相连的独立个体。它由控制轴旋钮、移动量旋钮和手摇脉冲发生器组成
6	数控铣床对刀的作用	对刀的目的是通过刀具或对刀工具确定工件坐标系原点（程序原点）在机床坐标系中的位置，并将对刀数据输入相应的存储位置或通过 G92 指令设定。它是数控加工中最重要的操作内容，其准确性将直接影响零件的加工精度
7	寻边器	寻边器主要用于确定工件坐标系原点在机床坐标系中的 X、Y 值，也可以测量工件的简单尺寸。寻边器有偏心式和光电式等类型
8	Z 轴设定器	Z 轴设定器主要用于确定工件坐标系原点在机床坐标系的 Z 轴坐标，或者说确定刀具在机床坐标系中的高度。Z 轴设定器有光电式和指针式等类型

（二）CNC 数控机床开机

在操作机床之前必须检查机床是否正常，并使机床通电，开机顺序如下：

①先开机床总电源。

②开数控系统电源（按控制面板上的"POWER ON"按钮）。

③把系统急停键旋起。

④按复位键。

（三）机床手动返回参考点

CNC 机床上有一个确定的机床位置的基准点，这个点叫作参考点。通常机床开机以后，第一件要做的事情就是使机床返回到参考点位置。如果没有执行返回参考点就操作机床，机床的运动将不可预料。行程检查功能在执行返回参考点之前不能执行。机床的误动作有可能造成刀具、机床本身和工件的损坏，甚至伤害到操作者。所以机床接通电源后必须正确地使机床返回参考点。机床返回参考点有手动返回参考点和自动返回参考点两种方式。一般情况下都是使用手动返回参考点。

手动返回参考点就是用操作面板上的开关或者按钮将刀具移动到参考点位置。具体操作如下：

①先将机床工作模式旋转到 🔘 回零方式。

②按机床控制面板上的 +Z 轴，使 Z 轴回到参考点（指示灯亮）。

③再按 +X 轴和 +Y 轴，两轴可以同时返回参考点。

自动返回参考点就是用程序指令将刀具移动到参考点。

例如，执行程序：

G91 G28 Z0；（Z 轴返回参考点）

读书笔记

X0 Y0；（X、Y 轴返回参考点）

注意：为了安全起见，一般情况下机床回参考点时，必须先使 Z 轴回到机床参考点后才可以使 X、Y 轴返回参考点。X、Y、Z 三个坐标轴的参考点指示灯亮起时或观察机械坐标零点都为零，说明三条轴分别回到了机床参考点。

（四）CNC 数控机床关机

①首先按下数控系统控制面板的急停按钮。

②按下 POWER OFF 按钮关闭系统电源。

③关闭机床电源。

技术提示在关闭机床前，尽量将 X、Y、Z 轴移动到机床的大致中间位置，以保持机床的重心平衡。同时也方便下次开机后返回参考点时，防止机床移动速度过大而超程。

（五）FANUC 数控铣床操作面板认识（图 5-6-1、图 5-6-2）

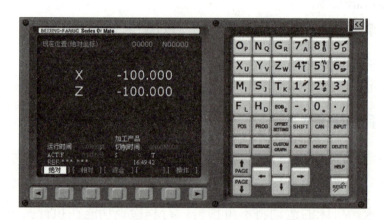

图 5-6-1　FANUC 系统操作面板

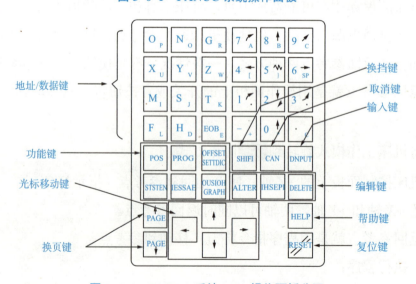

图 5-6-2　FANUC 系统 MDI 操作面板分区

各按键功能：

<kbd>DELETE</kbd>删除键。删除光标所在的数据，或者删除一个数控程序，或者删除全部数控程序。

<kbd>INSERT</kbd>插入键。把输入域内的数据插入当前光标之后的位置。

<kbd>CAN</kbd>取消键。消除输入域内的数据。

<kbd>EOB_E</kbd>换行键（分号）。结束一行程序的输入并且换行。

<kbd>SHIFT</kbd>上挡键。页面切换键。

<kbd>PROG</kbd>程序界面键。

<kbd>POS</kbd>位置页面。位置显示有三种方式，用 PAGE 按钮选择。

<kbd>OFFSET SETTING</kbd>设置页面。按第一次进入坐标系设置页面，按第二次进入刀具补偿参数页面。进入不同的页面以后，用 PAGE 按钮切换。

<kbd>HELP</kbd>帮助页面。

<kbd>RESET</kbd>复位键。系统复位。

翻页按钮（PAGE）。<kbd>PAGE ↑</kbd>上翻页，<kbd>PAGE ↓</kbd>下翻页。

光标移动（CURSOR）。<kbd>↑</kbd> <kbd>←</kbd> <kbd>→</kbd> <kbd>↓</kbd>

<kbd>INPUT</kbd>输入键。把输入域内的数据输入参数页面或者输入一个外部的数控程序。

（六）FANUC 系统机床操作按钮说明（图 5-6-3）

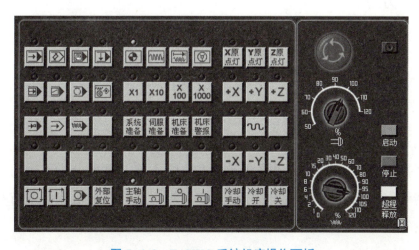

图 5-6-3　FANUC 系统机床操作面板

程序停止。 自动操作停止。 自动操作开始。 程序停（进给保持）。

回零操作。 手动操作。 手轮操作。 手轮进给倍率。

手动进给轴选择。

+X +Y +Z 轴向位移方向。 -X -Y -Z 轴向位移方向。

快速进给操作。 + − 移动方向选择。 主轴正反转。

切削进给倍率调整按钮。 主轴倍率调整按钮。

急停按钮。

（七）数控铣床的对刀

1. 数控铣床对刀的作用

对刀的目的是通过刀具或对刀工具确定工件坐标系原点（程序原点）在机床坐标系中的位置，并将对刀数据输入相应的存储位置或通过 G92 指令设定。它是数控加工中最重要的操作内容，其准确性将直接影响零件的加工精度。

2. 数控铣床对刀方法的分类

对刀操作分为 X、Y 向对刀和 Z 向对刀。对刀的准确程度将直接影响加工精度。对刀方法一定要同零件加工精度要求相适应。根据使用的对刀工具的不同，常用的对刀方法分为以下几种：

①试切对刀法。

②塞尺、标准芯棒和块规对刀法。

③采用寻边器、偏心棒和 Z 轴设定器等工具对刀法。

④顶尖对刀法。

⑤百分表（或千分表）对刀法。

⑥专用对刀器对刀法。

另外根据选择对刀点位置和数据计算方法的不同，又可分为单边对刀法、双边对刀法、转移（间接）对刀法和"分中对零"对刀法（要求机床必须有相对坐标及清零功能）等。

3. 常用对刀工具

（1）寻边器

寻边器主要用于确定工件坐标系原点在机床坐标系中的 X、Y 值，也可以测量工件的简单尺寸。寻边器有偏心式和光电式等类型，其中以偏心式较为常用。偏心式寻边器的测头一般为 10 mm 和 4 mm 的两种圆柱体，用弹簧拉紧在偏心式寻边器的测杆上。光电式寻边器的测头一般为 10 mm 的钢球，用弹簧拉紧在光电式寻边器的测杆上，碰到工件时可以退让，并将电路导通，发出光信号。通过光电式寻边器的指示和机床坐标位置可得到被测表面的坐标位置。

（2）Z 轴设定器

Z 轴设定器主要用于确定工件坐标系原点在机床坐标系的 Z 轴坐标，或者说确定刀具在机床坐标系中的高度。Z 轴设定器有光电式和指针式等类型。通过光电指示或指针判断刀具与对刀器是否接触，对刀精度一般可达 0.005 mm。Z 轴设定器带有磁性表座，可以牢固地附着在工件或夹具上，其高度一般为 50 mm 或 100 mm。

4. 试切法对刀

这种方法简单方便，但会在工件表面留下切削痕迹，且对刀精度较低。

（1）X、Y 向对刀

将工件通过夹具固定在在工作台上，装夹时，工件的四个侧面都应留出对刀的位置。

启动主轴中速旋转，快速移动工作台和主轴，让刀具快速移动到靠近工件左侧有一定安全距离的位置，然后降低速度移动至接近工件左侧。

靠近工件时改用微调操作（一般用 0.01 mm 来靠近），让刀具慢慢接近工件左侧，使刀具恰好接触到工件左侧表面（观察，听切削声音、看切痕、看切屑，只要出现其中一种情况即表示刀具接触到工件）。将相对坐标系中显示的 X 坐标值清零，按 X →取消软键。

沿 Z 正方向退刀，至工件表面以上，用同样方法接近工件右侧，记下此时机床坐标系中显示的 X 坐标值，如 –120。

据此可得工件坐标系原点在机床坐标系中 X 坐标值为 –120/2=–60。在坐标系中输入 X-60 →测量软键。

同理可测得工件坐标系原点 W 在机床坐标系中的 Y 坐标值。

（2）Z 向对刀

将刀具快速移至工件上方。

启动主轴中速旋转，快速移动工作台和主轴，让刀具快速移动到靠近工件上表面有一定安全距离的位置，然后降低速度移动让刀具端面接近工件上表面。

靠近工件时改用微调操作（一般用 0.01 mm 来靠近），让刀具端面慢慢接近工件表面 [注意：刀具（特别是立铣刀）最好在工件边缘下刀，刀的端面接触工件表面的面积小于半圆，尽量不要使立铣刀的中心孔在工件表面下刀]，使刀具端面恰好碰到工件上表面，此时 Z 坐标为工件坐标零点。在工件坐标系中输入 Z0 → 测量。

（3）启动生效，检验

进入面板输入模式（MDI），输入"G5*"，按启动键（在"自动"模式下），运行 G5* 使其生效。检验对刀是否正确，这一步是非常关键的。

5.百分表（或千分表）对刀法

该方法一般用于圆形工件的对刀。

将百分表的安装杆装在刀柄上，或将百分表的磁性座吸在主轴套筒上，移动工作台使主轴中心线（刀具中心）大约移到工件中心，调节磁性座上伸缩杆的长度和角度，使百分表的触头接触工件的圆周面，（指针转动约 0.1 mm）用手慢慢转动主轴，使百分表的触头沿着工件的圆周面转动，观察百分表指针的偏移情况，慢慢移动工作台的 X 轴和 Y 轴，多次反复后，待转动主轴时百分表的指针基本在同一位置（表头转动一周时，其指针的跳动量在允许的对刀误差内，如 0.02 mm），这时可认为主轴的中心就是 X 轴和 Y 轴的原点。在坐标系中输入 X0 测量、Y0 测量即可。

（八）程序输入与编辑

（1）新程序的命名

①进入编辑模式。

②选择程序键，或者进入后台编辑模式。

③输入地址 O。

④输入新程序号，如 1234。

⑤按插入键。

说明：

①FANUC 数控系统程序名以地址 O 开头，后接 1～4 位数字。对于少于 4 位数字的，系统会自动在前面补 0。

②新建程序名或给程序重命名时，不能输入系统已经存在的程序名，否则会出现报警。

（2）程序的调用与搜索

①进入编辑或者自动模式。

②选择程序键，或者进入后台编辑模式。

③输入地址 O。

④输入所调用的程序号，如 1234。

⑤按 MDI 键盘上的 █、█，或者按软键【O 搜索】、【搜索↓】。

说明：如果检索该机床中未存在的程序名时，系统会出现报警。

（3）程序的重命名

①进入编辑模式。

②选择程序键，或者进入后台编辑模式【BG－EDIT】。

③调用已存在的程序名，如 O1234。

④输入新程序名，如 O1005。

⑤按替换键，系统将原 O1234 替换为 O1005。

（4）删除一个程序

①进入编辑模式。

②选择程序键。

③输入地址 O。

④输入所要删除的程序号，如 1234。

⑤按删除键。

（5）删除全部程序

①进入编辑模式。

②选择程序键。

③输入地址 O。

④输入 –9999。

⑤按删除键。

（6）删除多个程序

①进入编辑模式。

②选择程序键。

③输入 O1006。

④输入逗号"，"。

⑤输入 O2155。

⑥按删除键，系统将 O1006～O2155 的程序删除。

（7）后台编辑

①进入编辑模式。

②选择程序键。

③按【程序】或【列表＋】。

④按【（操作）】。

⑤按【BG－EDIT】。

若要取消后台编辑，只需再次按下【BG－EDIT】即可。

（8）程序扫描

①进入编辑模式。

②选择程序键。

③调用所要编辑的程序名，显示程序画面。

④光标扫描。

●按光标键█，光标在屏幕上一个字一个字地向前移动。光标在被选择字处显示。

●按光标键█，光标在屏幕上往回退方向逐字移动。光标在被选择字处显示。

●持续按下光标键█或█，则连续扫描字。

●按光标键█，下一个程序段的第一个字被检索。

●按光标键█，上一个程序段的第一个字被检索。

●持续按下光标键█或█，则光标连续移动到程序段开头。

●按翻页键█，显示下一页并检索到该页的第一个字。

●按翻页键█，显示上一页并检索到该页的第一个字。

●持续按下翻页键█或█，则一页一页地显示程序画面。

（9）程序字、字符地址的检索

①进入编辑模式。

②选择程序键。

③调用所要编辑的程序名，显示程序画面。

④键入要检索的程序字，如 G01。

按软键【搜索↓】或者光标键 ↓ 往下检索。

按软键【搜索↑】或者光标键 ↑ 往上检索。

说明：

●若键入 G01，则 G02 不能被检索到。

●检索 G01 时，如果输入 G1 就不能检索，此时必须准确输入 G01。

（10）插入程序字

①进入编辑模式。

②选择程序键。

③新建程序名或者调用所要编辑的程序名，显示程序画面。

④用光标选择所要插入字的位置。

⑤输入程序字，如 M03 S500。

⑥按插入键。

（11）取消缓存区中的字符

按取消键。

（12）上档键与下档键的切换

①进入编辑模式。

②选择程序键。

③按切换键，此时缓存区将会出现"^"符号，若再次按下该键，将会取消切换操作。

④如要输入"P"，则按字符键 OP。

（13）程序字的替换更改

①进入编辑模式。

②选择程序键。

③新建程序名或者调用所要编辑的程序，显示程序画面。

④用光标选择所要替换的字，如 M04。

⑤输入 M03。

⑥按替换键。

（14）删除程序中的字

①进入编辑模式。

②选择程序键。

③新建程序名或者调用所要编辑的程序，显示程序画面。

④用光标选择所要删除的字，如 S500。

⑤按删除键。

（15）删除一个程序段

①进入编辑模式。

②选择程序键。

③新建程序名或者调用所要编辑的程序，显示程序画面。

④检索或扫描到所要删除的程序段。

⑤键入地址 N。

⑥输入程序段的顺序号，如 10。

⑦键入程序段结束符 。

⑧按删除键。

（16）删除多个程序段

①进入编辑模式。

②选择程序键。

③新建程序名或者调用所要编辑的程序，显示程序画面。

④检索或扫描到所要删除的第一个程序段，如检索到 N120。

⑤键入地址 N。

⑥输入要删除部分的最后一个程序段的顺序号，如 240。

⑦按删除键。系统将会删除 N120～N240 之间的程序段。

（17）光标返回程序开头

①在编辑模式下→按程序键→按【程序】进入程序画面→按复位键。

②在编辑模式下→按程序键→按【程序】进入程序画面→【（操作）】→【返回】。

③在编辑模式下→按程序键→按【程序】进入程序画面→按 或 。

④在编辑模式下→输入程序名→按【O 搜索】或【搜索↓】。

⑤在自动模式下→按程序键→按【程序】进入程序画面→【（操作）】→【返回】。

⑥在自动模式下→输入程序名→按【O 搜索】或【搜索↓】。

⑦在后台编辑页面下→按【返回】、 或 。

读书笔记

（18）复制、移动与粘贴

①进入编辑模式。

②选择程序键。

③调用源程序名。

按【程序】→【（操作）】→扩展键【+】→直到出现【EX—EDT】。

④先进行复制或移动操作。

按【EX—EDT】→选择要进行操作的项目【复制】或【移动】。

【复制】或【移动】子菜单操作：【复制】→【起点】【终点】【末端】【全部】。

⑤新建或调用所要粘贴操作的程序名。

按【程序】→【（操作）】→扩展键【+】→按【EX—EDT】。

按【合并】→选择操作粘贴位置【终点】或【末端】。

（九）数控铣床的维护保养

数控机床在运行一定时间后，某些电器元件或机械部件难免会出现一些损坏或故障，对于这种高精度、高效益且又昂贵的设备，要延长电器元件的使用寿命和零部件的磨损周期，预防各种故障，将恶性事故消灭在萌芽状态，提高机床的无故障工作时间和使用寿命，一个重要的方面就是要做好预防性维护工作。数控机床通常是企业较为重要的设备，运行中出现的一些不正常现象不一定影响运行，生产任务较忙时往往让机床带病工作，没有及时做预防维护工作，这样长时间使用之后，必然造成机床产生较大故障。在现在设备治理理念中，应做到事前维护而不是事后抢修。最大力度地发挥机床效率，同时也节约费用。

（十）维护的主要部位及方法

（1）严格遵守操作规程

数控机床的编程、操作和维护人员，必须经过专门的技术培训，熟悉所用机床的机械、数控系统、强电设备、液压、气动部分的有关知识以及机床的使用环境、加工条件等。能按机床和数控系统使用说明书的要求正确、合理地使用，应尽量避免因操作不当引起的故障。通常，数控机床的故障相当一部分是由于操作、编程人员对机床的把握程度太低而造成的，同时设备治理人员应编制出完善合理的操作规程，要求操作人员严格按照操作规程的要求进行正常维护工作，作好交接班记录，填写好点检卡。

（2）防止数控系统和驱动单元过热

由于数控机床结构复杂、精度高，因此对温度控制较严，一般数控机床要求环境温度为 20 ℃左右，同时机床本身也有较好的散热通风系统，在保证环境温度的同时，也应保证机床散热系统的正常工作。要定期检查电气柜各冷却风扇的工作状态，应根据车间环境状况每半年或一季度检查清扫一次。数控及驱动装置过热往往会引起许多故障，如控制系统失常、工作不稳定，严重的还会造成模块烧坏。

（3）监视数控系统的电网电压

通常数控系统的电网电压波动范围为 85%～110%，假如超出此范围，轻则数控系统工作不稳定，重则造成重要的电子元器件损坏。因此要注意电网电压的波动，对于电网质量比较恶劣的地区，应及时配置合适的稳压电源，以减少故障。

（4）机床要求有良好的接地

现在有很多企业仍在使用三相四线制，机床零地共接。这样往往会给机床带来诸多隐患。有些数控系统对地线要求很严格。如德国 DMU 公司生产的五轴联动加工中心，由于没有使用单独接地线，多次造成机床误动作甚至烧毁了一套驱动系统，因此为了增强数控系统的抗干扰能力最好使用单独的接地线。

（5）机床润滑部位的定期检查

为了保证机械部件的正常传动，润滑工作就显得非常重要。要按照机床使用说明书上规定的内容对各润滑部位定期检查，定期润滑。

（6）定期清洗液压系统中的过滤器

过滤器假如堵塞，往往会引起故障。如液压系统中的压力传感器、流量传感器信号不正常，导致机床报警。

（7）定期检查气源情况

数控设备基本上要使用压缩空气来清洁光栅尺、吹扫主轴及刀具，油雾润滑以及用汽缸带动一些机械部件传动等。要求气源达到一定的压力，并且要经过干燥和过滤。假如气源湿度较大或气管中有杂质，会对光栅尺造成极大的影响甚至会损坏光栅尺。同时油雾润滑中的气源中如含有水和杂质会直接影响润滑效果，尤其是高精度、高转速的主轴。

（8）液压油和冷却液要定期更换

由于液压系统是封闭网路，液压油使用一定时间后，油质会有所改变，影响液压系统的正常工作，因此必须按规定定期更换。

（9）定期检查机床精度

机床使用一段时间后，其精度肯定有所下降，甚至有可能出废品。通过对机床几何精度的检测，有可能发现机床的某些隐患，如某些部件松动等。用激光干涉仪对位置精度进行定期检测，如发现精度有所下降，可通过数控系统的补偿功能对位置精度进行补偿，恢复机床精度，提高效率。

（10）定期检查和更换直流电动机电刷

一些老数控机床上使用的大部分是直流电动机，其电刷的过度磨损会影响其性能，必须定期检查电刷。数控车床、数控铣床、加工中心等应每年检查一次，频繁加速机床（如冲床等）应每两个月检查一次。

（11）要注重电控柜的防尘和密封

车间内空气中飘浮着灰尘和金属粉末，电控柜假如防尘措施不好，金属粉末很容易积聚在电路板上，使电器元件间绝缘电阻下降，从而出现故障甚至导致元件损坏。这一点对于电火花加工设备和火焰切割设备尤为重要。另外有些车间卫生较差，老鼠较多，假如电控柜密封不好，经常会出现老鼠钻进电控柜内咬断控制线，甚至将车间内肥皂、水果皮等带到线路板上的情况，这样不仅会造成元器件损坏，严重的还会导致数控系统完全不能工作。这些情况在日常生活中已多次碰到，应引起足够重视。

（12）存储器用电池要定期检查和更换

通常数控系统中部分 CMOS 存储器中的存储内容在断电时靠电池供电保持，一般采用锂电池或可充电镍镉电池。当电池电压下降到一定值时会造成参数丢失，因此要定期检查电池，及时更换。更换电池时一般要在数控系统通电状态下进行，以免造成参数丢失。

（13）注重机床数据的备份和技术资料的收集

数控机床尤其是较为复杂的加工中心仅机床参数就有几千个，还有 PLC 程序以及宏程序等。而数控机床有时会发生主板或硬盘故障或者由于外界干扰等原因造成数据丢失。假如没有备份数据的话，有可能造成系统瘫痪。对数控设备，技术资料显得非常重要，有些机床生产厂家提供的资料不全，给工作带来很多不便，因此平时的工作中一定要注重相关技术资料的收集。

（14）数控设备在长期不用时的维护

当数控设备长期闲置不用时，也应定期进行保养。首先应经常给系统通电，在机床锁住不动的情况下让其空运行，利用电器元件本身的热量驱散数控柜内的潮气，以保证电子元器件的性能稳定可靠。实践证明，经常闲置不用的机床，尤其是在梅雨季节后，开机时往往容易发生各种故障。如果闲置时间较长，应将直流电机电刷取出来，以免由于化学腐蚀损坏换向器。

例题解析

一、单选题（下列选项中只有一个答案是正确的，每题2分）

1. 数控机床电池更换应在（　　　）。

A. 开机时更换　　　B. 关机时更换　　　C. 没电时更换　　　D. 四年换一次

答案　A

解析　数控机床更换电池是指更换数控系统内的驱动器电池，如果在没有电或关机时更换电池，那么机床的原点坐标会丢失，加工运行程序会出现严重的安全事故，应该在开机时更换，这样原点才不会丢失。

2. 数控铣床的电器柜散热通风装置的维护检查周期为（　　　）。

A. 每天　　　　　B. 每周　　　　　C. 每月　　　　　D. 每年

答案　A

解析　机床散热器和机床润滑油应当每天检查，机床丝杆应当每半年检查一次。

二、判断题（正确的填A，错误的填B，每题2分）

1.（　　　）程序段跳过"/"字符可以放置在程序段开头。

答案　A

解析　此"/"字节符号的含义是跳段，放在程序段开头表示跳过此程序段。

2.（　　　）当出现故障报警时，如按动系统复位键，报警仍不消除，这可判断为硬件故障。

答案　A

解析　当关机时按下急停开关再关机，开机过程机床上电后，松开急停开关，此时面板上还会有"准备就绪"报警，当按一下复位键时，机床报警会消失，如果报警还是不能消除，说明机床确实有故障。

三、填空题（将最适当的答案填写在横线上，每题2分）

1. 在数控铣削循环加工时，在执行有M00指令的程序段后，如果要继续执行下面的程序，必须按_____按钮。

答案　循环启动键

解析　程序中途执行M00程序暂停后，如要继续执行后续程序需要再次按启动键。

2. 当数控机床在运行加工程序时，而操作者需要进行新的程序编辑，这时应进行_____操作。

答案 后台编辑

解析 数控 FANUC 系统中，为了提高机床利用率提供了后台编辑功能，机床在加工的同时也可以进行新程序的编辑。

✿ 专题练习

一、单选题（下列选项中只有一个答案是正确的，每题 2 分）

1. 宏程序的结尾程序段使用（　　）。

A. M98　　　　　B. M99　　　　　C. G98　　　　　D. G99

2. 数控机床在使用的全部时间内，运行稳定的时间段为（　　）。

A. 初期　　　　　B. 中期　　　　　C. 后期　　　　　D. 中后期

3. 滚珠丝杆螺母副噪声如判断为丝杆联轴器松动，应做（　　）处理。

A. 改善润滑条件　　　　　　　B. 更换新轴承

C. 更换新滚珠　　　　　　　　D. 拧紧销紧螺钉

4. 数控铣床装夹工件应考虑（　　）。

A. 粗加工要求　　　　　　　　B. 精加工要求

C. 粗、精加工的要求

5. 我们在判断数控机床故障的方法中，最基本、最简单的方法是（　　）。

A. 利用硬件报警功能　　　　　B. 直观法

C. 利用软件报警功能　　　　　D. 备件置换法

6. 数控铣床的滚珠丝杠的维护检查周期为（　　）。

A. 每周　　　　　B. 每月　　　　　C. 每半年　　　　　D. 每年

7. 发生（　　）情况通常加工中心并不报警。

A. 润滑液不足　　　　　　　　B. 指令错误

C. 机床振动　　　　　　　　　D. 超程

8. 发生（　　）情况，加工中心会进行报警提示（　　）。

A. G02 误写为 G03　　　　　　B. S600 语句段未写 M03

C. G02 或 G03 后漏写 R 值　　　D. T02 误写为 T12

读书笔记

9. 机床不能正常返回基准点，且有报警发生，发生这类故障可能的原因是（　　　）。

A. 程序指令错误　　　　　　　　　B. 限位开关失灵

C. 脉冲编码器断线　　　　　　　　D. 操作动作错误

10. 机床返回基准点过程中，数控系统突然变成"NOTREADY"状态，发生这种情况的可能原因是（　　　）。

A. 脉冲编码器断线　　　　　　　　B. 机床位置距基准点位置太近

C. 操作动作错误　　　　　　　　　D. 限位开关失灵

11. 在线加工的意义为（　　　）。

A. 零件边加工边装夹

B. 加工过程与面板显示程序同步

C. 加工过程为外接计算机在线输送程序到机床

D. 加工过程与互联网同步

12. 在线加工的代码为（　　　）。

A. DNC　　　　　B. CNC　　　　　C. DDN　　　　　D. CCN

13. 程序检验中图形显示功能可以（　　　）。

A. 检验编程轨迹的正确性　　　　　B. 检验工件原点位置

C. 检验零件的精度　　　　　　　　D. 检验对刀误差

14. 子程序调用指令 M98 P50412；的含义为（　　　）。

A. 调用 504 号子程序 12 次　　　　B. 调用 0412 号子程序 5 次

C. 调用 5041 号子程序 2 次　　　　D. 调用 412 号子程序 50 次

15. 关于利用 G10 工件坐标系的设定、变更功能说法不正确的是（　　　）。

A. 设定　　　　　B. 修改　　　　　C. 镜像　　　　　D. 平移

二、多选题（下列选项中有一个以上答案是正确的，每题 2 分）

1. 刀具长度补偿（　　　）。

A. 用来补偿刀具长度方向的尺寸变化

B. 分为刀具长度正补偿和负补偿

C. 用来补偿刀具半径方向的尺寸变化

D. 可以用来补偿刀具半径方向的磨损

E. 可以用来补偿刀具长度方向的磨损

2.在数控机床上，旋转型检测元件有（　　　）。

A.感应同步器　　B.光栅　　　　　C.脉冲编码器　　D.磁栅

E.旋转变压器

3.选择对刀点时应（　　　）。

A.尽量选择在零件的设计基准或工艺基准上

B.便于数学处理和简化程序编制

C.在机床上容易找正

D.在加工中便于检查

E.引起的加工误差小

4.下列英文缩写含义描述正确的是（　　　）。

A.CAM 计算机辅助设计

B.CIMS 计算机集成制造系统

C.FMS 柔性制造系统

D.CNC 数控机床

E.ATC 自动换刀装置

5.检验程序正确性的方法有（　　　）。

A.空运行　　　　　　　　　B.图形动态模拟

C.自动校正　　　　　　　　D.试切削

E.利用仿真软件对程序进行仿真

三、判断题（正确的填 A，错误的填 B，每题 2 分）

1.（　　）宏程序与子程序是一样的。

2.（　　）数控铣床编程思路方法除了换刀程序外，与加工中心基本相同。

3.（　　）编程在 MDI 方式中不能进行半径补偿。

4.（　　）程序中不可插入无程序段号的程序段。

5.（　　）数控铣床只有一个参考点。

6.（　　）一个程序段中能指定的 T 代码可以有 2 个。

7.（　　）各程序段的顺序号必须按大小顺序排列。

8.（　　）机床通电后，CNC 装置尚未出现位置显示或报警画面之前，不要碰 MDI 面板上任何键。

9.（　　）机床导轨欠油报警后，将导轨油注入油箱，报警将自动解除。

10.（　　）数控铣床在加工过程中突然中断，要继续加工可直接按循环启动按钮。

11.（　　）加工程序的传输必须针对相应的机床进行通信设置。

12.（　　）自动加工过程中使用手动干预必须在执行暂停功能后才有效。

四、填空题（将最适当的答案填写在横线上，每题 2 分）

1. FANUC0 系列数控系统操作面板上显示报警号的功能键是＿＿＿＿。

2. 假设操作者在用一支 10 mm 的立铣刀加工一个 30 mm 的孔，程序中采用顺铣，刀具左补偿精加工，第一次精加工后孔的直径为 29.9 mm，要达到 30.04 mm，则刀补直径需要＿＿＿＿。

3. 在数控铣床上铣一个正方形零件（外轮廓），如果使用的铣刀直径比原来小 1 mm，则计算加工后的正方形尺寸比要求尺寸＿＿＿＿。

4. 根据 ISO 标准，数控机床在编程时采用＿＿＿＿的规则。

5. 在 CRT/MDI 面板的功能键中，用于刀具偏置数设置的键是＿＿＿＿。

6. 采用半径编程方法填写圆弧插补程序段时，当其圆弧对应的＿＿＿＿时，R 应该为负值。

7. 铣刀每转进给量 f=0.64 mm/r，主轴转速 n=75 r/min，铣刀齿数 z=8，则 f_z 为＿＿＿＿。

8. 数控机床的维修包括＿＿＿＿和＿＿＿＿两部分内容。

9. 在数控机床不具备对刀仪的情况，除了采用机外对刀，最常采用的方法是＿＿＿＿。

10. 在数控机床操作面板上的程序修改键之外是＿＿＿＿。

11. 在数控机床操作面板上的程序插入键之外是＿＿＿＿。

12. 在数控机床操作面板上的报警信息键之外是＿＿＿＿。

13. 在数控机床操作面板上的图形参数键之外是＿＿＿＿。

14. 在数控机床操作面板上的图形参数键之外是＿＿＿＿。

考点 7　自动编程的基本常识

考纲要求

了解数控自动编程软件的基本常识。

学习建议

1. 了解数控自动编程软件图形绘制过程以及编程过程 G 代码的自动生成。

2. 了解数控自动编程软件的仿真验证。

知识梳理

一、自动编程的基本常识知识树

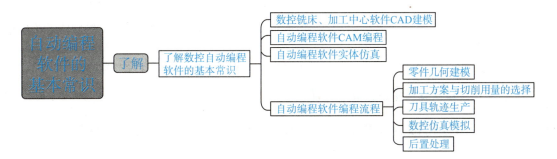

二、重要知识点梳理

（一）数控铣床（加工中心）自动编程软件基本常识相关概念见表 5-7-1。

表 5-7-1　数控铣床（加工中心）自动编程软件基本常识相关概念

序号	名称	概念
1	常用自动编程软件	常用编程软件有 Mastercam、Cimatron、Powermill、Pro/E、UG、hypermill、CATIA、CAXA、中望
2	自动编程	是利用计算机技术（CAD、CAM）将制造工艺过程中所需要的各种加工信息输入数控机床进行加工控制，然后自动输出代码程序，完成零件加工
3	手动编程	是指通过人工输入加工工艺信息，编制出对应的加工程序，并输入数控机床进行控制，实现零件加工
4	数控自动编程优点	编程速度快，生产效率高；精度高，稳定性强；自动化程度高，可减少人工操作；可靠性高，可以降低加工零件的误差率
5	数控自动编程缺点	需要一定的学习时间和技术基础；对于零件形状比较复杂、尺寸变化多或者工艺要求严格的情况，可能需要手动编程才能满足需求
6	手动编程优点	更加灵活，满足特殊加工的需求；不需要电脑软件的支持；以经验为主，加工人员掌握程度高
7	手动编程缺点	编程时间长，生产效率相对较低；编程精度受到加工人员的技术水平和经验的影响较大；编程难度较大，操作门槛较高

续表

序号	名称	概念
8	自动编程适用场景	数控自动编程适用于批量生产、需求量较大、工艺简单的零件；手动编程适用于零件形状复杂、尺寸变化多或者工艺要求严格以及批量生产不多的情况
9	CAD 建模	是计算机辅助设计（computer-aided design，CAD）过程中的一个重要步骤，涉及使用专门的绘图软件在计算机上创建三维或二维模型
10	CAM 编程	计算机辅助制造（computer-aided making，CAM）的核心是计算机数字控制（简称数控），是将计算机应用于制造生产过程的过程或系统
11	后置	把刀位数据文件转换成指定数控机床能执行的数控程序的过程就称为后置处理

（二）数控自动编程和手动编程的定义

数控编程方法可以分为两类，一类是手工编程，另一类是自动编程。

1. 手工编程

手工编程是指编制零件数控加工程序的各个步骤，即从零件图纸分析、工艺决策、确定加工路线和工艺参数、计算刀位轨迹坐标数据、编写零件的数控加工程序单直至程序的检验，均由人工来完成。

对于点位加工或几何形状不太复杂的轮廓加工，几何计算较简单，程序段不多，手工编程即可实现。但对轮廓形状不是由简单的直线、圆弧组成的复杂零件，特别是空间复杂曲面零件，数值计算相当烦琐，工作量大，容易出错，且很难校对，采用手工编程是难以完成的。

2. 自动编程

自动编程是采用计算机辅助数控编程技术实现的，需要一套专门的数控编程软件，现代数控编程软件主要分为以批处理命令方式为主的各种类型的语言编程系统和交互式 CAD / CAM 集成化编程系统。

交互式 CAD/CAM 集成系统自动编程是现代 CAD/CAM 集成系统中常用的方法，在编程时编程人员首先利用 CAD 或自动编程软件本身的零件造型功能，构建出零件几何形状，然后对零件图样进行工艺分析，确定加工方案，其后还需利用软件的 CAM 功能，完成工艺方案的制订、切削用量的选择、刀具及其参数的设定，自动计算并生成刀位轨迹文件，利用后置处理功能生成指定数控系统用的加工程序，因此我们把这种自动编程方式称为图形交互式自动编程。这种自动编程系统是一种 CAD 与 CAM 高度结合的自动编程系统。

（二）数控自动编程和手动编程的区别

编程方式不同，编程难易度不同，编程速度不同，灵活性不同。

1. 数控自动编程的优点与缺点

①优点。编程速度快，生产效率高；精度高，稳定性强；自动化程度高，可减少人工操作；可靠性高，可以降低加工零件的误差率。

②缺点。需要一定的学习时间和技术基础；对于零件形状比较复杂、尺寸变化多或者工艺要求严格的情况，可能需要手动编程才能满足需求。

2. 手工编程优点和缺点

①优点。有一定灵活性，可满足特殊加工需求；不需要电脑软件的支持；以经验为主，加工人员掌握程度高。

②缺点。编程时间长，生产效率相对较低；编程精度受到加工人员的技术水平和经验的影响较大；编程难度较大，操作门槛较高。

（三）自动编程特点

与手工编程相比，自动编程速度快、质量好，这是因为自动编程具有以下主要特点。

（1）数字处理能力强

对复杂零件，特别是空间曲面零件，以及几何要素虽不复杂但程序量很大的零件，计算相当烦琐，采用手工编程是难以完成的。采用自动编程既快速又准确。功能较强的自动编程系统还能处理手工编程难以胜任的二次曲面和特种曲面。

（2）能快速、自动生成数控程序

在完成计算刀具运动轨迹之后，后置处理程序能在极短的时间内自动生成数控程序，且数控程序不会出现语法错误。

（3）后置处理程序灵活多变

同一个零件在不同的数控机床上加工，由于数控系统的指令形式不尽相同，机床的辅助功能不一样，伺服系统的特性有差别，因此数控程序也应该是不一样的。但前置处理过程中，大量的数学处理、轨迹计算却是一致的。这就是说，前置处理可以通用化，只要稍微改变一下后置处理程序，就能自动生成适用于不同数控机床的数控程序。对于不同的数控机床，采用不同的后置处理程序，等于完成了一个新的自动编程系统，极大地扩展了自动编程系统的适用范围。

（4）程序自检、纠错能力强

采用自动编程，程序有错主要是原始数据不正确导致刀具运动轨迹有误，或刀具与工件干涉、相撞等。但自动编程能够借助计算机在屏幕上对数控程序进行动态模拟，连续、逼真地显示刀具加工轨迹和零件加工轮廓，发现问题及时修改，快速又方便。现在往往在前置处理阶段，计算出刀具运动轨迹以后立即进行动态模拟检查，确定无误后再进入后置处理，编写出正确的数控程序。

（5）便于实现与数控系统的通信

自动编程系统可以利用计算机和数控系统的通信接口，实现编程系统和数控系统的通信。编程系统可以把自动生成的数控程序经通信接口直接输入数控系统，控制数控机床加工，无需再制备穿孔纸带等控制介质，而且可以做到边输入、边加工，不必担心数控系统内存不够大，免除了将数控程序分段。自动编程的通信功能进一步提高了编程效率，缩短了生产周期。

（四）自动软件编程适用场景

数控自动编程适用于批量生产、需求量较大、零件形状和工艺复杂的零件。

手动编程适用于零件形状简单、生产品种单一以及批量生产不多的情况。

（五）CAD 建模

CAD 建模是计算机辅助设计过程中的一个重要步骤，涉及使用专门的绘图软件在计算机上创建三维或二维模型。这些模型不仅包含物体的几何形状、尺寸和材料信息，而且可以进行可视化展示和编辑修改。CAD 建模的应用非常广泛，包括但不限于建筑、机械、电子、航空等多个领域的设计和制造过程。

（六）CAM 编程

CAM 的核心是计算机数字控制（简称数控），是将计算机应用于制造生产过程的过程或系统。数控的特征是用编码在穿孔纸带上的程序指令来控制机床。此后发展了一系列的数控机床，包括称为"加工中心"的多功能机床，能从刀库中自动换刀和自动转换工作位置，能连续完成铣、钻、铰、攻丝等多道工序，这些都是通过程序指令控制运作的，只要改变程序指令就可改变加工过程。

除了在数控机床应用以外，数控还广泛地用于其他各种设备的控制，如冲压机、火焰或等离子弧切割、激光束加工、自动绘图仪、焊接机、装配机、检查机、自动编织机、电脑绣花和服装裁剪等，成为各个相应行业 CAM 的基础。计算机辅助制造系统的组成可以分为硬件和软件两方面。硬件方面有数控机床、加工中心、输送装置、装卸装置、存储装置、检测装置、计算机等；软件方面有数据库、计算机辅助工艺过程设计、计算机辅助数控程序编制、计算机辅助工装设计、计算机辅助作业计划编制与调度、计算机辅助质量控制等。

（七）后置程序

后置处理程序将 CAM 系统通过机床的 CNC 系统与机床数控加工紧密结合起来。后置处理最重要的是将 CAM 软件生成的刀位轨迹转化为适合数控系统加工的 NC 程序，通过读取刀位文件，根据机床运动结构及控制指令格式，进行坐标运动变换和指令格式转换。通用后置处理程序是在标准的刀位轨迹以及通用的 CNC 系统的运动配置及控制指令的基础上进行处理的，它包含机床坐标运动变换、非线性运动误差校验、进给速度校验、数控程序格式变换及数控程序输出等方面的内容。只有采用正确的后置处理系统才能将刀位轨迹输出为相应数控系统机床能正确进行加工的数控程序，因此编制正确的后置处理程序是五轴数控铣削编程与加工的前提条件之一。

后置处理的主要任务是根据具体机床运动结构形式和控制指令格式，将前置计算的刀位轨迹数据变换为机床各轴的运动数据，并按其控制指令格式进行转换，使其成为数控机床的加工程序。五轴加工后置处理程序的难点是机床坐标运动变换。对刀位轨迹进行后置处理转换时，首先根据具体的机床运动结构来确定运动变换关系，由此将前置计算的刀位轨迹数据变换并分解到机床的各个运动轴上，获得各坐标轴的运动分量。运动变换关系取决于具体机床的运动结构配置，机床坐标轴的配置不同，其变换关系也不相同。这里要考虑机床种类及机床配置、程序起始控制、程序块及号码、准备功能、辅助功能、快速运动控制、直线圆弧插补进给运动控制、暂停控制、主轴控制、冷却控制、子程序调用、固定循环加工控制、刀具补偿、程序输出格式转换、机床坐标系统变换及程序输出等。格式转换主要包括数据类型转换、字符串处理、格式输出等内容。算法处理主要包括坐标运动变换、跨象限处理、进给速度控制等内容。CAD/CAM 软件包提供的数控程序后置处理一般流程见图 5-7-1。

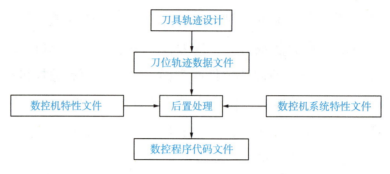

图 5-7-1　后置处理一般流程

（八）数控自动编程的步骤

数控编程是从零件图纸到获得合格的数控加工程序的过程，其任务是计算加工中的刀位点。刀位点一般为刀具轴线与刀具表面的交点，多轴加工中还要给出刀轴矢量。数控编程的主要内容包括分析零件图样、确定加工工艺过程、数学处理、编写零件加工程序、输入数控系统、程序检验及首件试切。

根据问题复杂程度的不同，数控加工程序可通过手工编程或计算机自动编程来获得。目前计算机自动编程采用图形交互式自动编程，即计算机辅助编程。这种自动编程系统是 CAD 与 CAM 高度结合的自动编程系统，通常称为 CAD/CAM 系统。

CAM 编程是当前最先进的数控加工编程方法，它利用计算机以人机交互图形方式完成零件几何形状计算机化、轨迹生成与加工仿真以及数控程序生成全过程，操作过程形象生动，效率高，出错概率低。而且还可以通过软件的数据接口共享已有的 CAD 设计结果，实现 CAD/CAM 集成一体化，实现无图纸设计制造。

为适应复杂形状零件的加工、多轴加工、高速加工，一般计算机辅助编程的步骤如下。

（1）零件的几何建模

对于基于图纸以及型面特征点测量数据的复杂形状零件数控编程，其首要环节是建立被加工零件的几何模型。

（2）加工方案与加工参数的合理选择

数控加工的效率与质量依赖于加工方案与加工参数的合理选择，其中刀具、刀轴控制方式、走刀路线和进给速度的优化选择是满足加工要求、机床正常运行和延长刀具寿命的前提。

（3）刀具轨迹生成

刀具轨迹生成是复杂形状零件数控加工中最重要的内容，能否生成有效的刀具轨迹直接决定了加工的可行性、质量与效率。刀具轨迹生成的首要目标是使所生成的刀具轨迹能满足以下条件：无干涉、无碰撞、轨迹光滑、切削负荷均匀且满足要求、代码质量高。同时，刀具轨迹生成还应满足通用性好、稳定性好、编程效率高、代码量小等条件。

（4）数控加工仿真

由于零件形状的复杂多变以及加工环境的复杂性，要确保所生成的加工程序不存在任何问题十分困难，其中最主要的问题是加工过程中的过切与欠切、机床各部件之间的干涉碰撞等。对于高速加工，这些问题常常是致命的，因此实际加工前采取一定的措施对加工程序进行检验并修正是十分必要的。数控加工仿真通过软件模拟加工环境、刀具路径与材料切除过程来检验并优化加工程序，具有柔性好、成本低、效率高且安全可靠等特点，是提高编程效率与质量的重要措施。

（5）后置处理

后置处理是数控加工编程技术的一个重要内容，它将通用前置处理生成的刀位轨迹数据转换成适合于具体机床数据的数控加工程序。其技术内容包括机床运动学建模与求解、机床结构误差补偿、机床运动非线性误差校核修正、机床运动的平稳性校核修正、进给速度校核修正及代码转换等，因此后置处理对于保证加工质量与效率以及机床可靠运行都具有重要作用。

📝 例题解析

一、单选题（下列选项中只有一个答案是正确的，每题2分）

1. 在机械行业中，CAD建模又称为（　　）。

A. 数控编程　　　　　　　　　　B. 零件设计

C. 计算机辅助设计　　　　　　　D. CAPP

答案　C

解析　CAD建模是计算机辅助设计过程中的一个重要步骤，涉及使用专门的绘图软件在计算机上创建三维或二维模型。这些模型不仅包含物体的几何形状、尺寸和材料信息，而且可以进行可视化展示和编辑修改。

2. 下列数控自动编程软件中属于国产软件的是（　　）。

A. Matercam　　　B. CAXA　　　C. Powermill　　　D. Unigraphics

答案　B

解析　CAXA是由北京数码大方公司和北京航空航天大学联合研发的一款国

产软件。

二、多选题（下列选项中有一个以上的答案是正确的，每题2分）

1. 数控自动编程软件特点包括（　　）。

A. 数字处理能力强　　　　　　B. 能快速、自动生成数控程序

C. 后置处理程序灵活多变　　　E. 可实现自动化

D. 程序自检、纠错能力强

答案　ABCE

解析　数控自动编程特点：①数字处理能力强，编程效率高。②能快速、自动生成数控程序。③后置处理程序灵活多变。④程序自检、纠错能力强。⑤便于实现与数控系统的通信。

2. 数控自动编程的步骤是（　　）。

A. 零件的几何建模　　　　　　B. 加工方案与加工参数的合理选择

C. 刀具轨迹生成　　　　　　　D. 数控加工仿真

E. 后置处理

答案　ABCDE

解析　CAM编程是当前最先进的数控加工编程方法，它利用计算机以人机交互图形方式完成零件几何形状计算机化、轨迹生成与加工仿真以及数控程序生成全过程，操作过程形象生动，效率高，出错概率低。而且还可以通过软件的数据接口共享已有的CAD设计结果，实现CAD/CAM集成一体化，实现无图纸设计制造。

三、判断题（正确的填A，错误的填B，每题2分）

1.（　　）数控加工仿真是加工前的必要工作，它可以提高加工的安全性。

答案　A

解析　实际加工前采取一定的措施对加工程序进行检验并修正是十分必要的。数控加工仿真通过软件模拟加工环境、刀具路径与材料切除过程来检验并优化加工程序，具有柔性好、成本低、效率高且安全可靠等特点，是提高编程效率与质量的重要措施。

2.（　　）后置处理是数控加工编程技术的一个重要内容，它将通用前置处理生成的刀路转换成适合于具体机床数据的数控加工程序。

答案　B

解析　后置处理是将通用前置处理生成的刀位轨迹数据转换成符合数控机床的NC代码，数控机床的型号不同其后置处理也不一样。

四、填空题（将最适当的答案填写在横线上，每题 2 分）

1. 数控自动编程和手动编程的区别_____、_____、_____、_____。

答案　编程方式不同　编程难易度不同　编程速度不同　灵活性不同

解析　数控自动编程为电脑编程，需要编程人员要有一定基础，自动编程效率远远高于手动编程，自动编程非常灵活。

2. 数控机床后置出 NC 代码的一般步骤为_____、_____、后置处理、数控程序代码文件。

答案　刀具轨迹设计　刀位轨迹数据文件

解析　后处理的主要任务是根据具体机床运动结构形式和控制指令格式，将前置计算的刀位轨迹数据变换为机床各轴的运动数据，并按其控制指令格式进行转换，使其成为数控机床的加工程序。

专题练习

一、单选题（下列选项中只有一个答案是正确的，每题 2 分）

1. 编程的一般步骤的第一步是（　　）。

A. 制定加工工艺　B. 计算轨迹点　　　C. 编写零件程序　D. 输入程序

2. 程序检验中图形显示功能可以（　　）。

A. 检验编程轨迹的正确性　　　　B. 检验工件原点位置

C. 检验零件的精度　　　　　　　D. 检验对刀误差

3. 数控铣床上，在不考虑进给丝杠间隙的情况下，为提高加工质量，宜采用（　　）。

A. 外轮廓顺铣、内轮廓逆铣　　　B. 外轮廓逆铣、内轮廓顺铣

C. 内、外轮廓均为逆铣　　　　　D. 内、外轮廓均为顺铣

4. 在孔加工固定循环中，G98、G99 分别为（　　）。

A. G98 返回 R 平面，G99 返回循环起始点

B. G98 返回循环起始点，G99 返回 R 平面

C. G98 返回程序起刀点，G99 返回 R 平面

D. G98 返回 R 平面，G99 返回程序起刀点

5. 数控铣削编程中 G17、G18、G19 指定不同的平面，分别是（　　）。

A. G17 为 XOY 平面，G18 为 XOZ 平面，G19 为 YOZ 平面

473 ▶

读书笔记

B. G17 为 XOZ 平面，G18 为 YOZ 平面，G19 为 XOZ 平面

C. G17 为 XOY 平面，G18 为 YOZ 平面，G19 为 XOZ 平面

D. G17 为 XOZ 平面，G18 为 XOY 平面，G19 为 YOZ 平面

6. 在 XOY 平面内的刀具半径补偿执行的程序段中，两段连续程序为（　　　）不会产生过切。

A. N60 G01 X60 Y20；N70 Z-3；　　　　B. N60 G01 Z-3；N70 M03 S800；

C. N60 G00 S800；N70 G01 Z-3；　　　　D. N60 M03 S800；N70 M08；

7. 表示固定循环功能的代码为（　　　）。

A. G80　　　　　　B. G83　　　　　　C. G94　　　　　　D. G02

8. 在编制轮廓切削加工时，下列说法错误的是（　　　）。

A. 刀具运动轨迹与工件轮廓有一个偏移量

B. 刀具中心运动轨迹沿工件轮廓运动

C. 以工件轮廓尺寸为刀具编程轨迹

D. 程序中应使用刀具半径补偿指令

9. 能让数控机床进给运动暂停半分钟的指令是（　　　）。

A. G40 P30；　　　B. G04 P30；　　　C. G04 X30；　　　D. G04 X0.5；

10. ISO 规定增量尺寸方式的指令为（　　　）。

A. G90　　　　　　B. G91　　　　　　C. G92　　　　　　D. G93

11. 平面的切换必须在（　　　）方式中进行。

A. 偏置　　　　　　　　　　　　B. 偏置或取消偏置

C. 取消偏置　　　　　　　　　　D. 两者均不是

12. 在 XY 平面上，某圆弧圆心为（0，0），半径为 80 mm，如果需要刀具从（80，0）沿圆弧到达（0，80），程序指令为（　　　）。

A. G02 X0 Y80 I80 F300；　　　　B. G03 X0 Y80 I-80 F300；

C. G02 X0 Y80 J80 F300；　　　　D. G03 X0 Y80 J80 F300；

13. 在铣床上铣削斜面，可以采用的方法是（　　　）。

A. 使用夹具转动工件至所需角度　　B. 转动立铣头至所需角度

C. 使用适当的角度铣刀　　　　　　D. A、B、C 均可

14. 在铣削过程中，单位时间内工件相对铣刀所移动的距离称为（　　　）。

A. 铣削长度　　　　　　　　　　B. 进给量

C. 进给速度　　　　　　　　　　D. 单位进给

15. 关于刀具长度偏置的自动测量说法错误的是（ ）。

A. 发出 G73 指令，刀具开始移动到测量位置，并保持继续移动，直到从测量装置输出趋近结束信号为止

B. 设置工作坐标系，以便使刀具移动到测量位置之后，能进行测量；坐标系可以不和编程的工件坐标系相同

C. 执行 G73 指令时，刀具以快速移动速度向测量位置移动，快要到达时降低进给速度，然后继续移动，直到测量仪发出趋近结束信号到 CNC，刀具移动停止

D. 刀具到达的测量位置的坐标值和 G73 指定的坐标值之间的差值被加到当前刀具长度偏置值上

二、多选题（下列选项中有一个以上答案是正确的，每题 2 分）

1. 数控铣床气动系统的预防性维护的要点有（ ）等。

A. 保证气动元件中运动零件的灵敏性

B. 提高控制速度

C. 降低运动部件灵敏

D. 保持气动系统的密封性

E. 保证空气中含有适量的润滑油

F. 保证压缩空气的洁净

2. 数控铣床气动系统的常见故障有（ ）等。

A. 动力不足   B. 控制失灵

C. 运动部件灵敏度过高   D. 运动部件灵敏度过低

E. 运动速度失调   F. 工作压力失调

3. 作用在铣刀上的铣削分力，即铣刀所承受的铣削力 F' 可以分解成（ ）三个互相垂直的分力。

A. 垂向分力   B. 横向分力   C. 径向分力   D. 纵向分力

E. 轴向分力   F. 切向分力   G. 切向分力

4. 在切削过程中，切削用量三要素是（ ）。

A. 切削速度   B. 工件速度   C. 进给速度   D. 背吃刀量

E. 移动速度

5. 缩短辅助时间的途径是减少（ ）时间。

A. 切削时间   B. 工件装夹   C. 编程   D. 测量工件

E. 自动换刀

三、判断题（正确的填 A，错误的填 B，每题 2 分）

1.（　　） 对于所有的数控系统，其 G、M 功能的含义与格式完全相同。

2.（　　） 暂停指令 G04 不是模态指令。

3.（　　） 圆弧插补用圆心指定指令时，在绝对方式编程中 I、J、K 还是用相对值。

4.（　　） 发生电火灾时，首先必须切断电源，然后救火和立即报警。

5.（　　） 机床"快动"方式下，机床移动速度应由程序指定确定。

6.（　　） 为了保证安全，机床电器的外壳必须接地。

7.（　　） 数控机床中当工件编程零点偏置后，编程时就方便多了。

8.（　　） 主轴的旋转精度、刚度、抗振性等，影响工件的加工精度和表面粗糙度值。

9.（　　） 全闭环数控机床的检测装置，通常安装在伺服电机上。

10.（　　） 数控加工程序要充分发挥指令功能的作用，要求走刀路线短、换刀次数少、加工精度高、安全可靠。

11.（　　） 在适宜使用切削液的条件下，应充分浇注切削液，以降低切削温度。

12.（　　） 在执行完含有 M00 的程序段后，机床的主轴、进给及切削液都自动停止，该指令用于加工过程中测量刀具和工件的尺寸、工件调头、手动变速等固定操作，现存的全部模态信息保持不变。

四、填空题（将最适当的答案填写在横线上，每题 2 分）

1. 数控机床的导轨形式包括贴塑滑动导轨、静压导轨、直线滚动导轨等。这几种导轨的摩擦系数最小的是＿＿＿＿。

2. 现代数控机床使用的轨迹按类型可分为滑动轨迹、＿＿＿＿＿＿和静压轨迹。

3. 对于一个设计合理，制造良好的带位置闭环控制系统的数控机床，可达到的＿＿＿＿＿＿由检测元件的品质决定。

4. 刀具号和刀套号＿＿＿＿＿＿的方式有利于 ATC 缩短换刀、选刀时间。

5. 在闭环数控系统中，机床的定位精度主要取决于＿＿＿＿＿＿的精度。

6. ＿＿＿＿＿系统是指不带反馈装置的控制系统。

7. 要使正在运行中的程序停止下来，操作面板上有＿＿＿＿＿＿种按钮。其中通过＿＿＿＿＿按钮停下来的程序，按循环启动按钮可使程序继续运行；而急停按钮一般是发生意外时才使用。

    8. 数控机床的输入介质包括_____、_____、_____。

    9. 数控装置由_____、_____、_____和_____四个部分组成。

    10. 数控机床按控制方式可分_____、_____、_____。

    11. 数控机床主要由_____、_____和_____三大部分组成。

    12. 数控加工的编程方法主要有_____和_____两种。

    13. 刀具半径补偿执行过程一般可分为三步：_____、_____和_____。

    14. 编程方法一般有_____、_____和_____。

    15. 一个完整的程序由_____、_____、_____组成。

参考文献

[1] 王英杰，陈礁 . 金属加工与实训——基础常识与技能训练 [M]. 3 版 . 北京：高等教育出版社，2023.

[2] 王幼龙，孙簃 . 机械制图：机械类 [M]. 5 版 . 北京：高等教育出版社，2021.

[3] 栾学钢，赵玉奇，陈少斌 . 机械基础：多学时 [M]. 2 版 . 北京：高等教育出版社，2024.

[4] 程周，冯佳 . 电工电子技术与技能 [M]. 4 版 . 北京：高等教育出版社，2024.

[5] 郑书华 . 数控铣削编程与操作训练 [M]. 3 版 . 北京：高等教育出版社，2023.

[6] 王岗 . 数控车削加工技术与技能 [M]. 2 版 . 北京：高等教育出版社，2021.

[7] 崔陵，童燕波，曹克胜 . 零件测量与质量控制技术 [M]. 2 版 . 北京：高等教育出版社，2021.